JN252186

秘められたインド [改訂版]

賢者たちとの出会いの記録

ポール・ブラントン

日本ヴェーダーンタ協会

ラーマナ・マハーリシ

「人の真の性質は幸福です。それは生得のものです。幸福の探求とは、真の自己の無意識の探求なのです。真の自己は不滅です。それゆえ、人がそれを発見したときは、終わりのない幸福を発見したのです」

「祈りは最後のよりどころです。人間に残された最後の手段なのです。祈りは、知性の及ばないところで人を助けます」

マスター・マハーシャヤ（マヘンドラナート・グプタ）

発行者のことば

これは、一九三四年にイギリスで発行されたドクター・ポール・ブラントン著、"A Search in Secret India" の翻訳である。原著者ブラントン氏は一八九八年ロンドンに生まれ、本書の内容が示すように、ジャーナリストとして出発したがついに、インドを始めとする東洋の哲学の研究に生涯を捧げた人である。その十指に余る優れた著作は、ドイツ、フランス、イタリア等十数カ国語に訳されて広く読まれていると聞く。一九七五、六年ごろに当協会の一インド人会員が母国からもたらした本書の英文原著の内容がおもしろく優れているので、翻訳して会誌「不滅の言葉」に連載した。それが読者の好評を得たので、原著の発行所と話し合いの上、一書にまとめて刊行したものである。

一九八二年五月
日本ヴェーダーンタ協会

目次

序　文……8
第一章　ここで読者にご挨拶する……10
第二章　探究への序奏……20
第三章　エジプトからきた魔法使い……40
第四章　「救世主」に会う……56
第五章　アディヤル河の隠者……85
第六章　死を克服するヨーガ……114
第七章　もの言わぬ賢者……144
第八章　南インドの霊性の頭首と共に……161

第九章　聖なるかがり火の山……………………188
第一〇章　魔法使いたちと修行者たちの間で…230
第一一章　ヴァーラーナシーの奇跡行者………266
第一二章　星に書いてある！……………………288
第一三章　主の庭園………………………………319
第一四章　パーシー教の「救世主」の本部で…357
第一五章　不思議な遭遇…………………………370
第一六章　密林の草庵《そうあん》にて……………………391
第一七章　忘れられた真理の一覧表……………414

序文

サー・フランシス・ヤングハズバンド

この書物（原題ア・サーチ・オブ・シークレット・インディア）には「セイクレッド（聖なる）インド」という題名の方がふさわしい。（実際の書名は、「シークレット（秘められた）インドの探求」）聖なるがゆえに秘められたインド、これはそういうインドの探求なのだ。人生のもっとも神聖な物事は広く言いふらされるものではない。人間の魂に確かにある本能がそれを心の奥底にしまい込むからだ。たぶん誰も近づけないか、ごくわずかな者――霊的な事柄に関心のある者だけがそれに近づける。国も、個人の場合と同じように、もっとも神聖なものを秘密にしておく。イギリスのもっとも神聖なものを異国人が見いだすのは簡単ではない。同様にインドも、そのもっとも神聖な部分が最たる秘密なのだ。

さて、秘められた物事は多くの探究を要するが、探求する者はそれを見いだす。断固たる決意をもって全身全霊で探索する者たちは、必ずやその秘密を発見するのである。

ブラントン氏はその決意を持ち、そしてついに成し遂げた。ただその困難は並大抵のものではなかっただろう。ほかのどこでもそうだが、インドでは、真の霊性を見いだし得るまでに、たくさんの偽物にめぐり会わなければならないからである。純粋に霊性を探求する者のまえにはあまたの、心の軽わざ（アクロバット）師や曲芸家の一団がいる。彼はそれらをかき分けて進まなければならないのだ。この者たちは肉体の筋力を鍛えるように、心が比類のない能力を持つまでトレーニングに励む。彼らは心の動きをほとんど完全に支配できるほどの訓練された集中力を持つ。彼らの多くはわれわれが超能力と呼ぶものを開発しているのだ。

これらはすべてそれなりに十分興味深く、心霊現象に興味を持つ科学的な人びとにとっては価値ある研究対象だろう。しかしそれらは真理ではない。霊性の流れが噴出する泉ではないのだ。

それらはブラントン氏が探求した、秘められた、神聖なインドではない。彼はそれらを見、記録し、描写した。しかし彼は、それらを押し分けてさらに進んだ。最も純粋で最高級の霊性、それを彼は欲し、そしてついに発見した。

インドの最高に聖なる人びとがつねに戻って行くその場所――そこはひと里離れたジャングルか、あるいはヒマラヤか――そこにブラントン氏はインドの最たる神聖さを凝縮した、正真正銘の権化を見いだしたのだ。マハーリシ――偉大なる賢者――ラーマナ・マハーリシがブラントン氏にもっとも強く訴えた人であった。彼だけではない。同じ類の人びとが、インドのあちこちで、大勢ではないがごく少数は見つけられるだろう。彼らはインドの真の神髄の象徴である。宇宙の強大な力が特有のやり方で自らをあらわすときには、こうした人びとをとおしておこなわれる。

それゆえ彼らはこの地球上で探求されるに最もふさわしいもののひとつである。そしてこの書物に、そのような一探求の結果を見い出すことができるのである。

第一章　ここで読者にご挨拶をする

インドの生活という黄ばんだ書物の中には不明瞭な一節がある。私は西洋の読者のために、それを明らかにしようと試みる。昔の旅行者はインドのファキール(行者)たちの不気味な物語をヨーロッパに持って帰ってきたが、現代の旅行者もしばしば似た物語を持ち帰っている。

ヨーギー［1］と呼ばれたり、ファキール（イスラム教、ヒンドゥ教などの行者）と呼ばれたりする神秘的な人びとに関する伝説を時々耳にするだろう。その背後にはどんな真実があるのだろうか？　またインドには、修行によって心の力が驚異的に開発される古代の英知があるらしいが、ときおり耳に届くこうした物語にはどのような真実が存在するのだろうか？　それを見つけるために私は長い旅に出た。このあとのページはそのレポートの要約である。

「要約」と私は言う。たくさん会ったヨーギーの、その中のひとりについて書くだけでも、気が遠くなるほど膨大な時間とページ数が必要になる。それゆえここに記すのは、私の興味を最もひき、また西洋世界が興味を抱くだろう数名である。深い英知と不思議な力を修めた聖者といわれるひとたちの、結構な評判を聞いたこの者は、やけつくような酷暑をろくに眠らず彼らを見つけるために旅をするのであった――ところが出会ったのは、聖典の奴隷か、由緒ありげに見える物知らずか、金もうけ主義の魔法使いか、少しばかりの技を持つ手品師にすぎなかった。このような者たちの記録にページをさくのは読者にとって無価値であるし、私にも不愉快な仕事である。だから彼らに費やした物語は省略することにする。

私は、ふつうの旅行者がほとんど見ず、ほとんど理解できない、インドの一側面を見る特典を与えられたことにとても感謝している。あの広大な土地に住むイギリス人たちの、ごくわずかがこの面の研究に注意を向け、その中でもより深く調べて報告をまとめるほどの自由を持つ人はさらにわずかだった。役人として威厳を保つことが重んじられていたため、この課題に手をつけたイギリス人記録者たちは恐ろしく懐疑主義にかたより、結果として土地の人からのさまざまな情報を得がたくしたし、深く事情を知るインド人は彼らとの接触を尻込みした。白人がヨーギーと知り合いであると言っても大抵の場合、それは深いつきあいではないし、最善のヨーギーとつきあっているのではないと断言できる。最善のヨーギーはもはや彼を生みだしたこの国にさえ、ごくわずかしかいないのだ。彼らは極めて少数で、その真の力量を大衆からふせることを好み、無知を装いたがる。インドやチベットや中国では、自分たちのプライバシーをうっかり侵すかもしれない西洋人の旅行者を追い払うため、彼らはつまらぬ無知な人間のふりをする研究を続けているのだ。たぶん彼らはエマーソンの「偉大であるということは誤解されるということだ」というそっけない一句に何らかの意味を見いだすのだろう。私にはわからないが、とにかく彼らのほとんどは人間と交わりたいとは思わない世捨て人である。たとえ出会っても、ある期間つきあったあとでなければ打ち解けることはない。それゆえヨーギーたちの奇妙な生活ぶりは西洋の国ではわずかしか書かれていないし、書かれたものがあってもそれはまことにあいまいなものなのだ。

インドの文筆家たちの報告を入手することも確かにできる。しかしそれを読むには十分な注意が必要だ。不幸な事実だが、こうしたことについてのヒンドゥ（ヒンドゥ教を信仰するインド人）の人びとの批評精神はないにひとしく、識別することなく、伝聞と事実を混同する。だから彼らの報告は事実の記録としての価値がとても低いのだ。こりごりする経験を経てこれをはっきり知った私は、西洋の社会で与えられた科学的訓練と、ジャーナリストとしての経験を通じて身につけた常識的態度について、神に感謝したものである。東洋において、願望は思考の父であるばかりでなく、決して起こるはずがない多くの出来事の、喜ばしい両親なのだ。私は十分に批評的な目を持たなければならなかった。だが同時に、どこにおいても敵意は持たない目をひらいていた。私の関心が哲学から離れ、神秘や奇跡に移っていると知った者は、とるにたらぬ事実に絵の具やニスをふんだんに塗って飾りたてた。その多くの者は、私がはらはらするほど自分が誇張にふけっているなどとは思いもしない。真理は自力で立てるほど強い、ということを彼らに教えてやることもできたが、しかし私は他にすべきことがあった。とはいえ、イエスに注釈を加える者たちの無知ではなく、イエス自身の知恵からイエスを理解するように、東洋の不思議について、直接経験してその知識を深めていけたことは嬉《うれ》しく感じている。私は、真実と思われている愚かな迷信やそれによる混乱、驚くべき虚飾や古代気取りの中、探求し、徹底的に調査し、厳しくテストした。自分の複雑な性格の内には、科学的懐疑主義と霊的感受性という二つの要素があると思っている。ふつうなら激しく対立するこの二つの要素を、もし合わせ持っていなかったら、この探求を成し遂げることは決してなかっただろうと、少し自負するものである。

この書物は、「秘められたインドの探求（原題、協会は「秘められたインド」と改題）」と題した。それは、何千年にもわたって詮索好きな目から隠されてきたインド、他者との交わりを拒み続けて急速に消滅しつつ、わずかな名残だけが残るインド――その物語だからである。ヨーギーたちの厳しく秘教的な態度――これは歴史の表舞台から徐々に彼らが消えていった説明ともなろう——は、この民主的な時代のわれわれには利己的に見えるかもしれない。何千のイギリス人がインドに住み、毎年何百人もがここを訪れる。しかし、インドから船で運ばれる美しい真珠や高価な宝石より、世界にとってさらに貴重なものがあり、いつかはそれが知られるだろうことを知っている人は、ごくわずかだ。わざわざ出かけて行って、ヨーガ［2］の名人を見つける苦労など、買ってでもする人などさらにわずかなのである。人里離れた洞窟の中や、たくさんの弟子たちで混みあう部屋で、褐色の半裸の人物の前にひれ伏すことができるイギリス人など、千人に一人もいない。カーストという形式に凝り固まった避けがたい障壁は、発達した知性と寛大さを持つ人でも、イギリス人居住区の住まいからそんなほら穴に連れてこられたら——ヨーギーとのつきあいを不快に感じ、彼の思想を不可解と思うだろう。

しかし軍人であろうと文官であろうと、ビジネスマンであろうと旅行者であろうと、インドにいるイギリス人をヨーギーの敷物にすわらぬ高慢ちきなやつだと責めることはできない。イギリス帝国の威信を保つという重要任務に違いないその仕事を別にしても、彼らが出会う行者のたぐいは、魅力というより不愉快を感じさせる場合が多いからである。そんな者たちに会わなくても、何の損失もない。だがやはり、この国に長くいたイギリス人のたいていが、インドの聖者のひたいの裏に潜むものをまったく知らずに帰っていくのは、やむを得ないこととは言え非常に残念なのである。

トリチノポリ（インド産の両端切り葉巻）の巨大な岩石のとりでの陰で、一人のロンドン子にインタビューしたときのことをはっきり覚えている。二〇年以上も、彼はインドの鉄道事業で責任ある地位についていた。

この焼けつく太陽の国で、彼はどのように生活を送っているのか。私の質問ぜめは避けられないことだった。ついに私は、得意の質問、「ヨーギーにお会いになったことがありますか?」と投げかけた。

彼はどこか、あ然としたように私を見つめ、そして答えた、

「ヨーギーですって? それは何ですか? ケモノの一種ですか?」

こうした無知は、彼が故郷のロンドン旧市内に住み続けているのなら、十分に許されることだ。しかしすでに二六年間もこの国に住んでいるというのに、まったく恵まれたことだ。私はそっとしておいてやることにした。

ヒンドゥスターン(インドのペルシャ語名、ヒンドゥ教地帯)のさまざまな人びとを行き来するのだから、みずからのプライドは踏みつけて進んだ。理解ある態度と、知的共感をもって、偏見による毛嫌いをせず、皮膚の色よりも相手の人格を尊重し、人生をかけて真理を求めつづけた。このレポートを書くことが出来るのは、真理のお供としてついてくるものは何であれ、喜んで受け入れる準備ができていたからだ。私は迷信的愚か者や自称ファキールたちの群れをかき分けて進み、真の賢者たちの足もとにすわって直接彼らからインドヨーガの本物の教えを学んだ。人里離れた庵《いおり》で、たくさんの褐色の顔に囲まれて、なじみのない言葉を聞きながらすわった。控えめで隠とん的な最善のヨーギーたちを探し出し、謙虚に彼らの神託めいた指示に耳を傾けた。ヴァーラーナシーのブラーミン(ヒンドゥ社会の最高階級)のパンディット(学者)とともに何時間も、人間が考えることをはじめて以来彼の心を苦しめハートを悩ませてきた、哲学と信仰に関する疑問を論じ、語り合った。また時にはめぐりあった魔法使いや奇術師、奇妙な出来事にも時間をさいたりした。

現代のヨーギーについての真実を収集するには、直接彼らに会って調査する方法をとった。これにはジャーナリストとしての経験が役に立った。編集机に向かって青鉛筆をふりまわしているあいだに、麦の外皮を取り除く作業にかけては冷酷なまでの批評家として訓練されていたのだ。知りたいと思う情報の多くにいち早くたどり着けたし、また職業柄、さまざまな人生を送るあらゆる階級の男女――ボロをまとった物乞《ものご》いから美食家の億万長者まで――と接触したが、その経験が多様なインド民族のあいだのスムーズな行き来を比較的容易にした。多様で多彩なインドの民衆の中、私はあの不思議な人びと、ヨーギーたちを探し求めたのである。

また私は、身のまわりの環境から完全に離れ、内面を見つめる生活を続けていた。余暇の大部分は、深遠な文書の研究や、神秘につつまれているキンメリア人（紀元前に南ウクライナで勢力をふるったといわれる民族）を徹底的に調べたり、ほとんど世に知られていない、心理学上の実験である迂回路《うかいろ》の研究に費やしていた。これらが、東洋にたいする内なる興味を助長していたのは間違いないだろう。すでに最初の訪問のまえに、東洋は巨大な触手を伸ばし、私の魂をつかんでいたのだ。ついに私は入手できる限りのアジアの諸聖典の翻訳、パンディットたちの学問的な注釈書、記録された賢者たちの思想を研究せざるを得ない状況となった。

この二通りの経験をした価値は偉大であった。それは、人生の神秘を探求する東洋のやり方に共感するあまり、公平かつ批評的に事実を見つめる科学的方法を捨てるな、と教えた。この共感がなかったら、インドに住むふつうのイギリス人が決して足を踏み入れることのない場所や人びとのもとに行くことはできなかっただろうし、あの厳格な科学的態度がなかったら、多くのインド人と同様に迷信の荒野に迷い込んだだろう。ふつうは矛盾すると信じられている、ふたつの性質を結合させるのは容易なことではない。だが私は、それらを健全なバランスで保つことを、真剣に努力した。

§

西洋が今日のインドから学ぶものはほとんどない――わざわざそれを否定はしない。しかし過去の、そして今日なお生きているという、わずかなインドの賢者たちからは学ぶべきものが多くあることを、私は躊躇《ちゅうちょ》なく断言する。主要な都市や旧跡を「通過」するだけで、インドの非文明を嫌悪して汽車で去ってしまう白人旅行者がこの国をけなすのも、確かにもっともだ。しかしいつの日か、役に立たない寺院のくずれかかった廃虚や、とうの昔に死んだ道楽者の王たちの大理石の宮殿ではなく、大学では教えられることのない、生きた賢者が詳細に英知を探求する、より賢い旅行者が立ち上がることだろう。

これらインド人は熱帯の強烈な太陽のもとで、ただ寝そべるだけの怠け者なのか？　彼らは世界のためになるようなことは何もしないし、考えないのか？　彼らの物質的退廃と、ゆるんだ精神しか見ることのできない旅行者は、彼らを十分に見ていない。もし軽べつのかわりに思慮をはたらかせることができるなら、彼らの閉じた唇と閉ざされたドアを開けることができるだろう。

何世紀にもわたりインドが居眠りをしてきたとしても、一四世紀のイギリス農民のように、文盲で子供じみた迷信と幼稚園的な宗教が混じり合った何百万の農民がいるとしても、中世のスコラ（西洋中世の大聖堂や修道院の付属学校）哲学者たちがやっていたように、ブラーミンのパンディットが土着の学問センターで聖典の言葉の注釈や形而上学的《けいじじょうがく》議論にときを費やしているとしても、それでもなおそこには、西洋科学が提供するどんな利益にも劣らない、貴重な利益を人類に提供するヨーガという名の、小さいがはかり知れない価値を持つ文化の名残がある。それは、肉体を、本来そうあるべき健康状態に近づけることができ、現代文明が早急に必要とする心の完全な静けさを授けることができる。そして努力する者には、魂という永遠の宝にいたる道を開けてくれるのだ。この偉大な英知は現代のインドに属するものではなく、インドの過去に属するものだと言ってよいと私は思う。大切にまもられてきたヨーガという知識は、かつては優れた師たちと忠実な学生たちを擁していたに違いないが、今日のそれは、繁栄しているとは言いがたいからだ。注意深く秘密にしてきたこと自体が、この古代の科学が普及する障壁となったのか——私にはわからない。

だから西洋人の仲間に、東に向かって新しい信仰を求めるのではなく、現在の知識の積み重ねの上にいくつかの小石をのせていってごらん、と言ったって悪いことではないだろう。ブルヌーフ（Burnouf）やコールブルック（Colebrooke）やマックス・ミュラー（Max Muller）といった東洋通の学者たちが学界に現れて、インドの文学的至宝のいくらかをわれわれにもたらしたとき、ヨーロッパの学者たちはかの国に住む異教徒たちも思っていたほど無知で愚鈍ではなかったな、と理解しはじめた。アジアの学問研究には西洋に有益な思想などないと公言するあの利口な人びとは、それによって彼ら自身に中身がないことを証明しているのだ。その学問に「愚鈍な」というあだ名をつけるような実務家たちは、それを自身の狭量さに向かって言葉を吐いているのと同じだ。ボンベイ（現ムンバイ）ではなくブリストル（イギリス西部の都市）に生まれた、というめぐり合わせによって、つまり空間の単なるアクシデントによって、われわれの生命観が完全に決定されるというなら、それは文明人と呼ぶには価しない。すべての東洋思想の流入に対して心を閉じるひとは、精妙な思想、深い真理、価値ある心理学的知識にたいしても心を閉じているのだ。不思議な事実、さらにいっそう不思議な英知という貴重な宝石を見いだすことを期待して、このカビ臭い東洋の伝承の間をあさりまわる人は、誰であれ、自分の探求が無駄でなかったことを知るだろう。

§

ヨーギーと、その秘せられた知識を求め、私は東方へ旅をした。おもな目的ではないにせよ、霊性の光と、より神聖な生命を見いだすことも期待していた。私はこの探求をインドの聖なる河に沿って——静かな灰緑色のガンガー、広いヤムナー（インド北部の河ガンガーに合流する）、絵画のようなゴダヴァリ（インドの聖河）——遍歴した。私はこの国をまわり巡った。そしてインドは私を彼女のハートまで連れていき、消えつつある賢者の名残たちは、このなじみうすい西洋人のために、数々の扉を開いてくれた。

インドで、私は自分の信仰を取り戻したのだ。この間まで、神を人間の空想による幻覚だと思い、霊性の真理を単なる星くずと見なしていた。それらを幼稚な理想主義者たちがつくる甘い菓子のような方便だと見る一人だった。勝手に神の天国をこしらえてその管理人のような顔で確信ありげに案内してまわる人々に、イライラしていた。批判なく受け入れる空論家たちの狂信を無益な努力だと見なし、軽蔑しか抱かなかった。

それゆえ、もし、私がこうした事柄に多少でも今までと違ったふうに考え始めたとしたら、それは良い動機が与えられたということだろう。実のところ、ずっと以前に知的には学んでいて、すでに神を新たに容認していたのであるが、しかしまだ、東洋のいかなる教義にも忠誠を捧げるという段階にはいたっていなかった。だから、ささいな個人的なことと見えるかも知れないが、この変化は、堅実な事実と冷徹な理性に依存し、宗教的なものへの情熱を欠く現代の子どもである私にしては、大した業績なのだ。それは懐疑主義者が信仰を取り戻す、唯一の方法によってなされた。つまり、議論によってではなく、圧倒的な経験の立証によって、である。このように私の思想に徹底的な変化を起こしたのは、かつて六年ものあいだ、山中の洞窟に住んでいた、少しも気取らない密林の隠者であった。彼は大学入試にはパスしないだろう、それでも私は、この書物の最後の章に、私がこの人に負うところがいかに深いかを記すのを恥としない。このような賢者たちが生まれるということは、十分な信用をインドに与えるし、知的な西洋人が当然注意を向けるべきことだ。今は政治的動揺の嵐により隠されてはいるが、秘められたインドの霊的生命は、なお、存在する。私は、より無価値な人間であるわれわれが物欲しげに憧れる、力と静けさを獲得した何人かの熟達者の真正な記録を書こうと試みよう。

私はこの書物の中で、今まで述べてきたこととは別の、怪奇や不思議の立証もした。イギリスの片田舎でごくあたりまえに、インクリボンを使いこの物語をタイプしていると、それらのことは信じられない気もする。懐疑的な世の人びとに読ませようとしてこんなものを書いている自分の無鉄砲さには本当に驚く。だが私は現在この世界を支配している唯物的な思想がいつまでも続くとは信じていない。すでに、来るべき思想の変化の予言的な徴候を認めるひともいよう。だが率直に言うが、私は奇跡は信じない。また私と同世代のおおかたの人もそうだろう。しかし、自然の法則に関するわれわれの知識は、不完全なものであるということは確信する。未探究の分野に進入しつつある、進歩した科学の護衛兵たちが、それらの法則のあといくつかを発見した暁《あかつき》には、われわれは奇跡に等しいことをおこない得《う》る。それは確実である。

［1］原著発音指定ではヨギー。
［2］原著発音指定ではヨグ。

第二章　探求への序奏

あきあきした様子の生徒たちの前で、地理の先生が細長い指示棒を手に取り、ニスをぬった麻製の大きな地図の上を指す。彼はまさに赤道の場所に貼ってある三角形の赤い布を示し、明らかにだれている生徒の興味を刺激しようと新たな努力をする。彼は細くもったいぶった声で、聖なるお告げでも披露するように――「インドは、大英帝国の王冠の宝石の中でのもっとも輝かしいもの、と呼ばれてきました……」とはじめる。

気難しそうに眉をよせ、なかば空想の世界にいた一人の少年はたちまちわれに帰り、はるかかなたに飛んでいった想像力を、学校というレンガの壁に囲まれた退屈な建物の中に引き戻す。「インド」という言葉が鼓膜にひびくか、またはその風景が印刷物の紙面から視神経に捉えられると、彼の内部には、知られざるものにたいしての神秘的印象とスリルが沸き起こる。説明できない思いの流れがくり返しインドを想起させるのだ。

数学の先生は、この生徒は代数の問題を解こうと努力していると信じていて、このいたずらっ子が教室の机をかくれた目的に使っているとは思いもしない。手際よく並べた書物のかげで、ターバンを巻いた頭や薄黒い顔、平たい小舟から香辛料を積み込んでいる船など、すばやくスケッチしている。

少年時代は過ぎる。ヒンドゥスターンへの興味は少しも変わらない。それどころか全アジアをその熱望する触手のうちに抱擁している。

しばしば彼は、そこに行く無謀な計画を立てる。航路をいくつもりだ。だが、インドをちょっとのぞいて来るということが、本当に単なる冒険だろうか？　そんな計画が無駄になったあとも、彼は学友たちに美しく巧みな言葉で話してきかせ、ついにその一人がやすやすと彼の青くさい情熱の犠牲となる。

その後二人は黙々と陰謀をくわだて秘密裏に活動する。彼らはヨーロッパを徒歩で横切る冒険旅行を計画する。それから小アジアとアラビアに入り、アデンの港まで行こうというのだ。読者はこの長距離を歩こうという無邪気な大胆さをお笑いになるだろう。彼らはアデンに、とても友好的な船の船長がやってくると信じている。この船長は間違いなく親切で思いやりがあり、彼らを自分の蒸気船に乗せる。彼らは一週間後にはインドの探検を始める、というわけだ。

長い遠足はたちまち準備が整う。金は少しずつ集まり、無邪気に思いついた探検道具もひそかに集められる。地図やガイドブックがたんねんに調べられ、カラーの挿絵や魅力的な写真が彼らの旅行熱を熱病のように高める。ついに彼らは運命を無視して、この国を出て行こうという日を決める。街角を曲がった先に何があるか、それを誰が知ろう。

若いエネルギーをどこかで出し惜しんだのかもしれない。幼い楽観主義が残っていたのかも知れない。あの不幸な日に、第二の少年の保護者が準備の品々を発見し、ことの詳細を聞き出して、厳しくいましめる。彼らのみじめさといったら述べるまでもない！　この企てはしかたなく破棄される。

インドを見たいという願いは不運な探検の首謀者の心から消えない。しかし大人になるにつれ、ほかのものに対する興味がある種の束縛となって、義務という鎖で彼の足を縛る。その願いは残念ながら、背後に置いておかなければならない。

時は次々にカレンダーをめくり何年かが経つ。ついに彼は思いがけなく一人の男に会う。この人は彼のかつての野望に、一時的とはいえ、生き生きした息吹を与える。この見知らぬ人の顔は薄黒く、頭にはターバンを巻く。彼は太陽に照らされたヒンドゥスターンの地から来ているのだ。

§

彼がこの人生に踏み入ったあの日。私はその光景を求め、過ぎた年月を見渡そうと記憶の精妙な網をひろげる。霧が立ちこめて、刺すような寒気を肌に感じる。秋が急速に過ぎ去ろうとしている。憂うつが冷たく、じっとりと私の弱っているハートを執拗《しつよう》につかむ。

明るく灯がともったカフェに入り、暖かさという借りの慰めを求める。ふだんなら熱いお茶が効くのだが、今日はそれも落ち着きをあたえない。自分をとりかこむ重い空気を追いやることはできない。憂うつがその暗黒の目的に私を奉仕させようと決めたのだ。黒いカーテンが私のハートの入り口をおおう。

不安に耐え切れずついにカフェを出る。あてもなく歩きだし、慣れた道をたどり、やがて行きつけの小さな書店の前に立つ。古びた見た目と同様に、中の書籍も古びている。持ち主［1］は古風な趣味の男、前世紀の生きた遺物である。このあくせくした時代はほとんど彼を必要としないが、彼もまたこの時代を必要としていない。珍書や古書のみをあつかい、珍しい、ひとに知られていないような物事に詳しい。学問のわき道や、道を外れた事柄についても並々ならぬ知識を持つ――まあ、本で得られる知識ではあるが。私は時々ぶらりとこの古い店にやって来ては彼とそんなことを話し合う。それが楽しみなのだ。

店に入って挨拶をする。しばらくの間、子牛の皮で製本された書物の黄ばんだページをめくったり、色あせた折りたたみ本をのぞき込む。一冊の古びた書物が私の注意をひき、なんとなくおもしろそうに思え、それをもっと注意深く調べる。眼鏡をかけた店の主人は私の関心に目をとめ、例によって、その書物のテーマ――輪廻《りんね》――を論じはじめる。

老人はいつもの通り論議を一人占めする。彼はそのなじみのない学説を著者よりも詳しく、また賛否両論についても知っている様子で延々としゃべる。彼はこれについて述べてあるさまざまな古典に精通しているのだ。

突然私は店の奥に一人の男の動く気配を感じる。ふりかえると、やや高価な書物がある奥の小部屋の暗がりから一人の背の高い人影が現れる。

見なれぬインド人だ。貴族のような身のこなしで近づき、店の主人と向き合う。

「わが友よ」と、彼は静かに言う。「口をはさむことをお許しください。あなたがお話になっていた事柄については私も非常に興味を持っており、聞き耳をたてずにはいられなかったのです。いまあなたは、人間は生まれ変わり続けるというこの説について初めて述べた、古典の著者たちの言葉を引用しておられる。哲学的なギリシャ人や賢明なアフリカ人、初期のキリスト教の神父たちといった、深い洞察力を持った人びとは、この学説をよく理解していたということは私も認めます。ですがこの思想が誕生した本当の場所がどこだか、あなたはご存じですか？」

彼は一瞬間をおくが、返事を待ってはいない。

「こう言うことを許してください」ほほ笑みながら彼は続ける。「古代の世界で、輪廻転生説《りんねてんしょう》を最初に認めたのは誰か、ということになると、あなたはインドに行かなければなりません。私の国の人びとのあいだでは遠い古代において、すでに基本的な教義だったのです」

話し手の顔は私を魅惑する。これは並の顔ではない。一〇〇人のインド人の中でさえ、際立って立派に見えるだろう力を内に秘めている――私は彼の性格をこう読み取る。見通すような目、強靭《きょうじん》そうなあご、高尚に見えるひたいがその容貌の特徴で、皮膚は一般のインド人よりも黒い。正面に輝く宝石を飾った、立派なターバンをつけているが、それ以外は見事に仕立てられたヨーロッパの服装をまとっている。

少し教訓めいた陳述が、カウンターの向かい側の老紳士には気にいらない。当然それに対する強硬な反論がなされる。

「どうしてそんなことがあり得ましょう」と、懐疑的な発言をする。「キリスト教以前の時代に？　地中海東側の都市が文化と文明の中心として繁栄していたときに？　古代の最高の知性は、アテネやアレキサンドリヤ（エジプトの都市）を含む地域にあったではありませんか。だから彼らの思想が南方に、そして東方に伝えられて、インドまで達したのです、それは確かでしょう?」

インド人は寛大にほほ笑み、ただちに答える。

「まったくそうではないのです。実際のところはあなたの主張とはまったく反対だったのです」

「まさか! あなたは進歩的な西洋が、のろまな東洋からその哲学を授かったなんて、まじめにおっしゃっているのですか? そんなことなどあり得ない!」本屋の主人は忠告する。

「なぜあり得ないのでしょうか? 友よ、君のアプレイウス(帝政ローマの弁論作家)をもう一度読んでごらんなさい。そしてピタゴラス(古代ギリシアの数学者、哲学者)がインドに来てブラーミンたちの教えを受けた経緯をお学びなさい。そのあと彼がヨーロッパに帰って輪廻転生の学説を教えはじめたことに注目なさい。これはほんの一例です。私はほかの例も知っています。のろまな東洋というあなたの言葉を聞くと笑ってしまいます。何千年もの昔、あなたたちの国の人びとなどはまだそんな問題があることさえ知らなかった頃、われわれの国の賢者たちは、もっとも深遠な問題を思索していたのです」

彼はプッツリと話をとめて、われわれをじっと見つめ、自分の言葉が相手の心に落ち着くのを待っている。本屋の主人の困惑ぶりがおかしい。この老人がこれほど黙りこんだり、これほどはっきり他者の知的権威に感銘を受けた様子は見たことがない。

私はこの客の言葉に静かに耳をかたむけ、一言もさしはさもうとはしない。今や会話が凪《なぎ》の状態となり、みながそれに気づいて敬意を払っている。やがてインド人は不意に向きを変え、奥の小部屋に引っ込む。だが一、二分のうちに陳列棚から選んだ高価な折りたたみ本を持って出てくる。彼はその代金を払い店を出ようとする。私は戸口へ向かう去りゆく彼の姿を不思議そうな顔つきで見つめている。

突然彼は向きを変え私に近づく。ポケットから札入れを出し、名刺をとり出す。

「この話をもっと続けてみたいですか?」半分ほほ笑みながら彼がたずねる。私はびっくりするが、しかし喜んで同意する。彼は私に名刺を渡し、夕食に招待する。

§

日暮れ近く、私はあの見知らぬ人の家をたずねて出かける。濃く垂れ込めた不快な霧を供に道を行くのは、厄介と言えないこともない。芸術家なら、しばしばこの街をおおい、灯火までも暗くするこの霧に、ちょっとしたロマンティックな美を見いだすだろう。だが私の心は近づく会見への思いでいっぱいで、周囲の雰囲気に、美しさも不快さも見い出さない。

旅は、突然眼前にあらわれた堂々とした門で終わる。二つの大きなランプは、まるで挨拶をするかのように鉄製のブランケットで支えられている。家に入ると喜ばしい驚きを感じる。あのインド人からこれほど独創的なインテリアを想像することもできなかったが、彼が多くの金をつぎ込んで、ふんだんに洗練された味付けをした内装であることは明白だ。

まあ、私が知る限り、アジアのどこかの宮殿並みの立派な広間である。実に異国風なつくりで、多彩かつ豪華な飾り付けをしてある。私は外の扉を閉め、索漠とした物さびしい灰色の西洋世界を置き去りにする。部屋はインドと中国の雰囲気をおもしろくミックスして装飾され、赤、黒、金を中心にしつらえてある。中国の竜が寝そべる、まばゆいばかりのタペストリーが壁全体に掛かる。高価な工芸品をのせたブラケットを支えて、みどり色の竜の頭の彫刻が部屋の四隅から恐ろしいさまでにらむ。二枚のオレンジ色の絹のおおいが出入り口の両側を飾る。大胆な柄のインドの敷物が寄せ木細工の床に敷かれ、歩くたびに靴は深々と心地良く沈む。巨大な虎の毛皮が暖炉のまえ全面に広げられている。

私の目は部屋のいち隅の小さなうるしのテーブルにとまる。その上には金箔《きんぱく》の扉を折りたたんだ黒檀の祭壇があり、奥にインドの神の像がかいま見える。たぶんブッダだろう。顔におだやかな不可思議さをたたえ、瞬《また》かない目は鼻先を見つめている。

主人は丁重に挨拶をする。非の打ちどころのない黒の正装だ。私は心中に、このような人は世間のいかなる仲間といてもつねに際立って見えるだろう、と思う。数分後、二人の夕食の席には魅惑的な料理が運ばれる。カレーという、なんともうまい料理の存在を知ったのはこのときだ。それは私の生涯の好物となる。召し使いの給仕の様子も絵のような趣を添える。彼は白の上着と白のズボンに金色の帯をしめ、純白のターバンを巻いている。

食卓での話題は表面的な世間話だが、この主人は何を言うときでもどんな話題でも、つねに結論じみた雰囲気の言葉で話す。彼の声明は議論の余地をあたえない。その語調はあまりにも自信に満ちているので、彼の言葉がその話題の結論のように聞こえるのだ。その静かな確信に満ちたたたずまいには、感銘を受けずにはおれない。

コーヒーカップを手に、身の上話を少しする。彼は広く旅していること、ある程度の資産を持っていることを知る。そこで一年間を暮らした中国の生き生きとした印象を語り、日本——その驚くべき未来をはっきりと予言する――、アメリカ、ヨーロッパ、そしてもっとも不思議に感じたのだが、隠とんの一時期を過ごしたというシリアのキリスト教僧院の生活について語り、私を楽しませる。

タバコをふかす時間になって、彼は書店でのあの話題に触れる。だが明らかに彼がしたいのはほかの話だ。彼はじきに話題をより大きな論点、つまり古代インドの英知というテーマで切り出す。

「われわれの賢者たちの教えのうち、あるものについてはすでに西洋に伝えられました」と彼は感動的に言う。「しかし、真の教えが理解されているとはおよそ言えません。いくつかのケースでは変造されたものさえあります。ですが私が不足を言うのは妥当ではありません。今日のインドの姿は何ということでしょうか。彼女はもはや過去の高遠な文化の代表ではない。偉大さは失われてしまった。悲しい、実に悲しいことです。大衆はにせ宗教の足かせや愚かな慣習のもつれにからみつかれる代償を払いながら、いくばくかの理想にしがみついているのです」

「なにがその堕落の原因なのですか?」と私はたずねる。

主人は沈黙する。一分間がゆっくりと過ぎる。彼の目がしだいに細くなり、なかば閉じられるまで私はじっと見まもる。やがて彼は静かに沈黙を破る。

「ああ、わが友よ! かつて私の国には生命の神秘を看破《かんぱ》した、偉大な予言者たちがいました。彼らは王からも民衆からも助言を求められました。彼らの霊感に導かれ、インドの文明は頂点に達したのです。今日、彼らはどこで見つかるでしょう? 二、三人は残っているかもしれない――人に知られず、記録もされず、現代的生活の主流からは遠く離れて。これら偉大な賢者たち――リシ、とわれわれは呼ぶのですが、彼らが社会から身をひそめたと同時に、われわれの衰退も始まったのです」

胸であごを支えなければならぬほど彼はうなだれる。最後の言葉を語るその声は悲しげな響きをおびる。しばらく、彼は私のことを忘れたように憂うつな思いに沈む。

彼の人柄はふたたび私を感動させる。非常に興味深い、とびぬけて魅力的な人物だ。その目は黒く輝き、鋭い知性を反映する。声はソフトで思いやりに満ち、親切心を物語っている。自分は彼を好んでいると、あらためて感じる。

音もなく召し使いがやってきて、うるしのテーブルに近づく。線香に火をともすと、青いもやが天井に立ちのぼる。東洋の不思議な香りが部屋に広がる。不快な香りではない。

突然主人は頭をあげて私を見つめる。

「二、三人は残っている、と申し上げましたよね？」と、奇妙な尋ね方をする。「ああそうだ！　申し上げた。かつて私は偉大な賢者を知っていました。あれは私の特典だったのでして、もうそのことをひとにめったに話しません。彼は私の父であり、案内人であり、師であり、友人でした。彼は神の英知をそなえていました。私は自分が本当の息子であるかのように彼を愛していました。ときおり恵まれた機会を得て、彼と共に暮らしていますとそのときにはつねに、生命の本質は善であるということを直観できました。彼の驚くべき雰囲気による影響とは、このようなものでした。絵画を趣味にし、美を自分の理想とする私は、彼から、ハンセン病患者や貧しい人、障害のある人びとの内に神聖な美を見ることを学びました。それ以前にはそのような人びとを恐れて避けていたのです。彼は、町から遠く離れた森の中の庵に住んでいました。私は偶然のような形で彼の隠とん所に行き当たり、その日以降何度か彼をたずね、できる限り長くそこに滞在するようになりました。彼は私にたくさんのことを教えました。そうです――このような人ならどんな国にも偉大なものをあたえることができるのです」

「それならなぜ、世間に出てインドに奉仕することをしなかったのでしょうか？」私は率直にたずねる。

インド人は首をふる。

「このような非凡な人の本意を知るのはわれわれにはたいそう難しいのです。あなたがた西洋人でしたらわれわれの倍も難しいでしょう。彼の返事はおそらく、奉仕は心のテレパシー的な力によって秘密のうちに与えることができる、というものでしょう。そのような影響は、遠く目に見えないところからでも、少なからぬ力で作用するものなのです。彼はまた、堕落した社会は、定まった救済のときが来るまで、その運命を甘受しなければならないのだ、と言うかもしれません」

私は彼のこの答えには、まったく困惑したと白状する。

相手はそんな私の様子に、「そうでしょうとも、友よ。そうだろうと思っていました」と言う。

§

あの忘れがたい宵のあと、彼の異国的な人柄に魅され、それにも増して彼の非凡な知識に誘惑され、私はひきつけられるように何度もこのインド人の家を訪ねる。人生の意味を探りたいという願望はバネのようにはずんで、私にそれをせかす。知的好奇心を満たすというよりも、価値ある幸福を獲得したいと私を刺激するのだ。

ある夜、われわれの会話は、私にとって重要な結果をもたらす方向へとむかう。しばしば彼は、自分の国の人びとの奇妙な風習や、独特の伝統について語り、またこの驚くべき国に住む、ある種のひとびとについて描写する。今宵《こよい》はそのうちのひとつの不思議なタイプ、ヨーギーについてふと漏らす。私はこの言葉について、漠然とした、筋道の通らぬ観念しか持っていない。書物を読む際、何回か出てきたが、それぞれで意味するところがまったく異なり戸惑っているのだ。それでわが友がその言葉を発したので、ちょっとさえぎって説明を頼む。

「喜んで致しましょう。ですがヨーギーという言葉は、ひとつの定義では説明し切れないのですよ」と、彼は答える。

「きっと私の国の一ダースの人間にたずねると、一ダースの定義が返ってくるでしょう。まず、この名でとおる、何千人もの放浪の物乞いがいます。彼らは村々を群れ歩き、定期的におこなわれる宗教行事に寄り集まってくるのです。多くが単なるなまけものの放浪者、ほかのいくらかは悪者、そして大部分は読み書きができない、ヨーガという科学の、歴史も理論も知らない者たちです。彼らは変装してヨーガというシェルターに避難しているのです」

彼はタバコの灰を落としてひと呼吸おく。

「ですが巨大なヒマラヤ連峰が永遠に守る、リシケシのような場所に行ってごらんなさい。そこでは、まったく異なる次元の人びとを見ることができるでしょう――粗末な小屋や洞窟に住み、ほんの少しばかりの食事をし、つねに神に祈っている人びとです。宗教は彼らの呼吸です。昼も夜も心はその思いで占められています。彼らのほとんどは善い人びとで、われわれの聖典を研究したり、祈りを唱えたりしています。そんな彼らもまたヨーギーと呼ばれているのです。しかし、あの無知な、大衆を食いものにしている物乞いたちと、いったいどんな共通点があるでしょうか？　これで、ヨーギーという言葉がどんなに融通のきく言葉であるか、お分かりになったでしょう！　この二種類の中間に、両者の性質を分けて持つ別の種類もあるのです」

「それからヨーギーたちが持つ、神秘的な力がたいそうもてはやされているようですが」と私は言う。

「ああ！　ではあなたはもうひとつの定義も、よくお聞きにならなければなりません」と、彼は笑いながら答える。「大都市から遠く離れた寂しい隠れ家や、ひと気のないジャングルの奥、山の洞窟の中に、修行をすれば驚くべき力を獲得することができると信じて自分の全存在を捧げる、不思議な人びとがいます。彼らのあるものは、宗教を口にすることを避け、それを軽べつしていますが、あるものは高度に宗教的です。しかし彼らのすべてが、目にも見えずさわることもできない力の支配権を自然からもぎ取ろうと努力をしています。ご存じのように、インドは、奇妙な人びとや神通力を持つ人びとの伝説にはまったく事欠かなかった国でして、奇跡的な技をおこなうことができた熟達者たちの物語は、本当にたくさんあるのです。今ではこういう人びともヨーギーと呼ばれています」

「あなたはそういう人びとに会ったことがありますか？　そのような伝説を信じますか？」と、私は無邪気にたずねる。

相手は黙っている。どのような形で答えたらよいか、じっくり考えている様子だ。

私の目は、うるしのテーブルの祭壇に向く。部屋を照らすやわらかな明かりの中、ブッダが金色の蓮華《れんげ》座の上から自分に向かって慈悲深くほほ笑みかけていると空想する。ひととき、辺《あた》りの空気になにか超自然的なものを感じるような気がしたそのとき、インド人のはっきりした声が、さまよう空想力の行く手を阻止する。

「ごらんなさい!」彼は何かを差し出して静かに言う。それはえりの下から解きはずされたものだ。「私はブラーミンです。これが私の聖糸です。数千年間におよぶ厳しい隔離によって私たちのカーストは、ある本能的な特質を形成しました。西洋の教育も、西洋への旅も、それらを失わせることはありません。高次の力にたいする信仰、自然を超えた力の存在への確信、人間のうちに認める霊的進化——これらがブラーミンとしての私の天性です。これに疑問がおこっても、つねに理性のほうが圧倒され、これは滅ぼそうとしてもけっして滅ぼすことはできません。私はあなた方の近代科学の原理や方法に十分同感するのですが、このことについては、『私は信じる!』という以外の答えは申し上げられないのです」

しばらく彼はじっと私を見つめ、そして続ける——

「そうです、私はそのような人びとに会いました。一度、二度、三度。彼らに出会うことは難しい。昔はもっとらくに見つけられたのでしょうが、しかし、今日ではほとんどいなくなってしまいました」

「でも、いることはいるのでしょう?」

「それはいるでしょう。ですが友よ。彼らを見つける、というのはまた別の事柄です。それには長い探索が必要でしょう」

「あなたの師——彼はその一人だったのですか?」

「いいえ、彼はもっと高い序列に属していました。彼はリシであったと申し上げませんでしたか?」

この言葉も説明が必要だ。私は彼にその旨を告げる。

「リシは、ヨーギーよりも高い位置に属しています」彼は答える。「ダーウィンの進化論を、人間の人格という分野に置き換えてごらんなさい。肉体の進化と平行して、霊性の進化があるのだというブラーミンの教義を認めてごらんなさい。リシたちを、この進化にそって頂上に登りつめた人びとなのだと見てごらんなさい。そうすれば彼らの偉大さのおおよその概念が得られるでしょう」

「リシもやはり、われわれが聞いているような不思議をおこなうのですか?」

「ええ、もちろんです。しかし、奇跡行者ヨーギーの多くの者と違い、彼らは、奇跡だからといって奇跡を尊重するようなことはしません。その力は、意志と精神集中の偉大な発達の結果として、内部に自然に生じたものです。それは彼にとってはどうでもよいことで、さげすむことはあっても、使うことはほとんどしません。おわかりになるでしょうか、彼の第一の目的は、その輝かしい実例である、東洋のブッダや西洋のキリストという、そうした神聖な存在と同種の存在に、内面からなることなのですよ」

「しかしキリストは奇跡をおこなったではありませんか!」

「そうです。しかしあなたは彼が自己顕示のためにそれをしたとお思いですか? そうではありません。彼は、それにより凡庸な人びとに信仰を得させ、彼らの魂を救いたいと思ったのです」

「もし、リシのような人びとがインドにいるなら、疑いなく大群集がそのまわりに群がるのではないですか?」と、私は推測する。

「間違いなくそうでしょう――しかしそうなるためには彼らはまず、人びとの前に現れて、こうした目的のために自分がここにいますよ、と公表しなければなりません。リシがそんなことをしたなんて、究極の例外以外、聞いたことがありません。彼らは世間から離れて暮らしたがります。公的な仕事をしようと思う者は、わずかの期間だけ姿を現し、ふたたび姿を消すのです」

そのような人びとが近づきがたい場所に隠れたのでは、仲間たちに多大な奉仕などできるわけはないではないか、と私は反論する。

インド人は寛大なほほ笑みをうかべる。

「それは、あなた方西洋の格言、『人は見かけによらぬもの』の範疇《はんちゅう》に入る事柄です。遠慮なく申し上げるなら、このような人びとについて、十分に精通した理解をもたない限り、誰も彼らを正しく判定し得ないでしょう。時にはリシたちもしばらく町に住み、社会で活動した、と申し上げましたね。古代では、そのようなことがもう少しひんぱんにあり、彼らの英知や力や能力が、大衆によく知られていました。その頃は彼らの影響は広く認められ、王たちでさえ、これら偉大な賢者たちをうやうやしく訪問して、政治上の指示を乞うことを恥としなかったのです。ですがリシたちが好む本当のところは、その影響を、無言の、人に知られない形であたえることなのです」

「そのような人びとに会いたい」なかば独り言のように私はつぶやく。「本当に真のヨーギーたちに会いたい」

「あなたはいつか、〝必ず〟会います」彼は保証する。

「どうしてそんなことがわかるのですか？」ちょっとびっくりしてたずねる。

「私たちが初めてお会いした、あの日にわかりました」彼は驚くべき答えを言う。「あなたはそれを何とお呼びになってもよいですが――それは直観として、深く感じられるのですが外的な証拠によっては説明することができない、あるお告げとして――私にやってきました。師がこの感覚の訓練法や開発法を私に教えたのです。今ではすっかりそれを信じるようになりました」

「デーモンに導かれた現代のソクラテスだ！」と、私は冗談まじりに言う。「だが教えてください、あなたの予言はいつ実現するでしょう？」

彼は肩をすくめる。

「私は予言者ではありません。だから残念ながら時期は申し上げられません」

彼が望めばくわしい予言も可能だろうと私は推察するのだが、それ以上の強制はせず、じっと考えたすえ、ひとつの提案をする。

「あなたもいつかは国にお帰りになるでしょう。もしそのときに私の用意ができていたら、ご一緒することはできないでしょうか。いまお話でうかがったような人びとを探し出すのを助けて下さいませんか？」

「いや、友よ。一人でお行きなさい。ご自分で見いだされる方がよろしい」

「よそ者にはさぞ難しいことでしょう」私は嘆く。

「そうです――非常に難しい。しかし一人でお行きなさい。いつか、私が言ったことが正しいとおわかりになるでしょう」

§

それ以来私は、太陽が照り輝く東洋の港に自分がいることを、そのような重大な日がくることを強く感じはじめる。もしインドがその過去に、リシのような偉大な人びとをかくまってきたのなら、そしてもし友人が信じるように、今もなおわずかばかりでもそのような人びとが生存しているのなら、彼らを探す苦労などは、彼らの英知から何ものかを学ぶという報酬を思えば、なんのことはない。そう私は思うのだ。あるいは、人生が今まで私にあたえることを拒んできた知識や満足を得られるかもしれない。万が一、探し出すことに失敗しても、その旅はけっしてむだにはならないだろう。ヨーギーや、魔法を使って神秘的な行をしている奇妙な人びとと、彼らの不思議な生活様式は、私の好奇心を刺激し、興味を呼び起こす。ジャーナリストという砥石《といし》は、ふつうでないものへの私の関心を異常なまでに鋭く研ぎすませてしまった。こうして未知の足あとを探索するという期待に夢中になる。この空想を最大限実現させよう。チャンスがきたら最初の船に乗って、インドに行こう。私はそう決心する。

昇る太陽にむかう旅を最終的に固く決意させた黒い顔の友人は、なお数カ月、私を彼の家に迎え続ける。彼は、渦巻く人生の大海における私のふるまいかたに助言はしてくれるが、前方にひろがる未知の大洋を横切るパイロット役はつねに拒否する。だが自分の位置を発見し、隠れていた可能性に気づき、あいまいな思想が明白になることは、若い者にとって、疑いなく価値あることである。だからこの初期の恩人に対して感謝を捧げても間違いではないだろう。なぜならふたたび運命は糸車をまわし、暗黒の日が到来する。別れのときがきたのだ。そして数年のうちに一見偶然のような形で、私は彼が死んだことをきく。

時と環境は、まだ旅を許さない。野心と欲望が、自分ではどうしようもできないさまざまな責任へいざなう。私は自分を閉じ込めている人生に身を任す以外にはどうすることもできず、見まもりながら待っている。だがインド人の予言への信仰はけっして失わない。ある日それは、思いもかけぬ確証によって強められる。職業上の仕事ではからずも数ヵ月間、深い敬愛の念を抱くある人物とひんぱんに接触する。彼はひじょうに俊敏で、人間の性質のあらゆることに通じているひとだ。何年も前にはある大学で心理学の教授をつとめていたのだが、アカデミックな生活は彼の趣味に合わず、それを捨てて、驚くほどの幅広い知識をもっと実際の役に立てようと、違う畑を求めた。そしてしばらくの間、実業界の大物たちの相談役として活動した。彼はどんなにたびたび方々の大会社の社長たちから何件もの相談依頼金を取っていると自慢したことだろう！

人を鼓舞して最大限の力を発揮させる、というすばらしい天性を彼は持っている。彼に会う人はことごとく——会社の使い走りから億万長者の大物まで——実地に役立つ助けと新たな情熱を見いだすのだ。ときには金銭についての助言も授ける。私は彼から与えられた助言は、どんなものでもすべて注意深く記録している。彼の洞察や先見はビジネスの問題でも個人の問題でも、たいていびっくりするほどよく当たるからである。私が彼との交わりを楽しむのは、彼がその性質の中で内観の要素と外部観察の要素とを調和させることに成功していて、一分間深遠な哲学を語っていたかと思うと、次の一分間では商業上の報告を扱うこともできる、という風だからである。そのうえけっして退屈なところがなく、つねに機知に富み、良い気分を放出している。

彼は私をごく親しい仲間の一人に加えていて、ときどき仕事と楽しみをかねて数時間をともに過ごす。彼の話に耳を傾けていて飽きることはない。話題の広さも驚きである。この小さい頭にどれだけの知識が入っているのか、私はしばしば驚嘆するのである。

ある夜のこと、心地よい明るさの灯火とともにおいしい料理を供する、小さなボヘミヤ風のレストランへ食事に出かける。食後、空に満月が輝いているのを見て、その詩的な光の魔法に誘われ、家まで歩いて帰ることにする。

その夜の会話のおおかたは、どちらかというと軽い、上調子のものだったが、閑静な通りを歩いていくうちに、それは哲学的深みへ漂流していく。この夜の長旅が終わるころには、彼の依頼人たちのある者はその名の響きを聞いただけで恐れをなすであろう、難解な問題について話している。彼の家の扉の前で、彼はこちらを向いて別れの挨拶に手を差し出す。私の手を固く握りしめながら、彼は突然厳粛な調子で私に呼びかけ、ゆっくりと話す――

「君はけっしてこんな商売に入るべきではなかった。君は本当に、売文業のとりこになった哲学者だ。なぜ、大学の先生になって静かな研究に専念しなかったのだ？　だって室内用スリッパをはいて自分の頭の中を歩きまわるのが好きなのだもの。君は心の根源に到達しようと努力している。いつか、インドのヨーギーや、チベットのラーマや、日本の禅僧のもとに出かけて行くだろう。そして、ある不思議な記録を書くだろうよ。おやすみなさい！」

「あなたはヨーギーについてどう思われます？」

相手はその頭を私の頭の方にまげて、ささやく――

「友よ、彼らは知っている、彼らは知っている！」

私は非常に戸惑いながら歩き去る。この東方への旅は、近い将来に実現するとは思えない。私は活動の迷路の奥に深く沈みつつあり、それにつれてそこからの脱出はいっそう困難になりつつあるのだ。しばらくの間、悲観的考えにおそわれる。私は、この私的な束縛と個人的野望の迷路の中に捕らえられたまま、生涯を終わる運命なのか？

だが、まだ来ぬ召喚状への推測は間違いだった。運命はその命令を毎日出している。だが、われわれのほうに、それを読みとる教養がないのだ、無意識のうちにそれに服従して動きまわっているというのに！　一年もたたずに私は、ボンベイのアレクサンドリヤの波止場に上陸する自分を見いだす。東洋の都市の雑多な生活にまぎれ込み、耳障りなアジアの言葉の怪しい騒がしさに耳を傾けているのである！

［1］悲しいかな、彼はこの大陸を去り、その店も彼とともに消え去った！

第三章　エジプトからきた魔法使い

奇妙、というよりもおそらくは意味深い事実なのだと思うが、私がこの変わった探求の運だめしをしようとすると、運命の女神の方から私に姿をあらわす。まだ私はボンベイの見せ物街を探索するという、旅行者の特権さえ行使していない。この都市についての私の知識はらくらく一枚のはがきに書ける程度だ。一個を除いて、トランクは荷ほどきをしたまま置いてある。私の唯一の活動は、船上の知人がこの町でもっとも泊まり心地良いホテルのひとつだと教えてくれた、ホテル・マジェスティックの内部環境に自分をなじませようという努力だけだ。そしてその活動中、私は驚くべき発見をする。同じホテルの客に、奇妙な呪術《じゅじゅつ》を駆使する魔法使いの一員、つまり摩訶不思議《まかふしぎ》をおこなう生身の人間が宿泊していると知るのである！

彼は、あっけにとられた観客をたぶらかしてひと儲《もう》けし、劇場にも儲《もう》けさせようという性悪の手品師の一員ではない、ということは知っておいて頂きたい。リージェントストリート（ロンドンのショッピング街）よりは平凡な、マスケリンやデヴァント（イギリスの魔術師）の技をまねする賢い一魔術師でもない。いや！　この男は、中世の魔法使いの系列に属するのだ！　凡人には見えないが彼の目には判然とうつる、不可思議な生きものたちとつきあっているのだ！　こうしたところが、彼の奇妙な評判である。ホテルのスタッフは恐れるような顔つきで彼を眺め、息をひそめて彼を語る。彼が通るとほかの客たちは本能的に会話をとめ、目にとまどいと物問いたげな色を見せる。彼は人びとに交際を求めず、たいてい一人で食事をとっている。

彼を好奇心の対象に見せているさらなる理由は、彼がヨーロッパ人でもインド人でもないことだ。彼はナイルの国からの旅人、実に、彼はエジプトからきた魔法使いなのである！

マハマウド・ベイの風貌《ふうぼう》と、彼が持つという不吉な魔力を一致させるのは、私には簡単ではない。こうあるはずだと思うような厳しい顔つきややせた体ではなくて、ほほ笑みをたたえた美しい顔、たくましい肩、活動的に男性らしく足早に歩く姿勢よい姿である。まっ白な長衣でも量感あるマントでもなく、彼がスマートに着こなしているのは身丈に合った現代の服だ。パリの夜の上等なレストランで見かける、あのハンサムなフランス人のように見える。

私はその日一日中そのことを考えている。翌朝、断固とした決意とともに目を覚ます、私はマハマウド・ベイにただちに会見しなければならない。仲間の新聞記者たちが言うように、「彼のストーリーをとる」ことにしよう。

私は名刺の裏に自分の願いを数行したためる。その右隅には、私が彼の神秘的な技の伝統的な面についてはまったく知らないわけではない、というシンボルをごく小さな文字で描いておく。彼に会見を承諾させる一助になるかとの思惑である。私はその名刺を足音を忍ばせて歩く召し使いの手にそっと渡し、彼に一ルピー銀貨を握らせて魔法使いの部屋に使いにやる。

五分後に返事が到着する、「マハマウド・ベイ氏はただちにお会いになるそうです。朝食をとるところなので、ご一緒にいかがですかとおっしゃっておられます」

最初の成功は私を勇気づける。召し使いが二階に案内すると、マハマウド・ベイがお茶とトーストとジャムが並べられたテーブルにすわっている。エジプト人は挨拶に立とうとはしない。そのかわり、向かい側の椅子を指さし、澄んだ気持ちのいい声でこう言う――

「どうぞおすわりください。そしてお許しください、私はけっして握手はしないのです」

彼は、灰色のゆったりした部屋着を着ている。褐色の頭髪はライオンのたてがみのよう。巻き毛の房がひたいに垂れさがる。「一緒に朝食を召し上がりますね？」そうたずねながら魅力的に微笑すると、まっ白な歯が輝く。

私は礼を言う。茶わんをへだてて、ホテル中に畏敬の念を起こさせるほど彼の名声が高まっていること、自分がその人物に向こう見ずにも近づこうと決意するまでずいぶん考えたということを告げる。彼は笑って、しかたがない、というように手を挙げるが何も言わない。

しばらくして彼はたずねる。「新聞社から派遣されているのですか？」

「いいえ、私用でインドに来たのです――ある、わき道の物事について研究したいと思いまして。まあ、著作のためのいくらかの資料を集めようと」

「長く滞在なさるおつもりで？」

「それは状況次第です。期間は決めていません」インタビューを申し込んだ方がインタビューをされているな、と妙な気持ちになりながら答える。だが次の彼の言葉で安心する――

「私もやはり長い滞在の途中なのです。一年になるか、二年になるか。そのあとで極東に行きます。もしアラーがお許しになるなら、世界を見てからエジプトに帰りたいと思っています」

召し使いが入ってきて、食べ終った食卓を片づける。突っ込んだ質問をするときだ、と私は感じる。

「あなたが魔法の力をお持ちだというのは本当のことですか？」私は率直にたずねる。

落ち着いて、自信ありげに彼は言う、「ええ、全能の神アラーが、私にそのような力をお与えになったのです」

私は躊躇《ちゅうちょ》する。彼の濃い灰色の目がじっと私を見る。

「あなたは私に実演をさせたいのでしょう?」彼は突然問いかける。

まさに推察の通り。私はうなずく。

「よろしいでしょう。鉛筆と、なにか紙をお持ちですか?」

私は急いでポケットを探りノートを取りだし、ページを引き裂いて鉛筆を出す。

「結構です。では何かお尋ねになりたいことをその紙に書いてください」そう言いながら、後方に退いて窓辺のくぼみのちいさなテーブルの前にすわる。私にはなかば背を向け眼下の街をながめている。われわれの間には、今、数メートルの距離がある。

「どんな質問を?」と聞く。

「何でもおたずねになりたいことを」と答える。

あれこれ考えたあげく、私はひとつの短い質問を書く。それは「私は四年前にどこに住んでいたか」というものだ。

「今度はその紙をくり返し折りたたんで小さな四角にしてください。できる限り小さく折りたたんでください」

私は言われたとおりにする。彼は自分の椅子をもとの場所に戻し、ふたたび私と向き合ってすわる。

「どうぞその紙を鉛筆といっしょに、右の手のひらの中にしっかりと握ってください」

私はこの品々をしっかりと握りしめる。エジプト人は目を閉じる。彼は深い精神集中状態に入ったようだ。

やがて重いまぶたが開き、灰色の目がじっと私を見て静かに言う。

「おたずねの質問は――『私は四年前にどこに住んでいたか』というのではありませんでしたか?」

「おっしゃる通りです」私はびっくりして答える。これは非凡な読心術だ!

「今度はどうぞ、その握っている紙片をひろげてください」彼の声が沈黙を破る。

私は小さな固まりをテーブルに置き、静かに広げてもとの平らにのばす。

「調べてください!」と相手は命じる。すると驚くべき発見をする。見えない手が、私が四年前に住んでいた町の名をそこに書いているのだ。答えは先ほどの質問のすぐ下にある。

マハマウド・ベイは勝ち誇ったように微笑する。

「そこに答えが書いてあります。あっていますか?」彼は答えを催促する。

私は不思議に思いながら同意する。そして当惑している。この芸当はほとんど信じられない。試しにもう一度やってくれと頼む。彼はすぐに承知して、私があらたな質問を書くあいだ、窓の方に行っている。書いているところを読んだとは言われないよう、私は細心の注意をはらって書いている。おまけに彼を注意深く監視し、その視線が下方の雑多な街の風景を注視しているのを確認している。

再度私は紙片を折りたたみ、持っていた鉛筆といっしょに固く握りしめる。彼はテーブルに戻り、目を閉じるとふたたび深い集中状態に没入する。そしてこう言う、

「第二のご質問は――『二年前、私はどの雑誌の編集をしていたか』というものでしょう?」

彼は質問を正確に言い当てている。やはり読心術だ、と私は推理する。

そしてふたたび私が右手に握る小さなかたまりを広げてくれと言う。私はそれをテーブルの上にのばす。

そこには雑誌の名が、無器用な鉛筆文字で書いてある！　驚きあきれ、見つめるほかはない。

手品だろうか？　だがこれは不合理な想像としてすぐに追い払う。紙と鉛筆は私自身のポケットから出したし、質問は私がその場で考えたものだ。それに二度とも私が書いている間ずっと、マハマウド・ベイは用心深く数メートル離れたところにいた。そのうえ一部始終は、すべて朝の太陽の光のもとでおこなわれたのだ。

催眠術だろうか？　だが私はこれを研究したことがあるので、不法な働きかけがあればすぐにわかるし、自分を守る方法も知っている。さらなる疑問は、質問に書き添えられた神秘的な文字は、今も紙［1］に残っているのだ。

私は再度困惑する。もう一度だけ実験をしてほしいとエジプト人に頼むと、彼はこれを最後と承知する。そしてこれも完全に成功する。

事実を否定することはできない。彼は私の心を読んだのだ（と、私は信じる）。とにかく彼は、ある説明できない魔法によって、見えない手に、私がしっかりと握っている紙きれの上に文字を書かせた。それだけではなく、それらの文字は質問への正しい答えになっているのだ。

彼が使う不思議な方法とはいったい何なのだろうか？

考え込むうちに、私はうす気味悪い力の存在を感じる。正常な心には信じることのできない事柄だ。それはなじみが薄く、健全な存在とはかけ離れたものだ。気味の悪い恐ろしさで私の心臓は止まりそうになる。

「イギリスにこういったことができる人はいますか？」と、彼はなかば自慢げにたずねる。

同一の実験条件のもとでこの技をおこなえる者は一人として知らない、と認めざるを得ない。プロの魔術師の何人かは、彼ら自身の道具を使えるなら同じことができるに違いないが。

「あなたの方法を説明していただけませんか？」私は弱々しくたずねる。この秘密をもらしてくれと頼むのは、月をくれというようなものだと恐れながら。

「私は、この秘密を教えて欲しいと巨額の金の提供を申し込まれました。しかし今はまだその気はありません」

「私が心霊学的な事柄にまったくの無知ではない、ということはあなたにもお分かりだろうと思いますが」と、思い切って言ってみる。

「分かっていますとも。もし私がヨーロッパに行くことがあれば――これは十分可能性のあることですが――あなたは私のためにお骨を折って下さるでしょう。そのときには、もしお望みなら、あなたも同じことがおできになるようこの方法を伝授しましょう」

「その訓練にはどのくらいのときがかかりますか」

「それは人によります。もしあなたが全ての時間を捧げて一生懸命に訓練なさるなら、三カ月あれば十分にそれを理解することができるでしょう。しかしそのあとで何年間もの練習が必要です」

「あなたの秘密を明かすことなしに、この技のおおよその根拠、つまり理論的な面だけを、説明して下さることはできませんか？」私はなおもくいさがる。

マハマウド・ベイはしばらくこの要求を考えている。

「ええ、あなたには喜んでお話しましょう」彼は優しく回答する。私はポケットを探って速記帳を取りだし、鉛筆をかまえて待ち受ける。

「いいえ、どうぞけさは許してください」と、彼はほほ笑みながら異議を申し立てる。「今日は忙しい。これでおひらきにしましょう。明日、正午の一時間前にここにいらしてください。話をつづけましょう」

§

指定の時間きっかりに、ふたたびマハマウド・ベイの部屋にすわる。彼はテーブル越しに、エジプトタバコの箱を私に押してよこす。一本つまむと、火を差しだしながら「これは私の国のものです。良い品です」と言う。

椅子の背にもたれて前置きの一服をやる。良い香りだ、確かに実にすばらしいタバコだ。

「さあ、それでは、あなたのイギリスのご友人たちが言うところの、理論とやらを説明しなければなりませんね。私からしたら、それは確実な事実なのですけれど」と、マハマウド・ベイは気さくに笑う。そして、「私が農芸科学を専攻し、その学位を持っている、とお聞きになったら驚かれるでしょうね?」と、ポツリと言い足す。

私は記録をはじめる。

「それは、私の魔法への興味、とでも言いましょうか——それには似つかわしくないということはわかっていますが」と続ける。見上げると、口もとにためらいの微笑をうかべている。彼は私をじっと見つめ返す。私はこの男の中には、上等な「物語」があるぞ、と心中に思う。

「しかしあなたはジャーナリストだ。たぶん、私がどのようにして魔法使いになったか、ということをお知りになりたいのでしょう?」と彼はたずね、私はうなずく。

「結構です! 私は内陸の地方で生まれ、カイロで育ちました。私はふつうの学生と同じようなことに興味を持つ、ごく当たり前の少年だったのですよ。農業を職業にしようと熱心に考えていたので、その目的で国立の農業大学に入ったのです。私は熱意を持って勉強し続けました。

ある日私のいたアパートに、一人の老人が住みはじめました。ふさふさした眉と灰色の長いあごひげをつけたユダヤ人で、いつも厳粛でまじめな顔つきでした。とても古風な服を着ていて、まるで前世紀の住人のようでした。打ち解けたところがないので、隣人たちは彼とつき合おうとはしなかったのですが、不思議なことにこの神秘的な用心深さが、逆に私の興味を呼び起こしたのです。私は若く、自己主張が強くて、恥じらいなどはまったくなかったものですから、しつこく彼との交際を求めました。はじめ、彼はそっけなく断りました。でもそれは、私の好奇心の火に油を注ぐばかりでした。彼はついに、話をしたいという私の不断の努力に負けました。扉をあけ、自分の生活に私が介入することを許したのです。こうして私は、彼が不思議な研究と怪奇な実践におおかたのときを費やしていることを知るようになりました。要するに彼は私に、自分が超自然的な事柄について研究していることを白状したのです。

想像してみてください! それまで私は、若者らしい勉学と健康なスポーツという平たんな道を歩んでいたのです。今や、完全に異なった種類の存在に直面せざるを得なくなりました。それは訴えかけてきたのです。ふつうの少年なら恐ろしがるに違いない、超自然という考えについても、少しも怖いとは思わず、私はスリルを感じていました。それを通じて偉大な冒険の可能性がひらけていると感じたのです。私はこの年老いたユダヤ人にそれについて教えてくれと頼み、彼は私の願いに屈しました。こうして、私は新しい興味と新しい友人がいるサークルに連れていかれることになりました。そこは、魔術や交霊術、神智《しんち》学やオカルトを実践的に研究している、カイロのとある協会でした。彼はしばしばそこで講義をしていました。そのグループには社交界、学者、政府の役人、そのほかの地位ある人びとがいました。

私は成人したばかりだったのですが、この協会のどの会合にも老人に付き添うことを許され、機会あるごとに熱心に傾聴しました。私の耳は、まわりで語られる言葉をひとつも聞きもらしませんでした。私の目はしょっちゅう行われる不思議な実験を、熱心な情熱で見まもりました。農芸技術の勉強がおろそかになるのはむろん避けがたく、一方さらに多くの時間が超自然的事柄の研究にさかれました。ですが農芸の勉強については生来の才能に恵まれており、たいした困難もなく卒業試験は切りぬけました。

私はユダヤ人が貸してくれたかび臭い書物を研究し、彼から教わった魔法の儀式やその他の行《ぎょう》を実践しました。私は急速に進歩し、彼の知らないことまで発見しはじめ、やがてこの道のエキスパートと認められるようになりました。カイロ協会で講演や実演をおこない、会員たちが私を会長に指名するまでになりました。一二年間、私はそこのリーダーでした。そして辞職し、エジプトを出てある国々を旅行し——ついでにひと財産つくりたいと思ったのです!」

マハマウド・ベイは話をとめる。私が目をつけずにはおれなかった念入りにマニキュアされた彼の指がタバコの灰をおとす。

「たいへんなお仕事ですなあ！」

彼は微笑する。「私にとってはそれはたやすいことです。私の魔法の力を利用したいと思う大富豪の依頼者が数人いればよいのです。すでに私はある富裕なパーシー教徒（インドのイラン系ゾロアスター教の一派）たちや、金持ちのヒンドゥたちに知られるところとなっています。彼らは自分の心配事の相談や、なくしたものを見つけるため、またはオカルト的な手段でなければ得られない情報を得るためにここに来ます。当然、私は彼らに高い料金を要求します。一〇〇ルピーが最低料金です。正直に言いますと、私は大金をつくったら一切をすて、エジプトの静かな奥地に引っ込みたいと思っているのです。広いオレンジ畑を買って、もう一度農業に取り組みたいと思っています」

「エジプトから直接ここにいらっしゃったのですか？」

「いいえ——カイロを出てから、シリアとパレスチナにしばらくいました。シリア警察が私の力を聞きつけ、たまに助けを求めに来ました。事件が迷宮に入ると、最後の手段として私の奉仕を用いたのです。ほとんどの事件で私は犯人発見に成功しました」

「どのようにして、それがおできになったのですか？」

「私に付きそう霊たちが、その場面のヴィジョンを目の前に描いて見せるのです。だから犯罪の秘密がわかるのです」

マハマウド・ベイは時を逆戻りしてしばらく回想にふける。私は忍耐強く次の言葉を待つ。

「そうですね、一種の実験を行うスピリチュアリスト、と私をお呼びになったらいい。私は本当にスピリットたちの助けを呼び出すのですから」彼は続ける、「しかし本当の意味の魔法使い――手品師ではなく――とお呼びにもなれますし、読心術者でもあります。そしてそれ以上の何者でもないと主張します」

これ以上の付け加えなどいらない。この主張だけで驚くべきものではないか！

「目に見えないあなたの奉公人たちのことを、どうぞ話して聞かせてください」と、私は頼む。

「スピリットたちですか。そうですねえ、今のように彼らを統御できるようになるには、三年間の困難な修行が必要でした。ご理解できるでしょうか、われわれの物質感覚の外に存在する世界には、善いスピリットたちと同時に、悪いスピリットもいるのですよ。私は善いスピリットだけを使うように努めています。それらのある者は、この世界が死と呼ぶものを通過した人間です。ですが私の従者たちの大部分は、ジンです――つまり人間の体には宿ったことがない、霊界の住人たちです。ある者たちはちょうど動物のようですし、ある者たちは人間のように利口です。悪いジンたちもいまして――エジプトではジンと言うこの言葉にふさわしい英語を私は知りません――そういった者たちは、低級な魔法使いやアフリカのまじない医者に特に利用されています。私はこういう連中はよせつけないことにしています。彼らは危険な召し使いでして、ときどき反逆したり、自分をつかう人間を殺すこともあるのです」

「あなたが雇っておいでの人間霊はどなたですか?」

「一人は私の弟だ、ということだけ申し上げましょう。彼は何年か前に『亡くなり』ました。しかし覚えておいてください――私は霊媒ではありません。霊が私の体に入ったり、どんな形にせよ私を支配したりするようなことは決してないのです。私の弟は、自分が伝えたい思いを私の心に印象づけたり、私の心の目に絵画のようにヴィジョンを映し出して私と連絡をとっています。昨日あなたが紙にお書きになった質問の答えはその方法で知ったのです」

「そしてジンたちは？」

「私は約三〇のジンたちを駆使しています。彼らを支配し得るようになったあとも、子供にダンスを教えるのと同じように、命令をどのように実行するかを教え込まなければなりませんでした。まずそれぞれの名を覚えなければなりません。なぜなら彼らの名を知らなければ、呼びよせることも使うこともできませんから。その名前のいくつかはあのユダヤ人から借りた、かび臭い書物から覚えました」

マハマウド・ベイは、タバコの箱をふたたび私の方に押してよこし、話をつづける――

「私はそれぞれのスピリットに特定の義務をあたえました。それぞれ別の仕事をするように訓練したというわけです。そういうわけで昨日紙切れに鉛筆で文字を書いたジンたちは、ご質問の主旨を見いだすのを助けたのです」

「どのようにして彼らと連絡をおとりになるのですか？」

「心中で、単に彼らに思いを集中するだけで速やかに呼びよせることができます。実際にはアラビア文字で、呼びたいと思う者の名を書くのです。するとすぐにやって来ます」

エジプト人は時計を見て立ちあがる――

「さて、わが友よ、これ以上詳しい説明を申し上げることができないのを許してください。たぶんあなたも今は、私がなぜ秘密を守らなければならないか、理解していただけたでしょう。アラーの思し召しなら、また目にかかるでしょう。さようなら」

彼は頭を下げ、白い歯を輝かせて微笑する。インタビューは終わりである。

§

ボンベイの夜。遅く寝床につくが眠れない。重たい空気に息がつまる。酸素がうすく感じる。そのうえこの耐えがたい暑さ。天井にぶら下がる扇風機の羽の回転も、この疲れた目を閉じさせるには十分ではない。呼吸という簡単な動作が、まるで労働のように感じられる。熱い空気はそれに不慣れな肺がふくらむごとに痛む。悲惨な体はふにゃふにゃで、パジャマをぐっしょり濡《ぬ》らすほどに汗を絶えずしたたり落としている。さらに悪いことには、脳が圧力をかけられているようにまったく休まない。この夜、不眠という悪魔が人生に立ち入り、この足がインドの土を離れるまでとりついて離れない。熱帯世界に順応するために支払わなければならない対価を私は支払いはじめる。

蚊帳《かや》が、白い死に装束のようにベッドを囲む。バルコニーに向かって開いている高窓から月の光がさしこみ、青白い天井に不気味な影を投げる。

マハマウド・ベイとの朝の会話と前日の驚くべき現象の思いにふけり、彼が語った以外の説を見つけることができないかと探すが、まったく見当たらない。三〇か、もっといるという彼の不思議な家来たちが本当に存在するのなら、これはまさに――伝説はうそを言っているのではないと仮定すれば――教会や国家がしばしばその暗躍を妨害したにもかかわらずあらゆるヨーロッパの都市にいたという、魔法使いが繁栄していた中世に戻ったわけである。

説明を探せば探すほど途方にくれるばかりだ。

なぜ、マハマウド・ベイは鉛筆と紙きれを一緒に握るように指示したのか？　彼のスピリットと称せられる者が答えを書くために、鉛筆の鉛の微分子を一部取り出したのだろうか？

私は記憶の中を、似たような技術の例を求めて探す。有名なヴェニスの航海者、マルコ・ポーロがその旅行記のどこかで、中国やモンゴルやチベットである種の魔法使いに会ったこと、また、彼らがペンに触れることなしに字を書いたことを述べていたのではなかったか？　また、魔法使いは彼に、この奇怪な技は、何百年も前から彼らに知られ使われてきたと語ったのではなかったか？

また、神智学協会を設立した謎のロシア婦人ヘレナ・ペトロヴナ・ブラヴァツキーが、五〇年前に、それに少し似た現象を演じていたことも思い出す。その協会のあるメンバーは、彼女の仲介で、なにやら長々としたお告げをもらった。彼らが哲学上の質問を出すと、答えが、その質問の書かれた便箋《びんせん》上に書き綴られたのである！　彼女はそれを、突然しゃにむに書かせられる――と表現した。マダム・ブラヴァツキーが、モンゴルとチベット、つまりマルコ・ポーロが同じ現象に遭遇したそのふたつの土地をよく知っていると言っていたのも興味深い。しかしマダム・ブラヴァツキーは、マハマウド・ベイのように摩訶不思議なスピリットをつかうとは言わなかった。彼女の主張は、チベット人の彼女の師たちから神秘的な書きものが放射される、というものだ。その師たちは彼女の協会のインスパイラー（inspirers）として、肉体を持ちながらも姿は見せずに導いているのだという。明らかに彼らはエジプト人より優れた技を持っていたようだ、何百キロも離れたチベットからやってくる書きものを表したのだから。このロシア婦人のなす現象は真実なのか、チベットの師たちは本当に存在するのか、当時は大論争であった。しかしそれは私の関心事ではない。なぜなら、あの才気ある婦人はずっと前に行ってしまったのだから、たぶん、この世にいるときから心地よく感じていた別の世界に。私は自分の経験と、この目ではっきり見た事実を知るだけである。説明はできぬが、あの演技が本物であることは認めなければならない。

そうだ。マハマウド・ベイは魔法使いだ。二〇世紀の魔術師だ。インドに上陸してこんなにも早く彼を発見したということは、これからさらに見知らぬ人を発見するという前触れである。予言である。例えて言えば、私はインドの経験という柱に、最初の刻み目を入れたのだ。実際、私はノートのまっ白な紙面に、最初の記録を書き込んだ。

［1］この紙片はその後数ヵ月私の手元にあり、そのあいだもずっと文字は消えなかった。私は二、三人にそれを見せたが、彼らも容易に質問の回答を確認することができた。これが幻覚ではなかったという証明である。

第四章　「救世主」に会う

「あなたに会ったことをうれしく思います」メーヘル・バーバーが私を迎えたときの月並みな挨拶である。

彼が、いん石のようにせん光を発しながら西洋の空を縦断し、ヨーロッパやアメリカの人びとの好奇心をかきたてる運命だとは、この時の私には知るよしもない。まさにいん石と言ったのは、やがて栄光を失って地に墜《お》ちるからである。私は彼がその土地の人にしか知られていないときにインタビューした、最初の西洋人ジャーナリストである。私は彼のインドの住まいへと赴く。

彼の主要な弟子と出会って何通か手紙のやりとりをする。私は彼の師がどういうわけで、自分が人類の救済者の一人だと自称しているのか、怪しみはじめる。私のつき添いのため、二人のパーシー教徒の弟子がボンベイ（現ムンバイ）に来る。二人は出発の前に、花と果物をプレゼントに持っていかなければならないと教える。われわれはバザールに行き、私にかわって彼らが、大きなカゴにこれらの品々を集める。

われわれの汽車は夜どおし旅をし、朝、アーメドナーガルに着く。私はここを、熱烈な信仰家でムガール帝国（インド至上最大で最後のイスラム王朝）の花形だった、残酷なアウラングゼーブ（ムガール帝国皇帝）がそのあごひげを最後になでた、歴史的な地として記憶している。死はこの場所で彼をとらえた。

メーヘル・バーバーの隠とん所に向かうため、戦前の古く騒々しいフォードが駅で待つ。そこから平たんな田舎道を一二キロ走る。ニームの木の並木道を通り、ごちゃごちゃと集まった茶色い民家の屋根と、凝った寺院の小さな塔が好対照をなす村落を過ぎる。やがて両岸が黄色とピンクの花でふちどられた川の流れを見る。濁った水の中で、水牛がいかにも幸せそうに休んでいる。

メーヘル・バーバーの奇妙なコロニー（生活共同体）に到着する。陸軍の兵舎跡地だときくが、変わった外観の石の建物三棟が野原に、隣接する空地には質素な木造のバンガローが三つ、これらが広い場所に散乱するように建っている。なかば見捨てられたような、未開地の土地である。四〇〇メートル離れてアランギャオンという名の小村がある。私を案内したパーシー教徒は、ここは彼らの師の田舎の本部にすぎない、主要なセンターはナジクという町の近くにある、親しい弟子たちの大部分はそこに住み、訪問者もたいていはそちらで迎えられる、と苦心して説明する。

われわれが通ると、バンガローのひとつから数名の男たちが顔を出す。彼らは笑ってベランダを歩きまわり、自分たちの中にヨーロッパ人が来た、と喜んでいる身振りだ。われわれは平地を横切って人工の洞窟《どうくつ》にほかならない奇妙な建造物の前に到着する。セメントでつないだ石や瓦礫《がれき》でつくられた奥行き二メートル以上ある洞窟だ。真南に面し、輝かしい朝の光を内部いっぱいに受けている。私は辺りを見まわし、なだらかに起伏する原野と、東の地平線を画す山の連《つら》なりと、眼下のくぼ地に木立でおおわれた村落をながめる。このパーシー教の聖者は絶対に深い自然の愛好者に違いない。自分の隠とん所をこんな人里離れた、邪魔のない、平和な光景の中にしつらえているのだから。ボンベイの騒がしい生活のあとでこのように静かな未開発の土地を見いだしたことを嬉しく思う。

二人の男が洞窟の入り口に番兵のように立つ。われわれが近づくと師に相談するために中に入っていく。「タバコの火を消してください」と、同伴者の一人が私にささやく。「バーバー（ヒンドゥ教の導師の称号）はタバコを好みません」私は問題のタバコを投げすてる。一分後、私はいわゆる『新しい救世主』の御前《ごぜん》に案内される。

彼は、見事に織られたペルシャじゅうたんを床全体に敷いた洞窟の、はるか奥にすわる。私が想像していた人物とは少しばかり異なる。その目は私を感動させない。顔の表情は力を欠く。雰囲気には俗を離れ禁欲的だが柔和なあるものを認めはするのだだが、何百万の人びとの忠誠を勝ち得ていると言っている人物に会えば当然感じるはずの反射的な興奮を、なぜ自分は感じないのだろうか、と不思議に思う。

彼は、大昔のイギリスのパジャマにばかばかしいほどそっくりな真っ白な長衣を着ている！　柔和で親切そうな顔は、波をうって首まで垂れる長い栗毛《くりげ》の髪につつまれている。女性のような髪の細さと絹に似た柔らかさに印象づけられる。鼻はアーチ型で高く、ワシのくちばしのように深く引っ込む。目は濃く、一般的な大きさで、澄んでいるが印象的ではない。ふさふさした茶色のひげが上くちびるに垂れ、明るいオリーブ色の皮膚はペルシャ（現イラン）人の血をひくことを示している。彼の父はシャー（ペルシャ王の称号）の国の出身だという。彼は若く三〇代と見える。私の記憶に残る最後の特徴はひたいである。それは並外れて低く、不思議に思うほど後退しているのだ。脳の部位は質的に重要な意味を持っているのではないのか？人のひたいは彼の思考力を示しているのではないのか？　しかし恐らく救世主ならば、そのような肉体の限定は超越しているのだろう！

「あなたに会ったことをうれしく思います」と彼は言う。いや、この表現は間違っている。この会話はふつうのやり方ではない。ひざの上の板を介してなされるからだ。ひざにアルファベットが書かれた小さな板をのせ、文字を次々に人差し指で指す——こうして無言のパントマイムで言葉がつづられると、秘書がそれを声に出して私に通訳する。

一九二五年七月一〇日以来、この聖者はひとことも言葉を発したことがないという。彼の弟は、この新しい救世主が言葉を発するとき、彼のお告げは世界を驚かせるであろう、と言う！　今のところ、彼は厳しい沈黙、という態度をとっている。

なおも板を指して、メーヘル・バーバーは私個人の幸せについて親切な質問をし、私の生活についてたずね、インドへの関心に感謝の意を表明する。彼の英語の知識は相当なもので、私の話を通訳させる必要はない。彼は願いを入れて、長い会見を午後おそくまで延長する。「今すぐ食事と休息をおとりなさい」と彼は言う、というよりは、伝達する。

私は石造りの建物のひとつに移動する。その内部はむきだしで陰気だが、シーツが敷いてない古いベッドがひとつと、ガタガタのテーブルと、軍隊がいた間に散々使われたらしい椅子が一脚置いてある。ここが一週間のわが家だ。ガラスのない窓から外をのぞくと、はるか向こうのサボテンが点在する灌木《かんぼく》の林まで続く、まばらに畑のある野原が目に入る。

うとうとしているうちに、私の時計で四時間が過ぎる。ふたたび私はメーヘル・バーバーと向き合い、あのペルシャじゅうたんにすわる。自分は全人類に霊性の光と実践的な指導をあたえることになっている、という彼のとてつもない主張を、これから私は検査しなければならない。

彼はこの主張をアルファベットの板にたたき出す最初の文章の中でおこなう。

「私は全世界の歴史を変えるであろう！」

ところが私の筆記が彼の宣言の邪魔となる。

「私と別れたあとでノートをつけるわけにはいきませんか？」

私は承知する。その後は彼の言葉を、記憶というページの上に書きつけることにする。

「物質的な時代に霊性をあたえるためイエスがやってきたのと同じように、私も今日の人類に霊的な力をあたえるためにやってきました。こうした神の御業《みわざ》にはつねに定まったサイクルがあるので、ときが熟したら、私は全世界に自分の真の性質を示すでしょう。イエス、ブッダ、ムハンマド、ゾロアスターといった偉大な宗教の師たちは、その教義の本質において、異なってはおりません。これらの預言者たちはすべて神から来ました。神の命令が彼らすべての教えを金糸のように貫いているのです。これらの神人は助けが最も必要とされたとき、霊性が最も低下して、いたるところで唯物主義が勝ちほこっていたとき大衆の中にあらわれました。現在われわれは、そのようなときに急速に近づいています。全世界が感覚的欲望と、人種的利己主義と、金銭崇拝にとらえられ、神は見捨てられています。真の宗教が誤用され、生命を求める人びとに聖職者のほとんどは石をあたえています。ですから神は、真の信仰を確立して人びとを唯物的昏睡《こんすい》状態から目覚めさせるために、ふたたび人間世界に真の預言者を送らなければならないのです。私はただ、昔の預言者たちのあとにしたがうだけです。これが私の使命です。神が私にこれを委任したのです」

秘書がこの驚くような主張を読みあげるあいだ、私は静かに傾聴する。私は心を開き、批判をせず、どんな心理的抵抗もしないように保つ。だがこれは、それらを認めているという意味ではない。東洋人の間ではどのような態度で話を聞くべきかを単に心得ているにすぎない。そうしないと、認めるべき価値があるときに、西洋人はどう苦労をしても得るところが少ない、ということになってしまうのだ。真理は容赦のない調査にも耐えうるものであるが、西洋人の方法は、東洋人の心情に合うように修正されなければならない。

メーヘル・バーバーは私ににこやかにほほ笑みかけ、さらに話し続ける。

「預言者たちは、大衆がより良い生活をし、彼らが神に向かうように、ある種の規則をもうけます。徐々にこれらの規則は、ひとつの組織された宗教の教義となります。しかし創始者が生きていた頃には浸透していた理想的精神や原動力が、亡くなるとやがて消滅します。組織は霊的真理をもたらし得ないこと、真の宗教はつねに個人的なものであることは、これが理由です。宗教団体は考古学がやるように過去を生き返らせようとします。私は新しい宗派やカルト、組織などをうちたてることはしません。そうではなく、全人類の宗教心を活性化し、その内部に生命のより高い理解をつぎ込むでしょう。創始者の死後、数百年経ってからつくられた教義は、当初のものと似て非なるところばかりですが、しかしすべての宗教の基礎は一緒なのです。なぜなら、それらの源は同じだからです。すべては同一の源――それは、神です。ですから私が公に現れるときには、ある宗派を落とすようなことはしないし、特定の宗派を持ちあげることもしないでしょう。本質的な真理に共感するように、宗派の違いを気にする人びとの心をそれから背《そむ》けさせたいのです。しかし覚えておいでなさい、あらゆる預言者は、公に現れるまえに、時と環境と大衆の心理を考慮するのです。それゆえそのような条件に最もよく適合し、最もよく理解されるように教えを説きます」

メーヘル・バーバーは、高遠な思想を私の頭脳に染み渡らせるため、しばらくの間をおく。やがて彼の言葉は新たな方向をとる。

「現代ではすべての国で迅速に情報をやりとりしているではないですか？　鉄道、汽船、電話、電信、無線、新聞、そうしたもののおかげで、全世界が密接に組み立てられたひとつの結合体になっているではないですか？　一国で起こった重要事件がその日のうちに、一万キロ以上離れた国の人びとに知らされるのです。ということは重要なメッセージを伝えたいと思う者は、人類のほとんどを受け取る用意のできた聴衆と見ることができるのです。これらすべてのことには確固たる理由があります。あらゆる民族、あらゆる国の人びとに役立つ普遍の霊的信念が人類に与えられるときが近づいています。言い換えれば、私が全世界的なお告げを告げる道が用意されつつあるのです！」

この、あっと驚く宣言は、メーヘル・バーバーが自分の将来に無限の信仰を持っていることを十分に示す。彼の態度全体がそれを裏付けている。彼自身の見積もりに従えば、彼の株はいつの日か額面を飛び出し、高値を無限にたたき出すのだ！

「しかし、いつ、あなたは世界にお告げになるのですか？」と私はたずねる。

「あらゆるところに混とんと混乱が見られるようになったとき、つまり私が最も必要になったとき、世界が変動——地震、洪水、火山の爆発——で揺れているとき、東洋と西洋が共に戦火の中にあるとき、私は沈黙を破り、教えを説くでしょう。本当に全世界は苦しまなければならない、全世界が救われなければならないのですから」

「あなたはその戦争の日をご存じなのですか？」

「ええ。それは遠いことではありません。しかし私は日を明かすことはしたくありません［1］」

「これは恐ろしい予言だ！」と私は叫ぶ。

メーヘル・バーバーは謝るように、彼の先細のきゃしゃな指をひろげる。

「そうです。科学的発明がこの戦いを前のものよりもっと激烈にします。だからそれは恐るべきものになるでしょう。しかしながら、それはほんの少しの間――数ヵ月間――続くだけで、その最悪のときに私が自身を世に知らせ、全世界にわたって私の使命を宣言します。私の物質的努力と霊性の力が、戦いを突如として終結させ、急速にすべての国に平和をもたらすでしょう。と同時にこの惑星に、大きな自然の変化が起こるはずです。地球上のさまざまの場所で、生命と財産が害をこうむります。私が救世主の役をつとめるのは、世界のそのような状態がこれを要求するからなのです。霊的な仕事を成し遂げずに私が去ることはしない、と信じてください」

彼の秘書――黒くて丸いマラタ族の帽子をかぶる、薄黒色の小さな男――は、最後の言葉に感激したように私を見る。彼の表情は、「さあ！　どんなものです！　われわれはこんな重大なことを知っているのですぞ！」と言わんばかりだ。

彼の師の指はふたたび板の上を動きはじめ、彼は急いでその意味を伝える。

「戦争のあとには、めずらしく平和な長い一時期が来るでしょう。世界が平静になる、いっときです。軍備撤廃はもはや空論ではなく、事実となります。民族間、社会間の争いはやみ、宗教団体同士の憎みあいも終わります。私はひろく世界中を旅し、どの国も私に会いたがるでしょう。私の霊的メッセージは国、都市、村々にまで届くでしょう。普遍の兄弟関係、人びとの間の平和、貧しい人びとや虐げられている人びとへの同情、神への愛――私はこれらを増進させるでしょう」

「あなたのお国、インドはどうなりますか？」

「有害なカースト制度が根絶され破壊されるまで、私は休まないでしょう。インドはカースト制度の確立により、諸国の下位に落ちてしまいました。アウトカーストや低カーストの地位が上昇するとき、インドは世界の強国のひとつになるでしょう」

「その将来は？」

「欠点はあるものの、やはりインドは世界でもっとも霊的な国です。将来はあらゆる国の道徳的指導者となるでしょう。偉大な宗教創始者はみな、東洋で生まれました。また、人びとが霊性の光をさがし求めて行く先も東洋です」

私は、偉大な西洋諸国民がこの素朴で小柄な茶色い人びとの足もとで座す様子を心に描こうとする。だがうまくいかない。私の前にすわる白い長衣の人物は、たぶんその困難を感じたのだろう、こうつけ加える――

「インドのいわゆる服従は、真の服従ではありません。それは肉体の服従です。だから一時的なものなのです。たとえ外見は力を失ったように見えていても、この国の魂は不死であって偉大です」

この微妙な説明は、ちょっと私には理解しにくい。私は先ほどの主題に戻る。

「あなたのご神託（神の意をうかがう事）の大部分を、私たちは西洋ですでに他の方面から聞いてます。あなたは何ひとつ新しいことはおっしゃっておられないようですが？」

「私の言葉はただ、古い霊的真理をくり返すことができるだけです。しかし、世界の生命に新しい要素をもたらすのは、私の神秘的な力です」

ここで私は自分の脳を休ませることを求める。しばらく沈黙が生じる。私はもう質問をしない。私はふり向いて洞窟の外を見つめる。静かな原野を越えて、はるかかなたに一連の山並みが続く。空には無情な太陽が、人とけものと大地を無差別に焼きこがしている。何分かが過ぎる。終わることのない暑さの中、この人里離れたひんやりした洞窟で、素直な心を持つ人びとに囲まれ、世界改造の壮大な計画を練る。ここでそうしたとてつもない宗教思想をわがものとするのは容易なことだろう。だが、外の現実世界、物質的な都市の厳しい生活の中でこんなことを言われても、朝日の前の霧のようにたちまち消えてなくなるだろう。

「ヨーロッパは厳しく懐疑的ですよ」と、私はふり向いて新しい救世主を見て言う。「あなたはどのようにして、ご自分が真実の神の権威をもって語っていると、われわれに信じさせることができるのですか？どのようにして、あなたになじみのない民族をあなたの烙印《らくいん》がついた霊的信仰に変えることができるのですか？　ふつうの西洋人なら、それはできないと言うでしょうし、お骨折りにもかかわらず、たぶんあなたのことを笑うだろうと思います」

「ああ、時代がどのように変わるかということを、あなたは理解しておられない」

メーヘル・バーバーは彼の青白く細い両手をなでる。そして仰天するような主張をつけ加える。それは西洋人の耳には空想的と聞こえるものだが、彼の態度はまったく当然のこと、といった風である。

「ひとたび自分が救世主だと公表したら、何ひとつ、私の力に逆らえるものはないでしょう。また私は自分の使命を証明するために、公然と奇跡をおこなうでしょう。目の見えない者の目を開かせ、病人や障害ある者をいやし、そうです、死者を生き返らせることもします――これらは私にとってはほんの子どもの遊びです！　これによって、あらゆるところの人びとが、私にしたがって私の神託を、信ぜざるを得なくなるのです。これが奇跡をおこなう理由です。これは怠惰な好奇心を満足させるためではなく、懐疑的な心の人びとを信服させるためになされるのです」

私は息をのむ。インタビューは常識の限界に達した。私の心はためらいはじめる。われわれは東洋の幻想の領域に入ろうとしているのだ。

「しかし、間違えないでください」とパーシー教徒の救世主はつづける。「私は弟子たちに言うのですが、これらの奇跡は彼らのためではなく、大衆のためにのみ為されるものなのです。ひとつの不思議もおこなうべきではないのですが、それが一般の人の心を私の言葉の方に向けることを知っているから行うのです。もし私がこのような技で世界の人びとを驚かせるとしたら、それはひとえに、私が彼らを霊化したいと望んでいるからなのです」

「バーバーはすでに驚くべきことをなさいました」と秘書が言葉をはさむ。

私はたちまち機敏になる。即座に、

「どのような――?」とたずねる。

師は、卑下するように笑う。

「ヴィシュヌ、別のときになさい」と彼は伝達する。

「私は必要なときは、どんな奇跡でもできます。私ほどの神的な境地に達した者には、それはたやすいことなのです」

私は明日、この秘書を引きとめてその奇跡とやらの詳細を聞き出そうと決心する。それはこの調査の興味深い部分を形成するだろう。私は慎重な探求者として来ているのだ。あらゆる種類の事実を利用すべきだろう。

しばらくの沈黙のあと、私は聖者に、彼の経歴についていくらか話してほしいと頼む。

「ヴィシュヌ、それも話しておあげ」と答えて、もう一度私を秘書に預ける。「しばらくここに滞在なさるのだから、弟子たちと話し合う機会は十分にあるでしょう。過去については彼らが話して聞かせるでしょう」

話題は一般的な事柄へと移り、まもなく会見は終わる。自分の居所に戻って私が最初にするのは、禁じられていたタバコに火をつけて、その償いをすることだ。まっすぐに立ちのぼるかぐわしい煙を私はじっと見つめる。

§

夕方、私はもの珍しい光景を目撃する。それは、星がかすかに瞬《またた》きはじめ、太陽がまだ完全には沈んでいない神秘的な薄暮れどきである。メーヘルは、オイルランタンが青白く光る彼の洞窟の中ですわり、その入り口には、弟子たち、訪問者、近くのアランギャオンの村からきた人びとの雑多な群集が、馬蹄《ばてい》型に集まっている。

メーヘルがいる場所で必ず毎夕くり返される儀式が、今まさに始まろうとしているのだ。強く白檀《びゃくだん》の香りがする油の中に灯芯をひたした、ランプの役を果たす浅い金属の鉢を、一信者が高くささげ持つ。彼はそれを七回、師の聖なる頭のまわりで回す。集まった人びとは突如熱のこもった歌と祈りの唱和をはじめる。彼はマラタ地方の方言の詠唱に、何度かバーバーの名を聞き取る。師への称賛を誇張している歌だということは明らかだ。誰もが崇敬のまなざしで彼を見つめる。メーヘルの弟が小さな携帯用ハーモニウムの前にすわり、泣くような調子の音楽を奏で伴奏をしている。

儀式の進行中に、信者は一人ずつ列をなして順に洞窟の奥へ進む。メーヘルの前にひれ伏して彼の素足にキスをする。ある者たちは敬虔な感動に念が入りすぎて、そのキスの行為をたっぷり一分間ぐらい延長する！　この行為は信者にメーヘルの祝福をもたらし、信者の罪のいくらかを洗い流すから、霊的に非常にためになるものなのである、と知らされる。

明日は何が現れるやらとあやしみながら、私は歩いて宿舎に戻る。野原の向こう、ジャングルのどこかでジャッカルがほえ、夜の静寂を破る。

翌日、私は木造のバンガローの前に、秘書をはじめとして英語を話す弟子の何人かを集める。彼らは半円形にすわり、英語がわからない者は少し離れたところに立って興味深げなまなざしで笑ってわれわれを見ている。心と記憶の集団である彼らから、自分がまだ知らない、驚嘆するだろう彼らの師の経歴を聞き出すことをはじめる。

個人名はメーヘルだが、彼はみずからをサドグル・メーヘル・バーバーと呼んでいる。サドグルは「完全なる師」という意味で、バーバーは単に、インド民族のある者たちの間で一般に使われる愛称だ。そして弟子たちは普通この愛称だけで彼を呼ぶ。

メーヘル・バーバーの父親はゾロアスター教の信者で、貧しい一青年としてインドに移住して来たペルシャ（現イラン）人［2］である。メーヘルはその長男で一八九四年にプーナ市で生まれた。少年は五歳で学校に入れられ、勉強ができたので一七歳のときには大学入学資格試験をパスした。そしてプーナのデカン大学に入り、二年間、十分な近代教育を受けた。

さて、ここから彼の曲がりくねった理解しがたい経歴が始まるのだ。ある夜、学校から自転車で帰る途中、有名なイスラム教の女ファキールの住まいを通りかかった。彼女の名はハーズラート・バーバージャンといい、年は一〇〇歳を超えているという評判だった。彼女は一部屋だけの質素な木造の住まいの外の、手すり付きのベランダに置かれた長椅子に寄りかかっていた。自転車がそばを通りかかると、老女は立ち上がり少年を招いた。彼は自転車を下りて彼女に近づいた。彼女は彼の両手を握り、さらにかき抱いてそのひたいにキスをした。

そのあとで起こったことはあまり明確ではない。話を総合すると、若者はぼうっとした状態で家に帰りつき、以後八カ月の間、彼の心の働きは弱まりつづけ、学習がまともにできなくなり、ついには学業が不可能になり、大学を去ることになったのである。

その後若いメーヘルはなかば白痴の状態におちいり、自分の身の回りの始末さえほとんどできなくなった。その目は鈍重で生気なく、食事をする、からだを洗う、トイレに行くといった最も基本的な仕事をする知性さえ失った。要するに、呼吸する自動人形になってしまったのである。父親が「食べなさい！」と言うと、彼は機械的に食物をとった。そうでないと、なぜ自分の前に食物がおいてあるのか、理解しなかったのである。

この二〇歳の若者——両親は彼を三歳の幼児のように面倒を見なければならなかった——は、知能下降の一症例であると思われ、深く悩んだ父親は、きっと試験勉強で精神過労におちいったのだと結論した。メーヘルはさまざまな医師に連れて行かれ、医師たちは精神病だと診断して注射をした。その後九ヵ月のうちに、この嘆かわしい状態に回復の兆しが見えはじめ、徐々に良くなって、ついに彼は環境を知的に理解し、少しまともにふるまうことができるようになった。

回復してみると、彼の性格が変化していることがわかった。学問への願望や、世間的成功への野望は消え、ゲームやスポーツへの興味も衰えていた。そのかわり、宗教的生活への深い渇仰と、自分を霊化したいという不断の願望が見られるようになった。

メーヘルは、こうした変化の原因はあのイスラム教の女行者が与えたキスであると信じていたので、老女のもとに行って自分の将来への助言を求めた。彼女は、霊性の教師を見いだせ、と指示した。そのお恵みはどこで得られるのかと彼がたずねると、彼女は答えとして、空間に向けてあいまいに手を振った。

彼はその近辺に名を知られた何人かの聖者を訪ねた。それからさらに足をのばして、故郷のプーナから一六〇キロ離れた地域の村々にも行った。ある日、シャコリの近くの小さな石造りの寺に入った。貧しく粗末なお堂であったが、そこは非常に徳の高い、ある聖者の住まいだった——というよりは、村人たちがそう言っていた。そこでメーヘルがウパーサニ・マハーラージに直接会ってみると、彼は自分の師を見つけた、と感じた。

神聖なものを求めて、若い求道者は家からシャコリまで定期的に小旅行をした。たいていは一回で数日間師のもとに滞在したが、あるときは四ヵ月間居つづけた。この期間に自分は使命を果たすにふさわしいように完成されていった、とメーヘルは主張している。ある晩、彼は学友や幼友達を三〇人ほど集めて、ある重要な会見をしなければならないのだ、と不思議なことをほのめかして彼らをシャコリの小さな寺まで連れてきた。扉には鍵がかけられ、ここの住人、厳格な表情のウパーサナ・マハーラージが立ちあがって一同に話しかけた。彼は宗教について語り、彼らに徳を積むことをすすめ、自分はメーヘルを自分の神秘的な力と知識の霊的相続人にしたと告げた。そして、驚いている若者たちに向かって最後に、メーヘルは霊的に完成された！　と宣言した。かれは、彼らに向かってこのペルシャ人の友達の信者になれと熱心にすすめた。そうすれば今世においても来世においても、大きな霊的利益を受けるであろう、というのだ。

聴聞者のある者たちはこの助言に従い、ある者たちはなお懐疑的だった。約一年後、メーヘルが二七歳になったとき、この若いパーシー教徒はささやかな信者の群れに向かって、自分は、果たさねばならぬ神聖な使命を帯びていることを知った、神が自分に、人類にとって非常に重要な仕事をお与えになったのだ、と宣言した。彼はその使命の明確な性質をすぐに明かすことはしなかったが、数年のうちに秘密を公表した。救世主になるように定められているのだという！

一九二四年、メーヘルは初めてインドの外に出た。彼は五、六人の弟子たちとともにペルシャに向かって船出し、彼らには、自分は先祖の国を旅行するのだと言った。船がブシルの港に着いたとたん、彼は急に心を変えて次の便でインドに帰った。三カ月後に反乱軍がペルシャの都テヘランを占領し、古い政府を廃した。新しいシャーが王座についた。

メーヘル・バーバーは、そのとき信者たちをかえりみて言った、「(ペルシャ訪問中の私の神秘的な働きの結果はこのとおりだ！)」と。

彼の弟子たちは私に、ペルシャは新しい支配者のもとで前よりも幸福な国となり、イスラム教徒、ゾロアスター教徒、ユダヤ教徒、およびキリスト教徒が仲よくいっしょに暮らしている、と言った。古い政権時代には彼らの間に不断の争いと残酷な暴力行為が見られた、と言うのである。

この神秘的な旅行の数年後に、メーヘル・バーバーは奇妙な教育機関を創設した。彼の指示によりある弟子がアランギャオンの村の近くに集落の現在の場所を買った。わら屋根に柱だけのたくさんの小屋と、数戸の粗末なバンガローが建てられた。無料の寄宿学校がそこで開校を発表し、教師は教育のあるペルシャ人の弟子たちから、生徒は信者やその友人の家庭から募集された。授業は無料、寄宿までも無料だった。世間一般の教育課目のほか、メーヘル自身が、特定の宗派に属さない宗教の特別な講義をした。

こんな魅力的な条件で、一〇〇人近くの少年たちを集めるのはごくたやすいことだった。その中の一二人は遠くペルシャから来た。少年たちは、大なり小なりおおかたの宗教に共通の道徳の理想を教えられた。また偉大な預言者たちの生涯の物語が話してきかされた。宗教のクラスはやがてカリキュラムの主な特色となり、メーヘル・バーバーは年長の少年たちを、やや湿っぽい性質をもつ信仰的傾向の神秘主義へと導き入れた。彼らは彼を神聖な人格と見るように、彼を礼拝さえするようにと教えられた。数名の少年たちが、順に宗教的ヒステリーの徴候を現しはじめた。幾日目かごとに、彼らの間に奇妙な光景が出現した。

この珍しい学校の注目すべき特徴は、生徒がさまざまなカーストや種族、宗派に属しているということだった。ヒンドゥ教徒、イスラム教徒、インドキリスト教徒、ゾロアスター教徒が自由に混在していた。しかしメーヘル・バーバーはもっと広い範囲から生徒をとりたいと思った。彼はその一番弟子をイギリスに送り、数名の白人の生徒を見つけようとした。しかし遠いアジアの学校に誘うよそ者に、自分の子どもを託す親などいない。使者は非常な困難に遭遇した。それだけではなく、すべての宗教を結合した学校というアイデアは、白人の親に大した意味はなかった。すでにイギリスには、さまざまな信仰を持つ生徒たちが、自然に、自発的なかたちで集まる学校がたくさんあり、そこではインドのような教義に縛られた国で起こる騒ぎなど見られないからである。

ある日、インドからの使者は一人のイギリス人に会ったが、この男は一、二度話を聞いただけでたちまちペルシャ人の救世主の信者になった。情熱的な性質の彼は、ロンドンに巣くうあらゆる教団を大急ぎで一回りした挙げ句、もっと高遠だと思われたメーヘル・バーバーのお告げを一も二もなく受け入れたのだ。そこで彼が白人の生徒を探すのを手伝って、親が貧乏で、子供を手放してでも生活の負担を軽くしたいと思っているという、三人の子どもを見つけた。この段階でインド省が動きはじめ、事実を調査、首を横にふって計画を差しとめた。子どもたちは出航しなかった。救世主の代理は、さきのイギリス人とその妻、妻の妹を伴ってインドに帰った。彼らの到着から五、六カ月ののちメーヘル・バーバーは、一番弟子に費用を払わせて彼らをイギリスへ送り返した。

私はメーヘル・バーバーから、この学校を建てた目的は二つある、と聞いた。第一は、生徒の間にある人種や宗教による壁を除くこと、第二には、彼はその中から選んだ何人かを将来の自分の霊的活動のための使節として訓練しようとしたのだ。年月が彼らを十分に成熟させ、そして彼自身の使命を公表する時機が到来したあかつきには、彼らを五大陸に送りだし、人類を霊化するという定められた仕事の使徒として、助手として、活動させるであろう。

またもうひとつの活動が学校と並んでおこなわれた。原始的な病院の開業である。近辺の目の見えない人や病人、足の不自由な人を集めるために、熱心な弟子たちが送り出された。彼らには無料の医学的治療と宿舎と食事があたえられ、それと同時に、この聖者が霊的ななぐさめを提供した。五人のハンセン病患者が彼のひと触れでいやされた、と、ある熱心な信者は言う。悲しいかな、私は少しばかり懐疑的である。彼らが誰であるのか、どこにいるのか、または今どうしたら彼らに会えるのか、誰も知らないというのだから。私はそれを東洋的誇張の一片であると思う。なぜなら回復したハンセン病患者の一人ぐらいは、必ずや感謝のあまりメーヘル・バーバーの弟子の列に連なっただろうに違いないから。必ずやそのようなニュースはハンセン病に悩むインドに野火のようにひろがり、この国の悩める人びとは全員熱心にアランギャオン近くのこの病院に群がり来たに違いないから。

やがて信者や訪問者、近くの村々からくる常連などの大きなキャンプができ、この珍しいコロニーの人口は数百に達した。強烈な宗教的熱意が辺り一面にみち、メーヘル・バーバーはもちろん、その全景の中心だった。

このコロニーが創設されてから一八カ月後、それは突然閉鎖され、すべての活動が放棄された。少年たちは親元へ、病人たちはそれぞれの家へ送り返された。メーヘル・バーバー彼自身からはこの行動についての理由を明かすことはなかった。この種の突然の説明不可能な衝動は、彼の行動に見られる特徴である、と私は聞かされた。

一九二九年の春、彼は最初の宣教師を弟子の中から送り出した。サドゥ・レイクという名の男で、インド各地をまわることを命ぜられ、出発にあたり彼は次のような指示を与えられた。

「お前は救世主のために働くという恵みを与えられた。ゆえに世界的であれ。いかなる宗教もけなしてはならぬ。お前のことは常に私が見通しである、ということを忘れぬようにせよ。他人の言葉に勇気をくじかれるな。私が導いている。私だけに従え」

私が集めた情報によれば、この哀れな男が肉体的に遍歴生活に適していなかったことは明らかだった。彼はマドラス（現チェンナイ）で少数の信奉者を得たが、まもなく道中で病を得、帰るとじきに死んだ。

以上がパーシー聖者の経歴の大略である。

§

私はメーヘル・バーバーと何度かとりとめのないおしゃべりを交わす。だが世界に対する使命とやらについて、もう少しはっきりしたことを聞きたいと思う。そこで彼との最後のインタビューを求め、承諾される。

今日、彼は柔らかいブルーのスカーフをまとって、アルファベットの板をひざにのせて会話に備える。そこにいる弟子たちは賛美に満ちた聴聞者であり、欠くことのできない背景である。沈黙を破って突然私が質問するまでは、各人が各人にほほ笑みかけている。

「どのようにしてあなたは、ご自分が救世主だとおわかりになるのですか？」

弟子たちは私の無鉄砲に仰天する。師はそのふさふさとした眉毛を動かす。しかしまごつかない。西洋人の質問者にほほ笑みかけ、速やかに答える——

「私は知っています！　よく知っているのです。あなたはご自分が人間だということを知っているでしょう。それと同様に、私は自分が救世主だということを知っているのです！　それは私の全生命です。私の至福はけっしてやむことはありません。あなたは決して自分をほかの誰かと間違えたりしない。同じように私が自分が誰であるかを間違えることはないのです。私はなすべき神の仕事を持っており、またそれを成し遂げるつもりです」

「イスラム教のファキールがあなたにキスをしたとき、何が本当に起こったのですか？　思い出すことはできますか？」

「ええ。それまで私はふつうの若者たちと同じように世俗的でした。ハーズラート・バーバージャンが私の扉の鍵をひらきました。彼女のキスが転機でした。宇宙が空間の中に私を引き込み、私はまったく一人取り残されたかのように感じました。そうです――私は神とともにたった一人でした。何ヵ月も眠ることができませんでした。しかし別に弱りもせず、前と同じ強さを保っていました。私の父は理解せず、私が狂人になろうとしていると思いました。彼は次々と医師を訪ね、彼らは薬と注射を与えました。ですがそれらはすべて間違いでした。私は神とともにいたのであって、治すものなどは無かったのです。ただ私は、通常の生存の手がかりを失っていたのであって、もとに戻るには長いことかかりました。分かりますか？」

「だいたいは。さて、元にお戻りになって、いつあなたを大衆にお知らせになるのですか？」

「私の表明は近い将来に起こるでしょう。しかしはっきりした日を申し上げることはできません」

「そしてそれから――？」

「この地上での私の仕事は三三年間続くでしょう。そのあとで、私は悲劇的な死をとげるでしょう。私の同郷人、つまりパーシーたちが、暴力による私の最期に責任があることになるでしょう。しかしほかの人びとが私の仕事を続けるでしょう」

「あなたのお弟子たち、ですか?」

「私のまわりに一二人の選ばれた弟子がおり、その中の一人が、定められた時に師になるでしょう。私がしばしば断食をし、沈黙を守っているのは彼らのためです。このことが彼らの罪を拭《ぬぐ》い去り、彼らを霊的に完全にならしめるからです。彼らはすべて、過去世で私とともに暮らし、私は彼らを助けることになっているのです。四四人のメンバーからなる、その外側のサークルもあります。彼らは霊的にやや低い男女です。彼らの務めは、一二人のおもな弟子たちが霊的に完成したあとに彼らを助けることです」

「ほかにも、自分は救世主だと主張する人がいますが」

メーヘルはそうした途方もない連中をけなして笑う。

「そうです。クリシュナムルティ——ベサント夫人の子分——がいます。神智学者たちはみずからを欺いているのです。彼らのおもな操《あやつ》り手は、チベットのヒマラヤ山中のどこかにいる、とされています。ですが彼らの住まいだと言われている場所には、ごみと石ころのほかに何もありはしないでしょう。それに真の霊性の教師が、自分の仕事のためにほかの誰かの体を訓練せねばならぬ、などということはあり得ません。それは馬鹿げたことです」

この最後の会見からは、このほかにも数々の奇妙な宣言が出てくる。文字から文字へと忙しく動くきゃしゃな指先を通してなされる、不思議な主張のごた混ぜである。「……アメリカは偉大な未来を持っている。それは霊的な心を持つ国になるだろう……私を信仰する者に私は気づいている、彼は常に私に助けられる……私の行動を読もうとするな。あなたにそれを測り知ることはできない……ひとたび私がそこを訪れ滞在するなら、たとえそれがつかの間でも、その場所の霊的空気は非常に高められるだろう……私が世間に与えるだろう霊的援助が、経済的、政治的、性的、社会的――すべての物質的問題をすみやかに解決するだろう、なぜなら利己心が破壊されて兄弟愛がそれに代わるから……一七世紀にマラッタ王国を建てた首領、シヴァジーはここ（彼は自分を指す。メーヘルはシヴァジーの生まれかわりだ、という意味だ）にもいる……惑星のあるものには生物がいる。それらは文化と物質的進歩においてこの地球に似ているが、霊的には地球が一番進歩している……」

みずからの主張を論ずるメーヘルにつつしみ深さなどはない。しかし、彼がこの会見の終わりに、私にある命令を命じたことには少々びっくりする。

「私の代理として西洋に行け！　来るべき神の使者である私の名を広めよ。私とその感化する力のために働け。そうすればあなたは人類の福祉のために働くことになるのだ」

「おそらく世間は私を狂人として鼻であしらうでしょう」と、私は不安げに答える。そんな仕事は想像しただけで逃げ出したくなる。だがメーヘルは同意しない。私はこう答える、一連の奇跡をおこなわないことには、救世主はおろか、ひとが霊的超人であるということなど西洋人は決して信じないだろうと。ましてや私は奇跡をおこなうことなどできないので、使者という役目は引き受けることはできない、と。

「ならばあなたに奇跡をおこなわせよう！」となぐさめて保証する。

私は黙る。メーヘルはこの沈黙の意味を取り違える。

「私とともに、ここに滞在せよ。私があなたに偉大な力を授けよう」彼はせかす。「あなたは実に幸運だ。西洋で奉仕することができるように私が助けて、進んだ力を得させよう」

§

この信じられないようなインタビューの残りの部分を描写する必要はない。ある人びとは生まれつき偉大であり、ある人びとは偉大になり、他の人びとは宣伝係を任命する。メーヘルはあとのコースらしい。

翌日私は出発の用意をする。当分は事足りるほど十分な、信心深い知恵と予言めいたお告げを吸収した。私は単に、壮大な宗教的主張や宣言を聞くためにこんな辺ぴな所まで漂流してきたのではない。私は信用できる事実が欲しい。それが個人的なものであってもいい、もしそうなら、自分の満足のためにそれを検証するまでだ。

荷造りはできた。出発するばかりである。私はメーヘルの所に行き、丁寧にいとまを告げる。彼は、自分は数カ月以内にナジクという町の近くにある本部の住居にいる、と知らせる。彼は私に、そこに訪ねてひと月滞在せよ、と提案する。

「ぜひそうしなさい。来られるときに来なさい。私はあなたにすばらしい霊的経験を与え、真の姿を知らしめよう。あなたは私の内なる霊的力を見るだろう。その後、疑いは消えるだろう。あなたはみずからの経験によって、私の主張を立証するだろう。そして西洋に行き、あなたは私のためにたくさんの人びとを獲得するだろう」

私はひまを見て、もう一度彼とともに一ヵ月間過ごそうと決める。パーシーの聖者の芝居がかった性格や彼の幻想的使命にもかかわらず、私はよく目を見ひらいて全事実を調べようと決意する。

§

ほんのしばらくボンベイの騒がしい生活に戻り、私はそれからプーナゆきの汽車に乗る。この古めかしい国で、私の遍歴が始まろうとしている。

彼女の登場がメーヘル・バーバーを急転換させた、老いたイスラム教の女行者が私の興味をそそる。ちょっと彼女を訪ねるのも悪くないだろう。私はすでにボンベイでいくらかの事前調査をしていて、彼女の五〇年来の知己、前判事のカンダラワルラ氏から本当の年齢は九五歳ぐらいだときく。メーヘルの信者たちは私に一三〇歳だと教えたが、この誇張は彼らの情熱のせいだと寛大にみてやる。

判事はかいつまんで話してくれる。彼女はバルチスタンという、アフガニスタンとインドのあいだに位置する、あまりはっきりしない領土の生まれで早くに家をとび出した。冒険に満ちた長い遍歴の末、今世紀初頭にプーナにたどりつき、それ以来ここを離れたことがないという。最初は、一本のニームの木の下に住みついて、春夏秋冬、そこを離れようとしなかった。彼女のきよらかさと不可思議な力についてはその評判が近辺のイスラム教徒たちに広まり、ついにはヒンドゥ教徒たちまでも尊敬の念をしめすようになった。彼女がふつうの家屋に住むことを拒むので、何人かのイスラム教徒がついにその木の下に彼女のために木の小屋をつくった。これが彼女に家に似たものを与え、モンスーンの時期の悪天候から守る役目をしている。

私は判事に彼個人の意見をたずねる。彼は、ハーズラート・バーバージャンは本物のファキールであると疑わない、と答える。たまたま判事もパーシー教徒だとわかって、彼もよく知るメーヘル・バーバーについていくつか賢明な質問をしてみる。私の学びによると、パーシーの救世主はすばらしいとは言えないが。最後にはメーヘルに霊感を与えた、ウパーサニ・マハーラージのことをたずねてみる。私の情報提供者であり、この種の事柄にも世俗の事柄にも豊富な経験を持つ、機敏で分別もあるこの老人は、これから彼との不快な接触の長たらしい報告にはいる。例を二つあげよう——

「ウパーサニは恐ろしい間違いをしました。彼は、当時自分が滞在していたヴァーラーナシーに来るよう私を誘いました。しばらくすると、私は死の予感を抱いたので、家族のいるプーナに帰りたいと思いました。ウパーサニは、何ひとつ案じることはないと繰り返し予言し、私の出発をとめました。それにもかかわらず、その二日後、私は息子の嫁が子供を産み、そしてその子が数分後に死んだ、という知らせを受けたのです。そしてもうひとつ、ウパーサニは、ボンベイ株式取引所を続けようとしていた私の婿に、その仕事は最高にうまくいくだろうと言いました。この助言にしたがい取り引きに関係した彼は、ほとんど破産するところでした！」

判事カンダラワルラはそうした見解とはまったく異なる印象も語る。メーヘル・バーバーが言うところの「現代のもっとも偉大な聖者の一人」ウパーサニ・マハーラージの正体をこのように暴露しても、メーヘル・バーバーは正直な人物で、彼の霊性の高さを本当に信じることを公言するのはまったく躊躇《ちゅうちょ》していないのだ。メーヘルの霊性の高さの証明は、まだなされてないにもかかわらず。

私はプーナに到着し、野営地のホテルに宿をとってから車でハーズラート・バーバージャンの住まいに向かう。ヒンドゥ語を理解しない私に通訳してくれる、彼女を直接知る人物が、通訳兼ガイドとして同行する。われわれは、裸電球と小さく派手なオイルランプが不思議なムードで混在する、狭い通りの中に彼女を見だす。彼女は低い寝椅子の上、通行人からまる見えの場所に横たわっている。ベランダの手すりが、それを通りからさえぎっている。木の小屋の上には形の良いニームの木がそびえ、白い花の芳香がかすかに空中にただよっている。

「靴を脱がないといけません」と、案内者が警告する。「そのまま中に入ると失礼だと見なされるのです」私は彼にしたがう。一分後、われわれは彼女のベッドの脇に立っている。

この年老いた婦人はあお向けに横たわり、頭は枕で支えられている。光沢ある絹のような髪の白さが、深くしわのよった顔やひたいと悲しい対照をなしている。

習いたてのヒンディ語の知識から、彼女に向かい自己紹介の一節を述べる。彼女は老いた頭をこちらに向け、骨と皮の手をさしのべて、私の片方の手を自分の手にとる。堅く握りながら、世俗を離れた目でじっと私を見つめる。

その目は私を戸惑わせる。まったく理解していないように、完全にぼんやり見えるのである。黙ったまま三分か四分ほど私の手を握り、ぼんやり私の目を見つづける。私は彼女の凝視が自分を射ぬくような感じを受ける。それは怪しい感覚である。私はどうしてよいか分からない。

ついに彼女は手を引っ込め、数回自分のひたいをなでる。それから私の案内者に向き、彼に何ごとかを言う。しかし地方語だから私にはその意味がわからない。

彼はささやき声で通訳をする――

「彼はインドに呼ばれたのだ。じきに彼は理解するであろう」

ひとときの間をおいてから、彼女はしわがれ声でもう一節《ひとふし》のべる。だがその意味は活字にするよりも、私の記憶の中に秘めておいた方がよいだろう。

彼女の声は極度に弱く、言葉はゆっくりと、しかも大変苦しそうに発せられる。この老い衰えたからだ、このやつれ果てた姿が、驚くべき力を持つ真のファキールの魂を包んでいることができるものだろうか。それは分からない。肉体と言う文字で魂というページを読むのは、必ずしも常に簡単なことではないのだ。

その女性は一〇〇歳に近い。衰弱しているので長い会話をしないようにと警告を受けていた。ある思いに強く心を打たれながら、私は静かに退出の用意をする。彼女の目がぼんやりしているのは、死の門の近くにいるしるしだと私には思える。心はすり切れた肉体から離れようとしている。それでも、奇妙な目［3］を通してこの世にいくらかの注意を払うために、ときどき心を引きずって戻って来るのだ。

ホテルに戻り、自分の感触をまとめる。彼女の存在の奥に、深い心理的な力が本当に存在していることを私は確信する。私の内には自然と尊敬の念がわく。そしてこの接触で、自分の思いの向きが変化したことに気づく。科学者たちのあらゆる思索と発見にもかかわらず全生命を取りまく、神秘的なものに関する不可解な感覚が呼び覚まされたのだ。また、世界の根本をなす壮大な秘密を解明すると言う科学的著作家たちが公言していることは、表面的な知識に過ぎないことも、思いがけずはっきり理解される。ただ、なぜあの女ファキールとの短い接触が、こんなにも私の精神的確信の根底を揺るがすのだろうか？　私にはわからない。彼女が言った神秘な予言が心に浮かぶ。だが私にはその意味を把握することはまだできない。誰がインドに呼んだのでもない。私は自分の自由な気まぐれでインドにやって来たのではないか……ただ、あれから長い年月を経た今日、この文章を書いていてようやく、その意味がわかりはじめたような気がするのだ。「不思議な世界ですねえ、わが師たちよ！」


［1］一四章を参照。

［2］イスラム教の迫害をさけてペルシャからインドに逃げたゾロアスター教徒をパーシーという。

［3］数カ月後にふたたび彼女を訪ね、彼女の死が近いという印象を再度持った。間もなく彼女は死んだ。

第五章　アディヤル河の隠者

デカン高原を越えて南下するうちに、時計の針は文字盤を駆け、週がカレンダーのページをめくる。私は驚くべき場所をいくつか訪れているが、驚くべき人間にはめぐり会っていない。不可解な推進力——理解できないことだが盲目的に私はそれにしたがっている——が私をせきたて、ときどき観光客のようにせわしく進む。

ようやく、しばらく滞在予定のマドラス行きの列車に乗る。到底眠りにはつけない長い夜の旅だ。私は西インドの旅で得た、目に見えない収穫を数える。

今までのところその発見を誇らしく思えるようなヨーギーは見つかっていない。今はもう、リシを見つけようなどという思いは心の奥深く隠れてしまった。一方、居眠りをしたインドの、低俗な迷信と息がつまる因習はいやというほど見てきていて、ふと知り合ったボンベイの人びとの懐疑と警告は正しかったと理解する。そのうえ、自分に負わせたこの仕事を満足してやり遂げることは、とても難しいと思い知ってきてもいる。ここでは敬虔な人びとはさまざまな姿で存在する。だが、彼らに十分な魅力はない。中に何かがあるに違いないと思われる神殿の付近をさまよう。聖なる境内を横切り、その入り口に立つ。そして中をのぞくと、自分の祈りが間違いなく自分の神に聞こえるようにと、祈りながらベルを鳴らしている空想的な参拝者たちを見るのだ！

鮮やかな色彩が点在する都市、マドラスに着き、喜ぶ。ヨーロッパ的というよりインド的な要素に出会えそうな場所を選んで、市から約三キロ離れた魅力的な郊外に落ち着く。私の住まいはブラーミンたちが住む街中にある。道路は靴がたちまち埋没する厚い砂の層でおおわれ、歩道は固められた土でつくられている。白く塗られた家々は、柱に囲まれたポーチと開放されたベランダを持っている。私の住居の内側には、屋根がついた廊下で囲まれたタイル敷きの内庭がある。水は古井戸からバケツでくみあげる。ここでは一切が二〇世紀の進歩に縛られていないのだ。

この郊外を型づくっている二、三の通りを抜け出るとすぐ、そこに開けている豊かな熱帯の光景は、たえまなく私に喜びを与えてくれる。やがて私はアディヤル河が歩いて三〇分もしないところにあると知り、広大な河岸の近くのよく茂ったヤシの林がお気に入りの場所となる。暇を見つけては、林のあいだをさまよったり、ゆるやかな流れに沿って数キロ歩いたりする。

アディヤル河はマドラスまで流れてきて、この都市の南の境をなしており、それから、コロマンデルのいそ波が絶え間なく打ち寄せている真っただ中を、大海に流れこんでいるのである。ある朝、私の興味の向きそうなところを知るブラーミンの知り合いと、この美しい流れに沿ってゆっくり散歩をする。しばらくすると、突然、彼がわたしの腕をとらえる。

「ご覧なさい！」と彼は叫ぶ。「こちらにくる若い男が見えますか？　彼はヨーギーとして認められている人物です。きっとあなたの興味を引くでしょう。ですが、ああ！　決して彼はわれわれと話さないのです」

「なぜですか？」

「私は彼の住まいを知っていますが、彼はそのあたりでもっとも打ち解けない男です」

と言っているあいだにも、見知らぬ男は近くまで来る。強靭《きょうじん》そうな体つきで背は中背よりやや高い。年は三五歳くらいだろうか。そして注意をもっとも引くのは黒人系の顔の特色だ。皮膚はほとんど黒色で、幅広く平べったい鼻、厚い唇、筋骨たくましい体格は、すべてが非アーリヤ系の血筋を示している。きれいに編まれた長い頭髪は、頭のてっぺんの辺りで冠のように束ねられ、耳には変わった形の大きな耳輪をつけている。一枚の白いショールが体に巻かれ、左肩に掛けられている。すねはむきだしで、足ははだしである。

彼は、完全にわれわれを無視してゆっくり歩き続ける。視線は下を向き、地面を一心に探索しているかのようである。その目の奥で心が何かを沈思している、という印象を受ける。この歩きながらの瞑想のテーマは何だろう?　と私は知りたくなる。

興味はさらに刺激され、つのっていく。われわれを隔てている障壁を破りたい。そんな強烈な願望が突如私をとらえる。

「私は彼と話をしたい。戻ろうではありませんか」と、私は提言する。

ブラーミンは「それはむだです」と断固として反対する。

「試すぐらいはいいでしょう」そう私は答える。

ブラーミンはふたたび、思いとどまらせようと努力する。

「あの男は実に近づきがたく、われわれも彼についてはほとんど何も知らないのです。彼は隣人に絶対に近づかないようにしています。彼の邪魔をしてはなりません」

しかし私はすでに評判のヨーギーの方に近づきつつあり、したがって私の連れもやむなくついてくる。われわれはじきに男に追いつくが、男はそれに気づく様子もなく、なおゆっくりと歩きつづける。われわれも同じ歩調であとにつく。

「話ができるかどうか、どうぞたずねてみてください」と私は連れに言う。しばらくためらったあと、首をふる。

「いいえ——私にはできません」そう弱々しく言明する。貴重な出会いを逃しつつあるかも知れない。そんな喜ばしくない可能性が私に一層努力をうながす。自分がヨーギーに話しかけるよりほかに道はない。私はすべての習慣を――インドのもヨーロッパのも――投げ捨てて彼の前に立ちふさがり、彼に面と向かう。そしてわずかなヒンディ語のたくわえの中から、短い一文を話しかける。彼は視線を上げる。口もとにかすかな微笑を浮かべるが、分からないという身ぶりをし、頭を揺らす。

当時の私はマドラス地方の言語、タミール語はひとことしか知らない。ヨーギーもそれ以上に英語を知らないかもしれない。また南インドではおおかたの人がヒンディ語を知らないのだが、私はまだこの事実に気づいていない。幸いのこと、ブラーミンが私をこのまま放ってはおけないと救いの手を差し出す。

ためらいがちに、わびるように、彼はタミール語でなにかを話す。

ヨーギーは答えない。表情は硬くなり、目は冷たく非友好的になる。

ブラーミンは当惑して私を見つめる。意味深長な沈黙がつづく。誰もがどうしていいかわからない。隠者からひと言をもらうことがどんなに困難な仕事か、私は悲しくもそれを理解する。彼らはインタビューをされるのも嫌いだし、みずからの経験を語るのも嫌いだ。日よけ帽を被った白人のために、沈黙を破るように頼まれることはさらに嫌いだ。白人にヨーガの精妙さを理解し共感することなど、できるわけがないと暗黙のうちに決め込んでいるのだ。

やがて別の感情が湧いてくる。私はこのヨーギーが、ある透視力をもって私を調べている、と奇妙な形で気づくのだ。私はなんとなく、彼は心を使って私の奥底の思いを見極めている、と感じる。見た目は超然とした無関心の態度を続けているが、実は違う。私は間違っているのか？

しかし私は、自分が顕微鏡下の人間の標本のような、奇怪な感じを振り払うことができない。

ブラーミンはとてもそわそわとし出して、立ち去ろうというように私をひじで突く。私はあと一分で、彼の無言の懇願《こんがん》を聞き入れ、敗北して立ち去るだろう。

突然ヨーギーが手で合図し、近くのヤシの大木の下にわれわれを導く。そして沈黙のまま、その根もとの席に我々を招き、自分も地面に腰をおろす。

彼はブラーミンになにごとかタミール語で話す。私は、彼が独特の豊かな声量と音楽的といってもよい美しい声であることに注目する。

「ヨーギーは、喜んであなたと話をする、と言っています」と、私の連れは通訳する。そして、この人はここ数年間、この河のほとりの人跡《じんせき》まれな辺りを遍歴していたのだ、と説明する。

まず私がたずねるのは彼の名前だ。しかしここで実に長たらしい名称の連続を聞かされたので、私はただちに彼に新しい名を授けることにする。彼の最初の名は「ブラマースガナンダ」だが、これより長いか同じ長さの名前をほかに四つ持っているので、実際的かつ唯一の方法で彼をブラマーと呼ぶことにする。もし五つの名前すべてを呼ぶとすると、このページの端から端まで至ってしまう。それほど多くの文字で、ひとつの名が成り立っているのだ！　この若者の父称《ふしょう》［1］の長さに畏敬の念とともに恐れをおぼえる。だからそれについては思慮深く沈黙を守り、その習慣になじまない読者のために、私が会話の中で使う短い名ブラマーで彼を指し、ことを簡単にした方がよいだろう。

「私はヨーガに興味を持っていて、それについて知りたい、と彼に伝えてください」と私は言う。

ヨーギーは通訳された言葉を聞き、うなずく。

「はい、それは分かっています」と、彼は微笑して答える。「サヒブ(旦那さまの意。インド人が西洋人を呼ぶ場合に使う)の方から何でもおたずねください」

「どういった種類のヨーガを実践していらっしゃるのですか?」

「肉体制御のヨーガで、これはすべてのヨーガの中でもっとも難しいものです。肉体と呼吸とが、まるで頑固なラバででもあるかのようにそれらと闘わなければならず、またそれらを征服しなければなりません。そうすれば、神経と心はよりたやすく制御されます」

「そこからどのような利益を得るのですか?」

ブラマーは河の向こうを見つめる。

「肉体の健康、意志の力、長寿――これらが利益のいくつかです」彼は言う。「私がしている訓練を完全に成し遂げた人は、肉体に鉄のように固い忍耐力がもたらされます。そうなると苦痛が彼を動かすことはありません。私は麻酔薬が使えなかったときに外科手術を甘んじて受けた者を知っています。彼はつぶやくことすらなく、それに耐えました。そのような人は防寒具もつけずにもっとも厳しい寒さに耐え、しかも体に何の損傷も受けずにいることができます」

私はさっと手帳を取り出す。この会話は予想を超えておもしろくなりそうだ。ブラマーは私の速記を見てふたたび微笑する。だが反対はしない。

「そのヨーガのシステムについて、もう少し話してください」と私は頼む。

「私の師はヒマラヤの野ざらしの場所に、雪と氷に囲まれて暮らしてきました。体を守るものといえば黄褐色の衣一枚だけです。彼は水がたちまち凍るほどの寒い場所に、数時間もすわりつづけることができます。そして何の苦痛も感じていません。このようなのが、私たちのヨーガの力です」

「では、あなたはお弟子なのですね」

「そうです。まだまだ登らなければならない山がたくさんあります。私は、このヨーガの修行をやめることなく毎日一二年間努力をしてきました」

「そして何らかの非凡な力を獲得した――?」

ブラマーはうなずくが固い沈黙を守る。

私はますます強く、この不思議な若者に興味を感じる。

「あなたがどのようにしてヨーギーになられたのか、おたずねしても差し支えないでしょうか?」私はやや不安気にきく。

最初は、返事がない。三人はヤシの葉陰にすわり続ける。対岸のココナッツの木々のあいだを迷いガラスのしわがれた声がひびく。こずえを探検中の二、三匹のサルが発作的に声をあげそれに混じる。岸辺には河の静かなしぶきがあがる。

「ようございますとも!」突然、ブラマーは返答する。単なる学問的好奇心よりも深い、何ものかにうながされて出た質問だ、と理解したらしい。手をショールの下に隠し、河向こうの何かをじっと見つめ、彼は話しはじめる。

「私は孤独を好む静かな子どもでした。私はふつうの子がすることに喜びを感じませんでした。ほかの子たちと遊ぼうとせず、庭園や野原をひとりでさまようのが好きでした。考え込む少年を理解する人などごくわずかです。だから幸せだった、とは言えません。一二歳ぐらいの頃、偶然、それは単なる偶然でしたが、私はある大人たちの会話を耳にし、初めてヨーガの存在を知ったのです。この出来事が私の内に、この事柄をもっと学びたい、という願いを呼び起こしました。私は数人の人と交わり、その探求をはじめ、そしてヨーギーに関する興味深いものごとが書かれたタミール語の本を数冊手に入れることができたのです。砂漠を行く馬が水を求めるように、私の心はそれらに関するもっと深い知識を渇望しました。ですがそれ以上知ることは不可能だと思われるところまで来たあるとき、まるで偶然のように、私は自分の書物の中のある文章を読み返しました。それは、『ヨーガの道で成功するためには個人の師につかなければならない』というものでした。今やこの言葉は私に強烈な印象を与え、家を出て旅をしてまわらなければ、ふさわしい師を見いだすことはできないだろうと感じました。しかしこのやりかたは、私の両親が許そうとしませんでした。私はどうすることもできないので、それまでいくらかの断片的な報告を集めていた、ある呼吸法の実践をひそかにはじめました。しかしこれらの実践は私のためにはなりませんでした。それどころか私を傷つけました。熟達した教師の指導なしにそれをおこなうのは、誰にとっても危険だということを、当時の私は理解していなかったのです。それでも私の熱意は非常なもので、師にめぐり会うまで待つ、ということができませんでした。二、三年のうちにこうした呼吸法の結果があらわれ、頭のてっぺんに小さな破裂ができました。頭蓋骨が一番弱い箇所で破裂したのでしょう。とにかく、その傷から血が流出し、体は冷たくなり、力も失ってしまいました。自分は死ぬのだ、と思いました。二時間後、不思議なヴィジョンが心の目の前をよぎりました。尊そうな一人のヨーギーの姿が見えたと思うと、彼がこう言ったのです、『禁を犯して実践をしたために自分で自分をどんなに危険な目におとしいれたか、今はお前もよくわかったであろう。これを厳しい戒めとせよ』ヴィジョンは消え、妙なことですが、その瞬間から体が回復し、やがて全快しました。傷口はまだ残っていますが」

ブラマーは頭を下げそのてっぺんを見せる。小さな円形の傷口が、まだはっきり残っている。

「この不幸な経験のあとは呼吸法をやめ、家庭の束縛がもう少しゆるくなるまで数年間待っていました」と続ける。

「自由の機会が到来すると、家を出て、師を探しはじめました。師を試す最良の方法は数カ月を彼とともに暮らすことだ、と知っていたので、私は何人かの師を見いだしてともに暮らしては、失望して戻ることをくり返しました。ある人びとは僧院の長でした。ある人びとは霊性の学問の研究所長でした。しかし一人として満足させてくれる人物はいませんでした。たくさんの哲学ばかりで、誰も自分の経験を教えてはくれなかった。彼らの大部分は書物の説くところを繰り返すだけで、本当の実践上の指導を与えることはできなかったのです。私はヨーガの実際の経験を欲していました。書物の学説を求めていたのではなかったのです。こうして私は一〇人以上の師を訪れたのですが、彼らが真のヨーガの師とは思えませんでした。しかし私は絶望しませんでした。私の若々しい熱意はいっそう強力に燃えあがりました。挫折は成功への決意を増強させるばかりでした。

私はもう大人になろうとする時期でした。父の家を永久に去って、世俗の生活を放棄し、死ぬまで真の師を探すことにしようと決めました。そこで、家を出て第一一回目の遍歴、すなわち巡礼の途につきました。私は歩きまわった挙げ句、タンジョレ地方のある大きな村落につきました。朝の沐浴のために川べりにおり、沐浴のあと、堤に沿って歩いていました。間もなく、赤い石で造られた小さなお堂の前に来ました、お堂というより、それは小型の寺院でした。好奇心から内部をのぞき込むと、驚いたことにほとんど素はだかの一人の男の周囲に、大勢の人びとが円形をなして集まっているのです。真ん中の人は、実は、半下帯《はんしたおび》[2]をまとっているだけでした。人びとは彼を、最高の尊敬の表情で見まもっていました。中心にいる人物の顔には尊敬すべき、威厳にみちた、神秘的な何ものかがありました。私は畏敬の念に打たれ、また魅せられて、入り口に立ちつくしていました。私はすぐに、この小さな集まりは何かの教えを受けているのだ、と推量し、また、真ん中にいる人は真のヨーギー、本物の師であって、書物が詰まっただの学者ではない、と強く感じました。なぜそう感じたのかを、私は説明することはできません。

突然、教師は顔を戸口に向け、私たちの目が合いました。私はそのとき、自分の内なるもよおしに従って聖堂の中に入りました。教師は私に温かく挨拶し、すわれと命じてこう言いました、『六カ月前に私はお前を弟子とせよと命ぜられたのだよ。今やってきたのだね』私は自分が一一回目の旅を始めるべく家を出たのがちょうど六カ月前であったことを思いだし、うれしい驚きを感じました。とにかく、私が師に会ったのはこういう次第だったのです。その後、私は師の行くところすべてにお供をしました。彼は、あるときは町に行き、あるときは人里離れた森の中や寂しいジャングルの中に引きこもりました。彼の助けによって、私はヨーガの道で十分な進歩をしはじめ、ついに満足するときがやってきました。彼がたどったのは肉体制御の道でしたが、私の師は偉大な経験を持つヨーギーでした。ヨーガにはいくつかのシステムがあり、それらはその方法や訓練においてたいへん異なっています。そして私が教えられたシステムは、心ではなく肉体の訓練をもって始まる唯一のものなのです。私は呼吸制御の方法も教わりました。あるときには、ヨーガの力のひとつを習得するその準備のために、四〇日間断食しなければなりませんでした。

ある日、師が私を呼んで次のように言ったとき、私がどんなに驚いたかご想像ください。『世間から完全に引退する生活はお前にはまだだ。身内のもとに帰ってふつうの生活をせよ。お前は結婚して一人の子供を持つであろう。三九歳のときに、ある合図が与えられ、その後、お前はふたたび、世を退くことができる身となる。そしてお前は森に行って、あらゆるヨーギーが求めている目標に達するまで孤独の瞑想を実践するのだ。私はお前を待っている。ここに戻ってきてよろしい」

私は彼の命令にしたがい郷里に帰りました。やがて、まさに師が予言した通り、忠実で信仰深い女をめとって一人の子どもをもうけました。しかしそれから間もなく妻は亡くなり、両親はすでに生きてはいませんでした。そこで私は郷里を去りここに来て、同郷の、子どもの頃の自分を知る、年老いた未亡人の家に滞在しているのです。彼女は私の家事の面倒を見てくれていますが、年齢のおかげで思慮深いものですから、私が自分の流派の規則が命ずる、ほかから一線を引いた生活を許してくれるのです」

ブラマーは語るのをやめる。私は彼の物語に深く感動し、質問の舌も同じように黙る。二、三分の完全な沈黙のあと、ヨーギーは立ちあがって家路にむかい、ゆっくりと歩きはじめる。ブラーミンと私もあとについて行く。

われわれの道は、見事なヤシの樹林と美しいキャシュアリーナの木の茂みとを抜けて行く。河面は陽光に輝いている。堤沿いにぶらぶら歩いて一時間ほどが心地よく過ぎる。やがてわれわれは人の巣窟《そうくつ》に足を踏み入れる。漁師たちが古来からのやり方で獲物をとりに行く。彼らはボートからでも岸からでもなく、網とかごを持って、腰がつかる辺りの流れまで歩いて入ってゆくのである。

河に舞い降りる輝く羽の鳥たちが風景をよりいっそう美しくする。海からの潮の香りがかすかにただようそよ風が気持ちよく顔をなでる。やがて残念だが河と別れなければならない地点までくる。ブー、ブーと鳴く豚の一群が通り過ぎる。彼らは低い階級の白髪の老婆に連れられ、落後者たちはあわれにも彼女に竹ざおで打たれている。

ついにこちらを振り向いて、ブラマーは別れを言う。私は再会を許してほしいという希望を伝える。彼は同意する。そこで私は思い切って、彼の来訪の栄誉を得たいのだがどうだろうか、とたずねる。私の連れのブラーミンがひどく驚いたことには、ヨーギーは、今晩の訪問をあっさり承知する。

§

日が暮れはじめる。私は今か今かとブラマーの到着を待つ。さまざまな質問が交互に浮かんでは消える。彼の不思議な性格が私をとまどわせ、彼の短い自叙伝が私を魅了するのだ。

召し使いが来着を告げる。ベランダの階段を二、三段おり、私は歓迎を表し、手のひらを合わせて合掌をする。どこでも見られるこのヒンドゥの挨拶のしかたは、西洋人には奇妙に思えることだろう。やがて私は学ぶのだが、この身ぶりは、「私の魂とあなたの魂とはひとつです！」ということを意味するのだ。要するに握手の代わりにするインド人の挨拶なのだが、ヨーロッパ人はこれをまれにしかしないと見えて、ヒンドゥは彼らからこれを受けると喜ぶ。私は彼らに好意を持つ人間として受け入れられたいと思っている。だから自分が知る限りはインドの風習や伝統を尊重しようと思うのだ。別に自分を「インド化」しようというわけではなく――そんなつもりはない――自分がしてもらいたいように他者にふるまいたい、と思うのだ。

ブラマーは広間に入るとすぐ脚を組んで床にすわる。

「長椅子にすわりませんか?」と、通訳者を介して私は言う。「よいクッションがついていて、とても心地がいいですよ」しかし――彼は固い床のほうがいいのだ! インドの床は板ではなくてタイル張りだというのに。

私はこの訪問に感謝の意を表し食事をすすめる。彼はそれを受け、黙って食べる。

食事が終わる。自分が突如として彼の生活に侵入した理由を説明するため、私は自分自身について何かを話さなければならない、と感じる。そこで自分をインドに引き寄せた力について、簡単な報告に入る。これが終わるとブラマーは、今まで隠れていたよそよそしさの砦《とりで》から出てきて、友人のように手を私の肩におく。

「こんな方たちが西洋にいるとは、なんとうれしいこと。あなたは多くのことをお学びになる。あなたの旅は無駄ではありません。運命が同一の場所にわれわれの足を運ばせた今日は、私にとって幸せな日です。知りたいとお望みになることは何でもおたずねください。私は自分の誓約にふれない限り、喜んでお話ししましょう」

これは本当に好運だ! 私は彼に、彼のヨーガの特質、歴史、目的について聞いてみる。

「私が学んだ肉体制御のシステムがどのくらい古いか、誰が知るでしょう。われわれの秘められた聖典には、それはシヴァ神から賢者ゲランダに示された、と書いてあります。彼の口から、賢者マルテヤンダがそれを学び、彼がさらにそれを弟子たちに伝え、このようにして何千年にもわたって次々と伝承され今日におよびました。われわれは、これが古代に生まれた科学的ヨーガの最後のものだと信じていますが、しかしそれが何千年前のことなのか、誰も知らなければ、知りたいとも思いません。当時でさえも、人間は非常に衰退していたので、神々は霊的救済の道を教えるために、純粋に肉体によって達せられる方法を教えたのです。肉体制御のヨーガは、それをマスターした熟達者以外にはほとんど理解されず、一般の人びとは、その古代の科学をほとんど誤解して理解しています。しかも、そのような熟達者は、悲しいかな！　今日ごくまれにしか見当たらないので、この上もなく愚かでゆがめられた実践が、われわれの方法として多くの人々のあいだにまかりとおっているのです。ヴァーラーナシーに行けば、鋭いクギが突き出たベッドの上にすわって眠る男をご覧になるでしょう。またある場所では片腕を空中に上げつづけている男をご覧になるでしょう。そしてその腕は間違った使い方のためになかば萎《な》え、爪は数センチにも伸びています。彼らはわれわれのヨーガの方法の実践者だと聞かせられるかもしれませんが、いいえ、そうではありません。むしろ、そのような人びとは、それに恥辱を与えています。われわれの目的は、大衆を驚かせるために愚かな方法で肉体を苦しめることではありません。自己拷問をする苦行者たちは、肉体を無理にゆがめておこなういくつかの実践方法をまた聞きしたり、友人から聞きかじった、無知な人びとです。ですが彼らはその目的が何であるかを知らないものですから、その実践方法をゆがんだまま、不自然な形で実践します。それでも大衆はこうした愚か者たちをあがめ、食べ物や金を与えるのです」

「しかし彼らは責められるべきなのでしょうか？　本当のヨーギーたちが自分たちの数を減らし、自分たちの方法をそんなに秘密にするのなら、誤解が起こるのも当然ではありませんか？」と私は反論する。

ブラマーの肩はいかり、軽べつ的な表情が口もとをよぎる。

「ラージャ（インドの王）が彼の宝石を道ばたに並べて公開するでしょうか？」と彼はたずねる。「いいえ、彼はそれらを、王宮の地下深くの宝庫に隠します。われわれの科学の知識は、人が持ちうる、最大の宝のひとつです。それを誰も彼ものためにバザールに出すことなどするでしょうか？　この宝をつかみたいと思う者は誰であれ――探索するがよろしい。それが唯一の道、そして正しい道なのです。われわれの聖典は秘密を守ることをくり返し命じており、師たちは、少なくとも数年間を忠実に過ごした、試された弟子だけに、重要な教えを明かすのです。われわれのヨーガは、すべてのヨーガの中でもっとも秘密のものです。なぜなら、それは弟子自身ばかりでなく、他者にとっても重大な危険に満ちているからです。すべてではなくても初歩的な教義でそれに極端に自分の裁量を加えないなら、あなたに示すことが許されるだろうと、お思いになっているならそれは違うのですよ」

「なるほど」

「しかしこの科学の中にも。もう少し自由に話しても差し支えない一分派もあります。それによって、初心者の意志を強くし、肉体をととのえるのです。それをすることなしには、真のヨーガの難しい修行を試みることなどできませんから」

「ああ、それこそ西洋人の興味を引くことです！」

「われわれは、肉体のさまざまの部分や器官を強化し、ある種の病を除き、予防する、約二〇種の訓練法を持っています。そのあるものは、特定の神経中枢を圧迫する姿勢です。これらは正常に機能していない器官に順に影響を与え、それらの回復を助けます」

「薬はお使いになるのですか？」

「月が満ちゆくときにつんだある薬草は、必要であれば用いられます。われわれは、肉体の健康をととのえるという初期の仕事を果たすため、四種類の訓練つまり行法を持っています。まず神経が静まるよう、休息の技術を学びます。それには四つのふさわしい行法があります。次に『ストレッチ』を学びます。これは健康な動物がしぜんに身体を伸ばしている姿を模写した行法です。第三は、さまざまの方法で完全に肉体を浄化します。それらの方法はあなた方にはとても奇妙に見えるでしょうが、効果は実にすばらしいものです。最後に、呼吸の仕方とそのコントロール法を学ぶのです」

私は、行法のいくつかを実演してほしいという願いを伝える。

「これからお目にかける方法の中には、何ひとつ暗い秘密はありません」とブラマーは微笑する。「では休息の術からはじめましょう。われわれはこの事のある部分をネコから学ぶことができます。私の師は、生徒たちの輪の中に一匹のネコを置き、この動物が休んでいるときにはどんなに優雅な姿勢をとるか、に気づかせます。真昼の暑熱がネコに眠りを授けるときにそれを注意深く観察せよと、ネズミの穴の前でネコがうずくまるときにそばで見つめていよ、と言います。ネコが真の休息の完全な見本であること、自分の力を余すところなく蓄えるすべを知っていることを、彼はこうして明らかにするのです。あなたは休息のしかたなど知っていると思うかもしれませんが、本当のところはご存じではないのです。あなたはその椅子にしばらく腰かけ、それから左右に動いてもじもじし、それから脚を伸ばす。椅子からは立ちあがることもなく、外見はくつろいで見えます。ですが、脳の中にはさまざまな思考が次々に浮かんでいる。さて、この状態をあなたは、休息と呼ぶことができますか？　それは活動という状態なのではありませんか？」

「そういう考え方は、今まで、私の心に浮かんだこともありませんでした」と私は言う。

「動物たちは休みを知っています。しかし大多数の人びとはこの知識を持っていません。これは、動物たちは自然の本能、自然の女神の声に導かれているのに、ひとは自分の思考に導かれている、ということを示します。しかもひとは自分の思考や頭脳をコントロールする力に大きく欠けているので、その結果として神経や肉体が影響を受けます。彼らに真の休息はほとんどありません」

「では私たちはどうしたらよいのでしょうか？」

「第一に学ばなくてはならないこと。それはほかでもない、東洋風の座り方ですよ！　椅子は、あなた方北方の国々の寒い部屋では本当に重宝するものでしょう。しかし、ヨーガの準備のために訓練するときは、それなしでおこなうことをお学びください。われわれの座法は実に最高に体を休めます。働いたあと、歩いたあと、それは全身に平安を与えます。それのもっとも簡単なやり方は、壁ぎわに小さな敷物かゴザを敷き、その上にできるだけらくな形ですわって、背中を壁で支えることです。あるいはゴザを部屋の中央に置き、椅子で背中を支えてもいいでしょう。それから、膝を折って脚を内に曲げ、足を組みます。緊張感はいりません。筋肉に力を入れてもいけません。あなたの第一の訓練は、こうして座り、じっと姿勢を保ち、静かに呼吸することです。この姿勢が保《たも》てたら、あなたは自分にむかって次のことを約束しなければなりません。つまり、自分の思いを世間のすべての重荷や事柄から引っ込めよう、花か絵の、ただ美しい対象に心を集中しよう、と」

私は自分の椅子からおりて、ブラマーと向き合って、いま彼が教えてくれたとおりの姿勢で床にすわる。それは、あぐらで仕事をしていた大昔の仕立屋の姿勢である。

「そう、あなたはらくにおできになりますね」とブラマーは言う、「しかしほとんどのヨーロッパ人は慣れていないから、それを快適だとは思わないでしょう。ひとついけないところがある――背骨を曲げないでまっすぐになさい。ではもうひとつの行法をお目にかけましょう」

ブラマーは、脚を組んだまま、両膝をあごに近づける。それにより両足が胴からすこし離れる。彼は両手で膝をかかえる。

「この姿勢は、長い間立っていたあとで、非常な休息になります。体重の大部分を座骨にかけるようにしてください。とても疲れたときに数分間これをなさるとよろしい。重要な神経中枢を休めます」

「とにかく、この上もなく簡単ですね」

「休息の技術を学ぶのに、何ひとつ複雑なことはいりません。実際、もっともらくにできる訓練がすばらしい効果をもたらすのです。両脚をまっすぐ伸ばし、あお向きに寝てください。爪先を外側に向け、両手を胴に沿ってのばし力を抜いてください。あらゆる筋肉をゆるめ。目を閉じ、体重すべてを床にあずけてください。ベッドの上では適切におこなえませんよ、背骨を完全にまっすぐにすることが重要ですから。敷物を使って床に寝てください。この姿勢をとると、自然の治癒力があなたを休ませてくれるのです。われわれはこれを、死体のポーズと呼びます。実践をすすめると、これらのどのポーズででも、お望みなら一時間でも休むことができるようになるでしょう。これらは筋肉の緊張をほどき、神経を休めます。筋肉の休息は、心の休息の前にくるのです」

「ほんとうに、あなた方の行法は、何らかの形で静かにすわる、ということに尽きているようですねえ！」

「それがつまらぬことでしょうか？　あなた方西洋人はしきりに活動的であることを欲する。しかし休息は嫌うべきことですか？　静かな神経は意味を持ちませんか？　平安はすべてのヨーガの始まりです。しかしそれはわれわれにとってだけ必要なものではありません。世界も必要とするものなのです」

ブラマーの言葉はもっともと言わざるを得ない。

「今晩はこれらの行法で十分でしょう」とつけ加える。「私は帰らなければなりません」

私は彼が話してくれたことに感謝し、さらに教えていただきたい、と頼む。

「明朝、河のほとりでお目にかかりましょう」と、彼は答える。

白いショールを肩のまわりでととのえ、彼は別れのしるしに手のひらを合わせて立ち去る。私は一人残され、突然終わった興味深い会話を思い返す。

§

私はそれからこのヨーギーにたびたび会う。彼の希望で、私は彼を朝の散歩の途中でつかまえる。家の中に誘い込むことに成功したときには、夜をともにすごす。そのような夜は、私と私の探求にとって、この上もない実り多きものとなる。陽の光より月の光のもとで、彼はよりやすやすと秘義的知識を披露するからだ。

彼にちょっと質問するだけで、しばらく不審に思っていた問題を解決することができる。私は、ヒンドゥは褐色民族だとばかり思っていたが、なぜブラマーの皮膚は黒人に匹敵するほど黒いのか？

答えは、彼はインドの最初の居住者だと思われる土着の民族に属している、というものだ。インドの最初の侵入者、アーリア人が数千年前に西北の山々を越えて来、平野におりてくると、彼らはドラヴィダ族という土着民族を見つけ、これを南部に追いやった。これらドラヴィダ人は征服者の宗教は吸収したが、今日まで別人種として存続している。火のような熱帯の太陽が彼らの皮膚をほとんど黒色にまで染めたが、皮膚の色、および他のいくらかの証拠によって、ある民族学者は彼らの祖先をアフリカ人だとしている。全土を支配していたに違いない大昔のころと同様、ドラヴィダ人は今も髪をのばして後頭部で結ぶ。そして今でもなお、なかば歌うような古来からの言葉を話し、そのもっとも重要な言語がタミール語である。

ブラマーは、褐色の侵入者はわが民族からヨーガの知識だけでなく、ほかのものも取ったのだと、確信をもって主張する。しかし私がこの主張を告げたヒンドゥの学者たちは、それは不条理なことだと否定する。だから私はさほど重要ではない、この起源に関する問題は、おのずから解決するのに任せておくことにする。

私はヨーガ体育というテーマで論文を書いているのではないので、肉体制御のヨーガの重要な特徴ではあるが、特定の体位をとってその技術の二、三以上を説明しようとは思わない。ブラマーがヤシの林や平凡な私の広間で実演する二〇種以上の行法の中には、奇妙にゆがんだ姿勢もあり、西洋人の目には少なくとも馬鹿げているとか不可能とか、もしくはその両方と映るに違いないからだ。あるものは、両足を上にあげてひざでバランスをとったり、全身を手指の先で支えてバランスをとったり、またあるものは、両腕を背後にまわし、なんとかして胴の反対側から持ってくるとか、またあるものは、四肢を複雑な形の結び目にしばりあげるとか、さらにあるものは、脚を首か肩の上に軽わざのように置くとか。第五グループの技などは、胴を想像できる限りのもっとも奇妙な形にひねりねじるのである。ブラマーのこれらの技のいくつかを見て、私はヨーガの技術はどれほど難しいかと認めはじめる。

「あなた方のシステムにはこういった行法がいくつあるのですか?」と、私はたずねる。

「肉体制御のヨーガには八四種の姿勢があります」と、ブラマーは答える、「私は現在のところ六四種以上は知りませんが」そう話すあいだにも、彼はそれらの姿勢のひとつをとり、そのまま私が椅子に腰かけるのと同じようにらくらくとすわる。まことにそれが彼のお気に入りの姿勢だという。難しいものではないが、しかしそれは心地悪そうに見える。左足を鼠径部《そけい》におし込み、右足をそのうしろに折り曲げて、かかとを体重がかかる尻の下に置くのである。

「そんな姿勢が何の役に立つのですか?」と私はたずねる。

「もしヨーギーがこの姿勢である種の呼吸法を行《ぎょう》じるなら、彼はより若々しくなります」

「そしてその呼吸法は——?」

「それをお見せすることは許されていません」

「ではこれらすべての姿勢の目的は何なのですか?」

「ある決まった姿勢である時間、座るとか立つとかいう単なる事柄は、あなたの目にはつまらないことと映るかもしれません。しかし、こうして選ばれた姿勢を注意をもって集中しておこない、意志力をもって保つと――それはまことに強烈な行ですが、その成功が獲得されると――眠れる力がヨーギーの内部に目覚めるのです。それらの力は自然界の秘密の領域に属しています。そしてそれは、呼吸法も併せて行われなければ、まれにしか完全に目覚めることはありません。呼吸はそれほど深い力を持っているものなのです。われわれの真の目的は、こうした力を目覚めさせることなのですが、二〇種以上の行法が、健康を増進させたり病気を癒やしたりする力を持っていますし、そのほかに体から不純物をとり除くものもあります。これが役に立たないと言えるでしょうか？　さらに、心や魂を支配することを目的とする姿勢もあります、思いが肉体に影響をあたえるのと同様、肉体が思いに影響をあたえることも事実なのですから。より進んだ段階では、何時間も瞑想に没入して、肉体の正しい姿勢が心に集中を持続させるばかりか、心の目的を実際に助けることもします。これらすべてに加え、こういった困難な行法に耐える者には、驚異的な意志力がそなわります。まあ、この方法がどれほど優れたものであるか、おわかりになったでしょう」

「でも、なぜこんなに体をねじったり曲げたりするのですか？」と私は反論する。

「たくさんの神経中枢が体全体を通っています。それぞれの姿勢は、さまざま異なる中枢に作用を及ぼすものです。神経を通じて、われわれは肉体の器官や頭の中の思いに影響を与えることができます。ねじることで、ふだん影響を受けない神経中枢に達することができるのです」

「なるほど」ヨーガというこの肉体文化の基礎が、少しはっきりと見えてくる。これを私たち欧米的システムの根本原理と比べるとどうなるか、それを確かめるのは興味深いことだろう。私はブラマーに後者について話す。

「私はあなた方西洋人の方法は知りません。しかしマドラス近くの大野営地で白人の兵士たちが訓練を受けているのは見ました。彼らを見て、私は指導者たちの意図を理解しました。筋肉の強化が第一の目的のようです。あなた方西洋人は活動的な体が最高に良いものと思っていますね。ですからああした運動を何度もくり返しながら、最も精力的な方法で四肢を鍛えていらっしゃる。筋肉を発達させるために多大なエネルギーを使い、そして強い力を得ています。あれはたしかに北方の寒い国々でするならよいことです」

「ふたつの方法のおもな違いは何だとあなたはお思いですか?」

「われわれのヨーガの行法はまことに姿勢に尽きます。姿勢が決まったあと、それ以上の活動は要求しません。活動的になるために多くの力を求めるのではなく、耐え忍ぶ力を求めます。おわかりになりますか、私たちは、筋肉の発達も役に立つと信じていますが、もっと大きな価値があるのは筋肉の背後にある力だ、と信じているのです。ですから、もし私があなたに、肩で立つ姿勢は脳を血液で洗い、神経を休め、虚弱を取り除くと言うと、西洋人のあなたはたぶんその行法を一瞬間おこなっては大急ぎで数回くり返されるでしょう。するとあなたは、この行法で使う筋肉は強化なさるかもしれませんが、ヨーギーがそのやり方でおこない獲得する利益は、ほとんど得られないでしょう」

「というと?」

「ヨーギーはゆっくりと、慎重に行い、それから何分間か、できる限り確実にその姿勢を保ち続けます。

私たちはこれをオール・ボディのポーズと呼んでいるのですが、お目にかけてみましょう」

ブラマーは手を両わきに伸ばし、脚をまっすぐにそろえてあお向きに横たわる。彼は膝をまっすぐに伸ばしたまま、床との間に直角の三分の二ほどの角度をつくるまで、両脚を空中にあげる。肘を床につけ、両手で背を支える。身体はやがて完全に上方にあげられ、胴と腰が直立する。胸部はあごにつく位置にくる。手は胴を支える役目をする。体重は、両肩と、首のうしろ、後頭部にかかっている。

この倒立の姿勢を約五分間維持したあと、ヨーギーは立ち上がってその価値を説明する。

「この姿勢により数分間、血液がそれ自身の重みによって脳の方に流れくだるように導かれます。通常の姿勢では、血液は心臓のポンプの働きによって上方に押し上げられなければなりません。これら二つの違いは、この姿勢が脳や神経に与えるさわやかな効果によって明らかです。思索する人びとや学究者など、脳を使って仕事をする人びとは、頭がくたびれたとき、この行法を静かにおこなうと速やかに疲労が回復します。それが唯一の利点ではありません。それは性器官も強化します。ただしこれらの利益は、西洋風の性急なやり方ではなく、私たちのやり方でなされたときに初めて得られるものなのです」

「もし私が間違っていなければ、あなたはつまり、ヨーガの態度は肉体をバランスがとれた静けさの状態に安定させるものである。一方西洋のやり方は、それを激しく動かそうとする、とおっしゃるのでしょうか？」

「まさにそうです」とブラマーは同意する。

私は西洋人の手足でもらくにできるものを彼のレパートリーの中から選ぶ。これなら忍耐強く実践すれば、じきにものにすることができよう――両脚を伸ばしてすわり、両腕を頭の上にあげ、人さし指を曲げる。

胴を前方に倒しながら息を吐く。そして足の親指を折り曲げた指でつかむ。右足の親指は右手の人さし指が捕らえる、というように。それから徐々に頭を前方に曲げていき、ついに伸ばされた両腕の間に落ちて、ひたいがももの上にぴったりとくっつく。彼はしばらくの間この奇妙な姿勢を保ち、やがて徐々にもとの形に戻る。

「すべてを素早くやろうとしてはいけません」と、警告する、「頭は少しずつ少しずつ膝に近づけるようになさい。たとえこの姿勢がとれるまでに数週間かかっても、いったんそれをマスターなさったなら、それは何年でもあなたのものとなっているでしょう」

この行法をするものは本当に誰しも、その背骨が強化できること、脊柱の弱さによって起こる神経障害をのぞくこと、そして血液の循環に驚くべき効果があることを知る。

次の姿勢では、ブラマーは、両足の裏が尻の下に来るように、脚を二つ折りにして床にすわる。上背部が床につくまで、上体を後ろに倒す。頭のうしろで腕を交差させ、枕にする。おのおのの手は、反対側の肩のつけ根をつかむ。彼は何分間か、この格好のまま姿勢をとる。それから戻って説明するには、首と肩の内部に位置する神経中枢が脚の中枢とともに良い影響を受け、これはまた、胸のためにもよい、ということだ。

一般のイギリス人はふつうのインド人を熱帯の太陽と栄養不足とのために衰弱してしまった弱者と見ているので、インドには古代からこんなにも注意深く考えられた土着の肉体文化のシステムが存在しているのだ、と知って驚くのである。もし西洋のシステムがその価値について論争するなど夢にも思わぬほどの有効性を今日持つとしても、それは、肉体の発達、健康保持、病気の除去についての完成された最後のものだとは言えない。もし西洋が、ヨーガの伝統的な教えの中からいくつかのほこりにまみれた行法を拾い出し、科学的研究を徹底するなら、肉体のもっと完全な知識ともっと健康な生活の充実した体制に到達するかもしれない。

しかし私は、種々のとらわれがあるこの時代に、実践できうる容易なヨーガの姿勢はおそらく一ダースもないだろうと知っている。このシステムの残りの部分、七〇数種の姿勢は、もっとも熱心な人びとで、しかも柔軟な四肢としなやかな身体を持つ若者でなければ、適応は難しいだろう。

ブラマー自身も認める——

「私は一二年間毎日とても練習しました。このようにして初めて、いま知っている六四種類の姿勢をマスターすることができたのです。また私は幸いにも若いときに始めました。大人になると、非常な苦痛なしに、この行法を試みることはできません。成人の場合、骨も筋も肉も硬化してそれに変化をあたえることが難しいので、それで困難と苦痛が生じるのです。しかしそれでも、努力を続ければそれらはどのように克服されるものか。目覚ましいものですよ」

忍耐強く実践すれば誰でもマスターできるというブラマーの主張は疑わない。だが彼らが紹介する四肢や関節や筋肉をゆっくりと慣らすようにして到達する独特な姿勢は、遅々として長い年月を必要とするに違いない。彼は一〇代を越える頃に始めたという利を持っており、早く始めるという価値は、どんなに高く評価してもしすぎることはない。上手な軽わざ師のおおかたが幼少時に訓練を始めた者たちであるように、肉体制御の道のヨーギーも、上手になるためには成長期の終わる前、すなわち二五歳になる前にその訓練を始めなければならないことは明白だ。大人のヨーロッパ人がこの行法の大部分である複雑な姿勢に冒険していどむなら、やっている間に骨の一本や二本を折ることはまず間違いないと思う。このことについてブラマーと議論すると、彼はある点には同意するが、すべてではないが多くの場合根気よく努力する者は成功する、とかたくなに主張する。しかし彼も、ヨーロッパ人にとってはいっそう難しい仕事だということは認める。

「われわれ東洋人は子供のときから膝を折って座ることを学んでいます。だからそれは利点と言えましょう。ヨーロッパ人が脚を折り、痛みを感じず二時間もきちんと座っていることができますか？　しかし足首をからませて脚を交差する形は、われわれの姿勢の出発点なのです。私たちはそれを最上のもののひとつと見ています。お見せしましょうか？」

そこでブラマーは、仏像や仏画によって西洋世界にもすでになじみ深い、あの姿勢をとる。彼は完全にまっすぐにすわり、右脚を二つに折って足を左鼠径部《そけい》に置く。それから左脚を折り右の大腿部《だいたいぶ》の上に持って来る。そのかかとは下腹部の隅に触れる。両足の裏は上を向く。それは芸術的な、均衡のとれた姿勢だ。こんなに魅力のある姿勢は試みる値打ちがあるという思いが心にわく。

私は彼のまねをしようとするが、骨折りの結果、得たものは足首の激痛である。この姿勢には一瞬たりとも耐えられない。昔、骨とう品店の飾り窓においてあるブッダの青銅像を見たとき、このすわり方の、なんと絵のようにエキゾチックであると思われたことか！　ところが今ここインドでみずからそれをやってみようとすると、この下脚部をねじることのなんと不自然に思われること！　ブラマーの励ましの笑顔も力およばず、私は彼に、この努力は延期せざるを得ないと告げる。

「関節が硬いのですよ」と彼は言う。「次になさるときには、足首と膝に少し油をすり込んでお置きなさい。

あなた方は椅子にばかりすわっているので、この姿勢をとると、脚にいくらかの緊張を与えるのです。毎日少しずつ練習していけば、困難は徐々に除かれます」

「私にはとてもできないような気がします」

「不可能だなどとおっしゃるな。時間はかかるでしょう。しかし必ずマスターなさいます。ある日成功してびっくりなさるでしょう。それは突然やってきます」(それから八ヵ月の後に私は成功した)

「実に痛くて、新しい拷問のような感じだ！」

「しかし痛みは減っていくでしょう。そしてこの姿勢をとっても痛みを感じなくなるときがくるでしょう。もっとも成功にいたるのはそれよりずっとあとのことですが」

「でもそれは、私にとって努力のしがいがあることなのでしょうか？」

「もちろんです。蓮華《れんげ》の姿勢――われわれはこう呼んでいるのです――は実に重要なもので、新参者は、ほかの姿勢の練習を避けることは許されても、これの練習をぬかすことは絶対に許されません。これは主要な姿勢であって、進歩したヨーギーはこの姿勢で瞑想をします。その理由のひとつは、この姿勢で体を確固と安定させるので、もしヨーギーが深い恍惚《こうこつ》状態――しばしば不意に起こることです、もっとも熟達者は意志で恍惚に入ることができますが――に入っても転倒しない、ということです。見ておわかりのように、蓮華の姿勢は、両足をロックするように組み合わせ、体を静かに安定させます。落ち着きのない、いらいらした体は心を乱しますが、蓮華の姿勢をとると、人は落ち着きと自制心を得ます。この姿勢では、われわれがとても重要と考えている、心の集中がよりたやすくできるのです。最後に、私たちは呼吸法の練習を、おおかたこの姿勢でおこないます。なぜならこの組み合わせが、肉体内部に眠る霊の火を呼び覚ますからです。この目に見えない火が目覚めると、肉体内のすべての血液が新たに配分され、神経の力は非常な鋭敏さをもって重要な諸点に送られます」

この説明で私はすっかり満足し、姿勢に関する話をおしまいにする。私の教育のため、ブラマーは先程から盛んにあまたの恐ろしく身をねじる技やけいれんを起こしそうな姿勢をやってのけている。彼はただ、肉と骨を支配し得るところのいくらかを私に見せているだけであるが、しかし西洋人の誰が、こんな複雑な行法のすべてをやり通すことができようか？　西洋人の誰が、それをするだけの時間を持っていようか？

［1］タミール語はインド南東部の地方語で、長い合成語を容易に形成するところがドイツ語に似ている。そのため、あなたが乗った列車がクラセカラパトゥナム駅を通過するだろう、そして……というような文章だが、私はそれを省略した方がよいだろう！

［2］簡単な腰布。

第六章　死を克服するヨーガ

ブラマーは私に、彼の住みかに来てもらいたい、と希望する。そして実はその家に住んでいるのではなく、自由と独立を保持することができるように、裏庭に広い小屋を建てたのだ、と説明する。

それで――そして白状しなければならないが、かなりの熱意をもって――私はある日の午後、その家を訪ねる。建物は、見捨てられた、荒れ果てたかんじの、ほこりだらけの街中に立つ。私はいっときこの古びた白塗りの建物の前に立ち、その木造りの二階を眺める。前方に張りだした窓は中世ヨーロッパの家々をまざまざと思い出させる。私は目の前の重く古い扉を押す。扉は家や通りに響き渡るほどガタガタと音を立てる。

満面に母親らしい笑みをたたえた一人の老婆がほとんど即座にあらわれ、私の前でくり返しお辞儀をする。彼女は私を案内し、暗く長い通路を通り、台所をぬけて裏庭にでる。

最初に気づいたのは、広く枝をひろげた一本の菩提樹《ぼだいじゅ》と、その下陰で守られる古風な井戸だ。井戸の反対の、まだ樹陰の一部に入るほど近いところに小屋が建っていて、老婆はそこに案内する。小屋は、竹の柱、細く十字に組んだ木のはり、草ぶきの屋根で簡単にできている。

ブラマーと同じように黒い顔をしたこの老婦人は興奮の色を隠さず、明らかにその小屋に向かって、ふるえるようなタミール語の文章を叫び出す。美しい声が内部からこれに答え、ドアが静かに開く。ヨーギーが現れ、愛情をこめて私をこの簡素な庵《いおり》に導き入れる。彼は扉をあけたままにしておく。未亡人は数分間入り口に立ち、言いようのない喜びの色を顔から発散させながら私を見まもっている。

私は簡素な一室にいる。向こうの壁添いにクッション無しの低い長椅子、もう一隅には上に書類のちらばる粗い作りの長椅子がある。重厚な彫り模様がついた真ちゅうの水差しが梁《はり》の一カ所からひもでぶらさがる。

床には大きな敷物が敷かれている。

「おすわりください！」と、ブラマーが床に向かって手を振りつつ言う。「すみませんが、あなたにおすすめできる椅子はありません」

われわれ一同は敷物のまわりにすわる。ブラマーと、私と、私を慕い今は通訳者として働く一人の教師見習いとである。老いた未亡人は数分のうちに立ち去ったが、茶の土瓶《どびん》を持ってふたたび現れ、それをテーブル代わりの敷物の上に置く。彼女はもう一度戻って、今度は真ちゅうの盆にうず高く盛ったビスケットやオレンジやバナナを持ってくる。

われわれがこの喜ばしい食べ物をとる前に、ブラマーが黄色いマリーゴールドの花輪を取りだし、それを私の首にかける。私はあきれ返って強く抵抗する。このインドの風習は、ふつう高貴な人物に対しておこなわれるものだと私は知っており、自分がそんな類に属するなどと思ったこともないからである。

「しかし、兄弟よ――」と、彼はほほ笑みつつ抗弁する。

「あなたは私の住み家をお訪ね下さった最初のヨーロッパ人でいらっしゃるし、私の最初の友人でもいらっしゃる。私は自分の喜びを、そしてここにいる婦人の喜びを、このようにして表さずにはおれないのです」

これ以上の抵抗は無益だろう。私はやむを得ず、ジャケットの上に盛大なマリーゴールドの花輪を垂れさげて床にすわることになる。ヨーロッパがここから十分すぎるほど遠くて本当によかった。私の友人たちがこの奇妙な光景を見て私を笑う恐れがないことを、実にありがたく思うのだ！

お茶を飲み、果物を食べ、ひとしきり楽しくおしゃべりをする。ブラマーは自分で小屋を建てたこと、粗末な家具も自分でつくったことを説明する。私の好奇心は部屋の隅の長椅子の上にのっている書類にむかう。私は彼にその存在理由をたずねる。その紙はすべて淡紅色、そこへ緑色のインキの文字がある。ブラマーがひとつかみ取りあげると、それがタミール語らしい古風な趣の文字であると私は気づく。教師見習いは文書を調べるが彼には読めず、意味をつかむことはいっそう難しい。これらタミール語はすでに廃《すた》れた形で、何百年も前には用いられたが、近頃はごくわずかの人しか理解し得ないのだ、と彼は説明する。また、タミール哲学やタミール文学の偉大な古典は不幸にも、高尚なタミール語といわれているこの古代の言語で書かれており、現代語だけを知っている者がそれを解読することは、現代の英語を知る者が中世の英語を読むことよりも難しい、とつけ加える。

「私はこれらの文章をほとんど夜分に書いています」と、ブラマーは説明する。「あるものは詩の形で表現した私のヨーガ経験の報告です。またあるものは心のままに信仰を吐露した長い詩です。私の生徒だと自称して、しばしばここに来てはこのような文章を朗読する、いくらかの若者たちがいるのです」

ブラマーは、淡紅色の紙に赤と緑のインクで文字が書かれ、緑色のリボンでとじた美しい体裁の数ページの文書をとりあげて、ほほ笑みつつ私に差し出す。

「私はこれを、特にあなたのために書いたのです」

若い通訳者はそれは八四行からなる詩だと言う。それは私の名で始まり、私の名で終わるが、この若者はそれ以上読みあげることができない。彼はところどころを解読し、詩の中には明らかに何かしらの個人的メッセージも含まれているのだが、それは非常に高尚なタミール語で書かれているので自分には訳す能力がないと言う。しかしながら、私はこの思いもかけぬ贈り物を受けたことをこの上もなくうれしく思う。ことにそれはヨーギーの好意の表れなのだから。

私の訪問の祝賀がついに終わると老婦人は去り、われわれはまじめな話に取りかかる。私はあらためて、ヨーガの中で非常に重要な役割を占めていると思われ、しかも、深い秘密に包まれている呼吸の問題にとび込む。ブラマーは、残念だが今のところこれ以上の実践方法を示すことはできない、と言う。しかし理論についてならもう少し話すことに同意する。

「自然は人間ひとりひとりに二万一六〇〇ずつの呼吸律動を分配し、ひとは、昼も夜も、日の出から次の日の出まで、その割り当てを使っています。速く、騒がしく、乱れた呼吸はこの割り当てを超え、従ってその人の寿命を縮めます。緩く、深く、静かな呼吸はこの許容量を節約し、従って寿命を延ばします。節約された呼吸は集まって、大きな蓄えをつくるようになり、この蓄えから、人は余分の寿命を引き出すことができるのです。ヨーギーたちはほかの人びとほどたくさん呼吸をしないし、また必要ともしないのです――しかし、ああ！　これ以上の説明をすれば私は誓いを破ることになってしまう」

ヨーギーのこの慎みは私をじらせる。これほどまでに苦労をして隠される知識が、真に価値あるものでないはずがない。だからこそ、これらの不思議な人びとが、浅薄な好奇心だけの人びとや心理的に準備のできていない人びと、たぶん霊的に無価値な人びとを退けるため、自分たちの足跡をおおい隠し、その教えという宝を秘密にしているのだろう。私もたぶん、右にあげた部類に入り、つまるところ、ついには自分の苦労を償うほどのものを得ることもなしにこの国を去らなければならないのだろうか？

だがブラマーはふたたび話しはじめる――

「われわれの師たちは、呼吸の力の秘密を握っているのです。彼らは血液と呼吸がどんなに密接であるかを知っています。また、心がどんなに呼吸のあとについていくものかを理解しています。また、呼吸と思考の働きをとおして、どのように魂の目覚めをうながすことができるかという秘密も心得ているのです。真に肉体を維持しているのはより精妙な力であり、呼吸とはその精妙な力の、この世界への現れにほかならないのですよ。目にこそ見えないが、生命諸器官の中に隠れているのはこの力です。それが肉体を去れば、つづいて呼吸は止まり、死がやって来るのです。しかし呼吸の制御によって、この見えない流れをいくらかコントロールすることはできます。そうです、われわれは自分の肉体を――心臓の鼓動をコントロールすることさえできるほど――強力な支配下に置くことができるのです。ですが古代の賢者たちが初めてこのシステムを教えたとき、彼らは肉体とその力のことしか考えていなかった、とあなたはお思いになりますか?」

古代の賢者たちとその目的について考えるよりも、私は突然心中に起こった強烈な好奇心に夢中になってしまう。

「あなたはご自分の心臓の働きをコントロールできるのですか?」私は驚きの叫びを発する。

「内臓器官、心臓、胃および腎臓など、自動的に動いているそれらの器官を、私はある程度、言うことをきかすことができるようになりました」と、少しの自慢の色もなく静かに答える。

「どのようにしてなさるのです?」

「姿勢、呼吸、意志の力といった修行を、組み合わせることによって、その力は得られます。もちろん、それらは高度なヨーガに属しています。非常に難しいので少数の者しかできたためしがありません。こうした修行で、私は心臓を働かせる筋肉をある程度自在に動かせるようになりました。また心臓の筋肉によって、ほかの器官の制御へとさらに進むことができているのです」

「これは本当に非凡なことです!」

「そうお思いになりますか? あなたの手を私の心臓のところにあてて、じっとしていてごらんなさい」

同時に、ブラマーは居ずまいをただして奇妙な姿勢をとり、目を閉じる。

私は彼の命令に従い、何が起こるかじっと待つ。何分間か、彼は岩のように堅固でほとんど動かない。やがて心臓の鼓動が徐々に減りはじめる。私はそれが次第にゆるくなるのでびっくりする。彼の心臓が、そのリズムを完全に止めたのをはっきり感じると、その無気味さに身ぶるいが神経にひろがる。気が気でない七秒間ほどの静止がつづく。

幻覚を見ていると思い込もうとするが、私の緊張感はそうは思えないほど高まっている。その器官が死と見える状態から生に戻ると、私は生き返った心地がする。鼓動はしだいに速まり、やがて無事に正常にもどる。ヨーギーはその後何分間か、自己没入の不動状態から出てこない。ゆっくりと目を開くとこうたずねる――

「心臓が止まるのを感じましたか?」

「ええ、実にはっきりと」この離れわざは幻覚ではなかったと、私は確信する。内部のメカニズムを使って、ブラマーはこのほかにどんな不思議なヨーガ・トリックをおこなうことができるのだろうか。

まるで心中の思いに答えるかのようにブラマーは言う――

「私の師ができることに比べれば、これなどなんでもありません。彼は自分の動脈のひとつを分けて、血液の流れをコントロールすることができますし、そう、それを止めることさえできるのです！　私もある程度、血液のコントロールはできるようになりましたが、あれはできません」

「それを見せていただけますか？」

彼は私に、手首をとって脈拍を感じるところを握ってくれ、という。私はそうする。

二、三分のうちに、親指の下のリズムが奇妙に減っていくのに気づく。間もなくそれははっきりと停止する。

ブラマーは自分の脈をとめた！

心配になった私は、早く脈が打ち始めればよいと思う。一分過ぎるが何事も起こらない。次の一分間は私は秒針の刻みを鋭く意識する。が、これも同じように過ぎてしまう。三分目もむなしく過ぎた。ようやく四分目のなかばに、私は動脈中にかすかな活動の再開を感じる。緊張はやわらぐ。間もなく脈は正常な速度で打つようになる。

「なんと不思議なことか！」と私は思わず叫ぶ。

「何でもありません」と彼はつつましく答える。

「今日は不思議な離れわざを見る日と見える。なにかもうひとつ見せていただけませんか？」

ブラマーはためらう。

「もうひとつだけ」と、ようやく彼は言う、「それでおしまいですよ」

彼は床を見つめて沈思したあと宣言する——

「呼吸を止めましょう」

「でもそうすればあなたは必ず死にますよ！」と私は緊張して叫ぶ。

彼は笑うが、私の言葉は無視する。

「今度は、私の鼻孔の下に平らに手をおいてごらんなさい」

私はためらいつつ彼の言葉にしたがう。ぬるい吐息が、くり返し私の手の皮膚をなでる。ブラマーは目を閉じ、体は堅固な彫像のよう、一種の恍惚状態に入ったように見える。私は、自分の手の甲を彼の鼻孔の直下にあてて待つ。彼は彫刻のようにじっと動かず、反応も示さない。とてもゆるやかに、とても静かに、呼吸の愛撫《あいぶ》が減りはじめる。ついに、それは完全にやむ。

私は彼の鼻孔と唇とを見まもっている。肩と胸を調べる。しかし呼吸をしている外的証拠は何ひとつ見つからない。私はこのようなテストは完全なものではないからもっと徹底的なテストをしたいと思うのだが、さてどうしたらよかろう。私の頭脳は急速に働く。

部屋に手鏡はない。だが、磨かれた一枚の真ちゅうの小皿が十分な代わりをつとめると気づく。それでこの皿を鼻孔にしばらくあて、そして唇の前にあててみる。光沢ある表面は少しも曇らない。湿気が帯《おび》もしない。

この静かで平凡な町の、静かで平凡な家の中で、西洋の科学もいつかはその意思に反して認めざるを得ないような事柄、それほど重要な意味を持つ事柄を、私がいま確認しているとは信じられないことだと思う。しかし証拠が目の前に、疑う余地もなく在る。ヨーガは無価値な伝説などでは断じてない。

ブラマーがついにその恍惚に似た状態から出てくると、彼は少し疲れたように見える。

「満足なさいましたか?」彼は疲れた微笑とともにたずねる。

「満足どころではありませんよ! しかし、どのようにしてこんなことができるのか、それを考えると途方にくれます」

「説明は禁じられています。呼吸のコントロールは高度なヨーガの一部です。白人にはこんな努力は馬鹿げたことと見えるかもしれません。しかしわれわれにとってそれは非常に重要なことなのです」

「ですがわれわれはつねに、人は呼吸をしなければ生きられない、と教えられてきました。それは本当に愚かな考えではないのでしょうね」

「愚かではありませんよ、呼吸をしなければ死ぬというのは、真実ではないですから。私は、もしやろうと思えば二時間、息を止めていることができます。私は何回もそれをしましたが、それでもまだ、死んでないでしょう!」ブラマーはほほ笑む。

「私は当惑しているのです。説明することは許されていらっしゃらなくても、この行法の背後にある理論を少しばかり明かすことはできないものでしょうか?」

「いいでしょう。ある種の動物たちを観察することによって得られる教えがありまして、これは私の師が好んで用いる教授法です。ゾウはサルよりはるかにゆっくり呼吸をしますが、あれはサルよりずっと長命です。大蛇のあるものは犬よりはるかにゆっくりと呼吸をし、ずっと長命です。このように、存在する生きものので、呼吸のゆるやかなものはたぶん長く生きるのでしょう。ここまで言ったことがわかるなら、次はもっとらくにわかります。さて、ヒマラヤ山中には冬眠に入るコウモリがいます。彼らは山の洞窟の中に何週間もぶら下がっているのですが、ふたたび目を覚ますまで、けっして息をしません。ヒマラヤ熊もそうです。彼らもやはり冬中ときどき恍惚状態に入り、その体は生きていないように見えます。またヒマラヤ山中の穴の中深くには、食物の見当たらない冬、何カ月も眠るハリネズミがいます。その呼吸は停止しています。もしこれらの動物たちがしばらくの間呼吸を止めていて、それなのに生きているとしたら、人間が同じことをできない訳があるでしょうか？」

不可思議な事実を説く彼の言葉は興味深いが、彼の実演ほど強い説得力を持つものではない。生存のいかなる状態においても呼吸は不可欠である、という一般常識を、数分の言葉によって捨て去ることなどできない。

「呼吸をすることなしに、どうして肉体に生命が存続しうるのか、われわれ西洋人は永遠に理解に苦しむでしょう」

「生命は永遠に続きます」と彼は神秘的な答えをする。

「死は、肉体の習慣のひとつです」

「しかしけっして死を克服することができる、と言うことはできないでしょう？」と、疑うようにたずねる。

ブラマーは態度を変え、私を見つめる。

「なぜ言えないのですか？」張りつめた間があく。彼の目がわたしをさぐっている、が、それは好意的にだ。

「あなたの内に、その可能性があるのですから。われわれの古来の秘密のひとつをお話ししましょう。しかしまず、ある条件にあなたの同意を得ておかなければなりません」

「それはどういう――?」

「私がのちほど教えるもの以外は、いかなる呼吸法も、ためしたり実践してはいけません」

「わかりました」

「その言葉をお守りください。さて、あなたはこれまで、呼吸の完全な停止は死を招くと信じてきました」

「はい」

「そのように信じていらっしゃるなら、体の内側で、完全に息を保つなら、少なくとも、息が保たれているあいだは?」

「そのあいだは――?」

「それ以上、何も申し上げられません。ただ、われわれは、呼吸の制御に熟達し完全に意のままに息を保持することができる熟達者は、それによって自分の生命の流れも保持する、と言うのです。おわかりになりますか?」

「わかる、と思います」

「想像してみてください。たんなる好奇心の数分ではなく、何週も、何カ月も、何年間も息を保ち続けることができるヨーガの熟達者を。息のあるところには、必ず生命があると認めておられるあなたですから、人間の寿命を延ばすのはどうしたら可能なのか、ということもお見通しでしょう?」

口が開かない。どうして私に、この主張を不合理として却下することができよう。だが、どうしてそれを認めることもできようか。それは中世ヨーロッパの錬金術家たちの怠惰な夢を思い起こさせるではないか。不老長寿の薬を探し求めたが一人、また一人と死の鎌に屈服していった、あの夢想家たちである。だがブラマーが自分をあざむいていないなら、私をあざむくことなどするはずはない。彼が私と交際したいわけではないし、弟子を得ようと努力しているわけでもないのである。

新たな恐怖が脳裏をかすめる。彼がもし、狂人にすぎなかったら？　いや、ほかのことに関しては、彼はあんなに思慮深く合理的なのだ。彼は間違えている、と見た方がいいのではないか？　――しかし私の内なる何かがこの結論を疑う。私は当惑する。

「まだ納得できませんか？」ふたたび話はじめる。「あなたは、ランジート・シン（一九世紀インドのシーク教指導者）によってラホールの地下に埋められたファキールの話を聞いておられませんか？　ファキールは、イギリス陸軍の士官たちの立ち会いのもと、シーク教徒最後の王の面前で埋められました。墓は兵士たちによって六週間守られました。しかし彼は生きていた頃の健康状態のままでその墓から出てきました。この話を調べてご覧なさい。あなた方の政府の記録のどこかに書いてあるそうですよ。このファキールは、呼吸を完全に制御することをマスターした人だったので、死の危険なく、意のままに息をとめることができたのです。しかし、彼はヨーガの熟達者ではなく、また、彼の生前を知っていた老人から聞いたのですが、彼の性格は良いとは言えなかったそうです。彼の名はハリダスと言い北部に住んでいました。こんな男がこれほど長く酸素のない場所で呼吸もせずに生きていられたとするならば、金銭のためにこれらの不思議を実演するのではなく、ひそかにそれを行じる、真のヨーガの師たちは、どれほどのことができるでしょう？」

意味深い沈黙が会話のあとにつづく。

「われわれのヨーガの方法によって得られる不思議な力はほかにもあります。ですがこの堕落した時代に、誰がそれを得るために高価な代償を払うでしょうか?」

ふたたび沈黙が支配する。

「毎日のくり返しの世界に生き、働いているわれわれは、そのような力を探求しなくてもすることが十分にあります」と、あえて私は我が時代を弁護する。

「そうです」ブラマーは同意する、「肉体制御というこの道は、ごくわずかの人だけのものです。ですから、この科学の教師たちは、何百年ものあいだ、それを無言の秘密のうちに守ってきたのです。彼らが弟子を探し求めるようなことはほとんどありません。弟子たちの方が、彼らを探し求めなければならないのです」

§

次の会合ではブラマーが私の宿所に訪ねてくる。夕方だったのでまもなく夕食をとり、食後少し休んでから、月光を浴びるベランダに出る。私はデッキチェアーに腰をおろし、ヨーギーは床に敷いたゴザの上が気持ちがよいとそこにすわる。

何分かの間、われわれは黙って満月の光を楽しむ。私は前回会ったときの衝撃の出来事を忘れずにいるので、死に向かって指をはじく人びとの信じられない事柄にじきに話を持っていく。

「なぜ信じられないのですか?」と、ブラマーはお気に入りとなった質問をする。「ここ南インドのネイルゲリー・ヒル地方に隠とんする、肉体制御のヨーガの熟達者がいます。彼はけっして自分の隠とん所からは動きません。北部にはもう一人、雪のヒマラヤ山中の洞窟に住む人がいます。この人たちに会うことはできません、彼らはこの世界を軽べつしているのですから。しかし、彼らの存在は私たちの伝説で、彼らはすでに数百年生きていると聞かされています」

「あなたは本当にそれを信じるのですか?」と、私は敬意をこめた疑心をもってたずねる。

「少しも疑いません! 私の師という目に見える実例があるのですから」

何日も心に浮かんでいたひとつの質問が、またしても口から出そうになる。これまで、それを言い出すことはためらっていた。だがわれわれの友情が非常に深いものとなった今、私は思い切ってこの質問をする。

私は真剣にヨーギーを見つめ、たずねる——

「ブラマー、あなたの師は誰ですか?」

しばらく私を見つめ返すが、何の返答もしない。躊躇《ちゅうちょ》の色を浮かべ、私を見ている。口を開いたときの声はゆるやかで重々しい。

「彼は南部の弟子たちからはイェルンブ・スワーミーと呼ばれています。『アリの先生』という意味です」

「なんという奇妙な名前でしょう!」と私は思わず叫ぶ。

「私の師はいつも米の粉の入った袋をたずさえていて、どこに行ってもその粉をアリに食べさせてやるのです。しかし、ときおり滞在する北部地方やヒマラヤ山中の村々では、別の名前で呼ばれています」

「その、彼というのは、あなた方の肉体制御のヨーガでは完成された人なのですか?」

「まさにそうです」

「そしてあなたは、彼が長く生きておられることを――?」

「私は、彼は四〇〇歳を超えている、と信じます!」

ブラマーは、私に向かって静かにこう言いおわる。

張りつめた沈黙。

私は当惑して彼を見据える。

「彼は何度も、ムガール人の皇帝たちの治世に起こった出来事を話してくれました」そうヨーギーは補足する。

「また、あなた方の英領インド会社がはじめてマドラスにやってきた頃の話も聞かせてくれました」

疑い深い西洋人の耳には受け入れられない話だ。

「しかし、歴史の本を読めば、どんな子供でもそのくらいのことは話せるでしょう」と私は反論する。

ブラマーは私の発言を無視する。彼は続ける――

「私の師は、パニパットの第一の戦争［2］をはっきり覚えていますし、プラッシーの戦い［3］の頃のことを忘れてはいません。私は、彼があるとき、ベシュダーナンダという一人の兄弟弟子のことを話して、ほんの八〇歳の子供だ、と言ったのを思い出します!」

明るい月光の中、私は、ブラマーの薄黒く幅広い鼻を持った容貌が、こんなに不思議な話を語っているのに独特の冷静さを保っていることに気づく。近代科学が呼び起こした、厳しい探求方法の中で養われた私の頭脳が、どうしてこのような主張を受け入れられようか? 結局、ブラマーはヒンドゥであって、彼の民族特有の、伝説をのみ込む能力を持っているのに違いない。彼と論争するのは無駄なことだ。黙っていることにしよう。

ヨーギーはつづける――

「私の師は一一年以上、インドとチベットとのあいだに位置するネパールという国の、古いマハーラージャの霊性の助言者でした。そこで彼は、ヒマラヤの山あいに住む村人たちの一部に知られ、愛されています。彼らは彼が訪ねてくると神として敬います。それでも彼は、父親がみずからの子どもに話しかけるように親切に彼らに話しかけるのです。彼は階級制度には無関心です。また魚も肉も食べません」

「どうしたら、そんなに長く、人が生きることができるのでしょうか?」私の思いがまたしても無意識のうちにとび出てしまう。

ブラマーはかなたを向いて、私の存在を忘れたようだ。

「それを可能にするには三つの方法があります。その第一は、われわれの肉体制御法を構成する、すべての姿勢、すべての呼吸法、すべての秘密の行法を実践することです。この実践は、人が完全になるまで行われなければならないもので、それは、その教えを自分の肉体で示すことのできる、正しい師のもとにおいて初めて成しうることです。第二の方法は、このことを学び尽くした熟達者だけが知る、ある珍しい薬草を規則的に摂取することです。これら熟達者たちはこの薬草を秘密のうちに運び、旅をするときには長衣のうちに隠しています。彼らが最後に姿を隠すときが到来すると、価値ある弟子を一人選び、その者にこの秘密を明かして薬草を授けます。ほかの者にはけっして与えません。第三の方法は、説明は容易ではない」ブラマーは突然口をつぐむ。

「なんとかやってみてくださいませんか?」と私はせがむ。

「私の言うことを、お笑いになるだろうと思います」

それどころか私は、十分な尊敬をもって彼の説明を聞くであろう、と保証する。

「結構です。人の脳の内部にはひとつの小さな穴があります［4］。この穴の中に、魂が宿っているのです。そこにはまた、この穴を守るひとつの弁のようなものがあります。さて、脊柱の下端では、以前に何度となく申しましたが、目に見えない生命の流れが生まれています。肉体の老化の原因は、この流れが絶えず喪失しているからです。しかし、その制御は肉体を新たな生命で満たし、それを永続させます。人が自己を克服したとき、彼は、われわれの流派の、進歩したヨーギーたちだけが知るある行法によって、この制御をものにしはじめるのです。そして脊柱を通じてこの生命の流れを引き上げることができるようになると、彼は次にはそれを脳の中の穴に集中させようとするでしょう。しかし、彼を助けてあの保護弁を開かせてくれる師を見いださなければ、成功することはできません。もし彼が喜んでそれをしてくれる師を見いだすなら、そのときには目に見えない流れがこの穴に入り、われわれが長寿の甘露と呼んでいるものに転じるでしょう。これは生やさしいことではありません。それを一人でおこなおうとする者には破滅が待ち伏せしています。しかしこれに成功した人は、いつでも好きなときに、死と同様の状態をひき起こすことができます。そして本当の死が彼を探しだすときには、勝者の力を手に入れます。要するに、彼はいつでも、自分の死の瞬間を正確に選ぶことができるのです。しかもどんなに精密に調べても、自然死であるとしか見えないでしょう。

これらの三つの方法をすべてわがものとした人は何百年も生きることができます。私はそのように教えられました。たとえ彼が死んでもその遺体に虫はつきません。一世紀のあとにもなお、彼の肉体は朽ちないでしょう」

私は彼の説明にたいしてブラマーに感謝するが、しかし不審に思う。非常に興味深くは思うが、まだ納得はしていない。解剖学は、彼の話す流れのことを知らないし、彼の言う甘露などはまったく知らないのだ。これら生理学上の驚異の物語は、単なる迷信的誤解なのだろうか？　それは人を伝説の時代、不老長寿の薬を持つ魔法使いたちのいる太古の日々に帰らせるではないか。しかし、ブラマーがやってみせた呼吸や血液循環のコントロールは、ヨーガの力は単なる怪物ではないということ、その力は疑いもなく、知らない者には途方もないと思えるような離れわざの実演の源であるということを、多少なりとも証明している。この点を越えてしまうと、彼とともに歩むことは私には難しいと思われる［5］。

自分の知的努力が顔に出ないように気をつけながら、私はうやうやしく沈黙を守っている。

「このような力は墓場に近づきつつある人びとは非常に欲しがるでしょう」とブラマーはつづける、「しかし、それらを得る道は危険に満ちている、ということを忘れてはなりません。われわれの師たちがこれらの行法のことを『ダイヤモンドの箱をしまうように大切に隠しておけ』と言うのも不思議ではありません」

「すると、あなたもそれらを見せてはくださいませんね？」

「熟達者になりたい人は、走り出す前に、まず歩くことから学ぶべきです」と、かすかな微笑を浮かべて答える。

「ブラマー、最後の質問です」

ヨーギーはうなずく。

「あなたの師は今どこに住んでおいでなのですか」

「彼はネパールの山中、テライ密林の向こう側の、ある寺の隠とん所に入りました」

「また平地に戻っていらっしゃるのでしょうか?」

「彼の動きを予言することなど誰にできましょう。ネパールに何年間もいつづけるかもしれないし、また旅をはじめるかもしれません。彼はネパールをもっとも好んでいます。ヨーガのわれわれの流派はインドよりもあそこで栄えているのです。よろしいですか、肉体制御の教えさえも、流派によってさまざまに異なるのです。そしてわれわれの流派はタントラ派(母なる神シャクティ『力。通常、ブラフマンの創造力を意味する』を究極の実在とする宗教哲学の一派、またこの哲学を説く聖典)でして、これはヒンドゥたちよりも、ネパールの風土の中でもっとよく理解されています」

ブラマーは沈黙に戻る。彼は、自分の師の神秘的な姿に思いをはせているのだろうと、私は推察する。ああ! もし今晩私が聞いたこれらのことが、伝説よりも真実性の強いものであるならすぐそこに、本当に、かいま見ることができるのだ——永遠の、不死の人間を!

§

筆を急ぐのでなければ、この章は終わるところを知らないだろう。それゆえ私は叙述を、この五つの名を持つヨーギーとの交友の、忘れがたい最後の場面だけに限るように努力しよう。

インドの夜は夕暮れにつづきすぐに訪れる。そこにはヨーロッパのためらうような日没のひとときはない。庭の一隅《いちぐう》に建つ小屋の上に闇が急速に降りてきはじめると、ブラマーはオイルのランタンに火をともし、それを屋根からひもでつるす。われわれはすわりなおす。

年老いた未亡人はそっと席を立ち、あとにはヨーギーとわれわれの会話を通訳する青年と私だけが残る。線香の香りが部屋に神秘的な気配を添える。

今宵《こよい》、私はともすれば別離の悲しい思いに襲われる。払いのけようとしても無駄である。私は自分の胸中を、第三者をとおして語るというもどかしい垣根のために、はっきり打ちあけることができない。彼が語った新奇な事実や奇妙な学説がどこまで正しいかは、私には言うことはできないが、彼が喜んで自分の孤独の世界に私を招き入れてくれたことに感謝している。いくどとなく私は、二人のハートが共感をもってたがいに強く引きつけ合うのを感じた。そして、習慣であった孤独を破るということが彼にとってどういうことであったのか、今は私にもよくわかるのである。

今夜は、さし迫った別れを前にして、私は彼にもっと深い秘密を明かすことを勧める最後の試みをする。

「あなたは数年間都会の生活を捨て、山あいかジャングルの寂しい場所に引きこもることができますか?」

と、彼はさぐるように私を見つめ、たずねる。

「それはまず、よく考えてみなければ、ブラマー」

「すべての活動、すべての仕事をやめ、楽しみを放棄して、すべてのときをこの方法の実修に捧げ、そしてそれを単に数カ月ではなく、何年間も続けることができますか?」

「できるとは思いません。いや——私にはまだできない。いつかは、おそらく——」

「それでは、私はこれ以上先にあなたをお連れすることはできません。この肉体制御のヨーガは、余暇のスポーツとなるには余りに真面目なことなのです」

私は、自分がヨーギーとなる可能性が急速に消滅するのを見る。残念ながら、多年の困難な訓練や厳しい行を必要とする全課程の修行は、到底私の及ぶところではないのだ。しかしそこには、肉体の奇妙な力より、もっと私のハートに近い、別の何ものかがある。私は隠者に打ち明ける。

「ブラマー、この力——これらは素晴らしく魅力あるものです。私はいつか本当に、もっと深くこの修行をしたいと思います。しかし、結局、これはどれほど長く続く幸福を、われわれにもたらすのでしょうか？　ヨーガの中には、さらにもっと精妙な何ものかがあるのではありませんか？　たぶん、私はまだはっきりと理解していないのでしょうが」

ブラマーはうなずいて、そして言う——

「わかりますよ」

二人とも微笑する。

「われわれの教典は、賢者は肉体制御のヨーガに続き、心の制御のヨーガをおこなうであろう、と述べています」彼はゆっくりと話す。「第一のヨーガが第二のヨーガの準備をする、と言うことができるでしょう。われわれの古代の師たちがシヴァ神（ヒンドゥ教の破壊の神）からこの方法の原理を教わったとき、彼らは、究極の目標はただの物質的なものではない、と聞かされました。肉体の征服は心の征服に向かう一段階とみなされ、さらに心の征服は霊的に完全になるためのひとつの道であると、理解したのです。したがって、あなたもおわかりのように、われわれのシステムはもっとも手近なもの、すなわち肉体を取りあげてはいるが、霊に到達すべき間接の道として、それを取りあげているにすぎないのです。ですから、私の師は私に、『まず肉体制御の道を行け、そのあと、王者の科学、心の制御に進むことができるのだ』と教えました。制服された肉体は、心の波を停止させるということを覚えておいでなさい。いきなり思考を制する道にとび込むことができるのは、ごくわずかの人びとだけです。ですがもしある人が心の制御の道に強く惹かれているのなら、われわれは止めません。その場合にはそれがその人の道なのですから」

「そしてそれは、純粋に心のヨーガなのですね」

「まさにそうです。心を揺るがぬ光のようにする訓練です。やがてその光が霊の住みかの方に向けられるのです」

「どのようにしたら、そうした修行を始めることができるのですか?」

「また同じことです。師を見いだすことが必要です」

「どこに?」

ブラマーは肩をすくめる。

「兄弟よ、空腹の人びとは熱心に食べ物を探します。しかし、餓死しかけている人びとは狂人のように探すでしょう。あなたが、餓死しかけている人が食べたがるように師をお求めになるなら、確実に師を見いだすことができます。真剣に探す者は、間違いなく定められたときに彼の方に引きよせられるのです」

「あなたは、この事柄については天命を信じていらっしゃるのですね?」

「仰せのとおりです」

「私はいくらかの書物を読みまして——」

ヨーギーは首をふる。

「師なしには、あなたの書物はたんなる紙きれにすぎません。われわれが彼を呼ぶ言葉、グルとは、『闇を追い払う人』という意味です。自分の努力と運命により幸いにも真の師を見いだした人は、すみやかに光の状態の中に歩み入ります。師が、弟子を向上させるために自分が持っている、より高い能力を用いるからです」

ブラマーは紙の散らばっている彼のベンチの方に歩いてゆき、まもなく大きな書きものを持って戻ってきてそれを私に渡す。それは、赤と緑と黒のインキで書かれた、神秘的なサインと独特なシンボルとタミール文字との、整然とした配列でおおわれている。紙面の上部は、渦巻きのような形をした象形文字風の大きなシンボルで飾られていて、そのシンボルの中には、太陽と月と人間の目とが表されているのを認める。すべてのスケッチと文字は、中央の何も書いてない空間を囲むように配置されている。

「昨夜、私は何時間かを費やしてこれを作りました」とブラマーは言う。「お帰りになったら、私の写真の一枚をここにはってください」

彼は、もし私が夜眠る前に五分間、この奇妙な、しかし不細工ではない書きものに心を集中するなら、私ははっきりと、そして生き生きと彼を夢に見るであろう、と告げる。

「たとえ二人の肉体は一万キロ離れていても、この紙にあなたの心を集中なさるなら、われわれの霊は、夜、会うことができます」と、彼は自信をもって断言する。そして、このような夢の会見は、今までのわれわれの肉体の出会いがそうであったと同じ様に現実的な、真実のものなのである、と説明する。

このことがきっかけとなって私は、自分のトランクはもう全部ふたをするばかりになっており、自分は間もなくここを去るのだ、いつ、どこでふたたび会えるかわからない、と告げる。

彼は、定められた運命は必ず成就することを自分は疑わない、と答える。そして、こう打ち明ける。

「私は春にここを去ってタンジョレ地方に行きます。そこで二人の生徒が私を待っているのです。そのあと何が起こるかは誰にもわかりません。ご承知のように、私はいつか自分の師から呼びだしを受けるはずだと待っているのです」

長い沈黙が続く。ついにブラマーがそれを破り、ごく低い、ささやくような声で私に話しかける。私はなにか新しい啓示を受けることを期待して通訳者の方にふり向く。

「昨夜、師が私の前にあらわれました。彼は私に、あなたのことを話しました。こう言ったのです、『お前の友だちのサヒブは熱心に知識を求めている。この前の誕生では、彼はわれわれの流派ではなかったが、われわれの間にいてヨーガの修行をしていた。今日ふたたびインドに、しかし白人として、やってきた。当時の彼が知っていたことは、今は忘れられている。だがそれはほんのしばらくの間だけだ。師が彼に恩寵を与えるまでは、彼はこの、昔の知識に気づくことはできない。その知識がその肉体の中で目覚めるのを助けるには師のひと触れが必要なのだ。彼に、まもなく師に会うことができるぞと告げてやれ。そのあと、光はおのずから彼のもとにやって来るであろう。これは確実だ。心配するな、と言ってやれ。このことが起こる前に彼が我が国を去ることは、ない。彼は空手でわれわれのもとを去ることはない。それが運命に記されているところなのだ』と」

私は、驚きあきれ、たじろぐ。

ランプは、この小さな集まりの上に光を投げかける。私の若い通訳者の表情は、その黄ばんだ輝きの中で畏怖に打たれたように見える。

「あなたは、ご自分の師は遠いネパールにおいでだとおっしゃったのではありませんか？」私は非難をこめて詰問する。

「そうです、彼はまだそこにいるのですよ！」

「ではどうして、彼がたった一夜に二〇〇〇キロも旅することができるのですか？」

ブラマーは神秘的に笑う。

「私の師はいつも私のそばにいるのです。たとえ肉体のあいだにインドの端から端までの距離がありましょうとも。私は彼の伝言を手紙も使者もなしに受けとります。彼の思いは空中を飛んできます。それは私のところに届き、私は理解するのです」

「テレパシー？」

「そうお呼びになりたければどうぞ！」

私は立ち上がる。帰る時刻なのだ。われわれは、月光を浴び、ともに最後のそぞろ歩きをはじめる。やがてブラマーの家にほど近い寺院の古い塀をとおる。道路をふちどる美しいヤシの木の群れのもとで立ちどまると、木の間をもれる月光は金銀の細線細工のようだ。

私に別れを告げながら、ブラマーはつぶやく――

「私が物を持っていないことはご存じのとおりです。これは私が一番大切にしているものです。取ってください」

彼は左手の薬指を握ってひっぱり、右の手のひらを差し出す。私はその真ん中で、一個の金の指輪が月光を受けて輝くのを見る。八つのきゃしゃな爪が一個のまるい緑色の石を抱き、石の表面には赤みがかった褐色の波紋が見える。ブラマーはそれを、別れの握手をするときに私の手にのせる。私はこの思いがけぬ贈り物を返そうとするのだが、彼はいっそう断固として私におしつける。

「ヨーガの偉大な知識を得たある人が、これを私にくれました。そのころ私は知識を求め、あちこち旅していたのです。今は――これをつけて下さるよう、あなたにお願いいたします」

私は礼を述べて、なかば冗談にたずねる――

「これは私に幸運をもたらすのでしょうか」

「いいえ、それはできません。しかし、その石の中には強い魔力がひそんでおり、それは、あなたが隠れている賢者たちに近づくのを助けるでしょうし、あなた自身の持つ神秘的な力を目覚めさせるのをも助けるでしょう。それは、経験によっておわかりになるはずです。それらのことが必要であるときは、はめていらっしゃい」

最後の、友情にみちた別れを告げ、われわれは自分の道を行く。

私はゆっくりと歩いて行く。頭の中は奇妙な思いのごた混ぜでいっぱいである。私は、遠くにいるブラマーの師から寄せられた驚くべきメッセージについて考えている。これは私にとっては、反論するには余りに並外れたものである。心の中で信用と疑いとが空想的な戦いをくりひろげるのを眺めて、だまっている。

私は金の指輪をチラと見て自分にたずねる、「どうしてただの指輪が、そんなことに本当に効果を及ぼすことができるのか？」どのようにして、そしてなぜ、それが心理的または霊的な形で私や他の人びとに影響を与えることができるのか、私にはわからないのだ。この信仰は迷信くさい。しかしブラマーは、それの持つ幻想的な性質を固く信じている。そんなことがあり得るのか？　私は、こう答えざるを得ないと感じる、「この不思議な国においては、あらゆることが可能なのだろう！」と。しかし知性が急いで助けにやってきてクエスチョン・マークというバリケードを立てる。

私は沈思のうちに放心状態に入り、歩いているうちに何かにつまずき、ひたいを打ち、びっくりする。見上げると、ヤシの木の詩的なシルエットと、枝の間で無数の光の点の踊りをホタルが見せているさまが目にはいる。

夜空は深いブルーである。ヴィーナス（金星）――強烈な光の一点――は私たちのすむ遊星にごく近いように思われる。歩いて行く道には無限の平安がただよい、神秘的な静寂が私を魅了する。ときおり現れて頭上を低くかすめる大きなコウモリさえ音無く翼を動かす。私はうっとりとしばらく立ち止まる。月の光で、こちらにやって来る男の姿が足のない幽霊のように見える。

宿所に帰ってもいつまでも目がさえている。明け方近くにようやく思いの渦を忘却の中に沈め、眠りにつく。

［1］私はこの発言が事実であることを調査し、一八三七年に実際にあったことだと判明した。そのファキールはランジート・シン王、サー・クラウド・ウェイド、ホニグバーガー博士、他の立ち会いのもとに埋められた。シーク教徒の兵士が不正を防ぐために昼夜を徹して守った。そして四〇日後そのファキールは生きて出て来たのだ。更なる詳細は記録文書としてカルカッタ（現コルカタ）に存在している。

［2］一五二六年、あの無慈悲なチムールの後えいであるバーベル（蒙古人）の侵入軍が、アグラの王の軍とパニパットで会戦。

［3］イギリス人にインド征服への道を開いたこの有名な戦争は、一七五七年に起こった。

［4］おそらくブラマーは脳の相互連絡室によってもたらされる空洞のことを言っているのだろう、しかし私にはよくわからない。

［5］おどろくべき宣言が冷静な態度でなされたこの会話も、今では幻想的な夢であったように思われる。これを書きつづりながらも、私は、あの省略せざるを得なかった他の多くの会話と同じように、これもこの書物から完全にはずした方がよいのではなかろうか、と言う思いに絶えず妨げられるのである。これは大勢のお偉い西洋人たちの唇を、アジア的迷信への軽べつでゆがめさせるに違いないと思う。もし私が最後的にこれの公表をゆるすとすれば、それは私以外の人びとの判断に基づく要望によるものである。

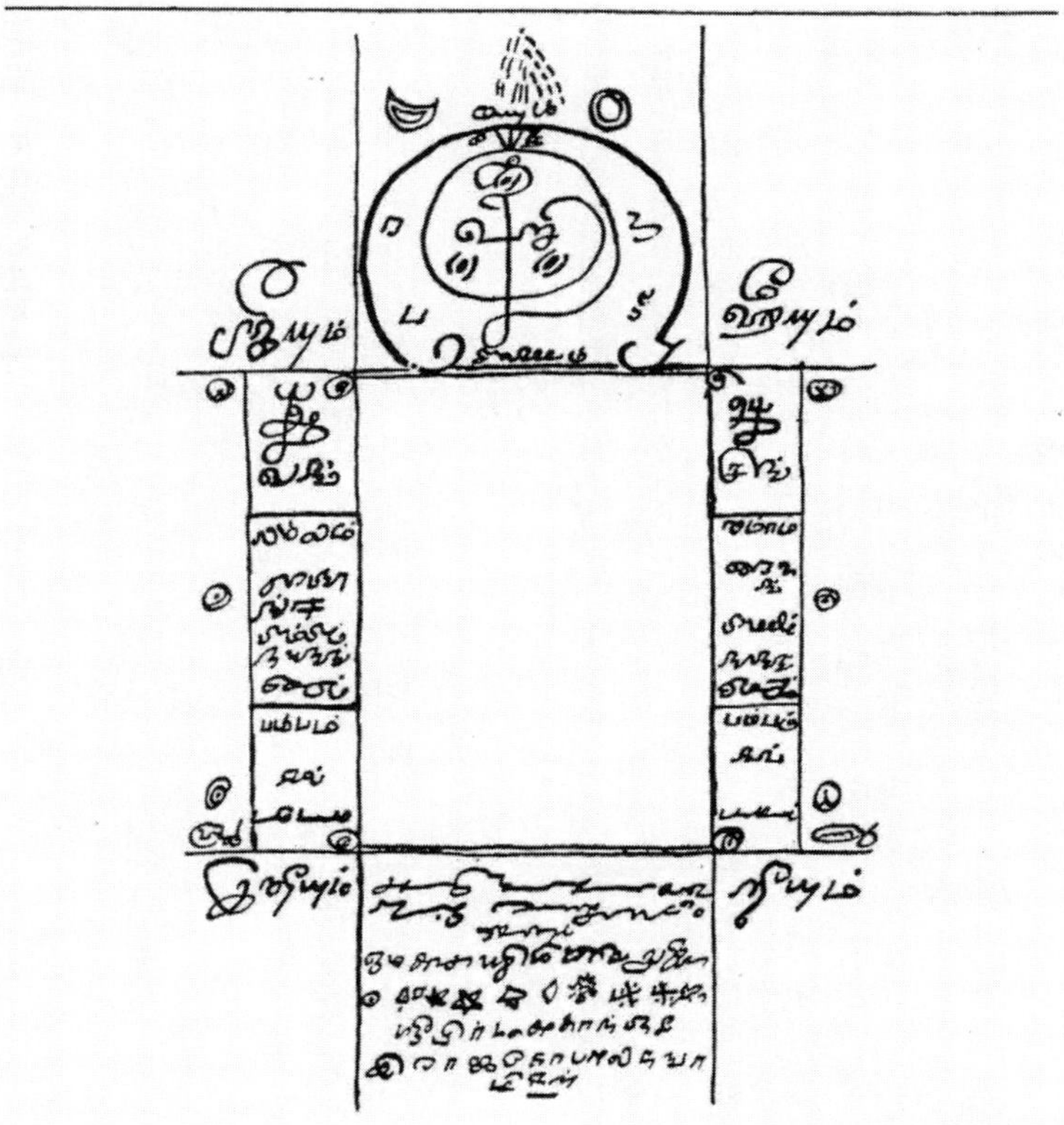

ヨーギーの魔法のチャート

「私の写真を1枚中央にはりなさい。たとえ肉体は五〇〇〇キロ離れていても、あなたの思いをこの紙の上に集中しなさい。そうすれば私たちの魂は今夜出会うでしょう」

第七章　もの言わぬ賢者

時間を追ってつづるこのレポートの特徴をやぶり、一週間ほど逆戻りする。おもしろくなくもない、ある出会いについて私は記そうと思うのだ。

マドラスの郊外に滞在中、傑出した人物はいないかと、私は町中のインド人サークルに入って熱心な探索をつづけている。私は判事、弁護士、教師、実業界の人びと、そして一、二の信仰深い著名人にまで話かける。あるインタビューを職とする人びとにインタビューし、自分と同じ職業の彼らと楽しい何時間かを過ごす。ある編集助手に出会い、彼は若い頃、熱心なヨーガの生徒だったとそっと話してくれる、心の制御のヨーガの熟達者だと今でも信じる、一人の師のもとにいたのだという。だがこの師は一〇年前に亡くなった。

このかつての生徒は非常に賢明で魅力的なヒンドゥである。だが、悲しいかな！　彼は今どこに高級なヨーギーを見いだし得るのか、それを知らない。

これとは別に、あいまいな話に毛の生えたものや、ばかばかしい伝説、積極的なひじ鉄砲にも出会う。キリストを思わせる顔つきと長いローブが、退屈しているピカデリー街をきっと熱狂させるだろう、一人の修行者にも出会うが、彼も、より高い人生を求めて国中を放浪しているのだと知る。彼は一ジプシー、聖なる物乞いとなるために、肥沃《ひよく》な農場という財産を放棄した。彼は、もし私がインドに住み家を定め、苦しむ無知なインド人に奉仕するなら、その土地を私に提供する、と言うのだが、悲しいかな、私もまた苦しむ無知な仲間なのだ。この気前のよい贈りものはどこかよそに渡される。

ある日のこと、評判のヨーギーについての話を耳にする。彼はマドラスから約一キロのところに住むが、交際を拒んでいるのでその姿はほとんど人に知られていないらしい。私の好奇心は急速に高まり、私は彼と会見することに決める。

その家は、野原の真ん中に完全に孤立して建っており、高い竹垣が四角形の敷地を囲む。

私の連れは、その敷地を指さす。

「このヨーギーは一日のだいぶぶんを恍惚状態に没入しているということです。たとえ私たちが門をガタガタいわせたり、彼の名を叫んだとしても、彼が聞きつけることはないでしょう。仮にそういうことをしたとしても、それは無礼だと思われるでしょう」

粗末な門から竹垣の中に入れるようになっているが、それには厳重に南京錠《なんきんじょう》がかけてあり、どのようにしたら家に入れるのか、いぶかりはじめる。辺りは森閑としている。野原をさまよい歩き、隣接する荒地を出てわれわれはやっと、ヨーギーの従者の家を知る一人の少年に会う。そしてう回して従者の家にたどりつく。

男は雇《やと》われの従者と見える。妻や大勢の子供たちがわれわれを見に出てきて彼のあとにつづく。われわれはこちらの願望を告げるが、彼はそれを拒む。もの言わぬ賢者はふいにやってきた人びとへの見せものではなく、厳しい孤独を守っている人なのだ、と断固宣言する。毎日を深い恍惚状態で過ごす彼なのだから、誰でも彼でもに彼の独居を侵すことを許したらひどく怒るであろう、というのである。

私は従者に、自分だけは例外にしてくれ、と頼む。だが彼は動かない。もちろんまったく不正な手段であるが、この私の友人に、恐ろしい政府の干渉が必要となってくる。もしすぐに許可しないなら――。われわれはウインクしあい、不法にもこれに加担する。そして活発な議論がつづき、気前のよい心づけで脅迫を補うと、従者はしぶしぶながら、折れて鍵を持ってくる。私の連れは、この男が雇われの従者であるのは明白だと言う。もし賢者の身辺に仕える弟子であったら脅しも金も、彼を動かすことはできない、というのだ。

われわれは門まで戻り、大きな鉄の南京錠をあける。従者は、賢者の所持品はとても少なく鍵さえ持っていないと言う。彼は外から屋敷内に閉じ込められ、日に二度、従者が来るとき以外は、何もすることはできないのだ。さらにこのようなことを聞く。賢者は一日中恍惚状態に入っているが、夕方にはいくらかの果物と甘い菓子、一杯のミルクをとる。しかしそれにまったく手がついていない宵もたびたびある。暗くなると時々世捨て人は小屋の外に出る。野原での散歩が彼の唯一の運動である。

われわれは敷地を横切ってモダンな小屋に着く。それは石の平板と、ペンキを塗った木の柱で頑丈につくってある。従者はもうひとつ鍵を出して重い扉を開ける。私はこれらの用心深さに驚きの色を示す。賢者はほとんど物を持たないと言ってなかったか？　そこでこの男はわれわれに短い説明の物語をする。

何年か前まで、この無言の賢者は入り口に鍵も南京錠もせずに住んでいた。ところがある不運な日、酒に酔った男がやってきて、彼が無防備なのをよいことに賢者に襲いかかった。酔っ払いは彼のひげをひっぱり、棒でなぐり、聞き苦しいあだ名を叫んだ。

たまたま、ボール遊びをしようとしてこの野原に入ってきた若者たちが暴行の音を聞きつけた。彼らは小屋に入って加害者から賢者を救い、その間に中の一人が最寄りの人家に走って人びとに知らせた。まもなくインド流に興奮した人びとの一団が集結し、尊敬すべき聖者をあえて攻撃した酔っぱらいの悪党を手荒くあつかいはじめた。あれほど卑劣な行為をした男なので制裁を加えられそうになった。

この出来事のあいだ中、賢者はずっと平素のとおりのストイックな静けさと忍耐を保ちつづけていた。今、彼はあいだに入り、次のようなメッセージを書いた。

「もしこの男を打つなら、それは私を打つのと同じことである。彼を行かせなさい。私は許している」

賢者の言葉は、明記されない法律のようなものだったので、彼の願いに皆、いやいやながら従った。悪者は解放された。

§

従者は部屋の中をのぞき込み、われわれに完全に静粛を保つよう警告する。賢者が恍惚に沈潜しているからだ。私は靴のひもを解き、インドの習慣の厳しい命令に従ってそれをベランダの上に置く。頭を下げると、壁にはめ込まれた平たい小さな石が目に入る。表面にはタミール文字が刻まれている。「もの言わぬ賢者の住居」、連れはそう訳してくれる。

われわれは一部屋だけの小屋に入る。天井は高く、屋根は丁寧にふかれ、非常に清潔である。高さ三〇センチほどの大理石の壇が床の中央に据えてあり、それは豪華に模様を織りだしたペルシャ絨毯《じゅうたん》でおおわれている。この絨毯の上が、忘我の状態の沈黙の賢者の座なのである。

皮膚は黒みをおびた黄褐色に輝き、まっすぐな姿勢で見事にすわるハンサムな男を想像してみたまえ。独特なすわり方をしているが、私はすぐに、それはブラマーが見せてくれたヨーガのポーズのひとつであることを知る。左のすねは折りまげられて足は体の底部を支え、右のすねは左の太ももを超えた先でぶら下がっている。背中、首、頭は完璧に一直線である。彼の髪は長い黒い房に編んで肩のあたりまで垂れ、頭部を厚くおおう。あごには見事な黒いひげだ。両手はひざの上、指を組み合わせている。胴体が著しく発達しているることに気づく。そのたくましさで、彼がよい健康状態にあることは明らかだ。彼が身にまとっているのは腰布だけである。

死を恐れるわれわれ弱者は本意不本意にかかわらずもろさを抱えているが、彼はそれを克服した男、人生に打ち勝ちほほ笑む男として、その顔は私の記憶に即座に焼き付けられる。まさにほほ笑もうとするかのよう——口もとはかすかに伸びて、鼻は短くてまっすぐ、ギリシャ型のようだ、目は大きく見開かれ、視線をまっすぐ前方に向け、まばたきもせずに一点を凝視する。彼は石像のように、微動だにしない。

私の情報提供者は、沈黙の賢者は疑いなく忘我の霊交状態に深く沈潜しており、その中では彼の人間的素質は一時休止状態で、自分の物質的環境はまったく意識していない、と語った。私は賢者をじっと見つめているが、彼が硬直性の恍惚状態にあるということに疑いの余地はない。何分かが積み重なって何時間かになるが、彼は不動を保っている。

私がもっとも驚くのは、そのあいだ、彼がまったくまばたきをしないということである。いまだかつて、まぶたを動かすことなしに、じっとすわって二時間も前方を見つめる人間にはお目にかかったことがない。もしこの隠者の目がこれでも開いているというなら、それは開いていてもまったく見ていないのだ、と結論せざるを得なくなる。心が目覚めているとしても、それはこの地上界にたいしてではないのだ。肉体の機能は眠ってしまっているように見える。ときどき、涙の雫《しずく》が目から落ちる。まぶたが固定しているため涙腺が通常の役目を果たすことができないのだ。

緑色のトカゲが屋根から降りてきて絨毯を、そして賢者のすねをはい上がり、やがて大理石の壇の後方に姿を消す。しかし、それが石の壁面をはったとしても、賢者のすねより安定した表面ではなかっただろう。ハエが時々来て顔にとまっては、薄黒い皮膚の上を歩きまわる。しかし筋肉の反応はまったく認められない。かりにそれらが銅像の顔にとまったとしても、まったく同一の結果が見られたであろう。

私はこの人の呼吸を調べる。それは極度に静かで、はためにほとんど感じられない。音はまったく聞こえないほどで、たいへん規則的である。それは、彼の生命が肉体を離れたのではないということを示す、唯一のしるしだ。

待ち時間を利用して、私はこの印象的な姿の写真を一、二枚とろうと決心する。私は折りたたみカメラを革のケースからさっと取り出し、すわっている床の上から彼にレンズを向け焦点を決める。部屋の採光があまり良くないので露出に少し時間をかける。

私は自分の時計を見る。二時間が経っている。ヨーギーはなお、その長い恍惚状態から出てくる気配を見せない。彼の彫刻のように微動だにしない姿は驚くべきものである。

この不思議な男に会見を申し込むという自分の目的を果たすためなら、一日中でもここにいるつもりである。しかしあの従者がやって来て、これ以上待ってもむだである、とわれわれにささやく。そんなことをしても得るところはあるまい、もし一日二日のうちに重ねてきたら、あるいは好運に恵まれるかも知れない、というのだ。それでも、彼がなにか確実な約束をすることができる、というわけではない。

われわれは一時的な負けという形でこの場所を去り、町の方に足を向ける。私の興味は薄れないどころか、いっそう高まっていく。

次の二日間、私はもの言わぬ賢者に関する情報を努力して集める。彼の従者への長く厳しい質問責めから警察の一警部との短い会見までの、さまざまなとりとめない探索である。こうして私は、集めた断片から賢者の物語をつなぎ合わせることに成功する。

八年前に彼はマドラス地方にやってきた。彼は誰なのか、何者なのか、どこから来たのかは誰も知らなかった。彼は、現在の小屋がある野原に隣接する荒地に居を定めた。詮索好きの質問者たちがやって来たが、彼らがどんなに骨折ろうと、何の返事も得ることはできなかった。彼は誰にも話しかけず、いかなる物音にも人間にも注意を向けず、ごく軽い会話にも引き入れられることはなかった。ココナッツの殻の鉢を差しだしながら、時々少しばかりの食を乞うた。

燃える太陽の容赦ない光やモンスーン期のどしゃ降り雨、ほこりやうるさい虫どもの来襲にさらされながら、来る日も来る日も彼は、この魅力ない環境の中にすわりつづけた。隠れ家を求める努力をすることもなく、外部の環境のことは完全に忘れ、静かにすわりつづけた。幅のせまい腰布のほかには何ひとつ身に着けていなかった。

彼は、すわっているヨーガの姿勢をけっして変えなかった。ところで、マドラスのような大都会の周辺は、戸外で公衆の目にさらされたまま長い期間深い瞑想に没入する隠者にとっては、あまりふさわしい場所ではない。そのような行為は古代インドでは非常に尊敬されたであろう。しかし現代のヨーギーはその神秘的な修行に都合のよい条件を、ジャングルの中、森の中の庵、山中の洞窟、または人を遠ざけた自室の中などにしか見つけることはできないのである。

ではなぜこの不思議な隠者は、自分の瞑想のためにこんな不適当な場所を選んだのか？ それはある不愉快な出来事が奇妙な説明をする。

ある日、無知な若い不良グループがたった一人でいるヨーギーを通りすがりに見つけ、迫害しはじめた。彼らは卑劣にも時刻を決めて町を出発し、石を投げたり汚物を投じたり悪口雑言《あっこうぞうごん》を浴びせたりの乱暴を毎日働いた。隠者は彼らを叩《たた》きのめすに十分なほど頑強だったが静かにすわったまま、忍耐強くこの試練を受けていた。彼は無言の誓いを立てているのだから、彼らを責めることさえしなかった。

日課となった迫害は、彼らがそれに精を出しているときにある男が通りかかるまで続いた。男は修行者が虐待されているのを見て非常に驚き、マドラスに戻り、無言のヨーギーを助けるように警察に通報した。助けはすぐに到着し、卑劣な一団は厳しい警告とともに退散させられた。

この事件のあと、ある警部がこの隠者についていくらか調査することにした。しかし、彼を多少でも知る人を一人も見いだすことができなかった。そこでやむを得ずヨーギーに質問することとし、彼はあらゆる法律の権威を用いてこれを行った。ヨーギーは非常に躊躇したあと、石板の上に短い陳述を書いた。次のとおりである——

「私はマラカヤルの弟子である。師は私に、平原を横切ってマドラスまで南下せよと命じた。彼はこの一区画の土地を描写し、また私がどこにそれを見いだし得るかを説明した。彼は私に、ここに住居を定めて、私がヨーガによって自己を完成するまで、それの着実な修行を続けよ、と言った。私は世間の生活を放棄しており、独りにしておいてもらうことだけを願っている。マドラスでの出来事には興味はない。私は自分の霊性の道を進むこと以外に何も求めてはいない」と。

警部はこの男が本物の優れたファキールだとたいへん満足した。それで不良どもの襲撃から守ることを約束して退いた。彼はマラカヤルという名は、最近亡くなった有名なマホメット教（イスラム教）のファキールの名であると知っていたのだ。

「災い転じて福となす」という古いことわざのとおり、この不愉快な出来事は隠者の存在を富裕で敬虔な一マドラス市民に知らせる結果となった。彼は立派な家を提供するからと彼を市街地に連れてこようと試みた。だが隠者は師の指示に背こうとはしなかった。この新たに見つかったパトロンは、ついにヨーギーが居すわる地所の近くに、石と材木でバンガローをつくることとなった。ヨーギーはそこに住むことは承知した。屋根に守られたその住まいのおかげでそれからは、移り変わる季節の厳しさからも十分に守られることになったのである。

またパトロンは、ヨーギーのために従者を雇った。食事は従者が運び、今や彼にとって食を乞う必要はなくなった。師であるマラカヤルが、不愉快な経験がこうして愉快な結果を生むことを予見していたかどうかはわからないが、弟子の状態は最初のそれよりはるかに良くなった。

もの言わぬ賢者は弟子を持たないと聞く。弟子を求めもしなければ受け入れもしない。自身の「霊的解放」を成し遂げるために、世間との隔絶を求めて独居する隠とん者たちの一人なのだ。もしそれに何らかの価値があるなら、彼らの態度は、西洋的見地からしたら利己的だと言えよう。しかし、あの酔っぱらいへの思いやり、若い不良どもへの報復を拒んだ事実を思い出すと、結局のところ彼は、果たして利己的だと言えるのだろうか。

§

二人の人間を連れ、私はもの言わぬ賢者に二回目の会見を試みる。一人は私の通訳者、もう一人はほかでもない、私に実に多くのことを教えてくれたヨーギー、ブラマー――私が与えた愛称は「アディヤル河の隠者」――である。ブラマーはけっして市街地には行きたがらないのだが、私がこの訪問の目的を知らせて同行を頼むと異議なく承知する。

敷地の中でわれわれはもう一人の訪問者に会う。彼は大きな車を道端に乗り捨てて野原を横切り、同じ目標に向かってやって来たのだ。彼も沈黙の賢者に会おうとしている。短い会話の中で、自分はハイデラバードのナイザム（ハイデラバードの君主の称号）に貢ぎ物を送っているカドゥワルという小国の、王妃の兄弟であると説明する。このシェルター小屋の維持費を定期的に寄附しているのだが、と言って、自分もパトロンの一人だと私に告げているのだ。マドラスには短期間の滞在であるが、この賢者に敬意を表し、願わくはその祝福を受けてからでなければこの町を去ることはできないのだという。その祝福にどんな値うちがあるのか、この訪問者が語る物語によって私はそれを知る。

ガドゥワルの宮廷のある婦人の幼子が、恐ろしい病にかかった。たまたまもの言わぬ賢者の存在を耳にした彼女は、子を救いたい一心でマドラスまで旅し、この隠者に祝福を乞う。祝福は与えられ、その日から子どもは奇跡的に回復する。この出来事は王妃の耳に入り、彼女も隠者を訪問する。殿下は彼に六〇〇ルピー入りの財布を贈るが、彼は受け取らない。彼女がさらにすすめると、独居を保《たも》てるよう、このシェルターの周りに垣根をつくることにその金を使ってよい、というメッセージが書かれた。王妃はその手配を命じ、よってあの竹垣ができたのである。

従者が再度小屋の中に招き入れる。と、そこに最初の訪問のあいだずっと保っていた、あの恍惚の状態に没入している隠者を見る。

大理石の壇上の、背が高く、威厳のある、黒ひげを生やした姿。われわれはその前で床にすわり、沈黙のまま忍耐強く待つ。二時間半ほど経って、われわれは賢者が肉体活動に戻ろうとする最初の徴候を見る。呼吸がより深く、より聞こえるようになる。まぶたが動き、白目をむきだして、眼球が驚くほど上目づかいになり、それからふつうの状態に戻る。胴体がかすかに揺れはじめる。

五分後、賢者の目の表情が、われわれが見ても外界を意識し始めたことがわかるような状態へと変化する。彼はじっと通訳者を見つめる。不意に頭の向きを変えてブラマーを見、次にもう一人の訪問者を見る。それからふたたび向きを変えて私を見る。

私はこの機をとらえて、鉛筆と一枚の紙片とを彼の足もとにおく。彼はちょっとの間ためらうが、鉛筆を取りあげて大きく派手なタミール文字で書く――

「この間は誰がここに来て写真を撮ろうとしたのか？」

私はこの行為を認めざるを得ない。本当のところ、あの努力は無駄だった。露出が足りなかったのだ。

彼はふたたび書く——

「今後、深い恍惚にあるヨーギーのもとに行った場合には、決してあのようなことをしてはいけない。彼らの瞑想を不意に邪魔するようなことをしてはいけない。私の場合には別に差し支えはなかったが、あなたが将来ほかのヨーギーを訪ねようとした場合の注意として言う。あのような妨げは彼らにとって危険であろう。したがって彼らがあなたに呪《のろ》いをかけるかもしれない」

このように人の独居に侵入するのは、明らかに冒《ぼう》とくに類する未熟な行為であり、さげすまれるものである。私は遺憾の意を表する。

ガドゥワル王妃の兄弟が今度は賢者への信仰を吐露する。彼が終わったとき、私は思い切って、自分はインドの古代の英知に深い興味を持つ者だと告げる。海のかなたにいるときに、インドには今もなおヨーガによって驚くべき境地に達した人が多少はいる、と聞き、そのような人びとを探しにきたのだ、賢者は私に相応と思われるだけの悟りをあたえて下さるだろうか、と話す。

隠者は相変わらず彫像のように無表情のまま、少しの反応も示さない。たっぷり一〇分間、彼が私の願いを耳にしたというしるしは皆無のままだ。私はこれは失敗だと感じる。彼は、物質的な西洋人は最低段階の悟りを得るにもふさわしくない、と思っているのだろう、と恐れはじめる。恐らくカメラなどを持ち込んだ私の粗暴が彼を反発させているのだ。隠とんを好み、ひと嫌いな種族の一員が、異人種の不信心な人間のために彼の恍惚を中断するなどとは期待し過ぎだ、残念だという思いが心中にわきあがる。

だが私の失望は早まりだった、賢者はついに鉛筆を取りあげ、紙面になにかを書きつける。彼が書き終わると私は身を乗り出し、それを通訳者に押しつける。

「何を理解するというのか？」彼はゆっくりと翻訳する。書かれたものの判読が困難なのだ。

「宇宙は困難に満ちている、という意味ですか？」と、私はまごついて応答する。

かすかな冷笑が、いま、賢者の唇にただよいはじめたように見える。

「みずからを理解さえしていないのに」彼はたずねる、「どうして宇宙を理解することなど望めようか？」

彼はまっすぐに私の目を見つめる。私はこの奇妙な印象の理由を説明することはできないが、この不動の凝視の背後に、深い知識、彼が特別な用心をもって守っているある秘密の蓄積があるのを感じる。

「ですが私は途方にくれているのです」それが私の精一杯の言葉だ。

「それでは、なぜ、知識の蜜のほんの一、二滴を吸ってまわるハチのように出歩いているのか。純粋な蜜の大きなかたまりがあなたを待っているというのに」

この返事は私をじらす。東洋人の心には確かにこれで十分なのだろう。だがその神秘的なあいまいさは詩の一節としてならば魅力を感じるが、人生の問題を解決すべく適切な答えを求める私にとっては不鮮明すぎる。

「しかし、どこを探したらよいものか」

「あなた自身の自己を探すのだ。あなたは深いところに隠れている真理を知るはずだ」という答えがくる。

「しかし、私は無知という空虚しか見い出せません」私はなおも主張する。

「無知は、あなたの思考の中にのみ存在する」と、彼は簡潔に書く。

「お許しください、師よ、でもあなたのお答えは、私を新たな無知の中に投げ込みます！」

賢者は私の蛮勇《ばんゆう》さに本当に微笑する。彼はちょっとの間ためらい、眉を寄せ、それから書く――

「あなたは、自身を、現在の無知と同一視してとらえてきた。今は、そうではなく、自身を英知と思え。それは自己を理解することと同じだ。思考はひとを山のトンネルの闇に運び込む、牛車のようなものだ。それを引き返せば、あなたはふたたび光の中に戻るのだ」

まだ少し私を迷わせる彼の言葉を反すうする。これを見て賢者は便箋を手渡すよう合図し、しばらく鉛筆を空中に浮かせたあと、こう説明する――

「こうした思考の後方への転換が最高のヨーガなのである。今度はわかったかね？」

ごくかすかな光が私に差しはじめる。これを瞑想するに十分な時間があたえられれば、われわれは互いに理解しあうことができるだろう、と感じる。だからこの点はあまり追求しないことに決める。

私はひたすらこの賢者だけを見つめていたので新しい訪問者がきたことを知らない。彼は、門が開いていたのを幸い、仲間に入ったのである。彼が私の耳もとで奇妙なことをささやき、それで初めて、私は彼のいることを知る。彼は私のすぐ背後にすわっている。賢者の言葉の神秘的な性質にかすかな失望を感じつつ彼の答えに首をひねっていると、流《りゅう》ちょうな英語の不思議なささやき声が耳に届く――

「私の師はあなたが望んでおいでの答えをあたえることができますよ」

私はふり返って侵入者を見る。

彼は放浪のヨーギーが着る黄土色の衣を着た、四〇前くらいの男である。顔の皮膚は磨かれた真ちゅうのように光り、筋骨たくましく肩幅が広い――良い体格をした力強い姿だ。鼻は細く、オウムのくちばしのように突き出ている。目は小さく、笑いじわが見える。彼は床に腰をおろし、顔が合うと、歯をむきだしにしてにやりと笑う。

しかし私は途中で他人との会話をはじめるような無礼な行為はできないので、正面に向き直り、ふたたび賢者に注意を集中する。

別の質問が心に浮かぶ。おそらくこれは、あまりに大胆な、あるいはあまりに生意気な質問だろう。

「師よ、世界は助けを必要としています。あなたのような賢い人びとが孤独に隠れて世間に顔を出さないというのは正しいことでしょうか？」

不審そうな表情が静かな顔をよぎる。

「私の息子よ」彼は答える、「あなた自身を知らないで、どうして私を理解しようと夢見るのか？　霊の問題を論議してもほとんど役に立たない。ヨーガを修行し内なる自己に入る努力をせよ。この道で精いっぱい努力するのだ。やがてあなたの問題はおのずから解決するであろう」

私は、彼をひきつける最後の試みをする。

「世界は今よりもっと深い光を必要としています。私はそれを見い出し、それを分け与えたいのです。それにはどうしたらよいのでしょうか？」

「真理を知れば、人類に最善の奉仕をするためになすべきことが正確にわかる。また、それをする力にも事欠かないだろう。もし花に蜜があるならば、ハチは自然にそれを見つける。もし人が霊的な知恵と力とをそなえていれば、彼は人びとを探しに出る必要はない。頼まれなくても彼らの方から来る。内なる自己を十分に知るまでそれを養え。ほかの教えは必要ない。することはこれだけだ」

彼はそこで、ふたたび恍惚に入れるように、自分はこの会見を閉じたいと思うと告げる。

私は、最後のひとことを乞う。

沈黙の賢者は、私の頭上の空間をじっと凝視する。一分ののち、答えを鉛筆で書き、便箋を私に押してよこす。われわれは読む――

「私は、あなたが来たことをたいへん嬉しく思っている。これを私のイニシエイション（入門式）としておとりなさい」

彼の答えの意味を理解するかしないうちに、私は突然不思議な力が体に入るのを感じる。それは脊柱を通って流れ、首すじを硬直させて頭部に達する。意志の力が最高度に強くなったように思われる。人のもっとも深い理想を悟るために、自分に打ち勝ち、肉体を意志に服従させようという強い衝動を意識しはじめる。私は直観的に、それらの理想は自分の最善の自己の声にほかならない、そしてその自己のみが自分に永続する幸福を約束することができるのだ、ということを感じる。

何かの流れ――ある目に見えないテレパシー的な流れが、賢者から自分に向かって放射されつつある。そんな奇妙な思いにとらわれる。彼の境地をこのような形で私に暗示して下さる、そんなことがあり得るのだろうか？

隠者の目は動かなくなり、ふたたびはるかかなたを見る表情となる。すわりなれた姿勢にきちんとすわり直すと、体はぴんと張ったようになる。彼がその注意力を、おそらく思考よりも深い深淵に引っ込めつつあるのを、そして彼がこの世界よりも愛している内部の奥まったところにその意識を投じつつあるのを、私ははっきりと認める。

では彼は本当のヨーギーなのだろうか？　彼は神秘的な内部の探索に専念しているのだろうか――人類に対して何かしらの意味を持つらしいと私も感づきはじめた、この探索に――。誰が知ろう？

屋敷の外に出ると、アディヤル河の隠者ブラマーが私をかえりみて静かな声で言う――

「このヨーギーは高い境地に達しています、窮極の目標にはまだ到達していませんが。彼はオカルトの能力を持っています。ですが霊性を完成することにもっと熱心なのです。彼の肉体の状態が見事なのは、彼が長い間肉体制御のヨーガの修行をしていたからです。もっとも、今はもう心の制御の術に進んでいるようですが。私は前に彼を知っていました」

「いつ？」

「何年か前に、私は彼をこの近くで見つけました。彼がまだ、小屋がなくて野原に暮らしていたときです。私には、彼が何者であるか分かりました――私と同じ道を修行中のヨーギーです。彼は私に――もちろん文字に書いてですが――自分は若いころシーポイ（インド駐在の英国軍に属していたインド兵士）だった、と告げたこともお話しましょう。兵役の期間が終わったあと、彼は世間がいやになり、独居の生活に入りました。有名なファキール、マラカヤルに会って彼の弟子になったのはそのときでした」

われわれは沈黙のまま野原を横ぎり、土ぼこりの道路に戻ってくる。私はあの小屋の中で起こった思いもかけぬ、説明することのできない経験を、誰にも話してきかせない。そのこだまがみずみずしく私の内部で響いている間は、そのことを沈思したいと思うのだ。

私は二度とこの賢者には会わない。私が彼の独居の生活を邪魔することを彼は欲しないのであって、私は彼の希望を尊重しなければならないと思うからだ。不可解というマントに包まれた孤独の瞑想の中に彼を残しておこう。彼には、一派を立てるとか門弟を集めるとかいう欲はないのだ。つつましやかに一生を過ごす、それ以上の大望は持っていないと思われる。彼は、すでに私に話したこと以外にはつけ加える何ものも持っていない。われわれが西洋でしているような、会話のための会話の技術を弄する、というようなことはしないのである。

第八章　南インドの霊性の頭首と共に

マドラスに達する道に出る前に、何者かが追いつき私のかたわらに立つ。私はふり向く。あの黄の衣を着たヨーギーが、壮大に歯をむきだしてニヤリと笑っている。彼の口はほとんど耳から耳まで達しており、その目は細い裂け目の奥でしきりにまばたきをしている。

「私になにか言いたい事でも？」と私はたずねる。

「左様で」と彼は即座に、そして上手な英語で答える。

「あなたはこの国で何をなさっておいでなのか、お尋ねしてもよろしいでしょうか?」

私はこの詮索好きを前にしてためらい、あいまいな返答をすることに決める。

「おお！　ただ歩いて回っているだけですよ」

「わが国の修行者たちに興味をお持ちのようにお見受けいたしますが」

「ええ――少しばかりね」

「私はヨーギーでございます」と彼は明かす。

彼は私が今までに見た中で、もっとも筋骨たくましいヨーギーだ。

「いつごろからヨーギーになっておられるのですか?」

「二年前からでございます」

「なるほど、そのくらいにはお見えになる、こんな言い方を許して下さるならば、ですよ！」

彼は得意気に直立し、気をつけの姿勢をとる。はだしなので、かかとがピタッと音を立ててかち合う。

「七年間、私は国王陛下の軍人でした！」と叫ぶ。

「ほう！」

「はい。メソポタミヤ戦争のときにはインド陸軍の下士官として働きました。戦争がすむと、特別に頭が良いというので陸軍の会計部に採用されたのです！」

私はこの頼まれもせぬ自己推薦に思わずほほ笑む。

「私は家庭の問題のために勤めを退き、それからたいそう苦労をしました。これが動機で霊性の道を歩むようになり、ヨーギーとなったのでございます」

「名前を告げ合いましょうか」と、私は名刺を出す。

「私の個人名はスブラマニヤ、カーストの名はアイヤーでございます」彼は即座に告げる。

「さて、スブラマニヤさん、私は沈黙の賢者の家であなたがささやいたことの説明を待っているのです」

「私もやはり先程からずっと、それを申しあげようと待ちかまえておりました！　あなたのご質問を私の師のところにお持ちなさい。彼はインド中でもっとも賢い人でして、ヨーギーたちよりも賢いくらいです」

「へえ？　するとあなたはインド中を旅行したのですか？　そのようなことをおっしゃるところを見ると、国中の偉大なヨーギーたちに会ったのですか？」

「私は何人かのヨーギーに会いました。私はこの国を、コモリン岬からヒマラヤまで知っておりますので」

「それで？」

「旦那、私は彼のような人には会ったことがありません。彼は、偉大な魂です。そして私はあなたに、ぜひ彼に会っていただきたいと思うのです」

「なぜ？」

「なぜなら彼が、私を導いたからです！　あなたをインドに引き寄せたのは彼の力です！」

この爆弾的宣言は余りに大げさに感じられ、私はこの男から尻ごみをはじめる。私はつねに、黄色い衣を着たヨーギーは感情的すぎるとして警戒しているのだ。彼の声、身ぶり、様子および雰囲気がはっきりそれを現している。

「私にはわかりません」と私は冷たく返事をする。

彼はさらに詳しい説明をはじめる。

「八カ月前、私は彼に会いました。五カ月間、彼のそばで暮らすことを許され、それからふたたび旅に出されました。私はあなたが彼ほどの人によそでお会いになれるだろうとは思いません。彼は実に偉大な霊的天分を持っていて、あなたが思っていることを口に出さなくても、その返事をするでしょう。ほんの少しの間、彼のそばにいらっしゃれば、その霊性の高さがおわかりになりますよ」

「あなたは彼が私の訪問を歓迎なさると思いますか？」

「おお、なさいますとも！　彼が私をあなたのところによこしたのですから」

「彼はどこに住んでおられるのですか」

「アルナーチャラ――聖なるかがり火の山――です」

「その山はどこにあるのですか」

「北アルコット地方、もっと南の方です。私はご案内をするつもりでおります。そこまでお供をさせてください。私の師はあなたの疑いを除き、悩みを解決するでしょう。彼は最高の真理を知っている人ですから」

「興味あるお話です」と私はしぶしぶ認める、「しかし残念ながら、今回は伺うことはできません。すでに荷造りをしていまして、まもなく東北地方に向かって出発するものですから。二つほど、果たさなければならない大切な約束があるのですよ」

「しかしこのことの方がもっと大切でしょう」

「ごめんなさい。もう少し早くお目にかかればよかった。もう手はずを決めてしまったものですから、簡単に変えるわけにはいかないのです。いずれまた南部に戻ってきますが、しかし今はこの旅に出なければならないのです」

ヨーギーはあからさまに失望する。

「あなたは好機を逸しようとしていらっしゃる。そして――」

私は無用な議論がはじまるのを予見して、話をさえぎる。

「もう行かなければなりません。とにかく、ありがとうございました」

「私はあなたのお断りを認めることをお断りいたします」と、彼は頑固に宣言する。「明晩お訪ねいたします。そのときには、あなたが考えをお変えになったとうけたまわれるよう、期待しております」

われわれの会話は突然おわる。頑丈そうで均整のとれた黄の衣が道を横切って向こうに行くのを見まもる。家に帰ると、自分は判断を誤ったかも知れないぞ、と感じはじめる。かりに、あの弟子の主張に半分の値打ちがあるとすれば、半島の南端まで厄介な旅をするだけのことはある。しかし私は、情熱的な弟子たちに少々うんざりしているのだ。彼らは自分たちの師をほめたてるが、彼らを実際に調べてみると、残念ながら、より厳しい西洋人の規準には合格しない。その上、眠れぬ夜々と湿気の多い日々が私の神経をかき乱している。そういうわけでこの旅もむだ骨に違いない、と早計に思い込んだのだ。

だが理屈っぽい問答で感情は打ち消すことはできない。奇妙な本能が、優れた師の徳を熱心に説くヨーギーの主張に、何らかの確かな根拠があるのかもしれない、と警告する。私は後悔の念を打ち消すことができない。

ティフィンという茶とビスケットをとる時刻のころに、召し使いが客来を告げる。相手はインク壺《つぼ》と縁の深い仲間の一人、作家のヴェンカタラマニだ。

§

数通の紹介状がトランクの底で放置されているが、私はそれらを利用するつもりはない。これは、何の神であれ、それが最善か、または最悪をつくす様子を見てやろうという妙な気まぐれによるものだ。しかしながらその中の一通を、ボンベイでこの探求をはじめる準備として使い、もう一通を個人的なメッセージを伝えるためマドラスで使った。つまり、この第二の手紙が、ヴェンカタラマニを私の戸口に連れてきたのである。

彼はマドラス大学の評議員の一人だが、村落の生活に関する随筆や小説の作家としてより良く知られている。英語でものを書く文筆家で、その文学上の功績をたたえて、来歴を刻んだ象牙の盾を贈られた、最初のインド人作家である。彼は、インドのラビンドラナート・タゴールや、イギリスの故ハルディン卿あたりから大いに推奨されるような、たいへんデリケートな文章を書く。その散文は美しい比喩に飾られているが、書くところの物語は荒れ果てた村落の憂うつな生活である。

彼が部屋に入ってきて、私は背が高くやせた体、小さな頭とちっぽけな髪の房、小さなあごと眼鏡をかけた目を見る。それは思索家と理想主義者と詩人とがひとつになった目だ。不幸な百姓たちの悲しみが、憐れみ深い虹彩《こうさい》に反映されている。

われわれはじきに、自分たちがいくつかの点で同じものに興味を持っていることを知る。多くの事柄について意見を交換したあと、政治を散々にやっつけ、好きな著作家たちの前に崇敬の香炉を振ったあと、私は突然彼に自分のインド訪問の真の理由を打ち明けよう、という気になる。包み隠すところなく、自分の目的を話してきかせる。実証できるだけの力量を持つ真のヨーギーはどこにいるのか、とたずねる。そして、自分は泥に汚れた苦行者や手品師めいたファキールなどに特別興味はない、と警告する。

彼は頭を垂れ、それからそれを横に振って、だめだという様子を見せる。

「インドはもはや、そういう人たちの土地ではありません。わが国の増しつつある物質主義、一方での幅広い堕落、他方では西洋文化の非精神的な影響。あなたが探していらっしゃる偉大な師たちはすべて姿を消してしまいました。それでもいくらかはまだ、おそらく寂しい森林の奥のようなところに、隠れて生きていると確信します。しかし、その探索に全生涯を捧げるのでなければ、発見は非常に困難でしょう。今日ではインド人がそのような探索を始めても、ぼう大な地域をさまよい歩かなければならないのです。ましてヨーロッパ人にとってはどんなに困難なことか」

「ではあなたは、ほとんど望みはないとおっしゃるのですね？」と私はたずねる。

「まあ、そう断言はできません。幸運に恵まれるかもしれません」

何かが私に突然質問させる――

「あなたは、北アルコットの山中に住む、ある師のことをお聞きになりましたか？」

彼は首をふる。

われわれの会話はまた文学のことに戻る。私は彼にタバコを差し出すが、彼は辞退する。トルコタバコのかぐわしい煙を吸い込んでいる間に、ヴェンカタラマニは真情を吐露して、急速に姿を消しつつある、古いインドの文化の理想を熱心にほめ讃える。彼は、簡素な生活、社会への奉仕、悠然たる生活そして霊的な目的といった思想に言及する。インド社会の体内に寄生虫のようにはびこる愚行を切りすてたいと思っているのだ。しかし一番大きく彼の心を占めるのは、五〇万に及ぶインドの村落を、大きな産業都市のスラム街補給センターとなり果てることから救おう、という考えである。この脅威が現実になるのは先のこととしても、彼の予言的洞察と西洋の産業化の歴史を考えてみれば、現在の傾向はその確実な結果ととれるだろう。ヴェンカタラマニは、南インドの最古の村落のひとつの近くに土地を持つある家庭に生まれた。彼は文化の衰退と物質的貧困を深く嘆き、村民がありのままで、より良い生活が送れるように計らいたいと、その計画に没頭している。彼は彼らが不幸である間は、みずからの幸福も拒否している。

私は彼の見解を理解しようと試みながら静かに聞く。ついに彼は立ちあがり、私は背の高い細い姿が道をくだって消えて行くのを見まもる。

翌朝早く、私は思いがけない彼の訪問におどろく。馬車が大急ぎで門に突進してくる。私が出かけてしまいはせぬか、彼が心配しているからだ。

「私は昨夜おそく、私の最大の保護者が、チングルプットに一泊する、という伝言を受け取りました」と、彼は突然叫ぶ。

息が静まると、彼はつづける――

「クンバコナムのシュリー・シャンカラ・アチャーリヤ猊下《げいか》は南インドの霊性の頭首です。何百万の人びとが、彼を神の教師たちの一人として敬っています。たまたま、彼は私に非常に興味を持ってくださり、文学の仕事を励ましてくださるようになりました。そしてもちろんのこと、彼は私が霊的な助言を仰ぐ、唯一の人物なのです。昨日あなたに申し上げるのを差し控えていたことを、今は申し上げましょう。われわれは彼を、霊的に最高の境地に達した師と仰いでいます。しかし、彼はヨーギーではありません。南部のヒンドゥ世界の大司教であり、真の聖者であり、偉大な哲学者です。現代の霊的趨勢《すうせい》のおおかたのことをよく知っておられますし、それに彼自身が高い境地に達していらっしゃるので、彼はたぶん、真のヨーギーに関する独自の知識を持っていると思います。村から村、町から町へとたびたび旅行をなさるので、そのたぐいの事柄について、特によくご存じなのです。行く先々で修行者たちが敬意を表しにやって来ますから。彼なら、恐らくあなたに何か役立つ助言ができると思います。行ってごらんになりますか？」

「それはどうもありがとう。喜んでまいります。チングルプットはここからどのくらい離れているのですか？」

「たった五〇キロです。しかしお泊まりに？」

「はい？」

「猊下があなたに謁見を許されるかどうか、私は心配になってきました。もちろん、私は最善を尽くして彼を説得します。しかし――」

「私はヨーロッパ人だ！」彼に代わって言葉を完結させる、「わかりますよ」

「拒絶されるかもしれないが、いちかばちか、やってご覧になりますか？」と、少し心配そうに彼はたずねる。

「結構です。行きましょう」

軽い食事のあと、われわれはチングルプットに向かって出発する。私はこの文筆家の連れに、今日会いたいと思っている人についての質問を浴びせかける。シュリー・シャンカラは、衣食に関しては苦行者的と言えるほど簡素であるが、その高い役目柄、旅行をするときには立派に盛装をととのえなければならないのだそうだ。そのときには通常、象やラクダに乗った従者や、パンディットたち、その弟子たち、お触れの者や随行商人たちの一行が付き添うのだという。彼はどこに行ってもその辺《あた》り一帯《いったい》から来る訪問者の群れの磁石となる。彼らは霊的、心理的、肉体的、金銭的助けを求めてやって来る。何千ルピーものお金が、毎日富める者たちによって彼の足もとに捧げられる。しかし彼は貧しさの誓いを立てているから、この収入は価値ある目的にふり向けられる。彼は貧しい人びとを救い、教育を助け、荒廃した寺院を修理し、南インドの川のない土地では欠かすことのできない人工貯水池を改良している。しかしながら、彼の使命は元来霊的なものである。あらゆる滞在地で人びとの心や精神を向上させるよう努めると共に、遺産として受け継がれてきたヒンドゥイズム（ヒンドゥ教）を民衆がもっと深く理解できるよう、霊的に鼓舞する努力をしている。たいていその土地の寺院で説教をし、群がり集まる大勢の質問者に個人的に返答するという。

シュリー・シャンカラは初代シャンカラから数えて直系第六六代目の称号の保持者である、と知る。彼の役目と力を正しい形で自分の心にたたみ込むために、私は、この系譜の創始者についてヴェンカタラマニにさまざまの質問をする。初代シャンカラは二〇〇〇年以上前に活躍したらしく、歴史に名を残す、偉大なブラーミンの賢者たちの一人だったらしい。理性的な見神者、そして第一級の哲学者、と言ったらよいのかもしれない。彼は、当時のヒンドゥイズムが無秩序で混乱し老朽化した状態にあり、霊的活力が急速に衰えつつあるのを見た。彼は使命をもって誕生したのであろう、一八歳から全インドを徒歩で遍歴し、途上の各地で知識人や聖職者たちと議論を交わして彼自身の教義を教え、かなりの数の信奉者を得た。彼の知性は実に鋭く、おおかた彼と太刀《たち》打《う》ちのできる者はいなかった。幸いにも、彼は存命中に予言者として認められ、敬われ、生命の火が消えてからもてはやされる、というようなことはなかった。

彼は多くの目的を持つ人だった。自国の第一の宗教を擁護したが、その名を借りてはびこっていた有害な風習は、強く非難した。人びとを徳の道に導くように努め、自分自身で努力をせず派手な儀式だけに頼ろうとする無意味さを暴露した。カーストの規則を破り、母親が亡くなったときにみずから葬式を執り行い、聖職者たちに除名された。この恐れを知らぬ若者は、いちばん初めの有名なカースト打破者、ブッダの立派な後継者であった。聖職者たちに反対して、人間はカーストや皮膚の色に関係なく、誰でもが神の恩寵と最高真理の悟りを得ることができる、と教えた。特定の信仰箇条は立てなかったが、もし真剣に行ぜられ、その真髄にまで達せられるなら、あらゆる宗教が神に至るひとつの道である、と主張した。その論点を証明すべく、彼は一個の完全精妙な哲学体系を組み立てた。多くの著作を遺産としてのこし、それはこの国中の、神聖な学問を重んじるあらゆる都市で尊ばれている。パンディットたちは彼の宗教上の遺産を非常に珍重する。それの意味について詭弁《きべん》を弄したり論争したりもしているけれど。

シャンカラは黄土色の衣をまとい、巡礼者のつえに身を託して全インドを遍歴した。賢い戦略の一端だが、かれは東西南北の四地点に大きなセンターを設けた。北はバドリーナートに、東はプリに、というように。中央の本部は、聖堂および僧院という形で、彼が仕事をはじめた南部に設けられた。今日までも、南部地方はヒンドゥイズムの奥の院である。雨期があけるとこれらの施設で訓練された僧たちの一団があらわれて、シャンカラの教えを伝えるために国中を旅するのだ。この注目すべき人は三二歳という若さで亡くなった。もっとも、彼は姿を消しただけである、という伝説もある。

この報告の価値が明らかになるのは、私が今日会おうとしている後継者が、同じ仕事と教えをつとめ続けているとわかる時だ。こうした不思議な伝説も存在する。初代のシャンカラは弟子たちに向かってこう約束したという、彼は霊的状態で彼らとともになお生き続けるであろう、そしてこれは彼の後継者たちに「影のごとくつき添う」という、神秘的な方法によってなされるであろうと。多少これに似た説が、チベットの大ラーマにみられる。先任者は死の直前に、自分を継ぐにふさわしい者の名を告げる。選ばれた人間は、たいてい幼い少年で、彼は得られる限りの最高の教師たちの手に託され、高い地位にふさわしい者となるよう徹底的な訓練を施される。訓練は宗教的、知的なものばかりではなく、高度のヨーガおよび瞑想の実修にまで及ぶ。この訓練ののちに、彼の民に奉仕する、大きな活動の生活がくるのである。何百年にもわたってこの伝統はまもられてきて、高貴で何よりも私心なくその役目をまっとうした者が何人もいるということは、驚異の事実である。

第六六代シュリー・シャンカラが持つ目ざましい能力の物語は、ヴェンカタラマニの弁に花を添える。彼が自身のいとこを癒やしたという、奇跡的なヒーリングの報告がある。いとこはリューマチで足が立たず、長年床《とこ》につき切りだった。シュリー・シャンカラが彼を見舞い、体に手を触れると、三時間たたぬうちに病人は寝床から起き上がり、そして間もなく全快したという。

さらに、猊下は他者の心を読む力もそなえておられる、という確言も加わる。とにかく、ヴェンカタラマニはこれを完全に信じている。

§

われわれは、ヤシにふちどられたハイウェイを通ってチングルプットに入り、それが白い家々、押し合う赤い屋根、狭い小路のごた混ぜであるのを見いだす。われわれは馬車を降り、大きな群集が集まる町の中心に向かって歩いて行く。私は一軒の家に連れていかれる。そこでは一団の秘書たちがクンバコナムの本部から猊下を追ってくる、ぼう大な量の郵便物を忙しく処理している。ヴェンカタラマニが秘書の一人を伝言とともにシュリー・シャンカラのもとに送る間、私は椅子のない控えの間で待つ。三〇分以上待たされたのち、男は、謁見《えっけん》は許されない、という返事をもたらす。猊下はヨーロッパ人には会おうとお思いにならない、その上、二〇〇人もの人がすでに謁見をお待ちしている、というのだ。大勢の人びとが、自分の番を確保しようと昨夜からこの町に泊まっている。秘書は長々と弁解をする。

私は冷静に事情を容認する。しかしヴェンカタラマニは、自分が特典を得ている友として猊下の御前に出向き、あなたのために嘆願をしよう、と言う。群集の中の何人かが、みなが行きたがっているところへ順番を破って先に行こうという彼の意図に気づくと、不愉快につぶやく。盛んな説明のおしゃべりのあと、とにかく彼はこれを説得する。結局、彼は微笑しつつ、勝ち誇って戻ってくる。

「猊下はあなたの場合は特別の例外となさるそうです。約一時間ののちにお会い下さるそうです」

時をつぶすために、私は大聖堂の方に通じる絵のような小路をぶらぶらする。召し使いが灰色のゾウと大きなラクダの行列を水飲み場につれて行く。誰かが私に、南インドの霊性の頭首を乗せて旅をする、ひときわ壮麗な動物を指さして見せる。彼は、巨大なゾウの背に置かれた天蓋つきの象かごに威儀を正して乗るのだ。それは豪華な布や黄金の刺しゅうで見事なものだ。私はこの威厳のある動物が通りを前進するさまを見まもる、それは鼻を巻きあげては垂れ下げ、巻きあげては垂れ下げながら前に進む。

霊的な人物を訪問するときには必ず花か果物か菓子のささやかな捧げ物をたずさえて行く、という古い習慣を思いだし、私は贈りものを用意する。オレンジと花が目に入った唯一の品物なので、らくに運べる程度の量を集める。

猊下の仮住居の外で押し合う群集の中、私はもうひとつの重要な習慣を忘れる。「靴をお脱ぎなさい」と、ヴェンカタラマニがすぐに注意する。私は靴を脱ぎ、それを街路に残して中に入る。戻ったときにそこにあればよいが、と思いながら！

われわれは小さな入り口を通って、家具のない控えの間に入る。はるか向こうの端にかすかな灯火に照らされている一角があり、その影に立つ背の低い姿を見る。私は彼に近づき、ささやかな捧げものを置いて低くお辞儀をする。尊敬の表明として、また無害な儀礼としての必要性を別にしても、この儀式には芸術的な価値があって、それはたいそう私の心を打つ。私はシュリー・シャンカラは法王ではないということをよく知っている。ヒンドゥイズムにはそんなものはないのだから。しかし彼は、ぼう大な信徒の群れの師であり、霊性の鼓吹者《こすいしゃ》であり、南インド全土が彼の導きに服しているところの人物なのだ。

§

私は黙って彼を見る。この背の低い男は、黄土色の僧衣をまとい、修道士のつえに身をもたせかけている。私は、彼は四〇歳代の末にあるときいた。だから彼の髪がかなり白いのを見ておどろく。灰色と褐色に彩られた高貴な顔は、私の記憶の長い肖像画廊の中で上位の座を占める。フランス人がスピリチュエー（上品な、洗練された）とうまく名づけている、あの言いあらわしようのない要素がそこにある。その表情はつつましく温和で、大きな目はこの上もなく静かで美しい。鼻は短くまっすぐで、古典的に整った形をしている。あごにはまばらなひげが生える。そして彼の口もとの厳粛さはもっとも注意を引くものだ。中世のキリスト教会を祝福した聖者たちの一人が、このような顔をしていたかもしれない。もっともこの顔はそれに加えてもうひとつ、知性という要素を持っている。現実的な西洋のわれわれなら、彼は夢想家の目をしている、と言うだろう。だがどういうものか、私はある説明しようのない理由から、この重いまぶたの裏にはただの夢以上の何かがある、と感じるのだ。

「猊下が私をご引見《いんけん》下さったことをまことにありがたく存じます」と、私は挨拶の意味で言う。

彼は私の連れである作家をかえりみて、地方語でなにか言う。私にはその意味がよくわかる。

「猊下はあなたの英語がおわかりになります。しかしご自分の英語はあなたに通じないだろうと恐れていらっしゃいます。それで、ご自分のお返事は私に通訳をさせたいとおっしゃるのです」とヴェンカタラマニが言う。

この会見の前半の報告はとばそう。その部分はこのヒンドゥの大司教より、むしろ私自身に関する事柄であるから。彼は、この国における私の直接の経験についてたずねる。インドの人びとと社会が外国人にあたえる印象をはっきり知りたいと、非常に興味を持っているのだ。私は賞賛と批判を自由に率直に織り交ぜ、ありのままの印象を彼に伝える。

会話はもっと広範囲の問題にわたり、私は、彼が英字新聞を毎日読んでおり、外部世界の出来事にもよく通じていることにとても驚く。実に、彼は最近のウェストミンスターの騒ぎが何に関するものなのか、ということも知らないわけではないのだ。またヨーロッパでは、デモクラシーという騒がしい赤ん坊がどんなに苦しい産みの苦しみを経験しつつあるか、ということも知っている。

シュリー・シャンカラは予言者的な洞察力を持っているというヴェンカタラマニの確信を思い出し、私は世界の将来について、彼の意見をねだってみようと思いつく。

「あらゆるところで政治的経済的状態が好転しはじめるのはいつだとお考えになりますか？」

「よい方への変化は、そう簡単にはやってきそうには思われません。それにはいくらかの時が必要です。各国が死の武器のために毎年予算を増やしつつあるときに、どうして物ごとが好転するでしょう」

「それでも今日、大いに軍縮が叫ばれています。あれは効果がございますか？」

「軍艦をスクラップにし、大砲をさびさせても戦争はやみません、かりに棒を用いなければならなくても、人びとは戦いつづけるでしょうよ！」

「しかし事態を救うにはどうしたらよいのでしょうか」

「国と国との間の、また富める者と貧しき者との間の霊的理解。それ以外には何ひとつ、善意を生みだしてその結果真の平和と繁栄をもたらすものはありません」

「それは遠いことのように思われます。すると、前途の見通しはあまり明るくはないのですね」

猊下はそのつえに、やや大きく腕の重みをかける。

「それでも神はいらっしゃる」と、静かに言う。

「いらっしゃるとしても、たいそう遠いところのように思われます」私は大胆に抗弁する。

「神は人間に対して愛以外のものは持っていらっしゃいません」と、優しい答えが返ってくる。

「今日世界を苦しめている不幸やみじめさから判断しますと、神は無関心以外の何ものも持ってはおられません」と、自分の声から皮肉の苦い力を消すことができないまま、私は衝動的に叫ぶ。猊下は不思議そうに私を見る。ただちに私は自分の慌てた発言を後悔する。

「忍耐強い人の目はもっと深いところを見ます。神は定められたときに事態を調整すべく、人という道具をお用いになります。国々の間の騒乱、人びとの道徳的堕落および不幸な幾百万の人びとの苦しみが、反動として、ある偉大な神性が吹き込まれた人を助けによこすのです。そのようにして、各世紀ごとにその世紀の救世主が生まれています。この過程は物理学の法則のようです。霊的無知、物質主義から生まれる不幸が大きければ大きいほど、世界を救おうと立ちあがる人は、いっそう偉大な人物でありましょう」

「それでは、われわれの時代にも誰かが現れる、とあなたはお思いになりますか?」

「われわれの世紀に」と彼は訂正する。「間違いありません。世界の要求は実に大きく、その霊的暗黒は実に濃いのですから。霊感を受けた神の人は必ず現れるでありましょう」

「それでは、人びとはいっそう堕落しつつある、というのがあなたのご意見ですか?」と私はたずねる。

「いいえ、私はそうは思いません」と、彼は寛容に答える。

「人の内部には神的な魂が宿っており、それが最後には、彼を神につれ戻すに違いないのです」

「しかし私たちの西洋の諸都市には、まるで内部に悪魔が宿ってでもいるかのように振る舞う悪漢どもがいます」と私は、現代のギャングのことを思って反対する。

「彼らが生まれた環境を責めるのと同じように、彼ら自身を責めてはいけません。彼らの周囲と境遇が、その本当の姿以上に悪くなるよう強いるのです。それは東洋でも西洋でも同じことです。社会がもっと高い状態に調整されなければなりません。物質主義が理想主義によってなだめられなければなりません。これ以外に、世界の難局の真の解決策はないのです。国々がいたるところでおちいっている困難は、実は、起こらざるを得ないように導く変化という苦悩なのです。失敗がしばしば別の道を示す標識であるのと同様です」

「ではあなたは、人びとが彼らの世界の営みの中に霊的原理を導入するようお望みなのですね?」

「まさにそうです。それは実行不可能なことではありません。それが結局のところ、容易には消えない満足をすべての人に与える、唯一の方法なのです。そして世界に霊性の光を見いだした人がもっといるなら、それはよりすみやかに広まるでしょう。インドは光栄にも霊的な人びとを支持し尊敬します、今は昔ほどではありませんけれど。もし世界中がこれと同じことをし、霊的に開眼された人びとの導きに従うようになれば、世界中がじきに平和を見いだして、繁栄することでしょう」

われわれの会話はつづく。私はじきに、シュリー・シャンカラはこの国の人びとがよくするように、東洋を持ち上げるために西洋をけなすことはしない、ということに気づく。彼は、各半球は各自の長所と短所を持っており、そういう意味で両者はおおよそ同等である、と認めるのだ！　より賢明な世代が、アジアとヨーロッパの文明のもっとも良い点を融合させ、より高く均衡のとれた社会組織を作ることを彼は希望している。

私は話題を落とし、いくらかの個人的な問題に関する質問への許しを乞う。それは困難もなく許される。

「いつごろから猊下はこの肩書きをお持ちなのでしょうか」

「一九〇七年からです。当時私はまだ一二歳でした。任命されて四年ののちに、私はカウヴェリー河のほとりの、ある村落に退いて三年間瞑想と学習に専念しました。その後初めて、私の公的な活動は始まったのです」

「クンバコナムの本部においでになることはほとんどないようですね」

「その理由は、私は一九一八年にネパールのマハーラージャ（偉大な王・大王）に、客としてしばらく滞在するよう招待されたからなのです。私はそれを承諾しました。そしてそれ以来、はるか北方の彼の国に向かってそろそろと旅を続けているのです。だがごらんなさい！　この年月の間に数百キロ以上は進むことができなかったのですよ。というのは、私の役職の伝統は、旅の途中のどの村、どの町にも、また遠くなければ私を呼んだその村にも、行って滞在しなければならないからです。私は土地の寺院で説法をし、住民たちに教えを与えなければなりません」

私は自分の探求の問題を持ちだし、猊下は私が今日までに会ったさまざまのヨーギーや修道者たちのことをたずねる。そのあとで、私は率直に言う——

「私は高度のヨーガを身につけ、それの何らかの証拠か実演を見せて下さる人に会いたいのです。意見を言うだけの修行者はこの国にはたくさんおられますが。私は求めすぎるのでしょうか？」

穏やかなまなざしが、私の視線と合う。

まる一分間の合間がある。猊下はひげをいじる。

「もしあなたが高度の真のヨーガを学びたいと思っておられるなら、長く探す必要はないでしょう。私はあなたの決意の強さを見ます。その熱意があなたを助けるでしょう。しかしすでに、ひとつの光があなたの内部で目覚めはじめており、それがあなたを欲することに導くでしょう。それは間違いない」

私は、自分が彼の言うことを正しく理解しているのかどうかわからない。

「これまで私は私自身の導きに頼ってきました。あなたの国の古代の賢者たちも、自分自身の内に宿る神以外に神はない、と言っておられますでしょう？」と、冒険的に言ってみる。

すると即座に答えがくる――

「神は至るところにおられます。どうして彼を、自分の内部だけに限ることなどできましょう。彼は全宇宙を支えていらっしゃるのです」

私は自分の理解の範囲を逸脱しつつあることを感じ、ただちに話をこのなかば神学的な傾向からよそに向ける。

「どうするのが私にとってもっとも実際的な道でしょうか？」

「旅をお続けなさい。終わったとき、自分が会ったさまざまのヨーギーや修行者たちのことを考えてごらんなさい。そして、自分にもっとも訴える人をお選びなさい。彼の元にお戻りなさい。するとその人が必ず、あなたにイニシエイションを授けるでしょう」

私は彼の静かな横顔を眺め、その並々ならぬ落ち着きに感嘆する。

「しかし猊下、もし私の心に十分に訴える人が一人もいませんでしたら、そのときはどうしましょうか」

「その場合には、神ご自身があなたをイニシエイトなさるまで、一人で行き続けなければなりますまい。規則的に瞑想をなさい。心中に愛をもって、より高いものを黙想なさい。しばしば魂のことをお考えなさい。それは、あなたが魂に近づくのを助けるでしょう。修行に最も良いのは目のさめたとき、その次に良いのはたそがれの時刻です。それらの時刻には世界が比較的静かで、瞑想があまり妨げられないのです」

彼は慈悲深く私を見る。私は、ひげの生えた顔に宿る浄らかな平安をうらやみはじめる。私のハートに傷跡を残している荒々しい動乱などは、彼は決して知らないのだ。私は衝動的にこう聞かずにいられなくなる――

「もしうまく行きませんでしたら、そのときにはあなたのところに助けをお願いにきてもよいでしょうか」

シュリー・シャンカラはやさしく首をふる。

「私は公の団体の首位に在り、もはや自分の時間を持たない男です。私の活動には、私の時間のほとんどすべてが必要なのです。長年の間、毎夜三時間しか眠っていません。どうして個人的な弟子をとることなどができましょう。あなたは弟子たちのために時間を捧げることのできる師を探さなければなりません」

「しかし私は、本当の師は実に少なく、ヨーロッパ人にはそれを見い出すことは難しい、と聞かされております」

彼はうなずいて私の言葉に同意する、が、つけ加える――

「真理は存在します。それは見い出されるはずです」

「そのような師、つまりもっと高いヨーガの実在の証明を私に与えることができる、とお思いになる人のところに、私をお導き下さることはできませんか?」

猊下はかなり長い沈黙のあとでようやく答える。

「そう、私はインドに、あなたが望んでおられるものを与えることができるであろう教師を、二人だけ知っています。一人はヴァーラーナシーで、大きな家の中に隠れ住んでいます。その家自体も、広い地所の中に隠れており、ごくわずかの人しか、彼に近づくことは許されていません。たしかに、ヨーロッパ人で彼の隠とんの邪魔をすることのできた人はまだいないでしょう。彼のところをおすすめしてもよいのだが、しかし、彼はヨーロッパ人に会うことを断るであろう、と恐れるのです」

「そしてもう一人は?」私の興味は奇妙にかきたてられる。

「もう一人の人は内地に、もっと南の方に住んでいます。私は一度彼を訪ね、彼が高い師であることを知っています。彼のところに行くよう、お勧めします」

「それはだれですか」

「彼は、マハーリシ[1]と呼ばれています。彼の住居はアルナーチャラ、聖なるかがり火の山の上にあります。この山は北アルコット地方にあるのです。彼を見つけることができるように、詳しい案内の資料をあげましょうか」

ある光景が突然、私の心の目の前にひらめく。

私は、自分の師のもとへ私を連れて行こうとして私を説得することのできなかった、あの黄の衣の修行者を見る。私は彼が山の名前をつぶやくのをきく。それは、「聖なるかがり火の山」というのだ。

「誠にありがとうございます、猊下」と私は答える、「しかし私はそこから来ている案内者を知っております」

「ではそこに行きますね？」

私はためらう。

「明日南部を離れるつもりでいっさいの準備をしてしまいました」と、確信なさそうにつぶやく。

「それなら、私にひとつお願いがある」

「喜んで承りましょう」

「マハーリシに会うまでは南インドを離れない、という約束をしてください」

私は彼の目の中に、私を助けようという真剣な願いを読みとる。約束はあたえられる。

慈悲にみちた微笑が、彼の顔をよぎる。

「心配なさるな。あなたは求めているものを見い出します」

通りにいる群集のざわめきが家の中まで聞こえてくる。

「あなたの貴重なお時間をあまりに取りすぎました。まことに申し訳ありません」と私はわびる。

シュリー・シャンカラの厳粛な口もとがほころびる。彼は控えの間までついて来て、私の連れの耳に何ごとかをささやく。私はその言葉の中に自分の名を聞き取る。

戸口で私はふり返り、別れの挨拶として身をかがめる。猊下は私を呼び戻して別れの言葉を与える──

「つねに私を覚えておいでなさい。私もつねにあなたを覚えていますよ!」

こうして、このような神秘的な、意味のよくわからない言葉を聞いて、私はいやいやながらこの、子供のときからその全生活が神に捧げられている興味深い人の前から退く。彼は世間の力には無関心な高僧である。いっさいのものを放棄し、いっさいのことから身を退いているのだ。物質的なものが与えられればことごとくそれを必要とする人びとに与え返している。彼の美しく優しい人柄はけっして記憶を去らないであろう。

私は日が暮れるまでチングルプットの町をさまよい歩き、その芸術的旧世界の美を探る。そして、帰る前にもう一度、猊下の姿をひと目見ようと思うのである。

私は彼を、この町最大の寺院の中に見い出す。あのきゃしゃな、つつましやかな黄の衣の姿が、男、女に子供たちを交えた巨大な群集に向かって話をしている。完全な沈黙が、この大聴衆の中に行きわたっている。私には彼の話す地方語はわからない。しかし、彼が知的なブラーミンから文盲の農夫にまで出席者すべての深い注意を惹きつけていることはよくわかる。あえて推察するならば、彼は最も深遠な問題を、最も素朴な言葉で語っているのだ。それが、私の見る彼の性格である。

私は彼の美しい魂を高く評価するが、彼の膨大な聴衆の素朴な信仰をうらやましく思う。人生が彼らに、深い疑惑のムードをもたらすことは、決してないのだ。神は存在する。そこで万事は終わる。世界がジャングルのような苦闘の冷酷なシーンと思われるとき、神が暗い無の中に退くとき、また人間の存在が、われわれが地球と呼ぶ、宇宙のこの小さなはかない切れ端をよぎる気まぐれな旅人以上の何ものでもないと思われるとき、彼らは魂の暗い夜々を過ごすことの意味など知らないと見える。

われわれはチングルプットを馬車で発《た》ち、星のちりばめられた藍色《あいいろ》の空の下に出る。思いがけぬ微風の中で、流れのほとりをおおってその枝を壮大に波打たせているヤシに耳を傾ける。

私の連れが突然沈黙を破る。

「あなたは実に幸運でいらっしゃる！」

「なぜ？」

「これは猊下がヨーロッパ人の作家に許された初めての会見です」

「それで――？」

「あなたに彼の祝福をもたらしますよ！」

§

帰宅したのはほとんど真夜中である。私はもう一度、空を見あげる。広大な天球に、無数の星がちりばめられている。ヨーロッパは、このように圧倒的な数の星を見ることはできない。私は懐中電灯を照らしつつ、ベランダにあがる階段をかけ登る。

闇の中にうずくまるひとつの姿が私に挨拶する。

「スブラマニヤ！　ここで何をしているのです？」、私はびっくりしてたずねる。黄の衣を着たヨーギーは、例の歯を思い切りむきだして笑う。

「あなたをお訪ねする、と申し上げたではございませんか」と、彼は責めるような調子でうながす。

「本当にそうだ！」

大きい部屋で、私は彼に質問を発射する。

「あなたの師——彼はマハーリシというのですか？」

今度は彼が驚いてたじろぐ番だ。

「どうしてご存じなので？　いったいどこでそれをお知りになったのですか」

「心配なさるな。明日、二人で彼のところに行きましょう。私は予定を変更します」

「これはうれしいニュースでございます」

「しかし、そこに長くはいられません。たぶん二、三日でしょう」

私はあと三〇分間ほど、さらなる質問を彼にあびせる。それから、疲れ切って寝床に入る。スブラマニヤは、床に敷いてあるヤシの葉のござの上で十分だと言う。彼は敷ぶとんとシーツと毛布との役を兼ねる薄い木綿の布切れにくるまり、私がもっと寝心地の良いベッドをすすめても軽べつして受けつけない。

次に私が気づいたことが、私の眠気をすっかりさましてしまう。部屋は真っ暗だ。神経が奇妙にはりつめている。空気が充電しているようだ。私は枕の下から懐中時計を取りだし、文字盤のラジウムによって時刻は三時一五分前であることを知る。そのときである、ベッドのすその方に何やら光り輝くものがあるのに気づくのは。私は直ちに起き直り、その方を直視する。

私の驚き入った凝視は、シュリー・シャンカラ猊下の顔と姿に会う。それははっきりと、確実に見えるのだ。彼は気体のような幽霊的存在とは見えず、実質のある人間と見える。その姿の周囲には、それを、取り囲む闇とははっきり区別されて、神秘的な輝きがある。

このヴィジョンはあり得るのだろうか？ 私は彼をチングルプットに残してきたではないか。私は事柄をテストしようと努めて、目を固く閉じてみる。何の変わりもない。やはり彼がはっきりと見える！ 慈悲深い、友情にみちた接触を受けた、と述べるだけで十分であろう。目を開いても、あのゆるやかな黄の衣をまとった情け深い姿が見えるのだ。

顔が変わる。唇がほころびて微笑し、こう言っているように見える――

「謙虚であれ。そうすれば求めるものは見いだすぞ！」

なぜ私は、生きた人間がこのように私に話しかけていると感じるのだろうか。少なくともなぜ私はこれを幽霊であると見なさないのだろうか。

ヴィジョンは、現れたときと同じように神秘的な形で消える。残された私は、高揚した幸福を感じ、その異常な事柄に心乱されることはない。夢であったとして忘れてしまおうか。それでもかまわないではないか。

この夜はもはや、眠ることはできない。その日の会見のこと、南インドの素朴な人びとにとっての神の教主、クンバコナムのシュリー・シャンカラ猊下との一部始終を思いめぐらしながら、目覚めたまま横たわって過ごす。


［1］この称号はサンスクリット語に由来している。マハーは偉大な、リシは賢者あるいは預言者という意味なので、これは偉大なる賢者ということである。

第九章　聖なるかがり火の山

南インド鉄道の終点マドラス駅で、スブラマニヤと私はセイロン行きの汽船連絡列車に乗る。数時間ほど変化に富む風景の中を走る。よく育った稲田のふちの広がりに、やせた赤い丘陵が交互にあらわれる。堂々たるココナッツの大植林地の次は、稲田に散らばって働く農夫たちの姿である。

窓際にすわっていると、急速にやってくるインドの夕暮れが野山の景色を隠しはじめる。頭の向きを変えて、ほかのことを沈思する。私はブラマーがくれた金の指輪をはめて以来の奇妙な出来事を不思議に思いはじめる。私の計画は様相を変えている。次々に起こる、思いがけない周囲の事情が計画どおりに東には向かわせず、さらに南へと押しやる。この黄金の爪が抱く石は、本当に神秘的な力を持っているなどということがあり得るのだろうか。心を開く努力はするが、科学的に訓練された心を持つ西洋人に、この考えを信じることは困難である。思考をとめようとするが、心の奥にひそむ不可思議さは追い払うことができない。なぜ私の足どりは、こんなにも奇妙にこれから行く山の草庵《そうあん》に導かれるのだろうか。なぜ黄の衣をまとう二人の男が、運命の代理人のように組んで、気のすすまない私の目をマハーリシの方に向けさせるのだろうか。過去の経験は、なんでもないように見える出来事が、人生では思いがけない役割を果たすということを、いやというほど教えている。

われわれは、フランスがインドで占めた領土の悲しい名残、ポンディシェリー(インド南東部海岸旧フランス植民地)から六〇キロ離れたところで列車を降り、同時にこの幹線を離れる。奥地に向かって走る、あまり人の乗らない静かな支線が出る停車場に行き、荒れ果てた待合室のうす暗がりの中で、二時間近く待つ。修行者は外のもっと荒れ果てたプラットフォームを行きつ戻りつしており、星明かりの中で背の高い彼の姿がなかば幽霊のように見える。たまにこの線を往復する定刻はずれの列車が、ようやくわれわれを運び去る。ほかに乗客はわずかしかいない。

私は連れが起こすまで、数時間、夢に破られがちな断続的な眠りに入る。やがて道ばたの小さな駅で降り、列車は車輪の音をきしませながら闇の中へ走り去る。まだ夜が明け切らないので、何も置いてない待合室にすわり、小さな石油ランプに自分たちで火をつける。

日が闇と主権を争っている間、われわれは辛抱強く待つ。部屋の後方の横木をはめた小さな窓から、ついに青白い暁《あかつき》の光が少しずつ差し込んでくると、私は外をのぞいて、周囲の景色が見えるようになった部分に目をやる。朝もやの中、数キロ先と思われる寂しい山の、かすかな輪郭が浮かびあがる。そのふもとは印象としては広く、中腹もたっぷりとした胴まわりだが、頂はまだ濃い朝もやに包まれて見ることができない。

私の案内者は外に出て、そこに一人の男が牛車の中で大いびきをかいているのを見いだす。一、二回叫ぶと、御者は浮き世に連れ戻され、そこに仕事が待ちかまえていることを知る。われわれの行く先をきくと非常に熱心に乗せたがる。私はけげんそうに彼の小さな運搬車を見つめる――二つの車輪の上に竹であんだ天蓋《てんがい》が据えてあるだけなのだ。とにかくわれわれは車によじ登り、男はそのあとで荷物をくくりつける。修行者は人間一人が占める空間の最小限にまで自分の身を圧縮する。私は低い天蓋の下にうずくまり、両脚は外にぶらさげる。御者は二匹の牛の間に平行に渡した長い棒の上にしゃがみ、あごと膝とはくっつかんばかりである。こうして収容力の難問がなんとか我慢できる程度に解決すると、われわれは出発を命じる。

小さくて強い、二匹の白い去勢牛のけん命の努力にもかかわらず、われわれの進行は速いとは言えない。この魅力的な動物は、馬よりも暑さにつよく食べ物もより好みをしないので、荷物運搬係としてインドの奥地では非常に役立っている。奥地の静かな村々や小さな町の習慣は何世紀もほとんど変わってはいない。紀元前一〇〇年に旅人をあちこちに運んだ牛車が二〇〇〇年後の今もなお、彼を運んでいるのである。

青銅の箔《はく》のような顔色をした御者は、彼の動物をたいそう誇らしく思っている。彼らの長く美しい曲線を描く角は、形のよい金色の装身具で飾られ、その細い脚にはチリンチリンと鳴る真ちゅうの鈴が結びつけてある。鼻孔に通した手綱で彼は彼らを御する。細い脚が楽しそうに土ぼこりの道をゆっくり進む。そのあいだ私は熱帯の暁が急速にやってくる様を見まもっている。

魅力ある風景が右に左に展開する。地平線に目をやると、すぐに見えてくるのは丘や小山で褐色の平地ではない。この道は、いばらの灌木《かんぼく》とエメラルド色に輝く稲田が点在する赤土の地区を走っている。

労働にやつれた顔の農夫がすれ違う。長い一日の畑仕事に行くのだ。間もなくわれわれは真ちゅうの水がめを頭上にのせた一人の少女に追いつく。一枚の朱色の長衣をからだに巻きつけているが、肩のあたりは裸である。血の色をしたルビーが片方の鼻孔を飾り、一対の金の腕輪が青白い朝の陽光を受けて光っている。彼女の皮膚の黒さが、ドラヴィダ族であることを示す――ブラーミンとイスラム教徒を除く、この地方の住民の大部分はそうであるらしい。ドラヴィダ人の娘たちはたいてい陽気で快活な性質である。私が見るに、彼女たちは褐色の皮膚をした同国の女たちよりもよくしゃべり、そして声が美しいようだ。

少女は驚きの色をかくさず、目を見張ってわれわれを見つめる。奥地のこの辺《あたり》にヨーロッパ人はめったに来ないのだろう、と推察する。

こうしてわれわれは牛車に乗って小さな町に到着する。家々は繁盛の様子で、一個の巨大な寺院が二方を囲みこの町をつくっている。私が間違っていなければ、聖堂は五〇〇メートルほどの長さである。そして広大な門に着いたとき、その建築の膨大さのおおよそを知る。われわれは一、二分立ち止まり、一べつした光景を記憶にとどめておこうと内部をのぞき込む。その奇妙な様子は、大きさと同様に印象的である。私はかつてこの様な建築物を見たことがない。巨大な内部建築を囲む内庭《うちにわ》は迷路のようで、外を囲む四方の高い塀は、何百年ものあいだ強烈な熱帯の太陽の光にさらされて焦げた色がついている。それぞれの壁に門があり、その上部には巨大なパゴダ（仏塔）が奇妙にそびえる。それは妙に凝った装飾のピラミッドのようだ。下部は石で造られているが、上部はしっくいで厚く塗り固められたレンガ造りのようである。塔は何階にも分かれているが、どの表面もさまざまな像や彫刻でふんだんに飾られている。これら門の上の四つの塔に加えて、私は内部にそびえる少なくとも五つの塔を数える。その外形はなんと奇妙に、エジプトのあるピラミッドを思い起こさせることだろう！

私は最後に、長い屋根つきの回廊、多くの平たい石柱のぎっしり並んだ列、巨大な中央の囲い、ほの暗い諸神殿や暗い廊下、そしてたくさんの小さな建築物をさっと一べつする。そして、近いうちにぜひこの興味深い場所を探検しようと心に決める。

牛は歩みはじめ、われわれはふたたび広々とした野外に出る。風景はまったく美しい。道は赤い土ぼこりでおおわれて、両側には低い灌木の茂みと、そしてときどき高い樹木の群れが見られる。枝に隠れて数え切れないほどの小鳥がいるのだろう、私には彼らの羽ばたきの音とともに世界中にひびく朝の美しい合唱が余韻となって聞こえる。

行く道には小さいが魅力的な路傍の聖堂がたくさん点在する。私はそれらの建築様式の違いに驚くが、さまざまな時代に建てられたからだろうと結論する。あるものは通常のヒンドゥ様式にしたがい、華美で装飾が多く精巧に彫刻されているが、少し大きい聖堂は、南インド以外では見たことはない、表面が無地の石柱で支えられている。またその古典的で簡素な外形は、ギリシャ的と言ってもよいような、二、三の聖堂もある。

八～一〇キロは来たであろうと思うころ、われわれは、駅でおぼろげにその輪郭を見たあの山の麓に着く。それは、赤茶色をした巨人のように、澄んだ朝の陽光の中にそびえ立つ。霧が去ると、頂上に山の輪郭がくっきりとあらわれる。それは赤い土と褐色の岩石による孤立した高地で、大部分は不毛、ほとんど樹木の見られない広い地域と、大きな丸石の乱立する岩の集積から成っている。

「アルナーチャラ！　神聖な赤い山！」私の連れは、私が見つめている方向に気づき、こう叫ぶ。熱のこもった崇敬がその顔をよぎる。彼は一瞬うっとりとする。中世の聖者のようだ。

私は彼にたずねる、「その名はなにかを意味しているのですか？」

「いまその意味を申し上げたところです」彼は微笑しつつ答える。「この名は『アルナ』と『アチャラ』という、二つの言葉から成り立っています。それは赤い山という意味です。そしてこれは同時にこの寺の祭神の名でもあるのです。完璧に訳すなら、『聖なる赤い山』とすべきでしょう」

「ではどこに、神聖なかがり火が入るのですか?」

「ああ! 年に一度、寺院の神職たちが重要な祭事をおこないます。それが聖堂内で始まるやいなや、膨大な量のバターと樟脳《しょうのう》が注ぎ続けられ、巨大な火が燃えあがるのです。それは何日も燃え続け、何キロも先から見ることができます。それを見る者はだれでもただちにひれ伏します。その火は、この山は神聖な地であって偉大な神がそれを覆っていらっしゃる、という事実の象徴なのです」

山は今やわれわれの頭上にそびえ立つ。赤と茶色と灰色の玉石で模様をほどこされた寂しい頂が、平らな頭を何千メートルも真珠色の空に突きだしている様は、荒々しい偉観と言えないこともない。修行者の言葉が私に影響を与えたのかどうか、それともある説明できない理由によるのかどうか、私は聖なる山の姿を心に思うと、または、アルナーチャラの険しい斜面を不思議に思いつつ見つめていると、自分の内部に奇妙な畏敬の感情が湧いてくることに気がつく。

「ご存じですか?」と私の連れはささやく、「この山は聖地とあがめられているばかりではなく、土地の伝説では、神々が世界の霊的中心の印としてそれをここに置かれた、と言われているのですよ!」

この一片の伝説に、私は微笑しないではいられない。なんという無邪気さだろう!

ついに私はわれわれがマハーリシの庵《いおり》に近づきつつある、ということを知る。道路から横に曲がって、でこぼこの道をくだり、ココナッツとマンゴーの木の密生した林に入る。これを抜けると道は突然、鍵のかかっていない門の前で行き止まりになる。御者が降り、扉を押し開けて舗装のしてない広い中庭に車を乗り入れる。私はちぢこまった手足を伸ばし、地面に降り立って辺りを見まわす。

マハーリシの隠とん所の正面は、生い茂る樹木と植物が繁茂する庭園に囲まれている。背後と横手には灌木とサボテンの生け垣があり、西方には灌木の密林が伸びて、やがてそれは森になっている。隠とん所は山すそにのびる低い尾根の上にこの上もなく美しい姿で存在している。それはまったく人里を離れていて、瞑想の深遠なテーマを追求する人びとにはふさわしい場所と思われる。

内庭の左側には二戸のわらぶきの小さな建物がある。それらに隣接して、赤瓦の屋根が急傾斜でひさしにもたれかかる現代風の長い建築物が建っていて、小さなベランダが前面の一部に張りだしている。内庭の中央には大きな井戸がある。上半身はだかの真っ黒と言ってよいほど色の黒い少年が、キイキイきしむ巻き上げ機を使い水の入ったバケツをそろそろと水面に引き上げている。

われわれが入ってくる音をきいて、数人の男たちが建物の中から内庭に出る。服装は極端にさまざまである。一人はボロボロの腰布以外何ひとつまとっていない。だがもう一人は白い絹の長衣をぜい沢に着飾っている。彼らは疑わしげにわれわれに目を見張る。私の案内者は明らかに彼らの驚きを楽しんでいる様子で、思い切り歯をむきだして笑う。彼はまっすぐに彼らのもとにいきタミール語で何か言う。彼らの表情は即座に変わる。一様に微笑し、私に向かって好意の笑顔を見せる。私は彼らの顔と身ぶりを好む。

黄の衣の修行者は、「さあマハーリシの広間に行きましょう」と、自分について来い、と命じる。私は屋根なしのベランダの外で立ちどまって靴をぬぐ。捧げものとして持ってきたいくらかの果物をまとめ、ひらいている扉の中に入る。

§

二〇の顔が視線をわれわれに向ける。その顔の持ち主たちは赤いタイル張りの床に半円を描いてすわっている。彼らは左の一番奥の隅に敬意を示すように、そこからずっと離れてかたまっている。われわれが入る前には明らかにこの一同は、左の隅の方に顔を向けていたのだ。私は一瞬そちらに目をやり、白い長椅子にすわる一個の姿を見る。だが私にはここに本当にマハーリシがいるのだ、ということがわかっただけである。

私の案内者は長椅子に近づき床にひれ伏し、組み合わせた手の下に目を埋める。

長椅子は、壁の広い高窓からわずか二、三歩のところにあり、窓から光が十分にマハーリシの上にそそがれるので彼の横顔をくわしく見ることができる。窓の向こう、われわれが今朝きたまさにその方向を厳格な様子で凝視しすわっているからである。彼の頭は動かない。そこで彼の目をとらえるために果物を献じて挨拶をしようと考え、私は静かに窓の方に進み、贈り物を彼の前に置き、一、二歩さがる。小さな真ちゅうの火鉢が彼の椅子の前に置いてある。燃えた木炭の香りが快い。どうやら火鉢にはある種の粉末の香料が投ぜられているようだ。すぐそばには線香がたくさん入った香炉がある。青みをおびた灰色の煙が立ちのぼり、空中にただよう刺激のつよい香りはとても変わった香りだ。

私は薄い綿毛布をたたんで床に敷き、厳格な様子で椅子にすわる無言の姿を期待をもって見つめる。マハーリシは薄く細い腰布を除いてはほとんど裸である。だがそれはこの地方ではごく普通のことだ。彼の皮膚はかすかに銅色をおびているが、一般の南インドの人びとに比べるとたいそう白い。背の高い人だろう、と私は判断する。年齢は五〇歳そこそこか。形良い頭部が短く刈られた銀髪におおわれている。ひたいは広くて高いことが知的な特色をあたえている。彼の風貌はインド的、というよりヨーロッパ的だ——これが私の第一印象である。

寝椅子は白いクッションでおおわれ、マハーリシの両足は壮麗な虎の皮の上に休められている。針の落ちる音も聞こえるだろう静けさが、長い広間のすみずみを支配している。賢者はわれわれが到着しても完璧に静寂で、不動で、乱されることがない。浅黒い弟子が一人、長椅子の端の床にすわる。彼が竹のござでできた揺りうちわの綱を引きはじめ、この静寂を破る。うちわは木の梁《はり》にくくりつけられ、賢者の頭の真上にぶらさがる。その律動的なうなりを聞きながら、そこにすわる人の注意を引くことを期待しつつ、私はじっと目を見つめる。それは濃い褐色、普通のサイズで大きく見ひらかれている。

彼は私の存在に気づいているのかどうか、少しのヒントも少しのしるしも示さない。その体は超自然的に静かで、彫像のように堅固である。私の凝視を受けとめることはなく、彼の目は相変わらずはるかかなたの空間を見つめている。それは無限に遠いところのように思われる。どこかでこれに似たものを見ただろうか。私はこの光景が不思議に何かを思い出させることに気づく。記憶の肖像画廊を探しまわり、あの、もの言わぬ賢者の絵を見いだす。マドラス近くの孤立した庵に私が訪れたあの隠者、その肉体が実に不動で、石を刻んでつくられたように思われた、あの人である。私がいまマハーリシの中に見るこの見慣れない肉体の静けさには奇妙な類似性がある。

私は、相手の目を見れば目の奥にあるものを知ることができる、という持論を以前からもっている。しかしマハーリシの目に、私はためらい、とまどい、当惑するのみである。

言いようのないのろさで時間が進む。壁かけ時計で半時間となる。そして一時間となる。それでも広間の者は誰一人身動きもしないし、口をきかない。私は長椅子の沈黙の姿以外の一切を忘れ、集中してただ一点を凝視する。私の捧げものは、彼の前の彫刻された小さなテーブルの上に置かれたまま、無視されている。

案内者は彼の師がもの言わぬ賢者として私を迎えるだろう、とは警告しなかった。完全な無関心という性質のこの奇妙な受け入れ、それは不意に私を襲った。ヨーロッパ人のどの心にもまずは浮かぶだろう「この男は自分の信者たちのために単にポーズをしているだけなのか」という思いが一度か二度心によぎるが、私はすぐにそれを否定する。案内者は彼の師が恍惚にふけるとは言わなかったが、彼は確かに恍惚状態にあるのだ。次に私の心を占める、「この神秘的な黙想の状態は、単なる空虚以外の何ものでもないのか」はもう少し長く影響力を持つが、自分には答えることができない、という簡単な理由でそれを追い払う。

この人の内部には、鋼のやすりくずが磁石に引かれるように、私の注意を引く何かがある。私は彼から目を離すことができない。私の最初の狼狽《ろうばい》、完全に無視されたことに対する当惑は、この不思議な魅力が私をしっかりとつかみはじめると徐々に色あせてゆく。しかし、心中に起こりつつある、無言の、抵抗しがたい変化に気づくのは、このふつうではない場面の二時間目に入ってからである。汽車の中であんなにこせこせとした精密さで用意した質問は、一つまた一つと姿を消していく。今はそれらをたずねようとたずねまいと問題ではないように思われるのだ。今まで私を悩ませていた問題を解決しようとすまいとそれは問題ではない。私はただ、静寂という堅固な河が自分のそばを流れているように思え、偉大な平安が存在の内部に浸透しつつあること、そしてみずからの思考にずっとさいなまれてきた頭脳がある休息に到達しはじめていることを知るのだ。

私があんなにしばしば自分に問うてきた質問の、なんと小さく見えることか！　過去の年月の全景がなんとちっぽけになっていくことか！　私は突然、知性とは難問を創りだしては解決しようと努めてみずからをみじめにするものだ、とはっきりと認識する。今まであんなに知性に高い価値を置いていた者の心に入るにしては、これはまさしく新奇な概念である。

私は二時間が過ぎるまで、この確実に深まりゆく静けさの感覚に自分をゆだねる。時の推移はもはや私をいら立たせない。今や心が創った難問という鎖が断ち切られ、投げすてられるのを感じるのだから。そして新しい疑問がすこしずつ意識の分野に場所を占める。

「この人、マハーリシは、花がその花びらから芳香を放つように霊的平安の香りを放射しているのだろうか」

私は、自分が霊性を理解する能力があるとは思っていないが、相手の人柄には一種の反応を感じる人間だ。内部に起こる不思議な平安は、自分が置かれている場所のせいだと推察しているが、これはマハーリシの人柄に対する私の反応である。魂のある種の放射能よって、ある未知のテレパシー的過程によって、私の魂の騒がしい湖水にひたひたとよせてくる静けさは、実は彼から来ているのではないかと、私は不思議に思い始めるのだ。一方彼はまったく無表情のまま、まったく私の存在に気づいてはいない、と思われる。

最初のさざ波がくる。何者かが私に近づき耳もとでささやいたのだ、「あなたはマハーリシに質問したいと思っていらっしゃったのではありませんか？」

かねてからの案内者は辛抱し切れなくなったのだろう。ありがちなことだが、落ち着きのないヨーロッパ人のことだから忍耐の限界に達している、と想像したのだろう、ああ、詮索好きなわが友よ！　たしかに、私はあなたの師に質問をするためにここにきた、しかし今は……。全世界そして私自身と仲良くやっている私、その私がなんで質問などで自分の頭を悩ます必要があろう？　私は魂という船が、その係留地を離れようとしていることを感じるのだ。すばらしい航海が前途に待ちかまえている。それなのに君は、この世という騒がしい港に私を引き戻そうとするのか、大冒険にまさに出発しようとしているときに！

しかし魔法は破られた。この不適切な指示が合図であるかのように、人びとは床から立ちあがり、広間を動きまわり始め、話し始める。そして――不思議や不思議！――マハーリシの黒褐色の目が一、二回またたく。それから頭がまわる、顔がゆっくりと、実にゆっくりと動く、そしてちょっと下の方に曲がる。なお数秒間、それは私を自分の視界の内に入れる。初めて賢者の神秘的な凝視が私に向けられる。彼があの長い恍惚から覚めたことは明らかである。

かの侵入者は、私が返事をしなかったのは聞こえなかったからだと思ったらしく、大声で質問をくり返す。しかし私は優しく自分を見つめる賢者の目の中に、口には出さない別の質問を読み取る。

「君が――そしてすべての人が――獲得するであろう深い心の平安をかいま見た今、なお心を迷わす疑惑に君は苦しめられるのかね？　そんなことがあり得るかね？」

平安が私を圧倒する。私は案内者に振り返り答える――

「いいえ。今うかがいたいと思うことはひとつもありません。またのときに――」

私はいま、私の訪問についての何らかの説明を、マハーリシ自身からではなく、にぎやかにしゃべりだしたこの一団から要求されていることを感じる。私は案内者の説明によって、この中のごくわずかの人びとが住み込みの弟子であること、他は近辺の村々からの訪問者であることを知る。奇妙なことに、このとき私の案内者がみずから立ち上って紹介をはじめる。豊富な身ぶりで一部始終をタミール語で仲間に精力的にしゃべる。私は、彼の説明は事実にいくらかのお話を混ぜているのではないかと恐れる。なぜなら驚嘆の叫びをひき起こしているからである。

§

昼食が終わる。太陽は情け容赦なく、午後の温度をかつて経験したことのない高さにまで上げる。しかしわれわれは赤道からあまり遠くない緯度の上にいるのだ。私は初めてインドの気候が人々の活動性を育てないことに感謝する。おおかたの人が昼寝をとるために日陰の林の中に姿を消したのだ。だから私は注目されたり騒がれたりせず、自分の好む形でマハーリシに近づくことができる。

大広間に入り、彼の近くにすわる。彼は長椅子の上の白いクッションになかば寄りかかっている。一人の侍者がゆりうちわを動かすひもを着実に引く。そのブーンブーンというやわらかな響きとうちわが風をやさしくきる優雅な音が、蒸し暑い空気の中を快く耳にひびく。

マハーリシは手に折りたたんだ手書きの原稿を持って、この上もなくゆっくりとなにかを書いている。私が入って二、三分たったとき、その本をかたわらに置き一人の弟子を呼ぶ。タミール語の短い会話が交わされると、男は私に、師が、私が彼らと食事をともにできないことをすまなく思っているとよく伝えよ、と言っておられる、と言う。自分たちは質素な生活をしているし、まだヨーロッパ人に食事をだしたことがないので何を食べるかを知らないのだ、と説明する。私はマハーリシに感謝し、香辛料の入っていない料理は喜んで頂戴する、ほかは町から何かを取り寄せる、と告げる。さらに加えて、自分を彼の庵までつれてきたところの問題に比べれば、食べ物の問題などとるに足りないものだと思うと言う。賢者は一心に耳を傾ける。その顔は静かで、落ち着いて、いかなる意見も表情にはあらわさない。

「それは良い趣旨です」彼はついに意見を述べる。

これに力を得て私はこの主題で話をすすめる。

「師よ、私は西洋の哲学や科学を学び、にぎわう都会の人びとの間で暮らし働いてまいりました。彼らと同じ楽しみを味わい、彼らと同様に野望に身を任せてまいりました。それでも同時に人里離れた場所に行き、独り深い思いにふけり、さまよいもしました。私は西洋の賢者たちに尋ね、そしていま、顔を東に向けました。私はより明るい光を求めているのです」

「そうだ、よくわかる」というように彼はうなずく。

「私はさまざまな意見を聞き、さまざまな説に耳を傾けました。あれこれある信仰の知的な証明は、私のまわりに積みあげられています。しかしあきあきしているのです、私は自分の経験によって証明されないものはことごとく疑う性質ですから。こんな事を申すのをお許しください。私は宗教的ではないのです。ですが知りたいのです、ひとの肉体的存在の奥に、何かがあるのでしょうか？　もしあるなら、どうしたらそれを、自分で悟ることができるでしょうか？」

われわれのまわりの三、四人の信者はびっくりして目を見はっている。彼らの師にこんなに無愛想に、こんなに大胆に話をする私は、この草庵の精妙なエチケットにそむいたのだろうか。私は知らないし、おそらく気にしない。長年にわたる願望の蓄積された重みが、不意に私の制御を逃れて口から出てしまったのだから。もしマハーリシが正しい種類の人であるなら、必ず彼は理解し、慣習からはずれたぐらいのことは無視してくれるだろう。

彼は言葉で返事をせず、考えに沈んでいるように見える。ほかに何もすることがないものだから、そして今は私の舌がゆるんだものだから、私は三たび、彼に話しかける——

「西洋の賢者たち、つまり科学者たちはその賢さをとても尊敬されています。それでも彼らは、生命の背後にかくされている真理はほとんど明らかにすることができない、と告白しているのです。あなたのお国では西洋の賢者たちが示すことのできないものをあたえられる人たちがいる、と聞きました。そうなのですか？あなたは私が悟りを経験するよう助けて下さることがおできになるのですか？　それともそんな探求そのものが単なる迷妄なのでしょうか」

会話の目的を達した私はマハーリシの答えを待つことに決める。彼は相変わらず考える目つきで私を見つめている。たぶん私の質問を熟考しているのだろう。沈黙のうちに一〇分が過ぎる。

ついに彼の口は開かれ、穏やかに言う——

「あなたは、『私は知りたい』と言うが、言ってごらんなさい、その『私』は誰なのですか」

彼は何を言おうとしているのだろう。今や彼は、通訳者の助けを突き切ってじかに英語で話かける。私は少し狼狽《ろうばい》する。

「ご質問の意味がよくわからないように思います」と、ぼんやりして答える。

「質問がはっきりしないというのですか？　もう一度考えてごらんなさい！」

私はもう一度その言葉に頭をひねる。突然ひとつの考えが頭をかすめる。私は自分をさして自分の名を言う。

「それで、あなたは彼を知っているのですか？」

「生まれてからずっと！」私はほほ笑み返す。

「しかしそれはあなたの肉体にすぎないでしょう！　もう一度ききます、『あなたは誰なのですか』」

私はこの変わった質問にすぐには答えることができない。

マハーリシはつづける――

「まず第一に、その『私』をお知りなさい。そうすれば真理もわかるでしょう」

私の心にふたたび霧がかかる。途方にくれ、それを言葉であらわす。しかしマハーリシは彼の英語の限界に達したらしい。彼は通訳者の方を向き、答えがゆっくり私に通訳される――

「たったひとつのなすべきことがある。あなたの自己を見つめよ。このことを正しいやり方でするなら、あなたは自分のすべての問題に回答を得るだろう」

妙な返答だ。私はたずねる――

「何をするのですか？　どのような方法で探求すればよいのですか？」

「自己自身の性質を深くかえりみることによって。また不断の瞑想によって。それにより光を見いだすことができるのです」

「私は頻繁に真理について瞑想をしてきました。しかし一向に進歩が見えません」

「進歩していない、などと、どうしてわかるのですか？　霊性の世界で、人の進歩を認識するのは容易なことではありません」

「師の助けが必要ですか？」

「そうかも知れない」

「師は、あなたのおっしゃる方法で自己を見つめるのを助けることができるのですか？」

「師は、この探求に必要なすべてのものを彼にあたえることができます。彼の自己は、彼自身の経験によって認識するのです」

「師の助けによって何らかの悟りを得るには、どのくらいときがかかるのでしょうか？」

「それは完全に、求道者の心の成熟度によります。火薬には一瞬のうちに火がつきますが、石炭が燃えるまでにはかなりの時間がかかるでしょう」

私は、この賢者は、教師や方法論について論じることを好まない、という奇妙な感じを受ける。しかし私の精神的粘り強さはこの感情を無視し、さらに質問を発する。彼は無表情な顔を窓に向け、丘陵に富む、ひろびろとしたかなたの風景を見つめて返事をくれない。暗示に従い私はこの主題を引っこめる。

「世界の将来について、マハーリシのご意見を聞かせていただけますか？　われわれは危険な時代に生きています」

「なぜあなたが将来のことを心配しなければならないのですか?」と、賢者は詰問する。「あなたは現在のことさえよく知らない！　現在によくお気をつけなさい。未来は未来が自分で気をつけます」

もう一丁のひじ鉄砲！　しかしこんどは、私もそうやすやすとは譲らない。私はこの平和な森の草庵より、はるかに重く悲劇が人を圧迫する世界から来ているのだから。

「この世界は間もなく、友情と互助の新しい時代に入るのでしょうか、それとも、混乱と戦争の中に落ちていくのでしょうか」私は粘り強くきく。

マハーリシは少しも喜ばない様子だが、それでも、

「この世界を統治する一者がいます。世界の面倒を見るのは彼の仕事です。この世界に生命を与えた彼は、それをどのように世話をするかについても知っています。この世界という重荷は彼が負っているのであって、あなたではありません」と答える。

「ですがどんなに公平な目で見ても、その慈悲深い配慮がなされている場所を見つけ出すのは難しい」と、私は反対する。

賢者はますます喜ばない様子だが、返事はする――

「あなたが在るように、世界は存在する。あなたを理解することなしに、世界を理解しようとしてなにになるか。あなたの質問は真理の求道者には不要な質問です。人びとはそういったあらゆる質問をし、時を浪費している。まず最初に、あなたの奥にある真理を見いだしなさい。そうすれば世界の奥にある真理も理解

していくでしょう、あなたは世界の一部なのだから」

突如話が切れる。一人の侍者が近づき、新しい線香に火をともす。マハーリシは青い煙がゆらゆらと立ちのぼるさまを見つめ、彼の原稿をとりあげる。彼はページを開き、仕事を再開して私を注意の圏内から追い出す。

彼の新たな無関心は、私の自尊心に冷水を浴びせかける。一五分間ぐらいすわっているが、私の質問に答えようというムードではない。会話は本当に終わったと感じて私はタイル張りの床から立ちあがり、いとま乞いのしるしに手を合わせて、彼のもとを去る。

§

私は、乗り物を雇うよう命じて、ある者を町につかわした。あの寺院を調べたいと思うのだ。私は彼に、できるなら馬車を見つけてくれ、と頼む。牛車は見ては絵のようだが思うように走らないし、乗り心地も良いとは言えないからだ。

中庭に出ると、ポニー（小型馬）をつけた二輪馬車が待っている。腰掛けはついていないが、私はもう、そんなことには頓着しない。御者は頭に汚れた赤いターバンを巻いた、どう猛な様子の男である。それ以外に彼が身につけている唯一のものといえば、腰帯にしている未ざらし（漂白していない）の布切れで、その片端はももにはさみ、腰のところに突っ込んでいる。

長い土ぼこりの道中が終わり、ついに浮き彫りが美しい塔がそびえ立つ大寺院の入り口がわれわれを迎える。馬車を降りて私は大急ぎで調査をはじめる。

「アルナーチャラの寺がどのくらい古いのか、私は知りません。しかしご覧の通り、何百年も前のものであることは間違いありません」私の連れは問いに答える。

門のまわりと聖堂に続く道には、何軒かの小店とけばけばしい屋台が並ぶ。そのかたわらには、粗末な身なりの宗教画の売り手や、シヴァの小さな真ちゅうの像や他の神々を扱う露天商たちがすわっている。私は、シヴァの像が断然多いことに注目する。ほかの場所ではクリシュナとラーマが常に優位を占めているようだからである。私の案内者は説明をする。

「われわれの神話によりますと、シヴァ神があるとき火の炎としてあの神聖な赤い山の頂上に姿を現されました。ですから、おそらく何千年も前に起こったに違いないこの出来事を記念して、寺の神職たちは一年に一度、巨大なかがり火をたくのです。この寺はそのことを祝って建立《こんりゅう》されたのだろうと思います。シヴァは今でもこの山に宿っておいでなのですから［1］」

数名の巡礼者たちが露店をのんびりひやかしている。そこでは真ちゅうの小さな神像だけでなく、神話の中の出来事を描く多色石版刷りのけばけばしい絵や、タミール語やテレグー語で汚れだらけに印刷された宗教的な本や、人びとがひたいにそれぞれのカーストまたは宗派に応じた印をつける、絵の具などを買うことができる。

ハンセン病の物乞いが、ためらいつつ私の方にやってくる。彼の四肢の肉は崩れてなくなってしまっている。かわいそうに、彼には私が彼を追い払うのかどうか、それとも彼が私の憐れみをとりつけることができるのかどうか、よくわからないらしい。彼の顔は恐ろしい病のためにこわばっている。私はいくらかの施しを地面に置く。恥ずかしく思うが、彼に触るのがこわいのだ。

彫像で装飾されたピラミッド形の門が、次に私の注意をひく。高くそびえる巨大な柱廊玄関は、エジプトのピラミッドの先端を切りとって持ってきたように見える。それはほかの三基の仲間とともにこの田園地方に君臨する。何キロも離れたところからでも望み見ることができるのだ。

このパゴダ（仏塔）の表面には、おびただしい彫りものと風変わりな小さい彫像が並べられている。テーマは神話や伝説から採られたもので、ヒンドゥの神々が孤独のなか真剣に瞑想している姿があるかと思えば、愛の抱擁にからみ合う姿があり、その奇妙な混沌《こんとん》に私は不思議を感じるのだ。これを見ていると、ヒンドゥイズムの中にはすべての趣味に合う何ものかがあると思いいたる。この教義は包括的な性質をもっている。

境内に入ると、そこは広大な内庭の一角であることがわかる。巨大な建築物が、コロネード（列柱）、廊下、回廊、聖堂、部屋、渡り廊下からなる、屋根があったりなかったりする迷路をとり囲んでいるのだ。ここには、あのアテネの神々の庭のように、円柱の美しさに言葉を忘れる石造建築はなく、むしろ、暗い神秘の、陰気な聖堂がある。広大で奥まった場所の冷たいよそよそしさは、私を畏怖《いふ》させる。ここは迷路だ。しかし私の連れは自信ある足どりで歩いていく。外から見たときにはパゴダは赤色を帯びた石で魅力があったが、内側の石の装飾は灰色である。

われわれは、固い壁と、屋根を支える奇妙な彫刻の柱が並ぶ、長い廊下を通りすぎる。うす暗い渡り廊下に移り、さらに部屋々々を通って、ついにこの古代の神殿の外庭にある、巨大な柱廊玄関に到着する。

私がこの年を経た建造物をじっと眺めていると、「千の柱のホールです！」と私の案内者が宣言する。彫刻をほどこした、平たい巨大な石柱の列が私の前に伸びる。そこは寂しく荒廃している。その奇怪な柱は、うす闇の中から神秘的にぼんやりと姿を見せる。私はそれらにさらに近寄り、表面にさまざまな顔を並べる古い彫刻を調べる。おのおのの柱は一個の石の塊からなり、それが支えている屋根も、大きな平たい切石からなっている。彫刻家の技術に助けられ、もう一度私は、遊び戯《たわむ》れる神々や女神たちを見る。なじみのある動物がいれば、そうでないものもいる、その彫刻が再びじっと私を見る。

柱に囲まれた廊下の敷石をさまよい歩き、ひまし油に灯心の沈む鉢ランプがともった暗い道を通り、われわれは中心の一角に近づく。その一角に向かうため、ふたたび明るい光の中を横切るのは気持ちがよい。ここから寺院の内部に点在する五つの低いパゴダが見えるのだ。それは高い外壁にあるピラミッドのようなパゴダとまったく同型である。私は一番近くに立つものを調べて、それはレンガで出来ており、表面の飾りは実は彫刻ではなく、焼いた土か、耐久力のある石こうで形成されている、と結論する。像のうちのあるものは明らかに彩色されていたであろうが、今は色あせている。

われわれが中央の一角に入り、この寺院の中のさらに長く暗い通路を通り抜けると、私の案内者は、中央の聖所に近づきつつある、そこはヨーロッパ人は入れない場所である、と警告する。しかし、異教徒は聖所に入ることを禁ぜられはするが、その入り口に達する暗い廊下から、ひと目見ることは許されるのだ。彼の警告を確認するように、私はこの古い聖所の暗闇の中にむしろ気味悪く響く、太鼓とドラと神職の単調な呪文の声を聞く。

期待をしながらのぞくと、うす闇の中に一個の偶像と、二、三のかすかな灯明と、なにかの儀式をおこなっている数名の神職とその前の金色の炎を見る。楽師たちの姿はよく見えないが、今度はホラ貝とシンバルが音楽に力強さと奇怪な趣《おもむ》きを添える。

私の連れは、神職が知ったら許さないだろうからもう去った方がよい、とささやく。すみやかにそこを退き、私の探検は終わりを告げる。

ふたたび門に着いたとき、小さな真ちゅうの水差しを持った年輩のブラーミンが道の真ん中にすわっていて、よけて通らなければならない。彼は鏡のかけらを左手に持って、ひたいには派手な階級のマークをつけている。彼のひたいについている紅白の三叉《さんさ》の鉾《ほこ》――南部の正統派ヒンドゥ教徒のしるし――は、西洋人の目から見ればグロテスクな道化師とうつる。門の近くの屋台で聖なるシヴァの小像を売るしなびた老人は、目をあげて私と視線を合わせ、彼の無言の懇請によって私は立ち止まり、なにかを買う。

町のずっと向こうに白く輝く尖塔《せんとう》を見つけたので、私は寺院を出てこの土地のモスクに行く。モスクの優雅なアーチと円天井の繊細な美しさを見ると、つねに私の内部の何かが感動するのだ。再度私は靴を脱ぎ魅力的な白い建物の中に入る。なんとうまく設計されているだろう！　その円天井の高さは気分を高めずにはいない。中には数人の礼拝者がいて、彼らは小さな、色彩豊かな敷物の上で、すわったりひざまずいたりひれ伏したりしている。ここには神秘的な聖廟《せいびょう》も、けばけばしい偶像もない。預言者が、人と神との間には何者も――聖職者さえも――入ってはならないと書いているのだ！　すべての信者はアラーの顔の前では同等だ。説教者もいなければパンディットもいない。人がメッカの方を向けば、彼の思いの中に優位の存在はあり得ないのだ。

大通りをとおって帰る途中、私は両替屋の仮小屋や菓子店や布地屋、穀物と米を売る店などに気づく。すべては、この場所を生んだ、あの古代の神殿への参詣者相手のものである。

私は今は、マハーリシのもとに早く帰りたいと思う。御者はわれわれの前に横たわる距離を速やかに進もうと、彼のポニーをせかす。私は振り向いて、アルナーチャラの神殿をもう一度だけながめる。彫刻を施した九つの塔は、パイロン（古代エジプト神殿入口の双塔状の門）のように空中にそびえる。そしてそれらは、神の名のもとにこの古い神殿を建築した、忍耐づよい労苦を思わせる。それを造るには一人のひとの一生涯以上の年月が費やされたに違いない。そしてあの奇妙なエジプト調がふたたび深く心に刻みつけられる。町の民家さえ、その低い家々と厚い塀はエジプト風の特徴をそなえている。

このような寺院が見捨てられ、無言のうちに荒廃し、徐々にもとの姿である赤と灰色の土ぼこりにかえっていく日がくるのであろうか。あるいは人は、さらなる神々を見いだして、彼らをまつる新たな神殿を造るのだろうか。

われわれのポニーが行く手に見える、岩が散らばる山の斜面に立つ庵に向かって道を急ぐうちに、私は自然の女神が壮麗な美の一幕を惜しみなく繰り広げているのに気づき、息をのむ。私は何度、東洋の太陽が夜の寝床で休もうとまばゆい光輝を放ちつつ落ちていくひとときを待っただろう！　東洋の日没は生き生きした色彩の美しい遊びのようだ。だがそれはあっと言う間、半時間以内に過ぎてしまうのだ。

ヨーロッパのためらうような秋の夕暮れは、ここでは見られない。西の空では燃える火の球はみるみるうちにジャングルの中に落ちていくのだ。それは、大空から急速に姿を消す前触れとしてとても印象的なオレンジ色を呈する。周囲の空はスペクトルにある限りの色に染まり、どんな画家でも描くことができない美のごちそうでわれわれの目を楽しませる。野や林は魔法にかけられたように静かだ。もう小鳥のさえずりも、サルのおしゃべりも聞こえない。夕暮れの帳《とばり》がしだいに厚く垂れ込めて、突き出していた炎の舌と周囲の色彩の全景も、闇の中に沈んで行く。

静けさは思いの中に沈み、すべてのものの美しさに感動をもよおす。残酷な人生の裏にも、なお運命には慈悲深く美しい力がかくれている、そんなふうに思わせるこの瞬間をどうして忘れることができよう。このような瞬間は、われわれの平凡な時間の面目をなくさせるのだ。それは暗黒の空間から流星のようにやってきて、つかの間の希望の光の尾を輝かせてやがてわれわれの視界の外に去って行くのである。

§

ヤシの木で囲われた中庭に車を入れるころ、草庵の庭ではホタルが飛びかい闇に神秘的に光の線で模様を描く。細長い広間に入り床にすわると、荘厳な沈黙がこの場所の空気を満たしていると感じる。

集まっている人びとは部屋の中に輪をつくりすわっているが、音ひとつ、声ひとつ立てない。隅にある寝椅子の上で脚を組み、両手は無造作に膝の上に置いて、マハーリシがすわる。彼の姿はシンプルでつつましやかでありながら、同時に威厳があり印象的で、私の心をあらたに打つ。頭はホーマー（ギリシャ神話のホメロス）時代のある賢者のよう、高貴な姿に保たれている。目は広間の遠い端をじっと見つめる。彼はただ、窓をとおして夕日の最後の光を見つめているだけなのか、それとも、この物質世界の事物は何ひとつ目に入らない忘我の状態に没入しているのか。その不思議な不動の視線は相変わらず私をとまどわせる。

いつもの香の煙が屋根の垂木《たるき》にただよう。

私は腰を落ち着けてマハーリシを見つめようとする。しかししばらくすると目を閉じたいという微妙な衝動を感じる。賢者のそば近くにいると、一段と深く浸透しはじめる、目には見えない平安に静められて私がうとうととするのはそれから間もなくである。ついに私の意識にギャップが来、私は生き生きした夢をみる。

私は五歳の男の子になったようだ。アルナーチャラの聖なる山をうねうねと登って行く険しい道に立ち、マハーリシの手をつかまえている。しかし彼は今、見あげるような巨人になって私のかたわらにそびえ立っている。彼は私を草庵から連れ出し、辺りは真の闇であるにもかかわらず、共にゆっくりと歩きながら私を導くのだ。しばらくすると、月と星のかすかな光で少しばかり辺りが見えるようになる。私は、マハーリシが岩石まじりの土地の割れ目を避け、不安定に止まっている怪物のような丸石の間をぬけて、注意深く私を導いているのを知る。坂道は急だからわれわれの登りはゆっくりである。あるいは岩と丸石との間の狭いさけ目に隠れて、あるいは低い灌木の茂みの陰に、小さな庵や人のすむ洞穴が目に入る。われわれが通ると住人たちが出てきて挨拶をする。彼らの姿は星明かりの中でぼんやりと見えるだけだが、私は彼らがさまざまの種類のヨーギーであることを知る。われわれはけっして立ち止まらず、頂上に着くまで歩き続ける。ついにわれわれは立ち止まり、いま自分の上になにか重要な出来事が起ころうとしている、という予感に、私の胸はドキドキする。

マハーリシは振り返って私の顔を見おろす。私は期待をこめて彼をじっと見上げる。私は自分の頭脳とハートの内部に急速に起こりつつある不思議な変化に気づく。私を誘惑しつづけてきた古い動機は私を見捨てて行きはじめる。私をあちらこちらに動かしてきた抑えがたい願望は、信じられない速やかさで消えて行く。自分の仲間の多くの者たちに対する私の態度の底にあった嫌悪、誤解、冷淡、そしてわがままは、無の深淵に崩れ落ちてゆく。私は言いあらわしようのない平安に包まれ、今は、これ以上人生に対して求めるものはないと知る。

突然、マハーリシが私に、山すその方に目を向けるよう命じる。私は従順にしたがい、驚いたことに、はるか下方に地球の西半分が広がっているのを見る。それは何百万もの人びとで混雑している。私はそれらがさまざまの姿の多くのグループであるとぼんやり見分けをつけるのだが、なお、夜の闇が彼らを包み込んでいる。

賢者の声が私の耳に入る。ゆっくりしたその言葉は、「あそこに帰っても、あなたは今感じている平安を保つことができるだろう。しかしその対価として、私はこの肉体である、私はこの頭脳である、という概念を捨てなければならない。この平安があなたの内部に流れはいるとき、あなたは自分のエゴを忘れる。そのときにはあなたは自分の生命を『それ』に引き渡しているのだから!」

そしてマハーリシは、一本の銀色の光の糸の端を私の手中におく。

私はこの異常にはっきりとした夢から覚めるが、心にしみる崇高な感じは、なおも私を圧倒する。すると、マハーリシの目が私の目と合う。彼の顔は今は私の方に向けられ、彼は、ひたと私の目を見つめている。

この夢の背後には何があるのだろう。人間生活の願望や苦痛は、少しのあいだ忘却のかなたに消え去っている。エゴに対する高尚な無関心と、夢の中で生みだした自分の仲間たちに対する深い憐れみの情は、夢から覚めた今も私からは去らない。不思議な経験だ。

しかし、夢が多少の真実性を持っているとしても、それは長くは続くまい。私はまだそれだけの境地に至ってはいないのだ。

どれほどの間、夢をみていたのだろう。広間の人びとが次々に立ち上がって眠る準備をはじめている。私も無理にでもそれに従わなければならない。

空気の流通があまりよくない広間は寝苦しく、私は中庭に寝ることにする。背の高い、灰色のあごひげを生やした弟子が角灯を持ってきて、それを夜中つけ放しにしておけと注意してくれる。ヘビや、ときにはチーターのようなありがたくない訪問客がくる恐れがあるのだが、彼らは灯火を見ると寄りつかないらしい。

大地は堅く焼かれている。敷ぶとんを持っていない私は、何時間か眠りにつくことができない。しかしそんなことはかまわない——私は十分に考えることを持っている。私はマハーリシの中に、これまでの人生経験の圏内で、もっとも神秘的な人格を見るからだ。

この賢者は私に重大な契機のようなものをもたらすと思われるが、私には、まだそのはっきりした性質を容易に判別できない。それは触れることのできないもの、量り知れないもの、恐らく霊的なものなのだろう。今夜は彼のことを思うたびに、はっきりした夢を思い出すたびに、不思議な感動が私を刺し貫き、おぼろげな、しかし高遠な期待に心臓が高鳴るのである。

§

それに続く何日間か、私はマハーリシとさらに身近に接したいと努めるが、成功しない。それには三つの理由がある。第一の理由は当然、彼自身の控えめな性質、彼の明らかな議論嫌い、他者の信仰や意見へのまったくの無関心だ。この賢者が、何びとをも自分の思想に改宗させようという意志を持たないこと、たった一人の人間をも自分の信者に加えようという願いを全く持っていないことは十分に明らかだ。

第二の原因はたしかに奇妙なものだが、しかしそうなのだ。不思議な夢を見た宵いらい、彼の面前に出ると、深い畏敬の念を感じるのだ。だからおしゃべりのような形で私の口から出る質問も、彼を平等の立場で話したり議論したりすることは冒瀆のように思われ、出てこないのである。

私の不成功の第三の原因はごく簡単だ。ほとんどつねに広間には何人かの人びとがおり、私は彼らの前で自分の私的な思いを公表する気になれないからである。結局私は彼らにとってはよそ者であり、この地方にあっては外国人である。私が彼らと違う言葉を話すということは問題ではないが、私が宗教的感情から生まれたのではない皮肉な、懐疑的な見解を持っているということは、見解を発表しようと試みるときに重大な意味を持つ事実である。私は彼らの敬虔な感情を傷つけたくはないが、同時に自分の心に訴えない角度から物事を論じることもしたくない。それゆえいくばくか、この事が私の舌を束縛するのである。

これら三つの障害をこえて滑らかな道を見いだすことは容易ではない。私は何度かまさに質問を提出しようとするが、いつもこの三つの要素のどれかひとつに邪魔をされ、失敗に終わる。

予定していた週末はあっという間に過ぎ、私はそれを一週間にのばす。会話と名づけるに価する最後のものは、彼と交わした最初のそれである。それ以後、一、二のお座なりの、月並みな挨拶以上には、この人との意志の交換は出来ないでいる。

この一週間も過ぎ、私はそれを二週間にのばす。賢者の、美しい平安そのものである精神的雰囲気、周囲の空気に満ち満ちているきよらかさを私は毎日感受する。滞在の最後の日が到来した。しかし私は少しも彼に近づいていない。私の滞在は、崇高なムードと、マハーリシとの間に価値ある個人的接触が少しも得られないことへの失望とが、じれったく混じり合う。私は広間を見渡しかすかな失望を感じる。この人びとの大部分は外面的にも内面的にも異なる言葉を話すのだ。どうして私が彼らに近づくことなど期待できよう。私は賢者そのひとを見る。彼はそこの、オリンポスの山の高みにすわり、離れたものとして人生の全景を見守っている。この人には私が会ったすべての人とは異なる性質がある。とにかく彼はわれわれ人類よりもっと自然に、草庵の背後に突如そびえる孤独の峰に、はるかな森につづく荒れたジャングルに、一面の底知れぬ青空に、彼は属している、と私には感じられるのだ。

孤高のアルナーチャラの石のような不動の性質を持つ何ものかが、マハーリシの中に存在しているように思う。彼はこの山に三〇年間住んでいて、一日でもここを離れることは拒むと聞く。このような密接な結合は、確実に人の性格に影響を及ぼすに違いない。私は彼がこの山を愛していることを知っている。賢者がその愛を表現して書いた美しく悲哀感のある詩の英訳を、数行読んだことがあるのだ。ちょうどこの孤立した山が、密林のふちからそびえ立ってずんぐりとした頭を空中にもたげているように、この不思議な人も、並の人間のジャングルを抜きん出て孤独の威厳をもってその頭をそびえさせている。聖なるかがり火の山アルナーチャラが、裾を取り囲む不規則な山の列を抜いて孤立しているのとまったく同様に、マハーリシも、彼を愛して何年もそばに暮らしている信者たちに囲まれているときでさえ、つねに神秘的で、孤高である。非人格的不可解なすべての自然の性質——実に奇妙にこの聖なる山によって例証されている——が、どうかして彼の内に入ったのだ。それが恐らく永久に、彼をより弱い仲間から引き離してしまったのだ。彼がもう少し人間的であったらよいのに、彼には弱弱しく見えるだろうわれわれの当たり前の失敗に、もう少し理解があってくれればよいのに、そうしばしば思う自分に気がつく。しかしもし彼が本当に、凡俗をこえたある崇高な悟りに到達しているのであれば、どうしてそんなことを期待することができよう。だが彼の不思議な視線のもと、何かすばらしい啓示を間もなくあたえてくれるような、妙な期待感を経験するのはなぜなのだろう。

しかしながら、際立って清澄なこのムードと、私の記憶の空に君臨するあの夢以外に、私にはいかなる啓示も伝達されていない。私は時の圧迫にさすがに絶望的になる。ほとんど二週間が過ぎるのに、意味深い会話ができたのはたった一度だ！　賢者の声がぶっきらぼうなことも暗に私を遠ざける一助となっている。あの異常な迎え方も私の予期しなかったものだ。私は黄の衣を着た修行者が燃えるような熱意でここに来るようせがんだことを忘れてはいないのだ。じれったいのは、私はほかの誰よりも賢者に、私に向かって舌をゆるめてくれ、と欲していることだ。なぜならたったひとつの思いが私の心を占領しているからだ。これは推理を経て来るのではない、まったく自発的に向こうからやってくる、

「この人はすべての問題から自分を解放した。いかなる悲しみも彼に触れることはできない」

という思いである。私は無理にでも質問をしてマハーリシにこれの返事をさせるため、新たな試みをする決意をする。隣の小屋で仕事をする古い弟子の一人のもとに行き、師と最後の話をしたいという希望を真剣

に彼に告げる。彼は私に非常に親切にしてくれる人で、私は自分で賢者にぶつかるのは気がひける、ということも告白する。弟子は同情の色を浮かべ、微笑する。そこを去ってじきに戻り、師は非常に喜んで会見をなさる、と言う。

私は急いで広間に戻り、長椅子のそばにすわる。マハーリシはすぐにこちらを向き、口もとは気持ちのよい挨拶にゆるむ。瞬時に気楽になった私は質問をはじめる。

「人が真理を見い出そうと思うなら、世を捨てて密林の中か山に行かなければならない、とヨーギーたちは言います。ですがそのようなことは西洋ではほとんど不可能です。私たちの生活はあらゆる面で異なっているのです。あなたもヨーギーたちと同じご意見ですか?」

マハーリシは、品格ある顔立ちのブラーミンの弟子に向かう。彼が返事を翻訳する。

「活動の生活を捨てる必要はありません。毎日一、二時間の瞑想をするなら、仕事という義務は難なくこなすことができるでしょう。瞑想のやり方が正しければ、誘導された心の流れは仕事の最中にも続くでしょう。それはまるで、同一の思想を表現する二つの道があるかのようです。瞑想の中でとる態度を、活動の中にも表現することができるのです」

「それによる結果はどういうものでしょうか?」

「やっていけば、人びとや出来事や対象物にたいする自分の態度が徐々に変わっていくのに気づくでしょう。あなたの行動が、自然とあなたの瞑想と符合するようになります」

「それでは、あなたはヨーギーたちに同意なさらないのですか?」私は彼をくぎづけにしようとする。

しかしマハーリシは正面からの答えを避ける。

「人は、自分をこの世に縛りつける、個人的利己主義を捨てなければなりません。偽の自分を捨てることが、本当の放棄なのです」

「どのようにしたら、世間で活動の生活をしながら、非利己的になることができるのでしょうか？」

「仕事と英知の間に不一致はありません」

「たとえば、自分の職業など従来の活動のすべてを続けながらでも人は悟りを得ることができる、とおっしゃるのですか？」

「できないことがあるものですか。しかしその場合、人は仕事をしている者を従来の自分だとは思わないでしょう。その人の意識は徐々に変貌し、ついには小さな自分を超えた『それ』に融合するのですから」

「仕事にたずさわっていたら瞑想するような時間はほとんどないでしょう？」

マハーリシは私の難問に少しも動じない。

「瞑想のために時間をとっておく、などというのはこの道の新参者だけがすることです」と、彼は答える。「進歩しつつある人は、仕事をしてもしていなくても、しだいに深まる至上の幸福を楽しみはじめます。手は社会の中にあっても、頭は孤独の中に冷静を保っています」

「では、あなたはヨーガの道はお教えにならないのですか？」

「ヨーギーは、牛飼いが棒で雄牛を追うように、自分の心を目標に向かって追い立てます。しかしこの道では求道者はひと握りの草を差し出して、雄牛をおだてなければなりません」

「どのようにするのですか?」

「自分自身に向かって、『私は誰か?』という問いかけをしなければなりません。この探求は最後には、あなたの内部、心の背後にあるあるものを見い出すでしょう。この偉大な問いを解決なさい。そうすればほかのすべての問題が解決します」

私が彼の答えを消化しようと努力する間、しばらくの沈黙がある。インドの多くの建物に見られる、壁に横木がはめられた、窓の役目をする穴から、聖なる山のふもとの美しい景色が見える。山の不思議な輪郭は、早朝の日の光をいっぱいに浴びている。

マハーリシは重ねて言う——

「こう言ったらもっとはっきりするだろうか。すべての人間は常に悲しみに汚されることのない幸福を欲しています。つまり終わりのない幸福をつかみたいと思っているのです。この本能はほんものです。ところであなたは、人びとは個別の自分を最も愛している、という事実に気づいたことがありますか?」

「というと?」

「すなわち人びとは、あらゆる手段を使って熱心に幸福を得たいと求めている、という事実です。たとえば酒によって、あるいは宗教によって。これが人間の真の性質を知る手掛かりとなるのです」

「よく分かりませんが——」

彼の声の調子が高くなる。

「人の真の性質は幸福です。幸福は、真の自己の生得のものです。彼の幸福の探求は、彼の真の自己の無意識の探求なのです。真の自己は不滅です。それゆえ、人がそれを発見するときは、終わりのない幸福を発見するのです」

「しかし世界は実に不幸ですが」

「そう、しかしそれは、世界が自分の真の自己を知らないからです。すべての人が例外なしに意識的または無意識的にそれを探しているのです」

「よこしまで獣のような人びとや、犯罪者でも、ですか?」

「彼らでさえ、犯す罪のひとつひとつに自己の幸福を見い出そうとして罪を犯すのです。この努力は人間に本能的なものですが、彼らは、実は自分たちは真の自己を探し求めている、ということを知らないものだから、最初は幸福への手段として邪悪な方法を試みるのです。もちろんそれらは間違った道です。人の行為は反射されてみずからに戻ってくるのですから」

「ではわれわれは、本当の自己を知ったときに、永続する幸福を感じるのですね?」

相手はうなずく。

斜めの太陽光線が、ガラスのはまっていない窓をとおしてマハーリシの顔にあたる。しわのよっていないひたいには、澄んだ静けさがあり、しっかりした口もとには満足があり、その輝く目には聖所のような平安がある。彼のしわのない容貌は、その啓示的な言葉が偽りでないことを示している。

これらの一見簡単な言葉で、マハーリシは何を言おうとしているのだろう。通訳者は確かにその外面的意味は、英語で私に伝えた。しかし、そこには彼が伝えることのできない、もっと深い意味がある。私はそれを自分で発見しなければならない、ということを知っている。賢者は彼のハートの奥から語りかけているのだ、と私には感じられる。それは、哲学者やパンディットとして自分の学説を説明しようとしているのではない。これらの言葉は彼自身が経験した幸福のしるしなのだろうか。

「あなたがおっしゃる自己とは、正確には何なのでしょうか？　仰せのとおりだとすると、人の内部にもうひとつの自分があることになりますが？」

彼の口もとは一瞬微笑にゆるむ。

「人が二つの自分を持つことなどできますか」と、彼は答える。「この問題を理解するにはまず、その人を分析する必要があります。長い間、他者の考える通りに考えるのが習慣であったために、いまだかつて彼は、正しい態度で彼の『私』に直面したことがないのです。彼は、自分というものの正しい概念を持っていません、あまりに長い間、自分を肉体であり頭脳であると思ってきましたから。だからこの、『私は誰か？』という探求をする必要があるのです」

彼はこれらの言葉を私の内部にしみ込ませるために間をおく。私は一心に次の言葉を待つ。「あなたは、この真の自己を説明してくれとおっしゃるが、それは何と言ったらよいか。それは、『それ』から人の『私』が生じ、それの中に消えていく、それなのです」

「消える？」答えが反響する。「どうして人が、自分という感覚を失うことができるのですか？」

「あらゆる思いの最初の最初、すべての人の心に浮かぶ原初の思い、それが『私』という思いです。この思いが生まれたあと、ほかのあらゆる思いが生じます。第一人称代名詞『私』が心に生じたあとに、第二人称代名詞『あなた』は現れるのです。もし『私』という糸を心でたどり、ついにその源に至るなら、それが最初の思いであると同時に最後に消える思いであると、発見するでしょう。これは経験できる問題です」

「そのような自己の内部への心理的探求はわれわれに十分できる、とおっしゃるのですね?」

「そうですとも! 最後の思いである『私』が徐々に消えていくまで、内に入ることができるのです」

「何が残るのですか?」と私はたずねる。「人はそのときまったく無意識になるのですか? それとも馬鹿になるのでしょうか?」

「そうではない! まったく逆です。人の真の性質、真の自己に目覚めると、彼は永遠の意識となり、本当の意味の賢者となるのです」

「しかし、『私』という感覚も、間違いなくそれについてくるのではないですか?」

「『私』という感覚は人格、肉体、頭脳に付属しています」とマハーリシは静かに答える。「人がはじめて真の自己を知るとき、なにか別のものが彼の存在の奥底から生じ、彼を占領します。そのあるものとは、心の背後の無限、神聖、永遠です。ある人びとは天の王国と呼び、ある人びとは魂と呼び、ある人びとはニルヴァーナと呼び、われわれヒンドゥは解脱と呼びますが、あなた方は自分たちの好きな名で呼んだらよいでしょう。これが起こるとき、みずからを失うことは全くなく、むしろ彼は自己を発見するのです」

最後の言葉が通訳者の口に出ると、ガリラヤ(聖書でナザレのイエスが宣教を始めたとされる場所)を放浪した教師が語った、あの忘れがたい言葉が心にひらめく。実に多くの善良な者を当惑させた言葉、「生命を得んと欲する者はそれを失い、生命を失う者はそれを得ん」

なんと不思議に、この二つの文句の似ていることとか！　しかしこのインドの聖者は、極度に難しく、心理学的な道をとおって、非キリスト教的な彼独自の思想に到達したのである。

マハーリシはふたたび話し出し、その言葉が私の思いを中断させる。

「人が真の自己のこの探求をはじめない限り、また、それをはじめるまでは、生涯を通じて疑惑と確信の欠如がついてまわるでしょう。偉大な王や政治家は他者を支配しようと努めますが、同時に心の奥底では、自分が自分を支配し得ないことをよく知っています。しかし、自分のもっとも深いところを洞察できた人は、最大の力を駆使できるのです。生涯をさまざまな知識の収集に費やす知性の巨人に、人間の神秘を解明できたかどうか、彼ら自身を征服し得たかどうか、聞いてごらんなさい。彼らは恥じて頭をたれるでしょう。自分は何者か、ということをまだ知らないで、あらゆることを知ったとして何になりますか。人々は真の自己へのこの探求を避けますが、ほかの何がこれほどの価値を持つでしょうか」

「それは実に難しい、超人的な仕事です」と私は言う。

賢者はほとんど気づかないほどかすかに肩をすくめる。

「可能かどうかという問題は、その人の経験にかかっています。それは思うほど難しいものではありません」

「活動的で現実的なわれわれ西洋人にとって、そのような内観が――？」と、私は疑わしげに口をひらき、言葉をにごす。

マハーリシは、燃えつきようとする線香のかわりに、新しい一本に火をともそうと身をかがめる。

「真理の実現は、インド人にとってもヨーロッパ人にとっても同じです。それにいたる道は、世俗の生活に巻き込まれている人びとにとってはより難しいだろうことは認めますが、それは成し遂げられるものであり、成し遂げなければならないものなのです。瞑想でもたらされた流れは、実践によって習慣にすることができます。すると仕事や活動をまさにその状態のまま、おこなうことができるようになります。それは中断されることはありません。瞑想と外面的活動との間にちがいはなくなるのです。もしあなたが、私は誰か、を瞑想するなら——もし肉体も頭脳も欲望も本当の自分ではないということを認識しはじめるなら、その探求自身が、ついには存在の奥底から答えをもたらすでしょう。それはおのずと深い悟りとしてあなたにおとずれるでしょう」

ふたたび私は彼の言葉を沈思する。

「真の自己を知りなさい」と彼は続ける、「そうすれば真理が、あなたのハートで太陽のように輝くでしょう。心は悩みなく、真の幸福にあふれます、幸福と真の自己とはひとつのものですから。ひとたびこの自己に気づけば、けっして疑いを持つことはありません」

彼は頭を転じて広間の遠く端を見つめる。それで私は彼の言葉が終わったことを知る。こうしてわれわれの最後の会話は終わり、私は出発の前に、彼を無口の殻から引き出せたことに喜ぶ。

§

彼のそばを去って、ぶらぶらとジャングルの中の静かな場所に行く。ここは私が自分のノートや書物に囲まれて、一日のおおかたを過ごす所である。夕闇が迫り、広間に戻る。一、二時間のうちに私をこの庵から運び去る、小馬の馬車か牛車がやって来るのだ。

ほのかに燃える線香の香りが部屋に満ちている。マハーリシは私が入ったときにはゆりうちわの下でなかば横たわっていたのだが、間もなくすわり直してお気に入りの姿勢をとる。脚を組み、右の足は左のももの上に、左の足は右のももの下にただ折ってすわるのだ。マドラスの近くに住むヨーギー、ブラマーが同じような姿勢をしていたことを覚えている。彼はそれを「快い姿勢」と呼んでいた。それは本当になかばブッダのようで、らくにとれる姿勢だ。マハーリシはいつものように、右手であごを支え肘は膝の上に置く。そして沈黙のまま、じっと私を見る。彼の近くの床に、ひょうたんの水差しと竹のつえを見る。一片の腰布とあわせて、これらが彼のすべての持ち物である。われわれ西洋人の物欲精神にたいする、なんという無言の批評だろう!

いつも輝いている彼の目が、どんどんつやを増し一点に集中する。体はひとつの姿勢に固定する。頭はかすかに震えたあと、静止する。数分で、初めて会ったときと同じ、内側に引き戻された恍惚のような状態に彼があることが明白となる。われわれの別れが初対面のときと同じ状態を呈するとはなんと奇妙なことだろう! 何者かが私に顔を寄せ、耳もとでささやく、「マハーリシは神聖な恍惚にお入りになりました。いまは話かけなさっても無駄です」と。

少数の集まりを静寂が支配する。時がゆるやかに過ぎるが、沈黙は深まるばかりである。私は宗教的な人間ではないが、蜂が匂い満ちて咲き誇る花に抵抗できないのと同様、心をつかんだ畏敬と尊敬の念が増大していくことに、私はもはや抵抗はできない。精妙なので触れることも形容することもできない、私を深く感動させる「力」で広間が満ちる。神秘的な力の中心はマハーリシ以外の何ものでもないと、疑いも躊躇もなく感じている。

彼の目は驚くべき光輝をもって輝き、不思議な感覚が私の内部に起こりはじめる。その光り輝く眼球が、私の魂の奥底をのぞき込んでいるように思うのだ。奇妙なことだが、彼が私のハートに見るもの一切を意識するのである。彼の神秘的な視線は、私の思い、私の感情、私の願望を透視し、私は為すところを知らない。最初は、この面くらうような凝視に悩まされ、私は漠然と不安になった。私が忘れさった過去のページを彼が見ているような気がするのである。彼はすべてを知っているのだと確信する。私は逃げる力を持たない。また、どういうものか、逃げたいとも思わない。

これは自分の未来に有益なことなのだ――そんな不思議な予感が、私を容赦ない凝視に堪えさせる。

彼は私の魂の弱々しい性質を理解し、雑然とした私の過去を認め、私をさまざまな道へと向かわせた複雑な感情を知る一方、どんなに心がくい荒らされるほどの探求心が私を駆って、世間を捨てさせ彼のような人びとを見い出すにいたったか、ということも彼は理解しているのを感じる。

そこでわれわれの間に働くテレパシー的な流れに、目に見える変化が起こる。そのあいだ、私の目は頻繁にまたたくが彼の目は微動だにしない。彼が不断に楽しんでいると思われる星が輝く静けさの状態に私のハートを誘い込もうと、私の心と彼の心を確実に結び付けていることを、私は理解しはじめるのだ。この比類なき平安の中に、私は高揚と快活さを見い出す。時が静止しているように感じられる。私のハートは心配という重荷から解放され、もう二度と、怒りの苦さや満たされぬ願望の憂うつに悩まされることはないだろうという気がする。人に善を命じ、希望を失わぬよう励まし、人生の暗路に彼を支えるところの、生まれつきそなわる深遠な本能は真実の本能なのだ、と深く理解する。存在の本質は善なのだ。時計が止まり、過去の悲しみや間違いはとるに足らぬ出来事のように思われる。美しい、うっとりするような沈黙の中、私の心はマハーリシのそれの中にとっぷりと浸され、英知は今やその近日点にある。この人の凝視は、神を知らぬ私の目の前に、思いもよらぬ光輝に満ちた、隠れた世界を呼びだして見せる。それが魔法のつえでなくて何であろう。

私はしばしば、この弟子たちはなぜ賢者のそばに何年もとどまっているのだろうか、あまり話を交わすわけでもなく、楽しみと言ってはさらに少なく、彼らをひきつける外面的活動などはまったくないのに、といぶかったものである。いま私は理解しはじめる――思想によってではなく、電光のような啓示によって――この年月の間中、彼らは深い、無言の報いを受け続けているのだ、と。

それまで広間の中の人びとはことごとく死のような静けさに静まりかえっていた。ついに誰かが静かに立ちあがって外に出ると、一人、また一人と彼に続き、やがて全部が去る。

私はマハーリシと二人きりである！　いまだかつて、こんなことは起こらなかった。彼の目は変わりはじめる。それはピンの先のように細くなる。その効果は奇妙なことだが、カメラレンズの焦点を「絞る」のに似ている。ほとんど閉じられているまぶたの奥の強く輝くひらめきが、さらに強烈になる。突然、私の体は消え、二人とも空間に出たように思われる！

重大な瞬間である。私は躊躇する――そしてこの魔法使いの呪術を破ろうと決心する。決意は力をもたらし、私はふたたび肉体内に戻り、広間の中に戻る。

彼から私にはひとことの言葉もない。私は自分の力を外部に向け、時計を見、静かに立つ。出発の時刻がきたのである。

私は頭を下げていとまをつげる。賢者は無言で挨拶を返す。私は短い感謝の言葉を述べる。ふたたび彼はだまってうなずく。私は心をひかれて入り口でためらう。外で鈴の音が聞こえる。牛車がきた。もう一度私は手をあげて手のひらを合わせる。

こうして、われわれは別れる。

［1］われわれ西洋人はこのような神々を宗教的アイデアの風変わりな擬人化と見なすかもしれないが、ヒンドゥ教徒はそのような神々が現実の存在として実際に生存しているということを疑わない。

第一〇章　魔法使いたちと修行者たちの間で

時間と空間というごう慢な人間の敵がふたたびこのペンをせきたてる。書き残しておくべき顕著な事柄をまとめる間にも、私はふたたび東に向かって大きく踏み出さなければならない。

芸のあるファキールや大道の魔法使いに人びとと同じように自然に私も興味をひかれる。ただ私のはほんの行きずりの興味だ。なぜなら人が最も深く考えるに価する唯一のもの、すなわち人生の偉大な神秘に、彼らが光をあたえることなどないに等しいと知っているからだ。それでもそういった存在は気晴らしになる。そこで私はときどき脇道にそれ、彼をたずねる。

私は広く多様な題材にペンを向けるため、私の放浪の圏内にやってきた二、三のタイプを描写しようと思う。マドラス州の東北部、ラジャムンドリという静かな町で会った、たんなる魔術師が記憶に浮かぶ。

あてもなく散歩し、細かい砂に足をとられる場所を通過し、やがてバザールに通じる狭い道へ向かう。蒸し暑い空気の中を進んで行くと、老人たちが開いた戸口にうずくまり、子供たちが泥の中で遊び、そしてまっ裸の若者が一軒の家からとびだして来る――よそ者の顔を見るやいなやふたたび家の中に姿を消してしまうのだが。

細長くにぎやかなバザールの中では、年配の商人が小さな店にすわって私が通ると期待するような様子であごひげをなでる。食べものや穀物の売り手は屋根のない屋台のそばにすわり、ハエの大群が忙しく商品をおそう。やがて私は何やらけばけばしい建物の寺院の前に来る。近づいていくと、男女の小さな集団が砂ぼこりの中から動き出す。インドのほとんどの町では、ハンセン病患者や障害者、貧しい者たちが、寺院や駅の付近を集合場所にして巡礼者や外国人たちから喜捨《きしゃ》を集めようとするのである。巡礼者たちははだしで石の上の砂ぼこりを進み、音を立てずに建物の中に入って行く。さて、私も中にさまよいこんで、神職たちの奉仕の様子を見ようか。思案の末、やめることにする。

長引く散歩は一人の若者に気づくまで続く。彼はヨーロッパ風のシャツをこちらの習慣に従ってうしろ前に着、腰帯を風になびかせている。右腕に布表紙の書物の束を抱え、私が追いつくと、本能的にふり向く。

目があう――そして二人の知人関係が始まる！

私の職業の急を要する性質は、習慣に従うことができるときにはそうせよ、だが目的遂行の邪魔をする場合には無視せよ、と私に教えた。旅行は好きだが大半は型にはまった旅ではないため、このインド放浪もクック（トーマス・クックのガイドブックに頼る人びと、の意か？）や非ボヘミヤ（自由奔放ではない）的な旅行者の手本にはならないであろう。

青年はこの地方の大きな大学の生徒だという。彼は十分に人を引きつける一般的知性を持っている。そして自国の古代の文化に関心があるらしく、私がそれに対する自分の興味を話したら、たとえようもなく喜ぶ。また彼は、都会の学生たちのおおかたを襲っている、政治に関するヒステリーにやられていないことを知る。現在インドは、白人の支配者と褐色の被支配者との関係を崩そうと努力するガンディーが呼び起こした、長い混乱の、激痛の中にいるのだ。

半時間の後、彼は私を人びとがなにかを期待する様子で集まっている広場に案内する。真ん中に一人の男が立って、声を限りに何やらわめいている。青年は私に、この大声の宣言の内容は、この男が持っていると主張する驚くべきヨーガの力のリストである、と教える。

自称ヨーギーは力強い体格の持ち主である。長い頭とずんぐりとした肩を持ち、腹は腰にまいている木綿の布切れの下でふくらんでいる。布切れは彼の衣服の一部で、そのほかには白いゆったりとした長衣をまとっている。この男は少し虚勢を張りすぎると思うのだが、見物人が十分に金を出すならマンゴーの木の離れわざをやって見せる、と言うので、他の数名にならい足もとにいくらかの金を投げてやる。

彼はまず大きな焼き物の鉢を自分の前に置き、おもむろに地面にすわる。鉢には赤茶色の土がいっぱいまで入っている。彼はわれわれに一個の小さなマンゴーの種子を見せ、それを埋める。そして旅行カバンの中から大きな布を取り出し、それを鉢と自分の膝にすっぽりかぶせる。

われわれは数分間ヨーギーが単調に唱える、何やら神秘的な呪文でもてなされ、それから彼は布を取る。マンゴーの芽が土から顔をのぞかせている！

もう一度、彼は鉢と膝をおおい、芦《あし》の笛をとりあげて音楽といえないこともない怪しい音を発する。さらに何分かたつと、布を取りあげて小さな植物が五～八センチ伸びたところを見せる。この、布をかぶせてはあげるという動作が、芦笛の音楽によるしかるべき間隔をおいてくり返され、ついに鉢の中にマンゴーの木が生まれる。それは二〇センチか二五センチの高さ、木とは言えないようなものだが！　しかしそれでも、その木の頂にひとつの小さな、黄を帯びた金色のマンゴーの実がぶら下がっている。

「この木は間違いなく、私が皆さんの目の前で土に埋めた、あの種子から生まれたのですぞ！」ヨーギーは勝ち誇って言う。

私の心の構造は、彼の宣言をそうやすやすとは認めない。なんとなく私は、この芸当は一片の手品にすぎなかった、と感じているのだ。

青年は意見を述べる、「サヒブ、あの男はヨーギーです。こういう人びとはびっくりするような事をやってのけるのです」

しかし私は満足しない。謎を解こうと努力した結果、彼はむしろマスキリン（イギリスの奇術師、時計職人）とディヴァント（イギリスの奇術師、史上屈指の達人とされマスキリンと組んで活躍）同好会のメンバーに近い、と結論する。しかしどのようにしたらそれを確かめられるだろうか。

ヨーギーはカバンのふたをしめ、群集が徐々に散って行くのを見つめながら、なおそこにしゃがんでいる。

突然ひとつの考えが浮かび、われわれだけになったとき、私はヨーギーに近づき五ルピー札をひっぱり出して学生に言う——

「どのようにしてあの芸当をおこなったのか、私に見せてくれたらこの金をやる、と彼に言ってくれたまえ」

青年は従順に頼みを通訳する。男は拒絶のふりをするが、私は彼の目に欲望のひらめきを見る。

「では七ルピーやる、と言ってくれたまえ」

なおしゃがんでいる男は私の交渉の努力をあざ笑う。

「結構だ。ではご免をこうむる、と伝えてくれたまえ」

わざとゆっくりと出発の準備をする。数秒後、ヨーギーは叫び、われわれを呼び戻す。

「もしサヒブが一〇〇ルピー下さるなら、ヨーギーはすべてをお話しする、と約束しています」

「いや！　七ルピーだ——それがいやなら秘密を守るがよい。行こう！」

ふたたび歩きはじめる。間もなく次の叫び声。われわれは戻る。

「ヨーギーは、その七ルピーをいただく、と言います」こうして説明が始まる。

男は旅行カバンを開き、あの神秘めいたわざのネタである諸道具を取り出す。それはマンゴーの種子と、長さの異なる三本のマンゴーの木の枝である。

一番短い枝をカラス貝の殻の中につめ込む。枝はまるく縮まり、貝は蓋をされて土の中に埋められる。最初の芽を出すには、男はただ指を土中に入れてふたを取ればよいのだ。植物は自然とまっすぐになるだろう。長い方の枝は、腰にまいている布の中に隠してある。待っているあいだに、朗唱したり笛を吹いたりしながら、彼は一度か二度、木が成長しているかどうかを確かめるふりをして布を上げるのだが、他の者にはそれをすることを許さない。その間に巧みに、もっと長い枝を腰巻きの中から出して土にさし、短い方を抜いて腰巻きの中に隠すのだ。このようにして木が次第に成長する、という幻想をつくり出している。

魔術は明かされた。私は少し賢くなって歩き出す。だがヨーギーに関する私の最後の幻想はこうして、秋の落葉のように落ちて散ってしまうのだろうか。

そのとき、アディヤル河のヨーギー、ブラマーが私に与えた警告を思い出す。低い階級のファキールや偽ヨーギーたちは大道で手品の術に過ぎないことをやっている。このような人びとが若い世代や教育のある階級に、ヨーギーという名に対する不信感を抱かせるのだ、と彼は言っていた。

半時間たたぬうちにマンゴーを成長させる男など真のヨーギーではない。彼は偽物である。

§

それでも、本当の魔法をおこなうファキールも確かにいる。二度目のプリ訪問の途中、ベルハンプルにしばらく滞在していたとき、ある人物がやって来る。

古い習慣と、ほこりまみれのヒンドゥ風生活様式がなおはびこるベルハンプルの町で、私は、広い屋根のベランダを持つ簡易宿泊所の中に仮の住まいをとった。焼けつくように暑いある日の午後、私はこの気持ちのよいベランダで息がつまりそうな暑さを避けている。長椅子に腰かけ、ふりそそぐ太陽と庭の熱帯樹の見事な葉のたわむれに見入っている。

そこに、聞こえるか聞こえないくらいのはだしの音がして、小さい竹カゴを持った野生的な男が門に近づいてくる。彼は長くて黒いもつれた巻き毛を持っていて、目が少し充血している。そばに来てカゴを地面に置くと、挨拶として一瞬間両手をあげ顔をおおう。そして地方語とかすかにそれと分かる英語がまじった言葉で私に話しかける。地方語はテレグーだろうが定かではない。英語のアクセントは恐ろしくへたくそで、三、四語以上の意味はつかめない。こちらから英語で話しかけてみるがまったく通じない。私のテレグー語の理解も彼の英語以上に貧弱で、互いに意味不明でしかない言葉をしゃべり合った末、双方でこのことを発見しついに彼は身ぶりと顔の表情で話をする。私は彼がこのカゴの中に私に見せようという大切なものを持ってきた、ということを理解する。

私はバンガローの奥にとび込んで召し使いを呼ぶ。彼は少しばかり英語を解するのだ——地方語をいくらか私に伝えられる程度ではあるが。私は彼にできるだけ訳して欲しいと伝える。

「彼は、ファキールの魔法、見せたい、ご主人様」

「けっこうだ。ではやらせるがよい。金はいくら欲しいと言っている？」

「くれるもので満足、と言います」

「始めなさい！」

ファキールのだらしない身なりとどこから来たのかわからないという事実は、興味と嫌悪を去来させる。

この男の表情を探ることは難しい。何やら不吉なものを感じさせるところもあるが、私には邪悪な男とは見えない。彼の周囲に感じるのは、私になじみのない力のオーラである。

彼はベランダの階段を上ろうとはせず、バンヤンの木の下にすわる。その伸び広がる枝が彼の頭上に低い屋根を作り、さらに地面に垂れ下がる。彼は、粗削りな造りの木のやっとこではさんで、竹カゴの中から一匹の恐ろしいサソリを出す。

見るのも不愉快な昆虫は逃げようとする。するとファキールはその周囲、地面の上に人さし指で円を描く。そのあとサソリは、円を描いて走りまわる。円につきあたるたび、見えない壁につきあたったかのように躊躇し方向を変えるのだ。私はそれを強烈な熱帯の光のもとではっきりと見る。

摩訶不思議な見世物が二、三分つづくと、私は満足のしるしに手をあげ、ファキールはサソリを竹カゴに戻してその中から代わりに二本の、先のとがった鉄の焼串を出す。

彼はなんとなくぞっとさせる血走った目を閉じ、次の魔術をおこなうにふさわしい瞬間を待っているようだ。ついにその目を開き、焼串の一本を取りあげて自分の口の中に入れる。それで内側からほおを突き刺し、串の長さの大部分が顔の外に出るまで突き通す。そしてまるでぞっとする芸が十分ではないと言わんばかりに、彼はもう一本の串を別のほおに突き通してそれを繰り返す。嫌悪と驚嘆のまじった感覚が私の体を走りぬける。

私が十分にそれを見たと思い、彼はその串を一本ずつ抜き取って挨拶をする。私はベランダの階段を降り近寄って彼の顔を調べる。ほおにはかすかな血痕と皮膚に残るごく小さな穴だけで、傷らしいものは見当たらないのだ！

男はもう一度椅子に戻ってくれ、という身ぶりをする。私がベランダに上ってふたたび椅子にもたれると、さらに次なる驚くべき芸の準備をするらしく二、三分間静かに姿勢をととのえている。落ちついて、人がジャケットからボタンを引っぱるような平然さをもって、ファキールの右手は彼の右目まであがって右の眼球をつかんで眼窩《がんか》から引き出す！

私は驚いて後ずさりする。

数秒たったと思うと、彼はその器官をもう少し引っぱりだし、その結果それはとびだした筋肉と血管とに支えられてほおのところにぶらさがる。

そのゾッとするような光景を見て私は嫌悪に圧倒される。その眼球をもとの場所におさめるまでは不安をおさえることができない。

彼の魔術を堪能した私は、いくらかの銀貨を与えて彼に報いる。気軽な気持ちで召し使いに、どうしてこんな恐ろしいことができるのか、説明してもらえるかどうか、尋ねさせる。

「話さない約束、御主人様。父が、息子に教える、だけ。家族だけ、知る」

彼の不承知に失望はしない。結局これは、外科医などが研究すべき事柄であり、放浪の文筆家の関わるものではないのだ。

ファキールは別れの挨拶として両手で顔をおおい、敷地の門をぬけ、間もなく土ぼこりのかなたに姿を消す。

プリに寄せる静かな波音が耳に聞こえる。ベンガル湾から吹き込むかすかな風の香りが快い。私はひと気のない砂浜を歩く。黄みがかった白砂が果てしなくひろがり、大気に満ちた熱くじりじりしたもやをとおして水平線が見える。海はまるでサファイア色の液体のようだ。

§

ポケットから出した懐中時計がギラギラする太陽の下でまばゆく光る。街路への道を戻る途中で、立ちはだかる謎を私に提供するある不可解な演技に出くわすのである。

けばけばしい装いの男が群衆に囲まれている。ターバンとゆるいズボンでイスラム教徒とわかる。まぎれもないヒンドゥの聖地の町に、イスラム教徒がこれほど目立つ姿をしているとは。私は奇妙さを感じる。男は私の好奇心と興味を呼びおこす。彼は奇妙な着物を着せた、人慣れした小さい一匹のサルを連れている。それが芸を始めると、ほとんど人間とかわらない賢さをもって主人の命令のひとつひとつに正確にしたがう。

男が私に気づき、その生きものに何か言ってきかすと、それは群集を抜けてまっしぐらに私にとんで来て哀願の調子で叫びかける。そして帽子を脱いでまるでバクシーシ（喜捨）を乞うかのように私の前に差し出すのだ。私は四アナの貨幣を投げ入れてやる。サルは丁寧に頭を下げ、腰をかがめてお辞儀のようなことをして、主人のもとに帰る。

サルの次の演技は、古いアコーディオンから押し出される音楽に調子を合わせて驚嘆すべきダンスをする、というものである。それは、上等な舞台にのせる値打ちが十分にある、芸術的優雅さと見事なリズム感をそなえる。

このショーが終わると、男はウルドゥ語で助手――若いイスラム教徒――に二言三言話し、助手は私のそばに来て、彼の師が私にある特別なものを見せるから背後の天幕の中に入ってくれ、と頼む。若者が外に残って群集を押し返している間に、私は、けばけばしく装った男とともに天幕の内に入る。天幕は実は四本の柱の外側に布がまわしてあるだけで屋根はない、ということを知る。だから、内とかわらず外も見える。簡単な軽い木のテーブルが真ん中に置いてある。

男は麻の包みを開き、五センチほどの小さな人形を取り出す。頭は彩色したろうで出来ており、足には硬いわらの先に平たい鉄のボタンがはかせてある。男は、その人形が鉄のボタンの上にまっすぐに立つようにしてそれらをテーブルの上に置く。

彼はテーブルから一メートルほど離れ、ウルドゥ語で命令を発しはじめる。一、二分のうちに、人形たちはテーブルの上を動きまわり、やがて踊りはじめる！

彼は短い棒を振る。オーケストラの指揮者が棒を振るのとまったく同じで、彩色された小さな人形は、彼の棒の動きにぴったりと調子を合わせて踊りまくるのだ！

それらはテーブルの表面全体を動きまわるけれど、注意していてふちから落ちることはない。私はこの驚くべき演出を、午後四時の十分な日の下で見ているのだ。なにかのトリックがあるのではと疑い、私はテーブルに近寄り、人形の上やテーブルの下を手で探ってまで引く糸の有無を十分に調べるが、気になるものは何ひとつない。この男は単なる手品師ではなく、ある種類のファキールなのだろうか。

彼は次に言葉と身ぶりで私に、テーブルの上のあちらこちらを指させ、と指示しはじめる。私がそうすると、そのたびに人形たちはひとかたまりになり、一緒に踊りながら正確に私が指示する方向に移動するのだ！

最後に、彼は一ルピー貨幣を示して何か言い、私は直感的に、同じ貨幣を出してくれという意味だと悟る。私は一枚をポケットから出し、それをテーブルの上に置く。するとただちに銀貨は踊りはじめ、テーブルの上を横切りファキールの方へ行く。テーブルの向こうの端まで行くと下に落ち、彼の足もとまでころがってピタリと止まる。男はそれをつまみあげ、礼儀正しい挨拶で感謝の意を示しつつ納める。

私は何か、すばらしい手品でも見ているのだろうか、それとも本当のヨーギーの魔法を見ているのだろうか。私の疑惑は顔にはっきりと表れていると見え、ファキールは彼の若い助手を呼び入れる。後者は私に師の力をもっと見たいか、とたずねる。私が見たいと答えると、直ちに古いアコーディオンをファキールに渡し、それから私にはめている指輪を取ってテーブルの上においてくれ、と頼む。私は言われたとおりにする。これはあのアディヤル河の隠者ブラマーが餞別《せんべつ》としてくれた品である。私がそれの金の爪と緑色の石とを見つめていると、ファキールは数歩退き、ウルドゥ語で何回か命令を与える。ひとことごとに、指輪が空中にあがってはまた落ちるのだ！　男は命令と同時に、左手でアコーディオンを持ちながら、右手で、ある特有の身ぶりをする。

今度は楽器を奏ではじめ、私が驚き入って見つめている前で、その音楽に合わせて指輪が踊りはじめる！　指輪は男の近くにはないし、それに触ってもいないのだ。私はこの驚くべき演技をどう解釈したらよいのか。どうして、一片の生なき物質をこんなに神秘的に変容させ、それを口頭の命令に答える対象にできるのだろうか。

助手が指輪を返してくれるとそれを詳細に調べる。しかしいかなる痕跡も見いだすことはできない。今度はファキールは、木綿の布包みを開き、このたびは、さびた平たい鉄の棒をとり出す。それは長さ約六センチ、幅は一センチほどである。彼がそれをテーブルの上に置こうとするので私はさえぎって、助手にそれを調べさせてくれと頼む。彼らは反対せず、私は注意深く検査する。別に糸がくくりつけてあるわけではない。それを返して今度はテーブルの上を見渡す。だが疑わしいものは何ひとつない。

棒はテーブルの上に置かれている。ファキールは一分ほど力をこめて両方の手のひらをこすり合せる。それから、上半身を少し前方にかがめて、両手を鉄棒の数センチ上方にかざす。私は注意深く見ている。彼の指はなお棒の方を指しながら、両手をそろそろと後ろにひき始める。そのとき驚いたことに、私はそのさびた物体が彼について行くのを見る。それはファキールの後方への動きに並行してひとりでにテーブルの上を動いて行くのだ。

男の指と棒との間は約一〇センチ、彼の手がテーブルの端のほうにあるときは、棒もやはりそこにとどまっている。もう一度それを調べさせてくれと頼む。すぐに許される。ただちにそれを取りあげる。だが何ひとつ気になるところのない、まさに古い鉄の一片である。

ファキールは、同じ技を小さな鋼鉄の柄のついたナイフでくり返す。

私はこの非凡な見せ物に気前よく報い、そしていくらかの説明を得ようと努力する。ファキールは寛大にも、品物は鉄でできているか鉄を含んでいることが必要だ、鉄は独特のサイキックな性質を持っているのだから、という情報を授ける。今や彼はこの術において完成の域に達したので黄金でできた物体でも同じ技をおこなうことができるという。

私は心中で彼の秘密の解明をはじめる。するとすぐ、長い細い毛髪の一端を輪にしておきその輪に棒を引っかけたら実際には目に見えないだろう、と思いつく。だが私の指輪が踊ったこと、ファキールの両手はアコーディオンに占められておりしかも彼は数歩離れたところに立っていた、という事実を思い出す。助手も共謀者として責めることはできない。人形が踊るとき、彼は天幕の外にいたのだから。しかしながら事柄をもう少し詳しく調べるために、私は男を巧妙な手品師であると言ってほめる。

彼の顔は暗くなり、彼は強烈にそれを否定する。

「でしたらあなたは何なのですか?」と、私は押し返すようにたずねる。

「私は本当のファキールです」彼は助手を通じて誇らし気に答える、「——の術を行う者です」と言う、最初の言葉はウルドゥ語で、判別ができない。

私はこの種のものに興味を持っていることを伝える。

「ええ、私はあなたがあの人だかりの場所にお着きになる前に、すでにそのことを見ていました」と、彼は答えて驚かせる。「だから私はあなたをこの天幕にお招きしたのです」

「へえ! そうですか」

「そうです、私が欲で金を集めている、などと想像してはいけませんよ。亡き師の墓所を造るために、ある金額が必要なのです。私はこの仕事に望みをかけています。それができあがるまでは休まないでしょう」

彼の生涯についてもう少し話してくれるよう、彼にお願いする。非常にいやいやながらも彼はこの願いに負ける。

「一三歳の頃には、私は父のためにヤギの群れの世話をしていました。ある日私たちの村に、恐ろしいほどやせた一人の苦行者がやって来ました。骨が皮膚を突き破ってとび出すのではないかと思われました。彼は一夜の宿と食とを乞いましたが、私の父はいつも修行者を尊敬して大切にする人でしたので、喜んで迎えいれました。しかしながら彼の滞在は一晩でなくて一年以上になりました。家中の者が彼をとても好きになり、居続けてもてなしを受けてくれるよう、父が絶えずすすめたのです。彼はすばらしい人で、私たちは早くから、彼が不思議な力を持つことを知りました。ある夕方、一同が御飯と野菜の質素な食卓にすわっていたとき、彼が何度もつくづくと私を眺めるので、私はなんだろうと思いました。翌朝、彼は私がヤギの番をしているところに来てすわり、こう言いました。

『わが子よ、お前はファキールになりたいか』

私にはそれがどういう生活であるのか、よく分かりませんでした。しかし、自由と珍しさに心を強くひかれ、私はなりたいと答えました。彼は両親にそのことを話し、三年たったらふたたびやって来て私をつれて行く、と言いました。実に不思議なのですが、そのあいだに両親ともが亡くなり、彼が来たときには私はまったく自由に彼について行くことができました。その後、私たちは村から村へ、国中を歩きまわりました——私は彼の弟子として、彼は私の師として。今日ご覧になった不思議はすべて彼のものです。彼が私にやり方を教えたのです」

「こういうことは簡単に学べるものなのですか?」と私はたずねる。

ファキールは笑う。

「これらは長年の厳しい修行のあとにはじめて、会得することができるのです」

とにかく私には彼の物語は真実と感じられる。彼は気持ちのよい真面目なタイプの人のようだ。生まれつき懐疑的な性質の私だが、ここでは私の懐疑主義は革ひもにつないでおこう。

異常な夢を見ていたのではないかと疑いながら、天幕をよろめき出ると心地よい微風が私を生き返らせる。遠くの屋敷に影を落とす優雅なココナッツの木の列を風がそよがせる。遠くへ去るにつれ、見てきたことが一層信じられなくなる。ファキールの方に何かのトリックがあることを疑いたいのだが、それでも彼の性質は正直の部類に属する、と感じるのだ。しかし、目に見える接触もなしに物質を動かすという、この驚くべき技はどう説明したらよいのか。人の気まぐれで自然の法則が変わるなどとは到底私には理解できない。おそらくわれわれは自分たちが思うほど物の性質を理解していないのだろう。

§

プリは、インドの聖なる都市のひとつである。昔から多くの僧院や寺院がここに建てられてきた。ある祭礼のときには巡礼者が押し寄せ、ジャガンナータ（宇宙の主の意。ヴィシュヌ神）の巨大な「山車《だし》」を引き、その約三キロにわたる巡行を助ける。私は、機会をとらえてここを通りすぎる修行者たちを研究し、その結果、それまで自分が抱いていたよくない印象を訂正しなければならなくなる。

片言の英語を話す遍歴僧とつきあうと、彼はたいそうよい人柄であることがわかる。四〇歳前で、首に木の実の細いネックレスを巻く。自分は聖地から聖地へと巡礼し、僧院から僧院へと訪ね歩いているところだという。たった一枚の衣を着け、食を乞いつつ、彼の願望は東部と南部のおもな聖地を訪ねることなのだ。私は少しばかりの布施で彼を助ける。返礼に、彼はタミール語で印刷された小さな書物を見せる。それはひどく黄ばみ、風雨に痛んで一〇〇年ほどの古さに見える。中に数枚の奇妙な木版画のページがある。ゆっくりと注意深く、彼はその絵の中から二枚を切り取って私にくれる。

この文学的サードゥ、私は彼をこう呼ぶのだが、彼との出会いはより愉快なものである。ある朝私は砂浜にすわって、オーマー・カイヤーム（一一世紀ごろのペルシャ『現イラン』――の天文学者で詩人）の、バラの香りがにおい立つようなページを読んでいた。「ルーバイヤート」（オーマー・カイヤームの詩）はいつも私を魅惑する詩であるが、ひとりの若いペルシャ人の作家が、私にそれのより深い意味を伝授してくれて以来、それの四行詩のうま酒をのむことに二倍の喜びを感じている。そのときはあまりに夢中になっていて、人が砂浜をよぎってやって来るのにも気づかない。書物から目を上げて初めて、思いがけない訪問者がそばに脚を組んですわっているのを発見する。

彼は修道者の黄色い衣を着て、地面につえと小さな布包みを置く。何冊かの書物が包みからはみだしている。

「失礼をどうぞお許しください。しかし私もやはり、あなたと同じ文学の研究生なのです」と、彼は見事な英語で自己紹介をし、布包みの結び目をほどきはじめる。「どうぞお気を悪くなさらないでください。私はあなたに話かけずにはいられなかったのです」

「気を悪くするって？　そんなことがあるものですか」と、私はほほ笑み返す。

「あなたは旅行者でいらっしゃいますね」

「というわけでもない」

「でも、わが国に長く住んでいらっしゃった、というわけではないのでしょう?」と彼は固執する。

私はうなずいてみせる。

彼は包みを開いて、いたんでボロボロになった三冊の布表紙の書物と、何冊かの紙表紙のパンフレットと、そして何枚かの便箋を出す。

「ごらんください。私はここにマコーレイ卿の『随筆集』を持っています。すばらしい文章です、偉大な知識人です——しかしなんという唯物論者でしょう!」

さては私は芽を出しかけの文芸評論家に出くわしたな、と思う。

「この本は、チャールズ・ディケンズ氏の『二都物語』です。なんという情緒、なんという、涙を誘う哀感でしょう!」

そのあとで、修道者は手ばやく彼の宝物をまとめて包み、ふたたび私に向かって話しかける。

「もし失礼でなければ、あなたがいま読んでおいでの書物の名をうかがってもよろしいですか?」

「私はカイヤームの本を読んでいるのです」

「カイヤーム氏? 私はその名を聞いたことがありません。あなたのお国の小説家の一人ですか?」

私はそれを聞いて笑う。

「いいえ——詩人です」

ひとときの沈黙がある。

「たいそう聞きたがりやですね。欲しいのはお布施ですか」

「私はお金が欲しくてきたのではありません」彼はゆっくり答える。「私が本当に欲しているのは、もしできたら、と願っているのは、書物をいただくことです。私は、ほんとうに本が好きなのです」

「よろしい、本を差しあげましょう。私がバンガローに帰るときについていらっしゃい。ゆったりした古代のヴィクトリア朝初期の何かを見つけてあげましょう。きっとあなたのお気に入るに違いない」

「厚くお礼を申し上げます」

「ちょっとお待ちなさい。本を差しあげる前にあなたにおたずねしたいことがある。あなたのお荷物の中の、もう一冊の本は何ですか？」

「ああ！　これは実につまらない本です」

「たぶんそうでしょう。しかし私はその題名が知りたいのです」

「それはまったく申しあげる価値のないものでして」

「私が約束した書物は欲しいのでしょう？」

男はちょっとあわてる。

「ぜひ欲しいのです。そんなにおっしゃるなら申し上げなければなりません、『拝金主義と唯物主義』という題です。インドの評論家による西洋の研究です」

私はギョッとしたようなふりをする。

「ほう！　ではそういうものを研究していらっしゃるのですね？」

「これは町のある商人が私にくれたのです」と、彼は弱い、弁解するような態度で説明する。

「ではちょっと見せてください」

私は彼のボロボロになった書物の各章の標題に目を走らせ、あちらこちらを読む。それはあるベンガル人の紳士によって、演説口調で書かれており、カルカッタ（現コルカタ）で――たぶん著者の自費で――出版されたものである。名前のあとに添えられた二つの学位の力を頼みにしているが、この主題に関して借物以外の知識を持っているわけではなく、毒々しい言葉で、ヨーロッパとアメリカを、不幸にみちた、苦しめられている労働者階級とぜいたくにふける金持ちとが住む、一種の新しい地獄として描いている。

私は何も言わずに書物を返す。修道者は急いでそれを向こうにやり、パンフレットのひとつを出す。

「これはあるインドの聖者の簡単な伝記なのですが、ベンガル語で印刷してありますので」と彼は説明する。

「では話してください――あなたはその『拝金主義』という本に賛成なさいますか？」と私はたずねる。

「ほんの少し、ほんの少しばかり！　いつかは西洋に旅をしたいというのが私の望みです。そのときには、自分の目で確かめるでしょう」

「西洋で何をするのですか？」

「人びとの心の闇を光に変える講演をしましょう。私はわが国の偉大なスワーミー・ヴィヴェーカーナンダと同じことをしたいのです。彼はあなた方の国の大きな都会で、実に魅力的な演説をしました。悲しいかな、彼は若くて死にました。なんという黄金のような舌が、彼と共に死んだことか！」

「いやぁ、あなたはいっぷう変わった修道者ですねえ」と私は言う。彼は人さし指を鼻の横にあげ、物知り顔に言う、
「あなたのお国の有名なシェイクスピアが言うように、最高の脚本家が舞台を設定しています。われわれは、登場しては降りてゆく、役者以外の何者でもないのです！」

§

こうして私は、インドの修道者には実にさまざまのタイプがいると知る。その多くは、力や知恵という点から見ると、貧弱のように思われるが、大体において善良で悪気のない人びとである。そのほかに世間の生活に失敗した連中、またはただ気楽な生活を求めているだけの連中がいる。今、その中の一人が私のところに来てバクシーシ（施《ほどこ》し）を乞う。彼のもじゃもじゃ髪、灰をまぶした体、卑しい顔つきは嫌悪の情をもよおさせる。結果を見てやろうくらいの気持ちでしつこい要求を拒むことに決める。抵抗すればするほどしつこくなり、ついに彼が新手を考えて自分が用いている数珠を売ろうと申し出たとき――その汚い代物《しろもの》にもったいをつけて法外な値段で――私は彼を追い払う。

それより数の少ないのが、自己拷問を見せびらかす、あの愚かな苦行者たちである。指の爪が五〇センチも伸びるまで片手を空中に上げっ放しでいる男は、何年も片脚で立ち続けている男とつり合った組み合わせであろう。このおもしろくもない見世物で、かたわらの鉢に集まる数アナ以外に何を得ようと思っているのか。それを知ることは難しい。

邪悪な魔法を公然とおこなう者もあるようだ。主として村落で働く彼らは、ブードゥー教のまじない師の

インド版だ。たとえわずかの料金でも頼まれれば、敵を傷つけたり、邪魔になった妻を始末したり、出世の妨げである競争相手を不可思議な病気で倒したりするであろう。この種の邪悪なまじないに関しては暗くあきれた話を聞く。それでも彼らもやはり、ヨーギーとかファキールとかいう名で呼ばれるのだ。

古い文化の伝統を残す者もいる。狂気じみた探求に一生という長い年月をゆだねる修道者たちである。真理を求めるがゆえ、彼らはみずから自己否定の行《ぎょう》に、組織された社会の習慣を脱した生活に向かうのだ。正しいか否かは別として、真理を悟ることは永続する幸福を得ることだ、とはっきり言い切る本能を彼らは持つ。たとえわれわれが、このインド人独自の探求の仕方、つまり世を放棄して宗教に頼るという紋切り型の方法を研究しても、それに駆り立てるところのものを知るのは難しい。

まずふつうの西洋の人間ならそんな探求をする暇はないし、「無関心」という大衆に広がるムードを自分が受け入れていても、彼にはたいして気にならない。自分が間違っていれば全大陸も間違っているだろう、という良い口実を持っているからだ。この懐疑的な時代は、とるに足らぬ事物を真剣に追求することにエネルギーを傾けていながら、真理の探究は些細《ささい》な事として扱っているのである。世間の問題にむしろ正しい意見を述べるのは、人生の真の意義の探究に情熱をもって生涯を費やす人であって、真理の発見など考えたこともなく雑多なものに興味をもちエネルギーを使うたぐいの人びとではないなどとは、彼らの心には思い浮かぶこともないだろう。

ある西洋人が、私とは違う使命を感じてパンジャブの平原に入った。ところがそこで会った人びとが彼を思いもかけぬ脇道にそらせ、彼はあやうく本来の目的を忘れるところだったという。アレクサンダー大王は支配すべくさらなる広大な土地を探していた。彼は軍人としてやってきたが、哲学者になったのではないかと思われる。

アレクサンダーが氷の山々や焼けつく砂漠を越えて、故郷へと馬車を駆っていたとき、彼の脳中を何が駆け巡っていたか、それについていてしばしば考えると、彼は賢者やヨーギーたちに会い、熱心に質問をし、彼らの哲学を論じたりして日々を過ごしたのではないか。彼らの魅力についに屈服したこのマケドニア王が、もしあと数年、彼らのもとに滞在していたら、その政策は新しい出発をして西洋を驚かせていたのではないか。そんな思いにいたるのである。

今日の修行者たちの中にもなお、この国の理想主義と霊性に関するものを生きた形で保存する、偉大な貢献者たちがいる。時代の堕落的な傾向の避けがたい結果として、好ましくない人びとが大多数を占めているのかもしれない。しかし、だからと言って、その償いになるだけではなく、それのためならいっそう輝きを増す残りの人びとの存在に目を閉じる必要はない。この民族全体の当惑するような多様性は、賞賛や非難などのいかなるラベルも貼るべきではない、と気付かせる。だから私は、「寄生虫的な修道者」たちの根絶は自国に大きな幸せをもたらすと保証するのぼせ上がった都会の学生たちをも理解する。と同時に、自分たちの社会が修道者たちを養うことができなくなったらこの国もおしまいですと言う、田舎にひきこもったもっと穏やかな老人たちをも理解するのだ。

これを別の面、すなわち経済面から捉えると、国の重要な課題となる。修道者は国に経済効果をもたらさないからだ。無知で無教育な自称スワーミー（僧）たちが村々を放浪し、都会で定期的な祭礼に加わる。子どもたちから見ればオバケで、大人から見ればしつこい物乞いだ。受けるものに対して何の返礼もしない、社会の重荷なのである。しかしながら中には、神を見いだすために良い地位をすてたり財産を人にあたえる本当に高貴な人たちもいる。このような人びとは行く先々で接触する相手を高めようと努力する。その経済効果を考えるなら、自他を高めようとする彼らの努力は、彼らのパンや、皿の飯くらいの価値は確実にあるではないか。私はこう結論する。社会がペテン師と言おうが聖なる放浪者と言おうが、人びとの霊性を高める者こそ正当に評価されるべきである。

§

カルカッタ旧市内のひどく混雑する小路をさまよい歩くうちに、地球の広大な肩に夜の帳《とばり》がおりる。心中にはまだ、けさ見た恐ろしい光景が出没する。蒸気を噴いて列車がハウラー駅に入ってくると、「雌牛よけ」の上にはぞっとするような積み荷を乗せていた。鉄道は、獣の王者、ヒョウが自由に徘徊《はいかい》する危険な密林を何キロも走るのだが、どうやら夜中にその一匹にぶつかってたちまちそれを殺し、ちぎれた死体を停車場まで持ち込んだようだ。ズタズタに裂けたヒョウの肉は、鉄製の枠から容易に離れない。

だが私は走る汽車の中で、この探求のもうひとつの糸ぐちをつかむ。インドの幹線列車のつねで、列車は満員だ。幸いにも寝台をとることができたコンパートメントには雑多な相客が乗っている。彼らは実にあけすけで、自分の問題をかまわずしゃべるので彼らが誰で何であるのかすぐにわかってしまう。首までボタンをとめ、黒く長い絹のコートを着た端正なイスラム教の息子がいる。金糸で美しく縫いとられたまるい黒帽子が毛の薄い頭の上にのっている。白くたっぷりしたズボンがすねのあたりでまとめられ、赤と緑の糸で編まれた優美な造作の靴が服装全体に美術的な効果をあたえている。西インドからきた眉毛の太いマラター人がいる。黄金色のターバンをつけたマルワリ人は、その民族のほとんどの人びとと同様、金貸しである。南インドからはがっしりした体格のブラーミンの弁護士がいる。彼らは全員ある程度の富を持つ人びとで、それぞれ身辺の用を足す召し使いを連れている。彼らは汽車が止まるたび三等車からとびだしてきて主人の機嫌をたずねるのである。

マホメット（イスラム）教徒は私に一べつをくれただけで目を閉じ眠りにおちる。マラター人はマルワリ人との会話に忙しい。ブラーミンはつい先ほど乗りこんできたのでまだ落ち着かない。

私は人と話したい気分にあるが、話かける相手がいない。東西間に横たわる見えない柵が、私をほかのすべてから区別しているように思われる。だから赤ら顔のブラーミンが一冊の書物を引き出すのを見ると元気づく。表紙には英語の題字で、こちらの目に入らずにはいないほど大きな字で、「ライフ・オブ・ラーマクリシュナ」と印刷されているのだ。私は餌をつかみ、彼を会話に誘い込む。いつだったか誰かが、ラーマクリシュナは、リシすなわちあの霊的超人たちの、最後の人であった、と言わなかったか？　そこでこの点について、私はこの旅の道連れに話題をふる。すると彼は熱心に応答し、話題は哲学的論議の高みにのぼり、インド人の生活のもっと素朴な面についての話にくだる。

このリシの名前を口に出すときは必ず、彼の声は愛と畏敬の念に満ち、目が輝く。彼がだいぶ前に亡くなったこの人を信仰していることは疑いの余地がない。二時間のあいだに、私は、このブラーミンが偉大なラーマクリシュナの二、三の直弟子の生き残りのうちの一人を師と仰いでいると知る。この師は八〇歳に近く、人里はなれた隠とん所ではなく、カルカッタのインド人住宅区域の真ん中に住んでいるという。もちろんのこと私は住所を乞い、彼は喜んで教えてくれる。

「彼に会いたい、というあなたご自身の願い以外に紹介状などは要りませんよ」と、弁護士は言う。

そういうわけで、私はいまカルカッタに来て、ラーマクリシュナの直弟子である高齢のマスター・マハーシャヤ（M、マヘンドラナート・グプタの敬称）の家を探しているのだ。

道に面した広い中庭を抜けると、大きくて入り組んだ古い家の中につづく急な階段のもとにくる。暗い階段をのぼって最上階にあがると、低い入り口があり中に入る。そこは、家の屋上の平たいテラスに面して開かれた小さな部屋である。二方の壁際には低い長椅子が並ぶ。ランプと少しばかりの書籍と印刷物の積み重ねのほかは何も置いてない。若い男が入ってきて、階下にいる師があがって来るのを待ってくれと言う。

十分ほどたつ。誰かが階下の一室を出て階段の方にくる音をきく。すると頭の中にうずうずするような感じが起こり、突然、階下にいるその人が私に心を集中しているのだ、という思いにとらわれる。私は階段をのぼってくる足音をきく。ついに――極度にゆっくりと上ってくるのだ――彼が部屋に入ってくる。私は彼の名を告げる人など必要とはしない。神々しい長老が聖書の中から歩みだしたのだ。またはモーゼの時代の人の姿が生身に変わったのだ。頭がはげ、白いひげと白い長いあごひげを蓄え、重々しい容貌と思慮深い目を持つこの人、八〇年近い現世の生活の重荷によって少しばかり背中が曲がっているこの人が、マスター・マハーシャヤ以外の何者でもあろうはずはない。

彼は長椅子に腰をかけ、それから私の方に顔を向ける。その重々しい、まじめな様子の中に、私は即座に、ここには軽い冷やかしもウィットやユーモアのやり取りもあり得ない、また、ときどき私の魂に陰を投げかける冷ややかな皮肉癖や暗い懐疑主義もあり得ない、ということを読み取る。彼の容貌におのずとあらわれている神への完全な信仰と行いの高貴さという特徴。それは見る者すべての目に明らかである。彼は正確なアクセントの英語で私に話しかける。

「よくいらっしゃいました」

彼は私に、もっと近くに来て自分と同じ長椅子にすわれ、と言う。そしてしばらく私の手を持つ。私は、このあたりで自己紹介をし、訪問の目的を説明するのがよかろう、と考える。

私が話を終えると、彼は親切な態度でふたたび私の手を圧して、そして言う――

「あなたをインドに来るようにうながし、そしてわが国のサードゥたちに会うように導いているのは、もっと高い、ある力です。その背後にはひとつの真の目的があります。将来が必ず、それを明らかにするでしょう。忍耐強く、それをお待ちなさい」

「あなたの師のラーマクリシュナのことを何か話してくださいませんか?」

「ああ、あなたは私が何よりも愛している話題をおとりあげになった。彼がわれわれのもとを去ってから半世紀近くになります。しかし彼の神聖な記憶はけっして私を離れません。それは私の心の中でつねに新鮮であり、芳香を放ちつづけています。彼に会ったのは私が二七歳のときです。それから彼の生涯の最後の五年間、私は絶えず彼に接していました。その結果、私はちがった人間になったのです。人生に対する私の態度はまったく反対になりました。この神人ラーマクリシュナの不思議な影響力はこのようなものだったのです。彼は、やって来るすべての人に霊性の魔法をかけました。文字通り彼らを魅惑し、夢中にさせました。あざ笑うのが目的でやってきた唯物論者たちでさえ、彼の前では黙ってしまうのでした」

「でもどうしてそのような人間が、霊性に対して尊敬を感じることができるのでしょうか——彼らが信じていない性質に対して?」と、私はちょっと不可解に思ってさえぎる。

マハーシャヤの口もとはかすかな微笑にゆるみ、彼は答える——

「二人の人がトウガラシを味わうとします。一人はその名前も知らないし、おそらく見たこともないのでしょう。もう一人はそれをよく知っていて、すぐに、トウガラシだ、と認めます。この二人は別々の味を感じるでしょうか。二人共が舌にやけるような感じを受けるのではないでしょうか。同じように、ラーマクリシュナの霊性の偉大さに対する無知も、彼から放射される輝かしい霊性の力を唯物的な人びとが『味わう』ことの妨げにはならなかったのです」

「では、彼は本当に霊的超人だったのですか?」

「そうです。また私はそれ以上のものだと信じています。ラーマクリシュナは、文字を知らず、教育も受けていない素朴な人でした——手紙が書けないどころか、自分の名を書くこともできない文盲でした。つつましやかな身なりで、生活ぶりはさらに粗末なものでした。それでいて、当時のインドにおいて最高の教育を受け、もっとも豊かな教養をそなえていた人びとのうち、ある者たちは彼に忠誠を誓ったのです。さわれるほどにリアルな彼の巨大な霊性を前にして、彼らは身をかがめざるを得なかったのでした。彼はわれわれに、プライド、富や財産、世間的な名誉、社会的地位などは霊性に比べたら実にくだらないものであり、人びとを欺《あざむ》くはかない幻である、と教えました。ああ、あのころはすばらしい日々でした！　しばしば、彼は恍惚状態に入ったのですが、それは明らかに、まことに神々しい性質のもので、その時彼のまわりに居合わせたわれわれは、彼が人ではなく、神であることをはっきり感じました。また不思議なことに、彼はたった一触《ふ》れで、弟子たちを同様の状態に導き入れる力を持っていました。この状態の中で弟子たちは直接経験によって、神の深い神秘を理解することができたのでした。ところで、どのようにして私が彼に魅了されたかについて、お話しさせてください。

私は西洋風の教育を受けていました。頭は知的プライドでいっぱいでした。カルカッタのあちこちの大学で、次々と英文学や歴史、経済学の教授として勤めていました。ラーマクリシュナはカルカッタからたった数キロ河を上ったドッキネッショルの寺に住んでいました。ある忘れることのできない春の日、私は彼をそこに見いだし、彼自身の経験から生まれた霊的思想の、彼一流の素朴な表現に耳を傾けたのです。彼と議論をしようと弱々しい試みをしましたが、言葉にするには余りに深い感銘を受けた神聖な人の面前で、すぐ舌はこわばってしまいました。私は貧しい、つつましやかな、しかし神々しい人物から離れていることができなくて、何度も何度も訪問しましたので、ついにラーマクリシュナは面白がってこう言いました――

『クジャクが午後四時にアヘンの一粒を与えられた。翌日それは同じ時刻にふたたび現れた。アヘンに魅せられまた一粒ほしいと思った』と。

たとえ話ですがそれは本当のことでした。私はラーマクリシュナの面前にいるときのような至福の経験を、いまだかつて味わったことがありませんでした。ですから何回でもやって来るのは当然のことだったのです。

こうして私は、ときどきやって来るだけの訪問者とは別の、身近な弟子たちのグループの一員となりました。ある日、師は私に言いました――

『私は、お前の目や顔の特徴からお前がヨーギーであることを見る。あたえられた仕事はすべておこなえ。しかし心はつねに神を思うようにせよ。妻、子供たち、両親、彼らすべてと共に暮らし、彼らがお前自身であるかのように彼らに仕えるがよい。カメは湖水の中を泳ぎまわるが、心はつねに自分が卵を産んだ岸にある。そのように、世間の務めをすべて果たしながら、心はつねに神におくようにせよ』と。

ですから、師の没後、他の弟子たちのおおかたが自らすすんで世をすて黄の衣を身につけてラーマクリシュナの教えをインド中に広めるべく修行に励んだときに、私は自分の職業をすてず、教育の仕事に携わりつづけたのです。しかしながら、世にあっても世に染まるまい、という私の決意は固く、ときどき真夜中に議事堂前の屋根なしのベランダに行き、夜を過ごしに集まってくる家のない物乞いたちといっしょに眠ったものでした。こうすると少なくとも一時的には自分は物を持たない人間だ、と感じることができたのです。

ラーマクリシュナは亡くなりました。しかしインドを旅なさると、彼の初期の弟子たちの霊感のもとに全国いたるところでおこなわれている社会事業や慈善事業、医療施設や教育施設の何かしらをご覧になるでしょう。ああ！　今では彼らの大部分も亡くなってしまいました。この驚くべき人のおかげで変わってしまったハートの数、変わってしまった生活の数は、あなたにはご想像もつきますまい。彼の教えは弟子から弟子へと伝えられ、彼らがそれをできる限り広めているからです。そして私は、ベンガル語で彼の言葉の多くを書きとめる、という特典に恵まれました。出版されたその記録はベンガル地方のほとんどすべての家庭に入り、その翻訳が他の地方にもいきわたっています。ですから、ラーマクリシュナの影響が直弟子たちの小さなグループをはるかに超えて、どれほど広まっているかおわかりになるでしょう」

マハーシャヤは長い物語を終わり、沈黙に戻る。あらためて彼の顔を見、その非ヒンドゥ的な皮膚の色と輪郭に打たれる。ふたたび、私の思いはただよい、小アジアの一小国にたどりつく。そこはイスラエルの子らが、つらい運命から仮そめの憩いを見い出している地である。私は彼らの中にマハーシャヤを、自分の民たちに話をきかせている尊い予言者として描く。この人のなんと高貴な、威厳のある様子か！　その善良さ、正直さ、徳の高さ、敬虔さ、そして真摯《しんし》さは、透明そのものだ。長い生涯を良心の声への完全な服従のうちに生きてきた人の、自尊心にあふれている。

「信仰だけでは生きられず、理性や知性を満足させずにはいられない男に、ラーマクリシュナはなんとおっしゃるでしょうか」私はたずねるようにつぶやく。

「彼はその人に、祈れ、と言うでしょう。祈りは巨大な力です。ラーマクリシュナ自身も、霊的な傾向を持つ者たちをお遣わしください、と神に祈りました。するとまもなく、のちに彼の弟子や信者となった者たちが現れはじめたのです」

「ですが祈ったことがない人——その人はどうなりますか？」

「祈りは最後のよりどころです。人間に残された最後の手段なのです。祈りは知性の及ばないところで人を助けます」

「しかし、もし誰かがあなたのところに来て、祈りは自分の気質に合わないと言ったら、あなたはどのような助言をお与えになるでしょうか」私は穏やかにねばる。

「そのときには彼を、本当の霊的経験を得ている真に高い人びとと頻繁に交わらせなさい。彼らとの不断の接触が、彼の内在の霊性を開発するのを助けるでしょう。より高い人びとは、われわれの心と意志を神聖な対象の方に向けるのです。そのうえ彼らは、霊的生活への強烈な願望を刺激します。ですからこのような人びととの交わりは最初の段階として非常に重要なのです。そしてラーマクリシュナみずからもよく言っていたように、それはしばしば最後の段階でもあるのです」

このようにわれわれは、高く聖きものについて、人は永遠の善の中以外に平安を見いだすことはできないということについて、話しあう。この宵の間中、さまざまな訪問者がやってきて、広くもないこの部屋はついにインド人――マスター・マハーシャヤの弟子たち――で満員になる。彼らは夜ごとここにきて、師の口からもれる一語一語に耳を傾けるべく、この四階建ての家の階段を上るのである。

そしてしばらくの間、私も彼らの仲間入りをし、毎晩かよう。マハーシャヤの敬虔な言葉を聞くというより、彼の存在という霊性の太陽の光を浴びてあたたまるために。彼を包む雰囲気は、優しく美しく、静かでそして愛にみちている。彼はある内なる至福を見いだしており、その放射がはっきりと感ぜられるのだ。しばしば私は彼の言葉を忘れるが、しかしその慈悲深い人柄を忘れることはできない。彼をくり返しくり返しラーマクリシュナに惹きつけたそのものが、私をマハーシャヤに惹きつけているのだろう。そして弟子がこれほどの魅力を私の上に投げかけるのだ。師の力はどんなに巨大なものであったか私はそれを理解しはじめる。

われわれの最後の宵がきたとき、私は長椅子の上、幸せにも彼のそばにすわって時の経つのを忘れる。時間は容赦なくすぎる。話はつきることを知らない。しかしついにときがやって来る。すると、良き師は私の手を取って、私を屋上のテラスにつれて出る。そこでは瓶や桶に植えられた丈の高い植物が明るい月の光を浴びて一列に並ぶ。下方にはカルカッタの家々の灯火が無数に輝いている。

満月である。マハーシャヤはその丸い顔を指さし、それからちょっとの間、無言の祈りに入る。私は彼のそばで、終わるまでじっと待つ。彼はこちらを向き、祝福に手をあげ、軽く私の頭をさわる。

私は無信心な者ではあるが、この天使のような人の前に謙虚に頭を下げる。なおしばらくの間黙ったあとで、彼はそっとこう言う——

「私の仕事はおおかた終わりました。この肉体は、神がここにお遣わしになったその仕事を、ほとんどなし終えたのです。私が去る前に、私の祝福を受けてください［1］」

彼は不思議に私を感動させた。私は眠ろうという思いを追い払って街の中を歩きまわる。大きなモスクに行き当たると真夜中の静寂を突如破るように、「神はもっとも偉大なり！」という朗唱が聞こえる。もし誰かが私を、この知的懐疑主義から解放して素朴な信仰の生活に入れてくれるとするのであれば、それは間違いなく、マスター・マハーシャヤである、と思う。

§

「あなたは彼をご覧になれなかった。多分そういうまわり合わせだったのでしょうねえ。分かりませんが」

そう話すのは、カルカッタの病院の住み込み外科医、ドクター・バンディョパーディヤである。彼はこの都市のもっとも有能な外科医の一人である。すでに六〇〇〇件の手術を手がけ、名前のあとには学位の行列をしたがえている。私は、自分が拾いあげた肉体支配のヨーガの知識のうちあるものについて、彼の便宜により彼と共に注意深く批評的に検査する機会を得る。彼の医学の素養と解剖についての専門知識は、ヨーガというテーマを純粋に理性的な段階に引きあげようとする私の努力の大きな一助となる。

「私はヨーガのことはほとんど知りません」と、彼は打ち明ける。「あなたが言うことは私にとって初耳です。私は近頃カルカッタにきたナラシンガ・スワーミーを除いては、ヨーギー、つまり本当のヨーギーには会ったこともありません」

私は後者の居所をたずね、がっかりするような答えを得る。

「ナラシンガ・スワーミーはカルカッタに飛ぶように来て熱狂をまき起こし、知らないどこかに行ってしまいました。奥地での独居から突然現れてここに来たそうですから、また奥地に戻ったのでしょう」

「どんな事があったのか、聞かせてください」

「彼はしばらくの間この町の話題でした。一、二カ月前マドゥポルで、カルカッタ大学のプレジデンシー・カレッジの化学の教授であるドクター・ネオギーに見い出されたのです。ドクター・ネオギーは、彼が、有毒の酸の数滴をなめるのと、燃えている木炭を口中に詰め込んでそれが消えるまで口に含んでいるのを見まして、興味を持ってヨーギーをカルカッタに来るよう説得したのです。立会人の一人として私も招待されたのですが、大学はナラシンガ・スワーミーの力の公開実演を、科学者と医師たちのみを招きおこないました。それはプレジデンシー・カレッジの物理学講堂で催されましたが、ご承知のとおり、われわれはかなり批判的な人間です。私は専門の研究ばかりに心を向けてきたものですから、宗教とかヨーガとか、そういったものについてはほとんど考えたことがありません。

そうした観衆のもとでヨーギーは講堂の中央に立ち、カレッジの研究室の在庫から持ってきた劇薬を手渡されました。われわれはまず硫酸のビンを与えました。彼は数滴を手のひらに落とし、舌でなめてしまいました。それから強い石炭酸が与えられましたが、これもなめてしまいました。われわれは彼を、猛毒の青酸カリで試みましたが、これも彼はびくともせずに飲み込んだのです！ その技はまったく驚くべきもの、信じることができないものでした。ですがわれわれはこの目で見た証拠を認めないわけにもいきませんでした。ふつうなら長くても三分あれば死んでしまうほどの青酸カリを飲んだのですが、彼はほほ笑みながら、見たところ何の害も受けずにそこに立っていたのです。

そのあと厚いガラスビンが砕かれてその破片が粉にひかれました。ナラシンガ・スワーミーはその粉を飲み込みました。これは徐々に死を招くはずのことです。この奇妙な食事から三時間ののちに、医師たちがスワーミーに胃ポンプをあてがって、胃の中のものが取り出されました。劇薬はまだそこにありました。そして翌日、粉になったガラスは彼の便の中に見いだされました。

テストが完全であったことには議論の余地はありません。硫酸の強さはそれが銅貨を腐触したことで示されました。実演に立ち会った人の中にはノーベル賞受賞者である有名な科学者サー・C・V・ラーマンもいて、これは近代科学への挑戦である、と言いました。われわれがナラシンガ・スワーミーにどうして自分の体にこんな勝手なことをすることができるのか、とたずねると、彼は、帰宅するとすぐヨーガの恍惚状態に入り、強度の精神集中によって劇薬の致命的な影響を中和するのだ、と答えました[2]」

「ご自分の医学の知識に照らして、これに何らかの説明をすることができますか?」

ドクターは首をふる。

「いいえ。まったく手のつけようがないのです」

私は家に帰るとトランクをあさり、アディヤル河のヨーギー、ブラマーとの会話を書きとめたノートを取り出す。ページを急いでめくり、次の記録を見つける——

「この『大行法』を実際に行じた熟達者は、どんな劇薬からも害を受けません。これはある種の姿勢と呼吸、意志と精神集中の行の結合したものです。われわれの伝統に従いますと、それは熟達者が選んだ対象なら何であれ、たとえ毒物であっても、何の差し障りもなく吸収できる力をあたえるのです。それはこの上もなく難しい行法で、その価値を保持するためには規則通りの実践が必要です。とても年をとったある人がヴァーラーナシーに住んでいて、大量の毒薬を飲んでも害を受けなかった一人のヨーギーのことを話してくれました。このヨーギーの名はトライランガ・スワーミーと言いました。当時はその辺りで非常に有名でしたが、もうだいぶ前に亡くなりました。トライランガは肉体支配のヨーガについて、非常に学識の深い偉大な熟達者でした。彼はほとんど裸で、ガンガーの堤防に何年もすわっていました。無言の行をしていたので誰も彼と言葉を交わすことはできませんでした」

ブラマーがこの問題を初めて私の視界内に持ってきたとき、毒物への免疫性は信じられないことで不可能だ、と考えていた。しかし今は、可能の限界についての考えが少々あやふやになってきた。ときおり私はこれらのヨーギーたちが自分に課する、信じられない、そしてほとんど理解できない労役を不可思議に思う。しかし誰にそれが理解できようか――おそらく彼らは、われわれ西洋人が無数の研究室の実験によっても発見し得ない秘密を握っているのだ。

[1] その後間もなく、私は彼の死を知らされた。（彼の死は一九三二年六月四日）

[2] ナラシンガ・スワーミーはその後しばらくたってふたたびカルカッタに現れ、それからビルマ（現ミャンマー）のラングーンに行った。ここで彼は同じ実演をした。しかし、宿所に帰ってから予期しない訪問者たちに妨げられ、ヨーガの恍惚に入るという平素の行をおこなわなかった。その結果、たちまち悲劇的な死をとげた。

第一一章　ヴァーラーナシーの奇跡行者

ベンガル地方での放浪については記録しない経験として先を急ごう。またブッダガヤーの近くで偶然出会ったチベットの三人のラマ僧についても同様だ。私は彼らから山の僧院への招待を受けて、ついていくのもいいかと思ったが、聖都ヴァーラーナシーへの熱望がそれをあきらめさせたのである。

列車はこの都市の近くの大鉄橋をゴーゴーと音を響かせて渡っている。その騒音は古いまま遅ときがとまっている社会に、少しずつ近代性が侵入しているという予告の音か。他国人や無信仰者がその灰色がかった緑色の流れを横切り、火花を散らして馬車を走らせるとき、聖なるガンガーも神聖であり続けることなどほとんど不可能だろう。

さて、これがヴァーラーナシーか！

巡礼者たちの巨大な群れが押し合っている中、駅の外で客待ちをしている馬車に乗り込む。ごみだらけの道路を走るうち、私は空気中にただよう新たな要素に気がつく。無視しようと努力するが、ますますそれはしつこく注意をうながしてくる。

ここがインド第一の神聖な都市なのか！　その都市が、もっとも不浄な臭気をただよわせているとは！　ヴァーラーナシーは、インドの最古からの都市だと言われている。その匂いは完全にその評判を証拠立てるものだ。不愉快な空気は耐えがたく、私は勇気を失いはじめる。駅につれ戻してくれと御者に命じようか。こんな恐ろしい対価を払って信心を得るより、悪名高い不信心者となってもきれいな空気を吸った方がましだ。だが同時に、時は、慣れにくいものにも順応させてくれることを思い出して、私はこの空気にもなんとか慣れるだろうと考え直す。しかし、ヴァーラーナシーよ！　君はヒンドゥ文化の中心ではあろうが、どうぞ不信心な白人たちからも何ものかを学び、君の神聖さを少しばかりその衛生学によって緩和してくれ！

悪臭の原因は、路面が牛ふんと土を混ぜ合わせたもので舗装してあるために、そして街の周囲の古くからの堀が代々の住人たちによって便利なごみ捨て場として使われてきたために発している、ということを知る。

インドの年代記に間違いがないなら、ヴァーラーナシーはすでに紀元前一二〇〇年という遠い昔に確立された都市であった。中世の信心深いイギリス人たちがカンタベリーの聖都に旅をしたように、インド人も全国各地から聖都ヴァーラーナシーに群がり集まった。富める者も貧困に打ちのめされる者も、ヒンドゥ教徒ならそれの祝福を受けに来るし、病める者もその最後の日々をなんとかしてここで過ごそうとやってくる。ここで死ねば、霊魂はまっすぐに天国へ行ける、というからだ。

翌日私は、古いカーシー——ヒンドゥたちはこの都市をそう呼ぶのを好む——を徒歩でさまよい、ここを構成する曲がりくねった道の迷路を探索する。私のあてのないような放浪の陰にはひとつの目的がある。私はポケットの中に、ボンベイで会ったある人の師であり、奇跡の行者、ヨーギーが住む家の、場所を示した紙を持っているのだ。私は馬車も通れないほど混雑した街路を過ぎ、さまざまな民族の群れにむさくるしい犬と無数のハエが加わって沸き立つバザールを通り抜ける。白髪にしなびた乳房の老女たち、しなやかな姿に滑らかな褐色の四肢をもつ若い女たち、数珠をくりながらすでに五万回も唱えたであろう同じ聖語をブツブツつぶやく巡礼者たち、身に灰を塗りつけたやせこけた年配の苦行者たちなど、あらゆるタイプが狭い路上にひしめいている。混雑と騒音と色彩に満ちた街々のもつれの真っただ中で、私は偶然にも、全インドの正統派に名高い「黄金の聖堂」に行きあたる。だがその奇怪な様子は西洋人の目には厭《いと》わしく見える。灰にまみれた苦行者たちが入り口の周囲にうずくまり、巡礼者は尽きない流れとなって入っては出て行く。辺りに華やかな色彩をあたえる美しい花の輪を運ぶ人びともいる。信心深い人びとは、聖堂を去るとき出口の石の柱にひたいをつけ、そして振り返って無信心の白人を見ると、一瞬おどろきの色を見せて立ち去る。またしても私は、この人びとと自分との間の目に見えぬ垣根を意識する。

厚く金で覆われた、揺れる陽光に輝く二つのドーム、オウムが群がり金切り声をあげる手前の塔。「黄金の聖堂」は神シヴァに捧げられたものである。ヒンドゥ教徒たちがこうして呼びかけ、祈り、その石の象徴に香り高い花や炊いた米を捧げている神は、いま、どこにいるのだろう。

先に進んで、もうひとつの聖堂の入り口付近に立つ。そこでクリシュナ神が礼拝されているのを見る。点火されたしょう脳が黄金の神像の前で燃える。彼の注意を引こうと鐘がしつこく鳴り響く。ホラ貝の音が彼の聞こえぬ耳のあたりまでただよう。やせた、厳格な様子をした神職が出てきてうさん臭そうに私を見つめる。私はそこを離れる。

ヴァーラーナシーの寺々や家々に充満する神像を誰が数えることができよう。真剣な様子の、これらヒンドゥ教徒――しばしば子供じみ、ときに深く哲学的な――を誰が説明し得るか。

暗い小路を通りぬけ、奇跡の行者の家を探しつつ、たった一人でわが道を行く。ついに雑踏のちまたを抜け出て広い道路に出る。少年たち、やせた若者たち、そして数名の大人がバラバラと歩いている行進が、一列を成して風を切って前を通りすぎる。先導者は何か読めない文字のにわか作りの旗を持っている。奇妙な合い言葉と歌の断片をときおり叫びながら通り過ぎるときに敵意に満ちた顔で私をにらむので、私はこの雑多な行進の政治的な性質を理解する。昨晩のこと、ヨーロッパ人も警官もまったくいない混雑したバザールで、背後で誰かが私を射殺するという脅迫の言葉を吐いた。すぐ私は後を向く――が、温和な顔の群集が目に入るだけで若い狂信者は、(その声から、私は若いと推察するのだ)その辺の暗い隅の方に消えてしまっている。私は憐れみをもっていま道沿いに消えていくバラバラの行進を見まもる。政治という、あらゆる人間にあらゆることを約束しては欺く魔女が、また新たな犠牲者をその陰険な腕の中に抱くのだ。

ついに、広い敷地に大きな家々が並ぶ小奇麗に手入れされた地域に出る。歩を速め、柱に「ヴィシュッダーナンダ」と名を刻んだ石の標札がかかる門を見つける。ここが探していた家だ。中に入り、ベランダでぶらぶらしている男に近づく。知性のない顔つきをした若者である。私はヒンドゥ語で「先生はどこにいるか」とたずねるが、彼は首を振ってそんな人はいない、と身ぶりで示す。教師の名を告げても否定する。気落ちするが負けてはいない。私の心のモニターは、この若者はここに西洋人が来るはずはないと決め込んで、本当は別の家を探しているのだと結論付けていると警告する。あらためてその顔を眺めて彼は愚者だと断定し、身ぶりを無視し、まっすぐ家の中に入って行く。

奥の一室に半円形をつくって並ぶ黒い顔々を見つける。身なりの良いインド人の群れが床の上にすわっている。一人のあごひげの老人が、部屋のはるか奥の長椅子によりかかっている。彼の重々しい様子と上席にすわっている事実から、彼は私が探している当人であることは、明白である。私は両手をあげて合掌し挨拶をする。

「平安あれ、師よ!」と、私は月並みなヒンドゥ語の挨拶を述べる。

自分はインドを旅行中の文筆家であるが、同時にこの国の哲学と神秘主義の研究者である、と自己紹介をする。私が会った彼の弟子は、師が、内密にでもよそ人にもその力を公開することはまれにしかない、という注意をくれたことをはっきり告げ、それでも、古代の英知にたいする私の深い関心に免じて私を例外として扱ってほしい、とお願いする。

生徒たちはあっけにとられて互いの顔を見つめあい、そして師がどんな返事をするか、いぶかるように彼の方を向く。ヴィシュッダーナンダは七〇歳を超えている、と私は見る。短い鼻と長いあごひげがその顔を飾り、下まぶたに深いたるみのある目の大きさに印象づけられる。ブラーミンの聖糸がその首にかかっている。

老人は、まるで私が顕微鏡下の標本ででもあるかのように、冷然と私を見つめる。私は、奇怪な、薄気味悪い何ものかが私のハートに触れるのを感じる。本当にある奇妙な力が部屋に満ちるように思われ、不安をかすかに感じる。

ついに彼は一人の弟子に、私にもベンガル語とわかる地方語で何かを語り、その弟子は私の方を向き、公立サンスクリット大学の学長であるパンディット・カヴィルジを通訳者として連れて来なければ会見を許すことはできない、と告げる。パンディットの完全な英語の知識と、彼のヴィシュッダーナンダの弟子としての長い経歴と結びつきが、彼をわれわれの仲介者として働くにふさわしい者と考えているのである。

「明日の午後、彼と一緒においでなさい。四時に待っていましょう」と教師は言う。

私は引き下がらざるを得ない。路上で馬車を呼び、曲がりくねった道をサンスクリット大学まで走らせる。学長はそこにはおらず、たぶん自宅にいるだろう、と誰かが言う。そこでさらに半時間ほど馬車を走らせ、ついに中世イタリアの建築物に奇妙に似ている高く古風な建物の中に彼を見いだす。

パンディットは最上階の一室で、四方を書物や原稿や学究に必要な諸道具の山に囲まれて床にすわる。ブラーミンに特有の高いひたい、細く長い鼻、そして比較的白い皮膚の色を持つ。その表情は洗練されていて学究的である。私は自分の用向きを説明する。彼にかすかなためらいの色が見えるが、やがて翌日同行することを承知する。約束は成立し、私は退く。

ガンガーの岸辺まで走らせて馬車をかえし、堤防をそぞろ歩く。堤防には沐浴する巡礼者たちのための長い石段の列ができている。長い年月それを踏んできた足また足が、石の表面をでこぼこにしている。ヴァーラーナシーの水辺の、なんと乱雑でごった返していることか！　聖堂のいくつもが河中に転がり落ちている。ずんぐりと四角い、飾り立てた宮殿と、輝くドームがさまざまな高さで隣り合う。それらは古代と現代の見境いないごた混ぜだ。

説教師と巡礼者がいたるところにいる。扉が開放され、壁が白く塗られた小部屋でパンディットたちが教えている場面に出くわす。教師たちは敷物の上にすわり、生徒たちはうやうやしくその周りにうずくまり、彼らの宗旨の古めかしい教理に耳を傾けている。

ひげを生やした苦行者の様子を見て、私は尋ねてみる気になる。彼は、約六〇〇キロの道中を、ずっと転げてきたのだという。奇妙な巡礼の仕方もあったものだ！　さらにまた、一人の不気味な様子の男に会う。彼は片方の腕を、何年ものあいだ高く上げっ放しなのだ。その不幸な腕の筋はおおかたしなびて、それを覆う肉は、まさにひからびようとしている。終わることのない熱帯の太陽がこういう人びとの頭をおかしくしたのでなければ、こんな無益な苦行を本当にどのように説明したらよいのか。おそらく、日陰で四九度という気温の中に暮らすうち、ただでさえ宗教的ヒステリーにかかりやすい民族である、不幸な彼らは、その心の平衡を失ってしまったのだろう。

§

翌日、きっかり四時に、パンディット・カヴィルジと私は、教師の家の前庭に車を乗りつける。われわれはあの大きな部屋に入り彼に挨拶をする。六人ほどの弟子がいる。

ヴィシュッダーナンダが私にもっと近寄れと言うので、私は彼の長椅子から数十センチのところにすわる。

「奇跡のひとつを見たいのですか?」という質問がくる。

「もし師がその恩典をお授け下さるなら、私にとってはこの上もない幸せです」

「では、あなたのハンカチをおよこしなさい。絹のを持っておられるならなおよろしい」とパンディットが通訳する。

「一枚のレンズと太陽光線のほかには何ひとつ道具を使わずに、お望みのどんな匂いでも作りましょう」

幸い私は絹のハンカチを持っており、それをこの奇跡の行者に渡す。彼は小さなレンズを取りだし、太陽光線を集めたいのだが、天体のいまの位置から言ってもこの部屋のつくりから言ってもそれを直接とることは無理なので、弟子の一人を内庭にだしてその問題を解決する、と説明する。男は手鏡で光線を受け、開け放った窓から室内に向けてそれを反射させる。

「私はいま、あなたのために空気からひとつの匂いを作りましょう!」と、ヴィシュッダーナンダは宣言をする。

「何の匂いをお望みですか?」

「白いジャスミンのができますか?」

彼は左手に私のハンカチを取り、その上に凸レンズをかざす。二秒というごく短時間、きらめく太陽光線が絹の織物の上をうろつく。それから彼はレンズを置き、ハンカチを返してよこす。私はそれを鼻にあて、快いジャスミンの香りをかぐ！

ハンカチを調べるがぬれたあとはまったくない。香水のようなものがふりかけられた形跡もない。私は当惑し、なかば疑わしげに老人を見る。彼は、もう一度同じ実演をしよう、という。

今度はバラの香を注文する。実験の間中、私は全神経を集中して一挙一動と彼を取りまく空間とを間近に観察する。太い両手とまっ白な上衣を注意深い目で調べるのだが、何ひとつ疑わしいものは見い出せない。彼は前の手順をくり返し、ハンカチのもうひとつの隅に、強いバラの香りをしみ込ませる。三番目に選んだのはスミレだ。ここでもまた同じように成功する。

ヴィシュッダーナンダは自分の勝利に対して少しの感動も示さない。実演はすべて日常茶飯事のひとつと扱っているようだ。重々しい表情は一度もほころびない。

「では今度は私が匂いを選びましょう」と、思いがけなく彼が宣言する。「チベットにしか見られない植物の香りをつくります」彼がハンカチの、まだ何の匂いもしみ込んでいない四番目の隅に日光を集中させると、見よ！　できた。私には何の香りとも判別できない、四種類目の匂いができたのである。

ちょっと当惑しながら、私は白い絹の布切れをポケットにしまい込む。この技はほとんど奇跡と言ってよいようなものである。彼は香水を上衣の下に隠してでもいるのか。そうとすれば、恐ろしく多量のストックを携えていなければなるまい、私が言うまでは何の香りを所望されるか知らないのだから。それに、ただの一度も、彼の手が上衣の下に隠れたことはないではないか。

私は許しを乞い、レンズを調べる。それは、針金の枠と針金の柄でできたごくふつうの拡大鏡である。それに私一人ではなく、六人の弟子も彼を見守っていたのだ。パンディットの話だと、彼らは全員地位と学問と社会的責任を持つ人びとだそうである。

催眠術という解釈もあるが、その当否は簡単に調べることができる。私は宿に帰ったら、人びとにハンカチを見せるであろう。

ヴィシュッダーナンダはもうひとつ、もっと大きな不思議を私に見せるという。まれにしかやらないものだというが、それには強い太陽光線が必要なのだがもう日没に近いから、今週末のある日の正午ごろにもう一度来てくれと言う。そうしたら死んだものをしばらく生き返らせる、驚くべき技を見せると言うのだ。

§

ふたたび私はこの魔法使いの家にいる。彼は、ごく小さい動物にだけ——大抵、小鳥で実験するのだが——生命を取り戻させることができるのだ、と言う。

一羽のスズメが、絞め殺されてわれわれの目の前にさらして置かれる。その本当の死を確かめられるように、である。目は動かず、からだも哀れに硬直している。この小さな生きものの中には生命の存在を示す何のしるしも見い出せない。

魔法使いは拡大鏡をとり、小鳥の目の中に太陽光線を集中させる。何事もなくすぎる数分間を待つ。老人は無感動、無表情の冷たい顔つきで、どんよりした大きな目を見開いて凝視しながら、この奇妙な仕事の上にかがみ込んでいる。突然彼の唇が開き、私にはわからない、どこかの言葉で奇怪な、つぶやくような唱えごとをする。少したつと、小鳥の体にけいれんが起こる。私は犬が、死の直前にけいれんを起こすのを見たことがあるが、それと同じである。やがてかすかに羽ばたきをはじめ、数分のうちに、スズメは両足で立って床をピョンピョンとびまわる。死んだものが生き返ったのだ！

この不可思議な生存の次の段階で、小鳥は空中を飛翔《ひしょう》するの力を取り戻す。しばらく部屋の中を飛びまわったあと休む場所を探している。私にはまったく信じがたい事実なので、これは、自分を取り巻くあらゆる物やあらゆる人が触れることができる実在であり幻覚ではないことを確認しようと全心身を動員する。

生き返った動物の羽ばたきを見つめて、緊張の半時間は過ぎる。そしてついに突然のクライマックスが新たな衝撃をあたえる。哀れなスズメは空中をサッと落ち、じっとわれわれの足もとに横たわるのだ。もはやそれは身じろぎもしない。調べて見ると、息はとまり、完全に死んでいるとわかる。

「これ以上長く生かすことはできないのですか？」と、私は魔法使いにたずねる。

「いまのところこれが精一杯です」と、ちょっと肩をすくめて答える。パンディットは、未来の実験はもっと偉大なことが期待されている、とささやく。彼の師はさらなることもできるというが、寛大さに甘えて、彼に街の見世物師のまねのようなことをさせてはならないだろう。私はすでに見たもので満足している。そしてまたしても私はこの場所にみなぎる神秘的な空気を感じる。ヴィシュッダーナンダのさらなる力の話を聞くとその感触は強まるばかりだ。

彼は、空気中から新鮮なぶどうを取り出したり、まったく何もないところから菓子を持ってきたりするのだという。またしぼんだ花を手にとると、まもなくそれが元の新鮮さを取り戻すのだという。

§

奇跡とみえるこれらの秘密はなにか。私は何らかのヒントを得たいと努力し、途方もない答えを受けとる。それは、本当にそれは説明できない、という説明である。秘密の本当のところはなお、このヴァーラーナシーの奇跡行者の四角いひたいの背後に隠されたまま、今までのところ、彼はそれを自分のもっとも親密な弟子にさえ、明かしてはいないのである。

彼の話すところによると、彼はベンガルで生まれ、一三歳のときある毒を持つ動物にかまれたという。容体は絶望的となり、母親が死の準備としてガンガーに連れて行った。ヒンドゥの宗教によると、この河辺よりも神聖な、つまり幸福な死に場所はないのである。悲しむ家族が岸辺に集まり見まもる中、彼は聖なる流れの中に運ばれ、水中に浸されようとした。するとそのとき、奇跡が起こった。体が深く沈められれば沈められるほど周囲の水面が下がり、体が上げられると水面も平常の高さまで戻るのである。くり返し彼は沈められ、そのたびに水面は自然にくぼんだ。つまり、ガンガーはこの少年を死の客として迎えることを拒んだのだ！

一人のヨーギーが堤防にすわってこの成り行きを見ていた。彼は立ち上って、この子は生きて偉大なことを成しとげるように運命づけられている、彼は有名なヨーギーになる、その運命はこの上もなく幸いなものである、と予言した。男はそれから、傷口になにかの薬草をこすりつけて去った。七日後にふたたびやってきて、両親に向かって少年は全快した、と告げた。本当にそうだった。しかし、その間にこの子の上に奇妙なことが起こっていた。彼の心理状態と性格は完全に変わってしまい、わが家の両親の元にいることに満足せず、放浪のヨーギーになることを渇望したのである。それは絶えず母親を悩ませたが、数年後、ついに彼女は家を出ることを許した。彼はヨーガの熟達者を求めて放浪に出かけた。

彼はあのヒマラヤの向こうの神秘の国、チベットに行った。そこの有名な、奇跡を行う隠者たちの中に自分の将来の師となるべき人を見いだすことを期待して——。もしヨーガの神秘をマスターしようと思うなら、求道者は必ず、すでにそれを成した人の弟子となって彼の直接の指導を受けなければならない。これはインド人の心に深く根ざしている考えである。この若いベンガル人はそのような人を、ときには山々に荒涼たる吹雪が荒れ狂う中、小屋やほら穴に独居する隠者たちの中に探しまわったが、目的を達成できずに家へ帰った。

数年が何事もなく過ぎた。しかし彼の願望はけっして衰えてはいなかった。ふたたび彼は国境を越え、南チベットの寂しい荒野をさまよった。そして山の砦にひそむ、簡素な住みかの一人の男が長年探した師であるということを知った。

次の言葉に私は、かつての私なら皮肉に笑ったであろうが今は私を本当に驚かせる、あの信じがたい宣言を聞く。このチベット人の師は確実に一二〇〇歳をこえている、というのである！　しかもこの宣言は現実的な西洋人が私は四〇歳ですと言うのと同じように、平静になされるのだ。

この驚くべき長寿の物語は、前にも少なくとも二度聞いた。あのアディヤル河のヨーギー、ブラマーがあるとき、ネパールにいる彼の師は四〇〇歳以上である、と言ったし、西インドで会ったある修行者は、ほとんど近づくことができないヒマラヤ山中のある洞窟に、老齢のためにまぶたが重く垂れ下がるほど年老いた——彼は私に、一〇〇〇歳と言った——ヨーギーが住んでいる、と言った！　私はあまりに幻想的な主張として無視していたが、今はもう一度考え直さなければならない。私の前にいるこの男が、不老長寿の霊薬への手がかりを持っていることをほのめかすのだから。

チベットの教師は若いヴィシュッダーナンダに、肉体支配のヨーガの原理と実践を教えた。この厳しい訓練のもと、弟子は非凡な心身の力を発揮した。彼はまた、彼が太陽の科学と呼ぶ不思議な術も教えられた。雪に閉じ込められた地域でのさまざまな困難にもかかわらず、彼は一二年間、この不滅の生命を持つチベット人の足もとで弟子としての生活を続けた。訓練が終わると彼はインドに送り返された。山道を越えて平地に降り、やがてみずからヨーガの教師になった。しばらくはベンガル湾に臨むプリに落ちついた。彼は今でもそこに大きなバンガローを持っている。周囲に集まってきた弟子たちはすべて、ヒンドゥの上流社会に属する人びとである。富裕な商人、大地主、政府高官などで、ラージャさえもいる。私は——たぶん間違っているのだろうが——身分の低い人びとは歓迎しないのだ、という印象を受ける。

「私に見せて下さったあの奇跡はどのようにしてなさったのですか？」私は無遠慮にたずねる。

ヴィシュッダーナンダはその太った両手を組む。

「あなたがご覧になったのはヨーガの修行の結果ではありません。ヨーガの本質はヨーギーの意志力と精神集中力の開発ですが、太陽の科学の研究にはこれらの素質は要求されません。太陽の科学は単に秘密の収集でありまして、それらを活用するための特別の訓練は必要としないのです。それは、あなた方の西洋物質科学のどれでもが研究されるのとまったく同じ方法で研究できます」

パンディット・カヴィルジは、この不思議な術は、電気や磁気の科学に最もよく似ている、と補足説明する。

私は相変わらず闇の中にいる感じである。そこで師が、特別の厚意でさらにいくらかの説明を加えてくれる。

「このようにチベットから伝えられた太陽の科学は、けっして新しいものではありません。ごく古い時代のインドの偉大なヨーギーたちもよく知っていました。しかし今は、ごくわずかな例外を除きほとんどこの国からは姿を消しました。太陽光線の中には生命を与える要素があってそれらを分離させるか選ぶ秘訣を知ってさえいれば、あなた方でも奇跡をおこなうことができるのです。また太陽光線の中には霊妙な力があり、ひとたびあなたがそれを支配するようになれば、それは魔術的な力を発揮します」

「あなたはそのような太陽の科学の秘密をご自分のお弟子たちに教えていらっしゃるのですか？」

「まだです。ですが今その準備をしています。ある弟子たちが選ばれて彼らにその秘密が伝えられることになるでしょう。すでに授業や証明や実験をおこなうための大きな研究所を建築中なのです」

「では、現在お弟子たちは何を学んでいるのですか？」

「彼らはヨーガの手ほどきを受けています」

パンディットが私を研究所の視察に連れていく。それは、何階かの現代風建築の、明らかにヨーロッパ風の建物である。壁は赤レンガで造られ、窓となるべく所々が大きくあいている。これらのすき間は、巨大な板ガラスの到来を待っている。ここで行われる研究は、赤、青、緑、黄および無色のガラスを透過した太陽光線の反射を必要とするからである。

インドではこの巨大な窓にはまる大きさのガラスがつくれないから、この建築を完成させることができない、とパンディットは言う。彼は私に、イギリスに問い合わせをして欲しいと頼む。そして品物は完全にヴィシュッダーナンダの注文通りのものでなければならないことを強調する。ガラスに絶対に気泡を含むな、とか、色ガラスは完全に透明であれ、といった条件だ。しかも各々長さ約四メートル、幅約二メートル、厚さ約三センチでなければならないという［1］。

研究所の建物は、茂ったヤシの木の列に囲まれた広々とした庭に建ち、詮索好きな目からは隠れるようになっている。

私は奇跡の行者のもとに戻り、彼の前にすわる。弟子たちは減って二、三人がすわるだけだ。パンディット・カヴィルジは、仕事でやつれた顔を向け、献身的な目で師を見つめながら、私のそばにすわる。ヴィシュッダーナンダは一瞬チラリと私を見て、そして床を見つめる。彼の態度には威厳と遠慮がまじっている。彼の顔は異常に厳粛であり、弟子たちの顔は彼の厳粛さを反映している。私は彼の厳粛さという仮面の奥を見ようと努めるが、何も得ることができない。この男の心は、西洋人的心理にとっては、あちらの街の黄金寺院の奥の院と同じように不可解である。彼は東洋の魔法という不可思議な伝承の中に浸っている。彼は頼まないのに次なる奇跡を見せてくれたが、それでもわれわれのあいだにはけっして越えることのできない、心霊的障壁を設けていることを私は強く感じる。私の歓迎は表面的なものにすぎない。西洋人の研究者と西洋人の弟子はここでは受け入れられないのだ。

彼はまったく突然思いがけないことを言う。

「私は、チベット人の師から前もって許しを得なければ、あなたを弟子として入門させることはできません。これは、私が働くに際して守らなければならないひとつの条件なのです」

彼は私の脳裏をよぎった思いを読んだのだろうか。私は彼を見つめる。少しばかりふくれ上がった彼のひたいが、かすかな狼狽の色を見せる。とにかく私は彼の弟子になりたいと発言してはいない。私は今あわてて誰かの弟子になりたいなどと、思ってはいないのだ。しかしひとつの事は確実だ――そういうことを頼んだとて断られるだろう。

「しかし、あなたの師が遠いチベットにいらっしゃるのなら、どのようにして彼と連絡をとることができるのですか?」と私はたずねる。

「われわれは内側のレベルで、完全な接触を保っているのです」と彼は答える。私はしっかり聞いているが、理解できない。それでも思いがけない彼の発言は、しばらくの間私の心を彼の奇跡からよそに向ける。私は物思いに沈み、自分が思わずこうたずねているのに気づく――

「師よ、どのようにしたら悟りが得られるのですか?」

ヴィシュッダーナンダは答えない。かわりに向こうから別の問いを出す。

「ヨーガを実践しないでどうして悟りが得られますか?」

私はちょっと考える。

「しかし私は、教師なしには、ヨーガを正しく実践することはおろか、理解することとさえ極度に困難だ、と教えられています。本物の教師を見い出すことは大変難しいのです」

彼の表情は無関心かつ平然としている。

「求道者に用意ができれば、師は、必ず現れます」

私は疑惑の色を見せる。彼は太った手を差し出す。

「人はまず第一に、自分を準備しなければなりません。そうすれば、彼がどこにいてもついに師を見つけ出すでしょう。またもし師が肉体をそなえてやって来なければ、彼は、求道者の内なる目の前に現れるでしょう」

「それではまず何から始めたらよいのですか？」

「毎日一定の時間を決めていまお目にかける簡単な姿勢でおすわりなさい。それが準備を助けます。また、怒りをおさえるよう、そして欲情を制するようお気をつけなさい」

ヴィシュッダーナンダは、私もすでによく知っている蓮華の坐法を見せてくれる。両脚を内側に曲げて組むこの坐法をなぜ簡単なと言うのか、私にはわからない。

「こんなひねったすわり方は、成人したヨーロッパ人にはとてもできません！」と私は叫ぶ。

「難しいのは最初だけです。毎日朝夕実行していればたやすくなります。大切なのは、このヨーガの修行のためには正確な時間を定め、これを厳重に守ることです。最初は五分間努力したら充分です。一カ月経ったら、それを十分に延ばしてよろしい。三カ月後には二〇分、というふうにするのです。背骨もまっすぐにするようお気をつけなさい。この修行は、人に体の安定と心の落ち着きを得させます。落ち着きはヨーガの修行を進めていくのに不可欠なものです」

「ではあなたは肉体制御のヨーガをお教えになるのですね?」

「そうです。心の制御のヨーガの方が優れているなどと想像してはなりません。あらゆる人間は考え、そして行動する。ならばわれわれの性質の両方の面が訓練されなければなりません。体は心に働きかけ、同時に心は体に作用するのです。それらは実践していくうえで分けることはできません」

私はこの男がこれ以上の質問に応じることを嫌っている、とふたたび感じる。ある心理的冷ややかさが空気を満たす。私はこれで引きさがろうと心に決める。そして最後の質問を放つ。

「あなたは、人生に何らかの目標、何らかの目的があるのかどうか、発見なさいましたか?」

弟子たちは厳粛さを破り、私の無邪気さを笑う。異端の、無知な西洋人しかこんな質問をしないのだ。ヒンドゥのすべての聖典は例外なしに、神がこの世界を彼自身の目的達成のために握っている、と教えているではないか。

教師は私に答えない。彼は沈黙に戻り、カヴィルジに目くばせする。カヴィルジは直ちに答えを与える。

「たしかに、目的があります。われわれは神に合一するために霊的に完全にならなければなりません」

それから部屋は沈黙となる。ヴィシュッダーナンダは、紙の表紙にベンガル語が印刷してある厚い書物の、大きなページをめくる。弟子たちはそれを見つめるか、眠るか、瞑想をしている。ある鎮静的、催眠的な力が私に忍び寄ってくる。さらにここにいたら眠ってしまうか一種の恍惚のようなものに陥るかするだろうと感じる。それゆえ全力を集中して教師に礼を言い、そこを去る。

§

軽い食事のあと、聖者たちと罪びとたちを同じように惹きつける、このごたごたした都市の曲がりくねった小道をとおっていく。そこの混雑した家々は全土から信仰深い人びとを誘うが、と同時に、宗教家の顔をした寄食者たちや無信心者、無法者や悪人までをも引き寄せる。

灰色の空に急速に夜が訪れる。ガンガーの堤に沿って鳴り響く寺々の鐘が夕拝へと人びとを呼び立てる。日没にはもうひとつの音が加わる。ムーエジン（イスラム教寺院の鐘）がかの預言者の信徒たちに、祈りに来いと呼びかけるのだ。

私はこの古い河、この深く尊ばれているガンガーの堤にすわり、ときおり吹く微風にそよぐヤシの葉ずれの音に耳を傾ける。

身に灰をまぶした物乞いが近づいてくる。私は立ち止まる彼を見つめる。彼は何らかの形の神秘家だ、その目の中にこの世のものではない何かが輝いているから。私は、自分が思っていたほどにはまだ、この古いインドを理解していないことを悟りはじめる。ポケットの中のわずかの硬貨を手で探りながらその間中、われわれを隔てる、文明の深淵を跳び越えることができるのかどうかとあやしんでいる。彼は静かな威厳をもって施しを受け、灰に覆われたひたいに両手をあげて挨拶をしたあと、立ち去る。

エーテルでトリックを演じ、死んだ小鳥につかの間の生命を与えた、あの奇跡行者のことをすでに長い時間考えている。彼のごく短いもっともらしい太陽の科学の説明は、私の心を捉えはしない。現代の科学が、太陽光線に潜在する可能性をまだ完全には究明してはいないということを否定するのは、思慮のない人間だけだろう。今回のケースには、説明をどこか別のところに探すことを私に促す何かがある。

なぜなら西部インドで、私はヴィシュッダーナンダの離れ技のひとつ、空中からさまざまの匂いの抽出を演じる二人のヨーギーの話を聞いたからである。あいにく二人とも前世紀の終わりに亡くなっているのだが、私の情報の源は十分信頼するに足るものであった。どちらの場合にも、かぐわしい油状の香水がまるで皮膚からにじみ出たようにヨーギーの手のひらに現れるのであった。ときおり、香りは部屋中にただようほど強かったという。

さて、もしヴィシュッダーナンダが同じ技術を持っているなら、拡大鏡をいじりまわすと見せかけながら、やすやすとある匂いを手のひらからハンカチに移すことはできるはずである。要するに、太陽光線を集中させるという行為全体が、魔術的に生み出された匂いをほかのものに移す経緯をかくすための、一片の芝居にすぎないのかもしれない。私がこの見方を支持するもうひとつの点は、奇跡行者が今までのところ、弟子のただ一人にもこの秘密を明かしてはいない、という事実だ。彼らの希望はいまのところ、高価な研究所の建築の計画によって維持されている。この仕事さえ、インドでは巨大な板ガラスは得られないという理由で中止状態になっている。彼らは期待して待ち続けているのだ。

もし太陽光線の集中が単なる目隠しにすぎなかったとすれば、ヴィシュッダーナンダは本当はどんな方法をとったのだろうか？　芳香を生み出すのは個人の努力によって開発される、もうひとつのヨーガの力なのだろうが、私にはわからない。彼の技を説明する筋の通った理論を導き出せなくても、だからといって彼の言う太陽科学の説にとびつく必要はないだろう。これ以上頭を悩ます必要もあるまい。私の務めは記録者として、起こった事実を書き留めることである。説明できないことを説明することではない。インドの生活のある面は秘せられたままである。この太った背の低い奇跡行者か彼の選ばれた弟子が、この不思議な技を外の社会に示して科学者たちの注目を集めることがあっても、その秘密が公開されることはないだろうから。私は少なくとも自分は彼の性格を理解した、と思うのである。

内なる声がたずねる。彼はどのようにして死んだ小鳥を生き返らせたのか？　また、自分の寿命を無期限にのばすという、完成されたヨーギーの能力の伝説は真実なのか？　ある東洋人たちは本当に延命の秘術を発見したのか？

私はこの内なる質問者から顔をそむけ、ものうげに天空を見あげる。星に満ちた空のはかり知れぬ広大さが畏敬の念を起こさせる。熱帯の空ほど星の輝くところはない。きらめく光の点々を見つめ続ける。……ふたたび仲間の生きものたちと秩序のない家々の集まりを周囲に見まわすとき、私はこの世の解きがたい神秘を深く感じはじめるのだ。さわることのできる物やふつうの対象物が急速に非現実の中に引き込んでゆき、影のような動く姿や、ゆっくりと滑る舟やいくつかの輝くランプがひとつに溶け合い、夜と周囲の両方を、夢の世界の仙境のようなものに変えていく。この宇宙は本当はまぼろしのようなものにすぎないという、インドの古い哲学の教義が私の心に入り、私の実在の感覚を破壊せよとそそのかしはじめる。私は、空間という深淵を突進するこの遊星が自分にもたらすだろう、最も奇異な経験をも受け容れる用意ができる。

しかし地上世界の何かの生き物が、インドの歌の単調なリズムを大声でうたって、私の天国の夢の中に無作法に侵入する。私はたちまち人びとが人生と呼ぶ、楽しみと予期できぬ悲しみとが混在する不確実なものの中へ戻って行く。

［1］私はイギリス最大の板ガラス製造所に手紙を書いたが、ヴィシュッダーナンダの注文する条件を満たすたすことは技術的に不可能だとして仕事を引き受けることは断られた。彼らは板ガラスに気泡を皆無とすることは不可能、日光の透過性を減らさないで着色することは不可能、板ガラスの厚さは六ミリ程度が限度、そしてヴァーラーナシーまでの長旅での破損を避けるため板ガラスは二等分にしなければならないと断言した。

第一二章　星に書いてある！

まぶしい陽光にゆれる円形の空。朝の清めの音を響かせる沐浴者たち。それらがごた混ぜになったヴァーラーナシーの岸の東洋野外劇は外国人の目に新鮮に映る。私は、船首がコブラの頭のように彫刻された大きな帆船でガンガーをゆっくり下る。私は船室の屋根に、三人のこぎ手は下の方にいて奇妙な形の櫂《かい》を操《あやつ》っている。

ボンベイの一商人が私の連れだ。彼は隣で、自分はあの町に帰ったら商売をやめるのだ、と私に話しかけている。とても信心深いが、しかし同程度に現実的な男である。天国に宝を積みながら、銀行に富を積むことも忘れていない。一週間つきあってみて、私は彼を温厚で気持ちのよい友好的な人間だと見る。

「私は、シュディ・バーブが予言した、まさにその年齢で引退するのです」と、彼は話してきかせたそうに言う。

この奇抜な発言が私の聞き耳を立てさせる。

「シュディ・バーブとは誰ですか？」

「ご存じありませんか？　彼は、ヴァーラーナシーでもっとも優れた占星家です」

「なんだ、星占いですか！」私はちょっと軽蔑的な調子でつぶやく。ボンベイの大広場マイダーンのごみの中にうずくまっているのや、カルカッタのむし暑い小屋の中にすわっているのや、私が訪れたあらゆる小さな町で旅行者のとおる場所には必ず集まるこれらの連中を見てきたからである。彼らのおおかたは髪をぼうぼうと伸ばした不潔な外観の人間である。その顔には迷信と無知のしるしがはっきりとある。商売道具といえばふつう、二、三冊の油じみて手ずれた書物と不可解な記号がたくさんのっている地方語の暦である。

私は、自分が幸運の外におかれているのに、他者の運命を導こうとする彼らの熱意をしばしば冷笑したものである。

「ちょっと驚きました。ビジネスマンが自分の運命を星のきらめきにゆだねて安全なのですか？　常識の方がもっと良い案内者だとは思いませんか？」と、私はいかにも良い助言者ぶった口調でつけ加える。

相手は少し首を振り、それから私を見て寛大に微笑する。

「それではあなたは私の引退をどう説明なさるのですか？　私が例がないほど若い年齢で商売をやめるなど誰が想像したでしょう。ご存じのように私はまだ四一歳なのですから」

「偶然かな、おそらく」

「けっこうです。少し話をさせてください。何年か前に、私はラホール(現パキスタン、パンジャブ州の州都)で偉大な占星家に会いまして、彼の助言で、ある大きな商談を始めました。当時は一人の年長の仲間と提携してやっていたのですが、その仲間がこの仕事はあまりに冒険的だと言って賛成しません。取り引きに入ることを承知しないものですから、私は彼との協力関係を解消し、この商売を一人でやり通しました。そしてそれはびっくりするような成功を収め、ちょっとした財産をもたらしました。しかしもしラホールの占星家があのように強く励ましてくれなかったら、私もやはり、あの仕事を始めるのを恐れたと思います」

「あなたのご意見はつまり――」

相手は私のかわりにそのあとをつけ加える。

「われわれの生涯は運命に支配されており、その運命は星の位置によって知ることができるのです!」

私はその宣言に対する反対を、もどかしげな態度によってほのめかす。

「私がインドで会った占星家たちは、実に無学な、愚鈍に見える者たちばかりでして、彼らが人に有益な助言を与えることができるとは想像できません」

「ああ、シュディ・バーブのような博識の学者と、あなたが会ったあの無知な連中とを混同なさってはいけません。あの者たちは本当にいかさまです。しかし彼は、大きな持ち家に住む、とても賢明なブラーミンです。長年にわたってこの問題を深く研究し、非常に珍しい書物もたくさん持っています」

相手は馬鹿ではない、ということを突然私は思い出す。彼は西洋で発明された非常に実用的な最新式の道具をさっさと活用する、現代ヒンドゥのタイプに属するのだ。ある点では私よりも進んでいる。粗末なポケット・コダック以上の品は自慢することができない私にくらべ、彼はすばらしいムービー映写機をこの船にのせているのだから。彼の召し使いは魔法びんを取りだして冷たい飲み物をコップにそそぎ、こんなに便利な旅の必要品さえも持たない、私の悲しむべき忘れっぽさを責める。また話をしているうちに、彼がボンベイにいるときには私がヨーロッパでやってきたよりもっと盛んに電話を活用している、ということもわかるのだ。それなのに星占いを信じるとは！　私は、彼の性格を形成する不調和な要素に当惑する。

「よく話し合いましょう。あらゆる人間の一生と、この世のあらゆる事が、地球からは想像もつかないほど離れている星々によって左右されている、という学説を全面的にお認めになるのですか？」

「そうです。認めるのです」彼は静かに答える。

私は言うべき言葉を知らず、肩をすくめる。

彼は、謝るような様子をする。

「ねえ、行って自分でお試しになったらよいではありませんか。あなたのお国でも、『プディングの味は食べてみて知れ』と言うでしょう。シュディ・バーブがあなたのことを何と言うか、聞いてご覧なさい。私だって、あの安っぽいいかさま師たちには何の用もありません。それでも、この人が本物であることは信じるのです」

「ふうむ。私は予言を商売にする連中は信用しないのです。ですが、あなたのお言葉は信じましょう。その占星家のところへ連れて行ってくださいませんか？」

「ようございますとも。明日午後、私のところにお茶［1］を飲みにおいでください。それからいっしょに行きましょう」

われわれは、大きな宮殿や古い聖堂、黄色い花々が献ぜられた小さな聖堂を船で見てまわる。沐浴する巡礼者で混雑する広い石の階段を無関心に眺めながら私は考える。科学は迷信を調査したと誇らしげにうぬぼれるが、その調査自体を科学的態度で調べる必要もあることを私は学んできた。彼と同国人のほとんどが共有する、この運命論的感情の証拠となるなんらかの事実を、私の連れから得ることができるのならば心を広くしてそれらを学ぼう。

§

翌日、温厚な私の知人は、平らな屋根が積み重なる家々が重なる狭くて古い通りに私を連れてくる。そして一軒の広くて、古い、石造りの建物の前でとまる。暗く低い天井の廊下を彼が行き、人一人がようやく通れるほどの石段を何段か登る。狭い一室を通り抜けると広々とした中庭に面したベランダに出る。

鎖につながれた犬がわれわれに猛烈にほえかかる。花のない、なにかの熱帯植物を植えた大きな鉢の行列がベランダに並ぶ。私は連れのあとに従い暗く恐ろしいような部屋に入り、敷居のところでこわれた敷石につまずき危うく転びそうになる。かがむと、ベランダの上と同じように室内にも、ボロボロの土が一面に散らばっている。この占星家は、星の研究のひまに植物を育てることを道楽にしているのだろうか。

連れの男が大声で占星家を呼ぶと、その名が古風な壁に反響して戻ってくる。二、三分待ったのち、呼びかけをくり返して犬といっしょに空き家と見えるこの建物の沈黙を破る。留守なのだな、と私が思いはじめたころ、だれかが二階から下りて来る気配がする。間もなく足をひきずって歩く音がわれわれのいる部屋に近づく。片手にろうそくを、片手に鍵束《かぎたば》をジャラジャラと鳴らしながら、やせた男の姿が入り口に現れる。

ここで薄闇の中で二人の間に短い会話が交わされ、占星家はもう一つの扉の鍵をあける。そこを通って三人とも次の部屋に入る。彼は二枚の厚いカーテンを引きよせ、バルコニーに面した大きい窓のシャッターをあける。

占星家の顔が突然、開かれた窓から日光に照らされる。肉と血から成るというより、むしろ幽霊の国から来た姿に思われる。いまだかつてこんなに青ざめた顔色の人を見たことがない。死人のような容貌、信じられないほどやせた身体、そしてこの世のものとは思えない遅々とした動作が協調して奇怪な効果を生みだしている。彼の白目はまっ黒な瞳と強い対照をしており、その白さが瞳の効果を強めている。

彼は書類が散らばる大きなテーブルの前にすわる。私は、彼がまずわかる程度に英語を話すことを知る。それでも、通訳者の助けなしに、直接話しあうことを彼に承知させたのはいくらかの説得ののちである。

「信者としてではなく、研究者としてきたのだ、ということをどうぞ理解してください」と、私ははじめる。

彼はやせた頭でうなずく。

「料金はおいくらですか？」

「私は決まった料金は要求しません。良い地位にある人びとは六〇ルピー払います。他は二〇ルピーです。金額はあなたにお任せします」

私はさらに、未来のことをとやかく考える前に、自分の過去について、彼の知識をテストしたいとはっきり告げる。彼も同意する。

しばらくの間、彼は私の生年月日について、しきりになにかを計算している。一〇分後に、椅子の背後の床にかがみ込み、黄ばんだ書類やヤシの葉の原稿の乱雑な積み重ねの中を探し、ついに細長い古びた紙片の小さな束を引き出す。一枚の紙に奇妙な図面を引き、そして言う——

「これが、あなたがお生まれになったときの天体の位置の図です。そしてこれらのサンスクリットの原文は、図面の各部分の意味を説明しているのです。それでは、星々が断言していることを申し上げましょう」

彼は図面を非常に注意深く調べ、紙片のひとつを参照し、彼の人柄にぴったりの、低い、無感動な声でふたたび話す。

「あなたは西洋からおいでの文筆家です。そうですか」

私は同意してうなずく。

そのあと彼は、私の若いときのことを語り、当時のいくつかの出来事を矢つぎ早に述べる。結果私の過去について重要な七つの点を挙げる。その中の五つは大体当たっているが、二つは完全に間違っている。このようにして、私は彼の力の価値、あるいは無価値を調べることができた。この男が正直であることは明白だ。彼が故意に人を欺くことのできない男であることは私にもよく分かっている。最初のテストでの七七パーセントの成功は、ヒンドゥの占星学が研究に価することを示す、驚くに足るものである。しかしそれはまた、これが正確な、けっして誤りのない科学ではない、ということも示している。

もう一度、シュディ・バーブは散らかった書類を調べて、今度は私の性格をかなりの正確さをもって述べる。そのあとで、私をしてそれにふさわしい職業を選ばせたところの私の心理的能力を描写する。彼がその知的な頭をもたげて「正確に読んだでしょうか」とふたたび尋ねたとき、私は彼の言葉に逆らうことはできない。

書類をごちゃまぜに動かし、黙って図面を研究し、彼は私の未来について語りはじめる。

「世界があなたの家になるでしょう。広く旅をなさるでしょう。しかしつねにペンを携え文筆の仕事をなさるでしょう」この調子で、彼はこれから起こるはずのことを論じる。しかし私は、彼の予言に審査の物差しをあてることはできない。それだから——星に書いてある!〔2〕のを、そのままにしておくほかはない。

話し終わると、彼はふたたび私が満足したかとたずねる。この驚くべき遊星の上での私の過去一〇年のかなり正確な描写、そして私の性格をほぼ完全に示したことは、準備してきた批判を沈黙させてしまう。

私は自問している、「この男は単にやまをかけているだけなのか。ちょっと利口な当て推量をしているにすぎないのか」しかし彼の予言に感動したことを、私は正直に告白せねばならない、時が経たなければその価値を判断することはできないが。まだ見ぬ運命に対する質問に関して、私の西洋人的態度は、トランプでできた家のようにヘナヘナと倒れてしまうのだろうか。この私になにが言えるだろう。私は窓のところへゆき、向こう側の家を見つめ、ポケットの中の銀貨を鳴らしながらそこに立つ。私はついに席に戻って占星家にたずねる。

「遠いところの星が人びとの生活に影響をあたえる。それがなぜあなたには不可能と思えるのですか?潮は遠い月に応じて満ち干《ひ》きをするではありませんか。女性の体は毎月変化をこうむるではありませんか。太陽が出なければ人の気分は陰気になるでしょう?」彼は温和に答える。

「おっしゃる通りです。しかしそれは占星家の主張とは大きく違います。なぜ木星や金星が、私が海難に遭うか遭わないかということと、少しでも関係があるのですか?」

彼は落ち着いた顔つきで私を見まもる。

「遊星は空に現れる象徴にすぎない、とお考えください。本当の意味で、私たちを左右するのは星ではありません。私たち自身の過去です」そう彼は答える。「人はいくたびも生まれ変わるものであり、彼の運命はそのあらゆる誕生に付いてまわるものである。その説を認めない限り、あなた方はけっして占星学の合理的な性質を理解することはできないでしょう。人生で犯した悪行の結果を免れても、それらは次の生で彼を罰するでしょう。また善行にたいするふさわしい報いを、もしその生で受けなければ、彼は必ず次の生でそれを受けます。人の魂は完全になるまでこの地球に再生し続けるという、この学説を認めなければ、各人の目まぐるしい運命は、単なる偶然のなすところとしか思えないでしょう。いいえ、どうして神がそんなことを許されますか。人が死んでも彼の性格、欲望、思《おも》いそして意志は、それがふたたび一個の肉体に入って新生の赤ん坊として生まれ変わるまで、存続し続けるのです。前生でなされた善行または悪行は、今生または未来の誕生の中でそれにふさわしい形で報い、あるいは罰せられることでしょう。これがわれわれがいうところの運命です。私は申し上げました、あなたはいつか海難事故という重大な危険にさらされるであろうと。しかしそれは、あなたが前生でなにか間違ったことをなさったために神が目に見えぬ審判によってあなたに割り当てた、あなたにふさわしい運命なのです。あなたを海難に追い込むのは星ではありません。それはあなたの過去の行いの、避けることのできない結果です。遊星とかそれらの位置はこの運命を記録する役を務めているにすぎないのです。私はなぜ彼らがそれを示しているのかは知りません。ですがけっして人間の頭脳が占星学を発明したのではないのです。人びとの利益のために古代の予言者たちによってそれが啓示されたずっとずっと古いときから、それはわれわれの所にやってきたのです」

このもっともらしい発言に耳を傾け、私は言うべき言葉をなくす。彼は人の魂と運命を、宿命という杭《くい》に縛りつけてしまった。他方、健康的な西洋人なら自由意志という貴重な所有物が奪われることを決して承知しないだろう。精力的西洋の住民のいったい誰が、行動を導くのは選択ではなく宿命である、という信仰に情熱を傾けたりするものか。私は、このやせた夢想家、はるかなる黄道帯《こうどうたい》から知らせを告げる、この青白い放浪者を当惑して見つめる。

「あなたはご存じですか？　南方のある地方では占星家が聖職者の次なる地位を占めていて、重要な事柄はすべて彼らに相談をしたあとに決められる、ということを。われわれヨーロッパ人はそんなことを聞いたら笑うでしょう、予言的な方法は好まないのですから。自分たちは自由な個人であって、無情な宿命の哀れな犠牲者ではない、と考えることを好みます」と、私は言う。

占星家は肩をすくめる。

「われわれの古代の書物ヒトパデシャの中に書いてあります。『何びとも、人間のひたいに書いてあるその宿命に反抗することはできない』と」彼は言葉をのむ。

それからつづける――

「仕方がないではありませんか。われわれは自分のしたことの結果には堪えなければなりません」

それでも私はこの言葉を疑い、自分の感情を表す。

この運命の予言者は椅子を立つ。私はそれを受け去る用意をする。彼は物思いにふける様子でつぶやく。

「いっさいは神の力の内にある。何ひとつ彼を逃れ得るものはないのです。われわれの中のいったい誰が真に自由だというのですか。神のいらっしゃらぬどこにわれわれは行くことができるのですか」

戸口で彼はためらいながらつけ加える――

「もしあなたがもう一度おいでになりたいのなら、このことについてもう少しお話し致しましょう」

私は感謝して招待を受ける。

「けっこうです。明日、日が沈んでから、六時ごろにお待ちしましょう」

§

翌日、日暮れとともに、ふたたび占星家の家に行く。私は彼の言うことをすべて受け入れるつもりはない。しかし反対するための計画を立てているわけでもない。私は聴くために、たぶん、学ぶためにきたのだ。もちろん学ぶのは、実験によってどの程度かれの言うことが実証されるかにかかってはいるが。そしてそうするだけの価値ある理由があった場合、今回は十分に実験をする用意がある。しかしながら、シュディ・バーブの私のホロスコープ（誕生時の星の位置の図）の解読は、ヒンドゥの占星術は迷信的ナンセンスではないということを、そしてそれはもっと深く研究するだけの価値があるということを、私に認識させた。今の態度はその気持ちの表れである。

われわれは机をはさんですわる。灯油のランプはかすかな光で辺りを照らす。あまたのインドの家々が今晩同じように照らされているのだ。

「この家には一四の部屋があります。それらは主にサンスクリットで書かれた古代の写本で満たされています。ですから一人暮らしでもこんなに大きな家が要るのです。来て私のコレクションを見てご覧なさい」と占星家は言う。

彼はランプをおろしてきて私をもうひとつの部屋に案内する。壁づたいにふたの開いた箱の列が並ぶ。そのひとつをのぞくと中は書物と書類でいっぱいである。部屋の床も、たくさんの書類とヤシの葉の原稿の束と年を経て表紙の色もあせた書物で覆われている。小さい束をひとつ手にとる。葉の一枚一枚が理解のできない色あせた文字でびっしりだ。部屋から部屋へ歩きまわり、いたるところに同じ光景を見る。占星家の図書室は手のつけようのない混乱状態のようだが、彼はこれで自分はどこに何があるかがちゃんと分かっているのだと請け合う。この家はヒンドゥスターンの英知を集めつくしているように思われる。確かにインドの不可思議な伝承の多くが、これらの古代の筆写本の巻物やサンスクリットの書籍のほとんど解読できないページの中にある。

椅子にもどると相手は言う——

「私の持ち金のほとんど全てがこれらの写本や書籍を買うのに使われました。この中の多くが非常に珍しいものでして、私にとっては高価だったのでした。ですから今はたいそう貧乏をしているのです」

「これらはどのような問題を扱っているのですか？」

「人生と神の神秘ですが、その多くは占星学に関係のあるものです」

「では、あなたは哲学者でもいらっしゃるのですね？」

やせた口もとが薄笑いにほころびる。

「良い哲学者でない男は、貧弱な星占いにしかなれません」

「こんなことを申し上げるのを許して下さるなら、こんなにたくさんの書物で勉強しすぎないようにしてください。初めてお目にかかったとき、私はあなたの顔色の青さにショックを受けました」

「それは別にお驚きになるほどのことではございません。私は六日間ものを食べていないのですから」彼は静かに答える。

私は心痛の色をあらわす。

「それは金の問題ではありません。毎日来て私のために食事を用意する女が病気で来られないのです。今日で六日になります」

「それでは別の女をお呼びになればよいのに」

彼は断固くびを振る。

「いいえ。私の食物は低い階級の女につくらせることはできません。そんなことをするより一カ月でも食べないでいる方がましです。私は自分の召し使いの健康が回復するまで待たなければなりません。しかし彼女も一両日中には戻ってくるでしょう」

彼にじっと目を凝らすと、「ブラフマーの息子たち」のしるしの聖糸をまとっていることに気づく。彼のあごの下に見え隠れする、麻糸で編んだ三つ組みのひもは、すべてのブラーミンの赤ん坊の首のまわりにかけられ、死ぬまではずされない。彼はブラーミンなのだ。

「なぜ、そんな迷信的な階級の制約で面倒な思いをなさるのですか？　そんなものより自分の健康のほうがずっと大切ではありませんか？」と私は勧告する。

「これは迷信ではありません。あなた方西洋の科学の機械ではまだそれを発見していませんが、あらゆる人が、現実に存在する磁気的な影響力を放射しているのです。食事を用意する調理者は食事の中に彼女の影響力を投入します、もちろん無意識にですが。人格の低い調理者はそうして悪い磁気で食物を汚《けが》し、その汚《けが》れはそれを食べた人の内部に入っていくのです」

「なんと奇妙な理論だろう！」

「しかしそれは本当のことなのです」

私は話題を変える。

「占星家におなりになって何年たちますか？」

「一九年です。結婚後この職につきました」

「ああ、分かりました」

「いいえ、私はやもめではないのです。説明しましょうか。一三歳の若さで私はしばしば神に悟りを願いました。ですからさまざまな教師のもとに導かれ、さまざまな本を読みました。勉強に夢中になり、毎日深夜まで読書にすわったものでした。両親は結婚を取り決め、結婚式の数日後、妻は怒って、『私は人間の形をした書物のところに嫁にきた』と言いました。八日目に彼女は私たちの馬車を運転していた男と一緒に逃げてしまったのです！」

シュディ・バーブは間をおく。私は彼の妻の辛らつな意見をきいて、微笑せざるを得ない。彼女の早急な駆け落ちは保守的なインドでは熱狂をまき起こしたに違いないが、とにかく女のやり方は曲がりくねっていて男の心で量り得るところではない。

「しばらくして私はショックから回復しました。そして彼女を忘れました」彼は続けた。「喜怒哀楽の情はすべて消えてしまいました。私はそれまでよりもいっそう深く、占星学と神の神秘の研究に打ち込みました。私が自分の最大の研究、ブラフマー・チンタの書物を取りあげたのはこのときです」

「何に関する書物なのでしょうか」

「題名を、『神の瞑想』または『ブラフマーの探求』あるいは『神の知識』と訳してもよいかも知れません。書物の全部を集めれば数千ページになりますが、私が研究しているのはその中の一部分だけです。それを集めるのにさえ二〇年近くかかりました。インドのさまざまな地域の、さまざまな代理店を通じて、少しずつ入手したのです。その題名のもとに一二の大きな区分があり、それらがまた細かく分かれています。おもな題目は哲学、占星学、ヨーガ、死後の生、およびその他の深い問題です。」

「その書物の英訳があるかご存じですか?」

彼は首をふる。

「まったく聞いたことがありません。この書物の存在を知るインド人さえごくわずかです。今日までそれは用心深く守られ、秘密にされてきたのですから。それはもともとはチベットから伝えられました。あちらではこの書は非常に神聖なものと見なされ、選ばれた学生だけが研究を許されるのです」

「いつ書かれたのですか?」

「数千年前、賢者ブリグゥによってしるされました。彼は大昔に生きていた人で、いつ、ということはわかりません。それは、インドに存在するほかのすべてのヨーガとはまったく違うヨーガの方法を教えています。あなたはヨーガに興味をお持ちなのでしょう？」

「どうしてそれがおわかりになるのですか？」

答えとして、シュディ・バーブは私の誕生日をもとに作ったホロスコープを静かに取りだし、惑星の配置を示す不思議な象形文字と黄道帯の記号との間に鉛筆を動かす。

「あなたのホロスコープは私を驚かせます。ヨーロッパ人のそれとしては異常なものですし、インド人のものとしてさえもふつうではありません。それはあなたがヨーガを学ぶ優れた傾向をお持ちになることを示し、またあなたが賢者たちに愛され、彼らがこの道でのあなたの深い研究を助けることを示しています。それでも、あなたはご自分をヨーガだけには閉じ込めず、他の神秘的な哲学にも精通されるでありましょう」

彼は言葉をとめ、私の目をひたと見つめる。彼が、私の内的生命の、啓示にも相当する宣言をおこなおうとしている、という微妙な印象を受ける。

「二種類の賢者があります。利己的に自分の知識を秘密にしておく人と、悟りを得たあと、求める人びとに惜しみなくそれを分けあたえる人です。あなたのホロスコープは、あなたが悟りのほとんど一歩手前まで来ていらっしゃり、従って私の言葉も必ずお耳にとまるであろうことを示しています。私は喜んで私の知識をあなたにお伝えいたします！」

私は、この奇妙な事の成り行きにびっくりする。最初、私はインドの占星術を調べるためにシュディ・バーブのところにやってきた。ふたたびの訪問は、それの基礎原理に対する彼のさらなる弁護に耳を傾けるために来たのだ。なのに今や、思いがけなく私のヨーガの教師になろうと申し出る。

「もしブラフマー・チンタの法を実践なされば、あなたは教師をお持ちになる必要はありません。あなた自身の魂があなたの教師になるでしょう」と、彼は続ける。

私はたちまち自分の思い違いを悟り、彼が私の心中を読んだのかな、といぶかる。

「あなたは私を驚かせる！」しか言葉が出ない。

「私はすでに数名の者にこの教えを伝えましたが、けっして自分を彼らの師とは見ていません――兄弟か友達と見るだけです。ですから私は、ふつうの意味でのあなたの教師になろうなどとしているのではありません。賢者ブリグゥの霊が、彼の教えをあなたに伝えるために私の体と心を用いるのです」

「占星学という職業を、どのようにしてヨーガの教えと結び合せることができるのか、それが私には理解できないのですが」

彼はやせた両手を机上にひろげる。

「説明はこうです。私は世間でたまたま占星学という私の仕事で奉仕しています。第二に、私はヨーガの教師と見なされることを拒否しています。ブラフマー・チンタで認められている唯一の教師は神なのです。彼がわれわれが認める唯一の訓戒者です。彼が普遍霊としてわれわれの内に宿り、われわれを教えるのです。どうぞ、私を兄弟と見て、霊的訓戒者とは見ないでください。教師を持つ人びとは、自分の魂を忘れて師に頼りすぎるようです」

「しかしあなたは、ご自分の魂の代わりに占星学の導きに頼っていらっしゃる」とすばやく私はやり返す。

「違います。私は今は自分のホロスコープなど見はしません――実は何年も前にそれを破って捨てました」

これを聞いて私は驚きの色を示す。彼は答える――

「私は光を見いだしました。ですから、占星学に導かれる必要はないのです。しかし、闇の中を歩く人びとはそれに助けられます。私は、自分の生命を完全に主の御手にゆだねました。未来や過去にまったく頓着しないことによって私はそれを生活の中で実践しているのです。主がおつかわしになるものは何であれ、彼の思し召しとしてそれを受けます。私は自分の全体を――身も心も行為も感情も――全能者の意志に捧げてしまったのです」

「もし悪者に殺されそうになっても、それを神の意志としてお受けになるのですか？」

「どのような危険も、起これば神に祈りさえすればよいのであって、祈ればただちに彼の加護があることを私は知っています。祈りが必要なのでして、恐怖は不必要です。私は頻繁に祈り、主は驚くほど守ってくださいました。私はさまざまな大きな困難を切り抜けてきて、あらゆるときに彼の助けを感じました。ですからどのような出来事にあっても完全に彼を信じているのです。いつかはあなたも同じように、未来を無視し、それにたいして無関心におなりになるでしょう」

「そうなるまでには、私の内部に大きな変化が起こらなければなりますまい」と、私は冷淡に言う。

「その変化は必ずきます」

「確信なさるので？」

「はい。あなたはご自分の宿命から逃れることはできません。この霊的更生は、人がそれを求める、求めないに関わらず、神からくる出来事なのです」

「あなたは変わった事をおっしゃる、シュディ・バーブ」

神の観念は、この国で私がした会話の中に実に頻繁に入ってくる、未知の要素である。インド人は生まれつき宗教的で、私は彼らが神という言葉を口にするときのなれなれしい態度に、しばしばいら立つのだ。複雑な推理のために素朴な信抑を捨ててしまった懐疑的な一西洋人の見解を評価することなど、彼らに出来ようか。私は神の問題を取りあげて占星家と論じるのは無益であり、現実的ではないと悟る。彼が私に用意する神学というごちそうを頂く趣味はないので、私は話題をあまり論争にならない方向に転回する。

「ほかの話をしようではありませんか。神と私はまだ一度も会ったことがありませんので」

彼はひたと私を見つめる。黒白のはっきりとした特異な目が魂を探っているようだ。

「あなたのホロスコープの図表が間違っているはずはありません。また相手の心に準備ができていなければ、私は自分の見たところを明かしはしません。星は誤りなく運行します。いま理解できないことも、思いから去ることはなく、そこに残り、やがて倍の力で戻ってくるでしょう。もう一度申し上げますが、私は喜んであなたにブラフマー・チンタの道をお伝えします」

「そして私も、喜んで教えて頂きます」

§

私は夜ごとにこの占星家の住む古い石造りの家を訪ね、ブラフマー・チンタの授業を受ける。原始的なチベットのヨーガ方式［3］の奥義を私に授ける細い顔に、青白いランプが揺らぐ影を投げかける。彼は絶対に優越者の態度をとらない。謙虚の権化であって、教示の前にはつねに、「このブラフマー・チンタの教えではこう言われております」と前置きをつける。

「この教えの究極目的は何ですか？」と私はたずねる。

「われわれは神聖な恍惚状態を求めているのです。その状態に入ると人は、自分は霊である、という完全な証明を得るのですから。彼の心が環境の束縛を脱するのはそのときです。対象は消え去り、外部世界は消滅したように思われます。彼は、霊こそが、内なる生きた、真実の存在であることを見い出します。それの至福と平安と力は、彼を圧倒します。わが内に、不死なる神の生命が生きているという証《あか》しを得るためには、たった一度この種の経験をすればよいのです。彼はけっしてそれを忘れることはできません」

一抹の疑問が心に浮かび、質問をうながす。「それらが自己暗示の深い形ではない、との確信はおありですか？」

幽霊のような薄笑いが彼の口元をかすめる。

「母親が子を産んだとき、たとえ一瞬間でもこの事実を疑うことがありますか？　また彼女がその経験を回顧して、あれは自己暗示にすぎなかったと考えることがありますか？　そしてその子が自分のそばで年ごとに成長するのを見つめながら、その存在を疑うようなことがあるでしょうか。同様に、霊的新生という大仕事は、すさまじい事件として人の一生にやってくるものですから、けっして忘れられることはあり得ません。それは人のいっさいを変えてしまうのです。人が神聖なる恍惚に入ると、一種の真空状態が心につくられます。神――あなたはこの言葉に興味をお持ちにならないようだから、霊とかより高い力と言ってもよい――が入ってきてその真空部を満たすのです。このことが起こると、人は強烈な幸福感に満たされるのを避けることはできません。人はまた、宇宙全体に深い愛を感じます。他人の目からは肉体が恍惚状態に見えるだけではなく、死人と同様にも見えるでしょう。最も深い状態に達すると呼吸も完全に止まってしまうからです」

「危険ではないのですか?」

「いいえ。恍惚は完全に一人のときか、見守ることを許された一人の友がいるところで得られます。私はよく聖なる恍惚に入り、そこから出たいと思えばいつでも出ることができます。たいてい二時間か三時間ですが、前もって終わる時刻を決めておくのです。それはすばらしい経験です。あなたが宇宙として見るものをわが内に見るのです! だから私は、学ぶ必要のあるものはすべて、自分の魂から学ぶことができる、と言うのです。私がこれを完全にお伝えしたあとは、あなたに外部の教師は不要です」

「あなたは教師におつきになったことはないのですね?」

「ありません。ブラフマー・チンタの秘密を発見して以来、師を探したことはありません。それでも偉大な師たちがときどき向こうからやって来ました。私が神聖な恍惚に入り、内なる世界を意識しているときに来るのです。これらの偉大な賢者たちは、心霊的な姿で私の前に現れ、両手を頭に置いて私を祝福しました。ですからくり返し申し上げますが、あなた自身の魂の導きをお信じなさい。頼まなくても教師は内なる世界にやってきます」

次の二分間、沈黙がつづく。相手はなにか思いにふけっているようだ。それから非常に謙虚にこの不思議な教師は言う――

「あるとき、恍惚中に、私はイエスを見ました」

「私を煙にまくのですか！」と私は叫ぶ。

しかし彼は急いで説明しようともしない。かわりに、びっくりするやりかたで、両の白目を上方に転じる。さらに深い沈黙の一分間。彼が両目をふつうの状態に戻すと、初めて私は安心する。

彼が次に話しかけるとき、謎めいた微笑が、ふたたび彼の口もとにただよう。

「神聖な恍惚は実に偉大なもので、人がその中に在るあいだは死も彼を捕らえることはできません。ヒマラヤのチベット側にはこのブラフマー・チンタの道を完全に体得した何人かのヨーギーがいます。彼らはみずから好んで山奥の洞穴に隠れ住み、そこで最も深遠な恍惚に入っているのです。その状態では脈拍は止まり、心臓は働かず、血液も流れません。見た人は死人だと思うでしょう。眠っているのだなどと想像してはいけません。彼らはあなたや私と同様、完全に目覚めているのです。内なる世界に入り、そこでもっと高い生活をしているのです。心は肉体の束縛を脱し、彼らは全宇宙を自己の内に見ます。いつかその恍惚から出てくるでしょうが、そのときには数百歳になっているでしょう――」

こうしてまたもや、私はこの人間永生の信じがたい伝説を聞く。これは東洋の太陽の下を行く限り、どこまでもついてまわるものらしい。しかしながら、私がこのような伝説的な永生の人の一人でも追いつめて面と向き合うことがあるのだろうか。またチベットの荒涼たる風土の中で育ったこの古代の魔法を、西洋が科学的、心理学的貢献として認めることがあるのだろうか――それはわからない。

§

ブラフマー・チンタのヨーガという空想的な教えの、最後の授業が終わる。私はすわってばかりいる占星家をめったに出ないという戸外に連れ出し、少しばかり彼の脚に運動をさせる。河への道をふさぐ混雑したバザールをなるべく避けて、われわれは狭い小路をさまよう。古くてみすぼらしく不潔で混雑していても、ここはヴァーラーナシーを行く人びとに多彩で魅惑的なものを見せてくれる。陽の強い午後なので、私の連れは傘を肩にしている。弱々しい姿と遅々とした歩みは一向に道を進まないので、私は行程を縮めることにする。真ちゅう細工師の通りでは、あごひげの職人たちが打つ槌《つち》の音が響き、彼らがつくったピカピカの真ちゅうの器が日光を受けて輝く。ここにもまた無数の小さな真ちゅうの神像がある――ヒンドゥパンティオンの最高の神々の地上での表現である。

別の通りでは道端の日かげに老人がうずくまる。彼は弱々しい目つきで私を見上げ、恐れが去ると、施しを乞う。小さな木の台に赤や黄金色の穀物の山が並ぶ穀物商人の通りにはいる。商人たちはその横で脚を組んですわったり、しゃがんだりしている。彼らは通りすぎる奇妙な二人づれに視線を投げるが、すぐに元にもどり辛抱強く顧客を待つ。

何の匂いともわからないさまざまな匂いが入り混じる通りを過ぎ、河に近づく。物乞いたちの稼ぎ場とみえる地域に踏み込むと、やせこけた彼らがごみだらけの道を身を引きずりながら歩いている。中の一人が近寄り、問うように私の目を見つめる。たとえようもなく憂うつな顔だ。私の心は深く当惑する。骨と皮の老婆につまずきそうになる。それはぶらさがっている皮膚と突出した骨の束だ。彼女もまた私の目を見る。非難の色はなく、もの憂いあきらめがあるだけだ。私が財布を取り出すと、彼女はたちまち生気のある生きものとなり、やせこけた腕を差しだして与えられた硬貨をとる。

私は十分な食べ物と、良い着物、適当な宿、そのほか持ちたい物を持てる幸せに身震いする。不運な人びとの哀れな目つきは心につきまとって離れず、自分に罪悪感をもよおさせる。この貧しい物乞いたちがぼろ以外の何物も持っていないのに、何の権利によって私はこんなにたくさんのルピーを、こんなにたくさんのアナを欲しいままにしているのか。もし、誕生のときの何かの事故か、運命の気まぐれによって私があの中の一人に生まれていたとしたら。しばらくはこんなぞっとするような思いにふけるが、恐ろしいので努めてそれを追い払う。誕生のときの単なる運によって、一人の人間には汚いぼろをまとわせて道端におき、もう一人には絹の長衣を着せて向こう岸の宮殿に住まわせる。偶然という神秘の意味は何なのだろう。人生は本当に暗い謎だ。私には理解することができない。

ガンガーに着くと、占星家は「ここにすわりましょう」と言う。われわれは木陰にすわり、幅広い石の階段や延々と続くテラス、突出した乗船場に沿って流れる河を見おろす。絶えず巡礼者の小さな群れが往来する。オーラングゼブ（ムガール帝国の皇帝）がつくったあの魅力的なモスク（イスラム教の礼拝堂）のしるし、二基のほっそりした尖塔《せんとう》の形の良い姿が、一〇〇メートル近く真珠色の空中に優雅にそびえている。ヒンドゥの中のもっともヒンドゥ的な都市における、イスラム教の時代錯誤である。

物乞いたちを見て考え込んだ様子の私に、占星家は青白い顔をこちらに向けて言う。「インドは貧しい国なのです。人びとは惰性に陥っています。イギリス人には良いところもあるから神はこの国のために彼らをここにお遣わしになったのだと思います。彼らがくる前は、法律や正義が無視されて世の中が物騒でした。私はイギリス人にここにいてもらいたいと思います。私たちには彼らの助けが必要なのです。ただ、力でなく友情を持って助けてほしい。そうなれば両民族の運命がおのずから成就するはずです」

「ああ、またしてもあなたの運命論だ！」

彼は私の言葉を無視して沈黙に入る。やがて、たずねる。

「どうしてこの両民族に、神の思し召しを無視することなどできますか。昼のあとには夜が来、夜のあとには昼がくる、民族の歴史も同じです。大きな変化が世界を襲います。インドは怠惰と無為に沈んできましたが、これからは活動を生み出す元となる、願望と野心に満たされるようになりましょう。ヨーロッパは実際的な活動に燃えていますが、やがて物質主義の力は衰え、より高い理想の方に顔を向けるでしょう。アメリカにも同じことが起こりましょう」

私はだまって聞き入る。

「そうなるために、この国の哲学や霊性の教えは、西洋に向かって大波のように押し寄せるでしょう」彼は厳粛に続ける。「学者たちはすでにサンスクリットの聖典のうち、あるものを西洋の言葉に翻訳しました。しかしインドやネパール、チベットの奥地の洞穴の書庫には、さらに多くの文書が隠されています。それらもまた世界に知られるようになるに違いありません。遠からず、インドの古代の哲学と内面的知識が西洋の実際的な科学と結合するでしょう。私はそうなることを喜んでいます」

私はガンガーの緑色の流れを見つめる。流れは不思議なほど静かで、水面は陽光に淡く光っている。

彼はさらにつづける。「各人の運命を実現するのと同様に、各民族の運命も実現されなければなりません。主は全能です。人も民族も、自分で招いた運命を避けることはできませんが、苦労の間を通じて加護があり、大きな危険から救われることもあるでしょう」

「そのような加護はどのようにして得られるのでしょうか？」

「祈りによって。全能者に向かうときに子供のような性質を保つことによって。口先だけでなく心の底から神を想うことによって――特になにかの行動を始める前にそうなさい。幸福なときには神の恵みとしてそれを楽しみ、苦労がきたら、それはまさに自分の内なる病を癒やす薬のようなものだと思いなさい。神を恐れなさるな。彼は慈悲、そのものでいらっしゃるのですから」

「では、あなたは神は遠い存在だとはお思いにならない」

「いいえ、思いません。神は、人びととこの宇宙全体の内に隠れていらっしゃる霊です。もし自然の美そのもののような美しい風景を見たら、風景そのものを崇拝せず、それは内にいらっしゃる神のお陰で美しいのだとお思いなさい。対象物や人びとの中に神を見て、それに生命を与える内在の霊を忘れるほどには外形に心を奪われないようになさい」

「シュディ・バーブ、あなたは、運命、宗教、そして占星学のあなたの学説を独特の形でミックスしていらっしゃる」

彼は厳かに私を見る。「なぜですか。これらの学説は私がつくったものではなく、もっとも古い時代から今日まで伝えられてきたものです。運命の巨大なる力、創造主への崇拝、天体の影響の知識は、最も古い時代の人びとにすでに知られていました。彼らは西洋の人びとが想像する野蛮人ではなかった。申し上げたでしょう、今世紀の終わる前に、西洋人もすべて人の生命に宿るこうした見えない力がどんなに真実のものであるか、あらためて発見するでしょう」

「西洋人が、自分の生活をつくるもこわすも自分次第だという生得の考えを捨てるのはこの上もなく難しいでしょう」

「起こることはすべて神の思し召しによって起こるので、自由意志と見えるものも実は神の力です。彼らの前生における、思いと行為の良い結果、あるいは悪い結果を全能者が彼ら自身にお返しになるのです。彼の思し召しを受けるのが最善です。それに耐える力を彼にお願いするなら、人は不幸にあっても震えるようなことはないでしょう」

「いま会ってきた不幸な物乞いたちのために、どうぞあなたのおっしゃるとおりであってほしいと思います」

「これが私にできる唯一の答えです。もしあなたがご自分の魂の中への道、つまりブラフマー・チンタの道をたどられるなら、このような疑問はおのずと解決します」

彼は私を導くために論じ得る限りのことは論じた、これからは自分で自分の道を見いださねばならぬ、と私は悟る。ポケットの中には、汽車で至急ヴァーラーナシーを出発することを命じる致命的な電報が隠されている。私は折り畳み式コダックを取りだし、彼に写真を撮らせてくれと頼む。彼は丁重に断る。私はおして頼む。

「私の醜い顔と貧弱な身なりをどうするのですか？」

「どうぞ！ あなたを思い出すてがかりにするのです」

「最善の方法は清らかな思いと無私の行為でしょう」

私はしぶしぶカメラをしまう。彼がついに道を戻ろうとして、それに従おうとするとき、すぐ近くに、大きな竹製の傘で強烈な日差しを避け、深い瞑想に没入してすわるひとつの影を見い出す。うっとり瞑想している顔と衣の黄土色によって、彼が優れた僧団に属する僧であるとわかる。少し行くと一匹の雌牛――ヴァーラーナシーにたくさんいる、たぶん神聖な種族――がこの種によく見る奇妙な姿勢で眠っている。脚を折って腹の下に入れ、われわれの進路に横たわっているのだ。

両替屋の店に着き、そこで私は馬車を呼びとめ、二人は別れる。

§

そのあと数日間、私は慌ただしい旅を続け、設備の不十分な宿泊施設を利用する。一泊したその中のひとつでは、おびただしいアリの襲来に悩まされてついにベッドをおり、椅子にすわって一夜を明かす。眠れぬままにヴァーラーナシーの占星家の運命論的な哲学について思いめぐらす。

同時に飢えたわが身を引きずって歩く惨めな物乞いたちをも思い出す。人生は彼らを生かしもしなければ死なせもしない。たとえ裕福なマルワリ人の金貸しがぜいたくな車でそばを通っても、彼らは神の意志への完全な服従によって、自分たちの不幸を認めるのと同じように彼を認めるだろう。燃える空の下、この国では、あわれなハンセン病患者さえ自分の運命に満足している。これが多くのインド人の骨の髄までしみこむ運命論である！

西洋の自由意志党が東洋の全能なる運命論提唱者と議論するのがどんなに無駄なことか、私にはわかる。後者にとっては問題が起きてもそこにはひとつの見方しかない。それは、「問題はない」という教義を無条件に認める見方だ！　運命が彼を支配する。それ以上なにも、つけ加えることはないのだ。

われわれは操り人形にすぎず、運命という糸にぶらさがり、見えない手の命令によって前後左右に動いているのだ――そんなことを自己依頼心の強い西洋人が聞いて、誰が喜ぶだろうか。私はアルプスを越えて華々しく突進するナポレオンの、あの注目すべき発言を覚えている。「不可能？　私の辞書にはそんな言葉はない」

一方で、ナポレオンの全生涯の魅力ある記録をくり返し研究した私は、彼がセント・ヘレナで書いた不思議な文章も思い出すのである。そこで彼の巨大な頭脳は過ぎし日々の上を幾度もかけめぐっていた。

「私はつねに運命論者であった。天空に書いてあることは……。私の星は光を失った。私は手綱が私の手から滑り落ちるのを感じたが、どうすることもできなかった」

こんな逆説的で矛盾した信念を持つこの男に神秘を解くことができたはずはないし、またかつてそれを完全に解いた人がいるのかどうか、疑わしい。おそらく人間の頭脳がはたらき始めて以来、この古い難問は、北は北極から南は南極のあらゆる人びとによって論ぜられてきたであろう。独断的な人びとは自分が満足するように決着をつけ、哲学的な人びとはなお賛否を帳簿につけて決算をためらっている。

私はあの占星家の驚くほど正確な私のホロスコープの解読を忘れてはいない。ときおりそのことを思いめぐらし、ついにはこの東洋の宿命論の愚かさに自分もかぶれてしまったのか、とあやしむ。この謙虚な様子の男がどんなに私の過去を読んだか、どんなに過ぎてしまった出来事のぼんやりした現象をしばし生き生きと思い起こさせたか。それを思い出すたびに、運命と自由意志というこの古びた難問に関する資料を集めてぼう大な論文をまとめたい、という誘惑にためらいながらも駆られるのだ。しかし私は、自分のペンを運命論的な思想と共に働かせるのは無益であろうということを、そして、たぶん始めたときと同じ闇の深淵の中で終わるであろう、ということを知っている。なぜなら占星学についての詳細を書く必要があり、それは能力を超えて、複雑なものになるだろうから。だが現代の発明の歩みは大きい。われわれが遠い遊星に向かってクック（ジェームス・クック英国の航海家）の観光旅行を試みるときも遠くはあるまい！　そのときに、遠い星の機構がわれわれの生活に何らかの真の意味を持つものかどうか、それを見い出すこともできるだろう。当分は、彼らが間違うこともあるということ、そして世間の占星学は半端ものだというシュディ・バーブの警告を心に留めつつ、一、二の占星家を試みるのもいいだろう。

しかしながら、何らかの四次元的な形で未来はすでに存在している、との仮定を容認するとしても、まだ見ぬ個人の運命の秘密を知ることは願わしいことだろうか。この一抹の疑問とともに、想念はハタとやみ、眠りが私をとらえる。

数日後、私はヴァーラーナシーから数百キロ離れた町にいる。そして彼の地で暴動が起きたというニュースを受けとる。それはヒンドゥ対ムスリムの争いという不愉快な物語で、たいていはつまらぬ事から始まり、略奪や殺傷を宗教的口実で覆い隠す悪漢どもに利用されるのだ。その嘆かわしい期間中、さまざまの残酷な殺りくの物語が入ってくる。私は占星家の安否を気づかうが、彼と連絡をとることはできない。配達人が恐れて町に入らず、郵便も電報も届かないのだ。

私はやむを得ず暴徒が鎮圧されるまで待ち、この不幸な都市を突き進む、最初の電報を打つ。簡単な感謝の手紙が戻って来、その中で占星家は彼の安全を、「全能者の加護」に帰している、と書く。そして紙の裏面には、ブラフマー・チンタのヨーガの修行の一〇箇条の規則を書いてよこした！

[1] ティフィン（tiffin）。軽い午後のお茶の事。

[2] 当時私が到底不可能と思った彼の予言のひとつは完全に適中した。しかしその次の予言は彼が示した時期には起こらなかった。ほかのものはまだときが来ていないのでわからない。

[3] 私はこのシステムの詳細を著そうとは思わない。また、たとえそうしても、西洋人が恩恵を受けることはないだろう。そのエッセンスは一連の瞑想であり、指導者が「真空の心！」と表現するものを創造することを目標としている。そこには六つのさまざまな実践の道を学ぶこと、そしてその主要な道において至るべき一〇の段階が示されている。一般の西洋人がその方法を実践することは適正ではないし、必要でもない。それらは密林の隠とん所か山奥の僧院だけに適するものであり、危険な場合もある。生かじりの西洋人がそのような実践に手を出すと、精神錯乱を起こすこともあるのだ。

第一三章　主の庭園

北インドの方々を足早にまわるうち、二つの道筋が一ヶ所に合流するところに、ダヤルバグ、主の庭園という詩的な名前の町がある。そこは独特の、ほとんど人には知られていないコロニーである。

道のひとつは、絵のような都市ルクノウからはじまる。ここにいるあいだ、私はガイドとして哲学者として友として、スンデルラル・ニガームに大変世話になる。しばしばともに街を歩き哲学を語る彼は、二一、二歳より上ではないと思うが、多くのインド人同様、早熟である。

われわれは古いムガール帝国の宮殿を訪ね、消え去った王たちを捕らえた無情な運命を思いめぐらす。あらためて、その優雅な曲線と繊細な色彩がそれを創った者の洗練度をしめす、輝かしいインドのペルシャ（現イラン）式建築にほれこむ。ルクノウを彩る王たちのすばらしい庭園のオレンジの木々を散策した鮮明な記憶は、生涯忘れることはないだろう。

アウド（インド北部ウッタル・プラデシュ中東部）のかつての王たちの色彩豊かな宮殿を探索する。当時は彼らを魅惑するお気に入りたちが、大理石のバルコニーや黄金の浴槽でそのオリーブ色の肌の美しさを誇示していたであろうが、いまは王宮に人影はなく、記憶をとどめるのみである。

猿の橋というおもしろい名前の橋のそばに美しいモスクがあり、私は何度もそこへ戻る。純白の外装は日の光を受けて仙女の宮殿のようにきらめいている。まばゆい天空にそびえる均整のとれた尖塔は、永遠の祈りに入っているかのようである。内部をのぞくと参拝者の群れが床にひれ伏し調子を合わせてアラーの名を唱える。信者たちがすわって祈りを捧げている輝く色彩の小さな敷物は辺りの光景にいっそう魅力を添えている。かの預言者の信者たちの熱意は、誰も疑うことはできない。彼らの宗教は彼らにとって、生きた力と見えるのだから。

こうした遍歴と小旅行のあいだに、次第に私はこの若い案内者が持つある性格に感服しはじめる。機敏な発言、まれに見る優れた知性、および現実的な事柄に対する適応性は、なんとなくヨーガ行者の奥行きと神秘性を併せた感じがする。彼が、ラーダー・ソアミスという半秘密団体のメンバーの一人であることを明かすのは、何度も会って熱心に議論し合った――そのあいだ、彼が私の信仰や考えをしきりに探っていることに気づいてはいたのだが――あとのことである。

§

私は、同じ団体の他のメンバーであるマリクから、ダヤルバグへ私を導く第二の道を見つける。彼は別の時、別の場所で私の行動範囲に入ってくる。インド人としては見た目もよく、色白で繊細な感じである。何世紀も彼の民族は、ここの隣人あるいはここの辺境部族として、隣人が持つものを物欲しげに見つめてきた。しかし賢明なイギリス政府は、これら落ち着きのない無鉄砲ものたちを、果てしない戦いという古い方法ではなく、彼らを働かせて金を払うという方法で手なずけている。

マリクは、丘や砂漠に道をつくり、橋をかけ、防衛のために砦《とりで》や兵営を建造するという、より平和的で社会に役立つ職につくことを承知した、どう猛な部族の者たちを監督している。荒々しく見える彼らは多くがライフル銃を身につけている――おそらく現在の必要からではなく古くからの慣習だろう。この北西の辺境の全線にわたって、彼らは労働をもって商人のために道をつくり、兵士のために新しい砦を築く。マリクはデラ・イシュマイル・カンという辺境の前哨《ぜんしょう》基地でたいへんよく働いている。彼の性格は、深い洞察と高貴な性質をそなえた、健全な自己信頼と強度の実用主義との調和である。私はその注意深いバランスに敬服している。

ヨーガのすべての古い伝統と一致する堅い沈黙のあと、彼はやっと私の問いに負けて、自分が師を持つこと、彼を定期的に訪ねていること、名はサハブジ・マハーラージということ、彼の師はラーダー・ソアミスの頭首であることを打ち明ける。そしてこれを聞くのは二度目だが、彼の師は、西洋の方法や考え方に基づいてヨーガの行法を日常生活に生かそうとする、驚くべき興味深い理念を持っていることを知る。

§

ニガームとマリクという二人の男の親切な努力がついに実を結び、私はダヤルバグというラーダー・ソアミスの町の無冠の王、サハブジ・マハーラージ猊下《げいか》の客として招かれることになる。

砂ぼこりの道を数キロ走り、アグラからコロニー（生活共同体）まで行く。ダヤルバグ――主の庭園！この時の印象が正しいなら、創立者はこの町をその美しい名の示すとおりのものにしようと努めているに違いない。

私は師のプライベートオフィスがある建物に連れてゆかれる。待合室は、座り心地のよい安楽椅子から見事に彩られた壁、シンプルに洗練された家具まで、魅力的なヨーロッパ風のしつらえである。

なんと徹底した西洋化であろうか！　むき出しの薄汚いバンガローや、寂しい山奥の洞穴や、河のほとりの草屋根の薄暗い小屋の中でヨーギーたちと会ってきた私が、これほど現代的な施設の中でこの部族の一員に出会おうとは思ってもみなかった。この異例の団体のリーダーはいったいどんな人なのだろうか。

疑惑の中に長くはおれない。ドアが静かにあき、その人自身が入ってくる。中背で、頭に真っ白なターバンを巻き、代表的なインド人タイプではないが洗練された容貌である。もう少し色白だったら静かなアメリカ人としてとおるかもしれない。大型の眼鏡が目をおおい、短い口ひげが上唇を飾る。インド人の仕立屋が西洋スタイルを改作した、つめ襟でボタンがたくさんついた長衣を着ている。

近づいてくる彼の物腰は、謙虚で温和である。品格ある丁重さで私を歓迎する。

挨拶が終わると、私は彼が椅子に落ち着くのを待ち、そして思い切って部屋の芸術的な装飾に賛辞を送る。

彼が笑顔で返答すると、白く美しい歯並びが輝く。「神は愛であるだけでなく、美でもあります。人が自分の内なる霊を表現しはじめれば、彼はより多くの美を表現するはずです——自分の中だけでなく周囲や環境にも」

彼の英語はたいへん美しく、早口で、声は確信に満ちている。

しばらく沈黙したあと、ふたたび話し出す。「しかし、部屋の壁や設備には目に見えないもうひとつの装飾があります。見えないが、非常に重要なものです。こうした品々が、人びとの思いや感情に影響を与えるということを、あなたは知っていますか？　あらゆる部屋、あらゆる椅子さえも、それを使ってきた人の、目に見えない影響を発散しているのです。あなたにその雰囲気は見えないかもしれないが、間違いなくそこにあり、その域内に入ってくる者はすべて、無意識のうちに——程度の差こそあれ——必ず影響を受けるのです」

「物体の周囲に、電気的あるいは磁気的な放射エネルギーがあって、それは人間の性格に反映する、という意味でしょうか？」

「そのとおりです。思いは、心の世界では現実に存在するものです。期間の長短はありますが、それは絶えず使用するものすべてに愛着するのです」

「それは興味深い学説です」

「これは学説以上のものです。事実なのですよ！　人は肉体よりもさらに精妙な体を持っていまして、この精妙な体の中に、肉体器官と呼応する、感覚的な活動のセンターがあります。それらが活性化されると、心霊的な視力を得ます。センターを通じて見えない力を認識しているのです」

しばらく間をおいて、彼はインドの現状について私の意見を聞く。私は率直に、彼の国が、不便なこの世の生活をより便利で快適にする手ごろな手段や機械の発明に積極的ではないこと、適切な公衆衛生とその知識に無関心であること、宗教のしきたりに根ざしているようだが、愚かな社会的慣習や残酷な規則には度を過ぎて忠実であることを批判する。私は、聖職者階級の偏見がインドのエネルギーを袋小路にし、嘆かわしい結果をもたらしていると思う、と遠慮なく言う。宗教の名のもとで、彼らの神から与えられた知性を粗末にし誤用している証明だと言って、私は不合理な事実をいくつか例に挙げ、私見を述べる。私の率直な発言は、サハブジ・マハーラージの口から断固たる同意を引き出す。

「あなたはまさに、私の改革計画の一部を指摘されました」と、彼はじっと見つめて言う。

「全体として多くのインド人が、完全に自分でできるはずのことを、神にさせようとしているように見えます」

「まさにその通りです。われわれヒンドゥは、宗教と何の関係もない多くの事柄を隠すために宗教を論じます。困ったことには、最初の五〇年ぐらいは宗教も純粋で活力がありますが、そのあとは単なる哲学に堕落してしまい、信奉者はしゃべり屋になってしまうことです。彼らは宗教に生きる人間ではなくなってしまうのです。やがて長い年月を経ると、ついに偽善的な聖職者の手に落ち、最後には偽善が宗教として認められるようになるのです」

私はこのような率直な承認にアッとおどろく。

「天国と地獄とか、神とその力とか、そういったことを論じて何になりますか？　人類は物質の段階の上に自分を見いだしているのです。この段階の事柄をおろそかにしてはなりません。われわれはここでの自分たちの生活をもっと美しく幸福にするよう努力しようではありませんか」そう彼は結ぶ。

「ですから私はあなたにお目にかかりたかったのです。あなたのお弟子たちは実に優れた人びとで、宗教を見せびらかすことはせず、それを生活に実践し、ヨーロッパ人と同じように現実的かつ現代的であろうと努めていらっしゃるようだ。そしてそれとともにヨーガの修行も忠実に規則正しく実践しておられます」

サハブジは承認のしるしに微笑する。

「あなたがそこに注目なさったことを嬉しく思います」彼は素早く返事をする。「ダヤルバグでこのような活動をすることは、世間にそのこと――人は洞穴の中に逃げ込まないでも完全に霊的になれるということ、彼は世間の職業に従事しながらでもヨーガの最高境地に達するということ――を示そうと試みているのです」

「もしあなたがその努力に成功なさるなら、世界はもっとずっと、インドの教えについて考えるようになるでしょう」

「われわれは成功するでしょう」自信たっぷりの返事がくる。「実はこういうしだいです。私がコロニーを始めようとして初めてここに来たときには、私の願望のひとつは、ここにたくさんの木を植えることでした。しかし部外者たちは、この不毛の砂地に木を育てることなど不可能だと言いました。ヤムナー河はここからあまり遠くはなく、この地点は昔の河筋のひとつ――つまり古代の河床なのです。われわれの中には専門家はいなかったので、見込みのない土地にどんな樹木が成長するかを学ぶため、数多くの実験を重ね、失敗をくり返さなければなりませんでした。最初の年に植えられた樹木のほとんどは――一〇〇〇本以上ありました――枯れてしまいました。ですがたった一本、繁茂しました。われわれはこれに注目し、努力を続け、今ではダヤルバグに九〇〇〇本の生き生きした樹木が成長しています。私がこれを申し上げるのは、これが、われわれが難問題に立ち向かう時の態度を象徴しているからです。われわれはここに不毛の土地を見つけ、誰も買う価値を見いだしませんでした。それがどのように変容したか、ご覧ください!」

「では、アグラの近くにアルカディア(古代ギリシャの山奥にあったと伝えられる理想郷)を造営するのがあなたの目的で?」

彼は笑う。

私は町を見たいという願望を告げる。

「そうですな！　すぐに手配します。まずダヤルバグをご覧なさい。その理由やしだいはあとから話し合うことができます。私のアイデアが形に表れたのを見れば、それらをより理解なさるでしょう」

彼は事務所などによくあるベルを鳴らす。数分後には半分完成した道路を通り、明るい雰囲気の工場の間を視察する。私の案内者はかつてインド陸軍の医務部にいたが、今は彼の師がここでおこなっている建設の努力に献身的に奉仕している、シャルマ大尉である。見たところ、彼もまた、西洋式努力と真摯な霊性との良き結合の一例である。

こんもり茂った並木道が清潔な小都市ダヤルバグの入り口である。すべての街路は木陰をつくるように樹木が植えられている。美しい花園がいくつか中央の広場を飾る。これらはみな、園芸活動を容易には受つけない乾燥した砂漠を、多大な努力によって征服した結果だと聞かされる。

一九一五年サハブジ・マハーラージがこのコロニーをつくり始めたときに植えた一本のクワの木が、芸術性を尊重する彼の行く道の象徴として立っている。

工業地帯のおもな特徴は「モデル産業」と呼ばれる工場の一群である。それらはよく考えて設計されていて、明るく清潔で、空気の循環がよく、広々としている。

§

皮革製品の工場にはいる。頭上の主軸からせわしく流れる伝動ベルトがうなる音を立て機械の長い行列を動かす。薄黒い顔の職工たちが騒音の中で手ぎわよく仕事をしている。ノーザンプトンの大工場で見たイギリス人の職工たちと同じくらい熟練しているようだ。工場支配人は、自分が皮革製品製造の二〇世紀の技術を学ぶため、ヨーロッパに行ってそれを学んできたと話してきかせる。

長靴、短靴、サンダル、バッグ、ベルトが機械製造の工程を騒音とともに流れていく。機械につく男たちはまったくの素人として出発し、この支配人から仕事を教えられ仕込まれてきた人びとである。

製品の一部は地元のダヤルバグとアグラの販売店でさばかれ、そのほかは遠方の都市へと出荷される。それら都市には売店が開かれていて、こうした販売組織はチェーンストアのアイデアを取り入れたものである。

次の建物は織物工場で、製品は決まった種類の柄にできあがる、マーセル法（つや出し木綿）の綿布とシルクである。

別の工場では最新式の動力機械を見る。巨大なハンマーがドスン、ドスンという音を響かせてここを活動的な雰囲気にしている、鍛冶《かじ》と鋳物《いもの》工場である。近くの工場では、科学の器具、研究機器、はかり、分銅などがつくられており、優れた出来栄えなので州政府の援助を得たという。次に金、ニッケル、銅などの電気メッキの作業を見まもる。

「モデル産業」のほかの部門では、扇風器や蓄音器、刃物、家具などを盛んにつくっている。職工の一人が特殊な型のサウンド・ボックスを発明し、これも近いうちに商品化されるだろうという。

私は万年筆の工場を見つけて驚く。それはインド初の万年筆工場だと聞く。ある事が産業開拓者たちの邪魔をし、最初のペンが売り出されるまでには長い試験期間が必要だったという。それは金のペン先にどのようにイリジュームの突端をつけるか、という問題である。彼らもいつかはその秘密を発見することを期待しているが、今のところ突端をつける工程を受けるためにペン先は、ヨーロッパのある工場に送られている。

この町のビジネス界文学界双方の印刷物をまかなっているのは、ダヤルバグ印刷所の完璧な印刷装置である。私は三つの言語――ヒンドゥ語、ウルドゥ語、英語――の印刷物のサンプルを調べる。小さな週刊新聞ザ・プレム・プラチャラクもここで印刷され、遠方に住む多くのラーダー・ソアミストに郵送されている。

どの工場でも、単に満足しているだけでなく、積極的な情熱を持って働いている者たちを見る。労働組合などはここではまったく異常のものだろう。仕事のレベルに関係なく、すべてのひとが自分の仕事を労役としてではなく真の楽しみとしておこなっているのだ。

町は独自の発電設備を持ち、それが工場のすべての機械と大きな家々の天井の扇風機に電力を供給している。そのうえ各家庭に照明用電力を無料で送り、高価な電力会社のメーターを設置する必要をなくしている。

農業部門は小さいが、近代的な農場を持つ。だがまだそれは初期の発展段階にある。機械設備の中には蒸気トラクターと蒸気耕運機があり、おもな産物は新鮮な野菜と雌牛の飼料である。

もっとも能率的に組織された部門は酪農である。展示して見せたいほどの模範的な酪農場であり、このようなものはインドのどこにもない。家畜の一頭一頭が精選された品種で、それはアグラに至るまでに見られる牛たちとは著しい対照をなして優秀である。綿密な清潔さが牛舎内に見られ、科学的な飼育をおこなって、インドの平均よりはるかに多くミルクが得られるようになった。また、低温殺菌と冷蔵を行う工場のおかげで、ダヤルバグとアグラの住民は、ついに細菌の心配のない良質のミルクを入手できるようになったという。もうひとつの輸入機械は電気バター製造機である。この部門の功績は、すべてサハブジ・マハーラージの息子によるものだ。精力的で有能なこの若者は、最新の方法を学びに、イギリス、オランダ、デンマーク、アメリカ合衆国といったおもな酪農場をまわって歩き、それを取り入れた、と私に話す。

コロニーの初期には農場と住民への水の供給は困難な問題であった。灌《かん》がい用の溝が掘られ、給水設備がもうけられたが、増える需要にサハブジ・マハーラージはさらに水源を求めざるを得なくなった。彼は政府の技師たちに助けを求め、彼らが深い掘り抜き井戸を掘って成功をおさめた。

コロニーは独自に金融機関を持つ。その建物は窓に鉄格子がはまった堅ろうな建物で、「ラーダー・ソアミ総合および保険銀行」という文字が掲げてある。銀行は認可された二〇ラック〔1〕ルピーの資本を持ち、個人の銀行事務を扱うだけではなく、この町の財政を支配している。

ラーダー・ソアミの教育施設はダヤルバグの中心に立つ。コロニーの最も立派な建物でそれにふさわしい場所に置かれている。六〇メートルの赤レンガの建築物は西洋人の目にも良く見える。窓はゴシック式アーチ型で白大理石に囲まれている。建物の正面には花園がある。

このモダンなハイスクールは数百名の生徒を持ち、一人の校長と三二名の資格ある教師たちによって運営されている。教師たちは若く情熱的で、生徒と自分の師サハブジ・マハーラージに奉仕したいと願う理想主義者たちだ。一般教育の高い水準が保たれている。形式的な宗教教育はしていないが、高貴な人格を育てようという努力がなされている。そのうえしばしばサハブジ・マハーラージがここを訪れ、毎日曜に全校生徒に霊性の話をする。

スポーツが奨励され、ホッケー、フットボール、クリケット、テニスが少年たちの好む種目である。

七〇〇〇部の蔵書を持つ図書館と、奇妙な小さい博物館が学校に附属している。

もうひとつの立派な建物は「ザ・ガールス・カレッジ」のもので、これも同じ方針によって運営されている。ここは近年までインドの女性が強いられてきた好ましからぬ文盲を、自分の影響圏内では破壊しようとするサハブジ・マハーラージの断固たる努力の現れである。

「ザ・テクニカル・カレッジ」は教育施設の中で最も新しいもので、機械、電気、自動車工学の課程をそなえ、製造工業のために機械技師や職工長を訓練している。授業を教室から工場に移して実地訓練もできるように、「モデル産業」部には学生用の特別の機械と仕事台が設置してある。

これら三つの学校にかよう数百名の学生のための魅力的な寄宿舎もある。いずれも優美でモダンで風通しのよい建物である。

住宅区域はダヤルバグ建築部の管理下にあり、すべての家の設計と建築をしている。街路はたがいに快適な調和を保ち、都市設計者たちの理想のひとつが芸術的な統一性にあることは明らかである。居住希望者は建築部が用意した設計図の中からしか家の型を選ぶことはできない。だから欠陥住宅や見かけ倒しの家などが建つはずもない。四種の大きさが規格化され、それに応じた価格が定められている。買い手は実費にごくわずかの額を加えて支払うのである。

コロニーは小さいが明るい病院と産院を経営している。このコロニーはあらゆる面での独立性を目指しているので、スマートな敬礼をする制服の警官もやはりラーダー・ソアミ兄弟団の一員であると知っても、私はあまり驚かない。それでも彼の姿を見た私の心中には辛らつな疑問がよぎる。犯罪が皆無ということで注目を浴びる、ダヤルバグでの道徳水準の高さの中、警官の存在理由は望ましくない侵入者からこの場所を守るためではないか、と。

§

さまざまな仕事の重圧を背負うサハブジ・マハーラージが再びわずかだが時間をさいてくれる。私は賞賛に価する彼のすばらしい業績に賛辞を述べ、そして、非進歩的なインドで、これほど進歩的な町があることに驚いたと告げる。

「ですが」と、私はたずねる。「費用はどのように？　あなたは多額の出費をなさったに違いありません」

「いずれ金が入ってくるところをご覧になる機会があるでしょう。ラーダー・ソアミ兄弟団のメンバーは、自分たちでお金を出してコロニーを経営しています。そうせよと強制しているわけではなく、会費を徴収しているわけでもないのですが、彼らが、ダヤルバグの成長を助けるために出来るだけのことをする、それを宗教的義務と心得ているのです。ただ初期の段階では、寄附に依存しなければなりませんでしたが、私の目指すところは完全に自立することとです。完全自立の状態に達するまで、私は休まないでしょう」

「では金持ちの支持者をお持ちなのですね？」

「けっしてそうではありません。富裕なラーダー・ソアミたちは、片手の指で数えるほどです。われわれのメンバーはすべてつつましやかな境遇にある人びとです。われわれがとげた進歩には、彼ら大勢の人びとの自己犠牲が必要でした。至高なる父、彼のお慈悲によって、われわれは今日までに数十万ルピーを得、使うことができました。コロニーの将来は保証されています、団体が大きくなるにつれ、収入は増えるでしょうから。われわれはけっして資金に困ることはないでしょう」

「会員はどのくらいいらっしゃるのですか?」

「一万人を超えています。しかしもちろんここに定住しているのはたった数千人です。ラーダー・ソアミ兄弟団は誕生してから約七〇年になりますが、大きく発展したのはここ二〇年のことです。しかもこの発展はまったく宣伝をしないのに起こったのです、われわれはなかば秘密の団体ですから。もし公衆にこの教えを広めることに注力していたら、会員数はいまの一〇倍になったことでしょう。メンバーはすでにインド中にいますが、彼らはダヤルバグを本部と考え、できる限りここを訪れます。各地でグループを作り、毎日曜日、ダヤルバグで特別集会がおこなわれるのと正確に同じ時刻に集会をしています」

サハブジは言葉をとめて眼鏡を拭く。

「考えてみてください。コロニーをつくり始めたとき、われわれは、その費用にと贈られた五〇〇〇ルピーしか持っていなかったのです。最初に得た土地はたった約一万六二〇〇平方メートル(約一二〇〇坪)でした。そして今、ダヤルバグは数百万平方メートル(約数千万坪)の土地に広がっています。着実に成長しているとは思えませんか?」

「ダヤルバグをどのくらいにまで大きくしようと思っていらっしゃるのですか?」

「私は一万人から一万二〇〇〇人ぐらいの人をここに住まわせたいと思っています。そのくらいが程よいでしょう。人口一万二〇〇〇の町は、適切な設計をすれば十分に大きいものです。私はあなた方西洋諸国の巨大な都市をまねたいとは思いません。それらは余りに人が多く、そのため、さまざまな好ましくない性質を生みだしているからです。私は幸福に生活と労働をいとなみ、それに十分な場所と空気がある田園都市をつくりたいのです。ダヤルバグの成長を完了させるにはなお数年かかりましょうが、その暁にはここは模範社会となるでしょう。ちなみに初めてプラトンの「国家(リパブリック)」を読んだとき、私はあの書物の中に、私が実現させたい多くの考えを発見して驚き喜んだものでした。ダヤルバグが完成したら、インド中か、少なくとも一地方にひとつは、造営する共同生活体の模範となることを私は欲しています。それは、さまざまの難問に私が答えをあたえた解決策として、提示されるでしょう」

「あなたはインドが産業開発に力を注ぐことを望んでいますか?」

「もちろんですとも。それがこの国の緊急課題です。しかし――私はインドが、西洋の皆さんがやったようにその中に完全に自分自身を見失ってしまうのは見たくありません」と彼は笑って答える。「そうです、インドは、大衆を虐げる貧乏から脱出するために産業文明をつくりあげなければなりません。しかも、放っておいたら必ず起こる労使間の争いを、避ける方式の上につくりあげなければならない」

「どのようにしてそれをなさるのですか?」

「一般の福利を実現することで、個人の福利を実現するのです。個人の福利を社会でまかなうことはしません。われわれは協調の原理のうえに働き、個人的な成功より、ダヤルバグの成長という成功を望みます。ここにはほかよりはるかに低い給料で働く開拓者たちがいます。むろん文盲の労働者を指しているのではなく、みずから喜んでその仕事をする、訓練された教育ある人びとのことを言っているのです。この方針がここでうまく機能している理由は、たったひとつ、われわれが霊的な目的に鼓舞されているということです。

それはすべての活動の背後にひそむ動力でもあるのです。無給で働くことをよしとできる環境にあるなら、そうすることさえいとわない者もいます。これでわれわれの仲間が、どんなに美しい精神と情熱を持っているかがわかるでしょう。ですがダヤルバグが十分に発展し、完全に自立できるようになったら、このような犠牲は不必要になると思います。こうした人びとをここに連れてきたのは、霊性の進歩をもっとすみやかにしたいという理想です。それがわれわれ兄弟団の根本の目的なのです。もし、あなたがここに来てわれわれのコロニーに加わるとしたら、一ヵ月一〇〇〇ルピーを稼ぐお方かもしれないが、われわれは高給を支払う力は持っていないので、あなたはその三分の一しか受け取れないでしょう。やがてあなたは家を建て、妻をめとり、子供をもうけるかもしれない。しかしもし、その過程で、あなたが自分の生活の物質的な面だけを考えはじめ、われわれの仲間に加わったところの霊的理想を見失うなら、そのときにはその程度に応じ、あなたは失敗しはじめるでしょう。ご覧のあらゆる物質的活動にもかかわらず、われわれは、この兄弟団設立の基礎である中心目的を決して見失わないように努力しているのです」

「なるほど」

「ところでわれわれは、西洋でいう意味の社会主義者ではありませんが、工場や農場や学校が共同体の所有だということは事実です。のみならず、この所有権は土地や住宅にもおよんでいます。ここで家を建てられますが、家はその人が住んでいる間だけ彼のものなのです。これらの制限をのぞけば、各人がどれだけの金をため、何を持とうと、どこに持とうと、まったく自由です。これが、言うまでもなく社会主義の専制主義とは異なるところです。共有財産のすべてと、会員たちの自発的な献金はすべて、宗教的な精神をもって管理される委託財産と見なされています。一切がわれわれの霊的理想に従属しているのです。その管理はインドのさまざまな地域を代表する四五名のメンバーから成る委員会に委ねられ、委員会は一年に二度集まり会計を検査し予算を組みます。平素の仕事と一般の事務は一一名の実行委員の手でおこなわれています」

「あなたは先ほど、さまざまな問題の解決策としてダヤルバグを示そうとおっしゃいました。たぶん、今日の最大の問題は経済問題と思われますが、その解決策をどのようにお示しになるのか、私にはまだ分かりませんが」

サハブジ・マハーラージは自信ありげに笑う。

「インドだってその点に貢献できる何かを持っていますよ」そう彼は言い返す。「まあ聞いてください。次の数年で飛躍的に進歩できるよう、最近実行に移したある計画があるのです。私が思うにこの計画は、根本的かつ重要な、社会経済の原理を具体化したものです。われわれは会員の中で、一〇〇〇ルピー以上を出せる人びとからの寄附を集め、世襲基金を設けました。これに参加した人は、管理委員会から五パーセント以上の年金を受けます。彼が死んだら、同じ金額がその妻か子か生前に指名した人に支払われます。第二の人物もまた、自分の後継者を指名する権利を持っています。しかし三代目の死去と同時に、いっさいの支払いは止まるのです。最初の寄附者が困難な環境や急な資金繰りに直面した場合には、その一部を、ときには全額を返してもらえます。このようにして、やがては何十万ルピーが世襲基金を通じて委員会の金庫に流れ込んでくる、そのうえメンバーたちの財布は大きな犠牲を強いられることはありません。彼らが捧げる寄附は、必ずささやかな収入となって戻ってくるのです［2］」

「あなたは、資本主義の害悪と社会主義の空想とのあいだに、ひとつの明るい場所を見つけようとしていらっしゃるのだと思います。とにかくご成功は疑いないと確信しますので、それがすみやかに到来するよう希望いたします」

ダヤルバグは、その成長を続ける世襲基金の中に、自発的で不断な寄附の中に、採算のとれる段階まで成熟したいくつかの産業の中に、将来の成功のための確実な資源を持っていることが、私にもはっきりする。

「インドの多くの有名な指導者が、われわれの実験を見まもり、結果を待ちかまえています」と、白いターバンを巻いたラーダー・ソアミたちの頭首は言う。

「ある人びとはダヤルバグに訪ねてきましたし、われわれの考えに反対する批評家までがやって来ました。ね、インド人は世界中でもっとも弱く貧しい民族のひとつで、そしてその指導者たちは、相矛盾する万能薬を提供するのですよ。ガンディーは一度ここに来て、私を長い会話に引き込みました。彼は政治運動に加わってくれと言いましたが、私は断りました。われわれはここでは政治にはまったく関係しません。現実的な方法に集中することでの再生を信じているのです。私はガンディーの政治的計画には関心を持ちませんし、彼の経済思想は、空想的、非現実的でおろかしいほどです」

「インドがすべての機械を海に投じることを、彼は欲していますよ」

サハブジは首をふる。

「インドは過去に戻ることはできません。もし繁栄しようと思うなら、インドは前進し、物質文明の長所を発展させていかねばなりません。私の同胞はアメリカや日本から学んだ方がよいのです。糸車や手織り織機はもう、合理化された現代の方法に立ち向かうことはできないのです」

そうサハブジ・マハーラージが自分の考えを説明している姿に、機敏なアメリカ人の心が褐色のヒンドゥの肉体に入っている印象を受ける。その態度はそれほど能率的かつ事務的で、その思想の表現はそれほど精密である。私の理性的な性質は、彼の、常識的で調和がとれた健全な態度に惹かれる。このインド亜大陸においては、これらの性質はとても珍しいのだ。

あらためて私は、彼の性格に不思議な逆説を見る。ヨーガの神秘的な一形式を実践する一〇万人を超える人びとの師、そして、このダヤルバグでの多彩な物質的活動の最高の組織者、これらすべてを考えあわせて見て、私は彼を、息をのむような輝かしい人物と書きとめよう。インド中、いや世界中を探しても、彼のようなタイプに出会うことはできないだろう。

彼の声が私の思いに割って入る。

「あなたはここダヤルバグでわれわれの生活の二つの面をご覧になりました。ですが、われわれの活動は三重のものです。人間の性質は霊、心、肉体という三重から成り立っています。ですから肉体の働きのためには工場や農場を、心の成長のためには学校を、そして最後に霊的な活動のために集会（グループ・ミーティング）をおこなっているのです。このようにわれわれは、各人が調和のある、円満な成長をとげることを目指しています。しかしわれわれは霊性の面に最大の重点をおき、兄弟団のメンバーは、どこにいても、各自のヨーガの修行を規則正しく行うように努力しています」

「集会に参加させていただいてもよいでしょうか？」

「喜んでお迎えします。どの集まりでもご出席ください」

§

ダヤルバグの活動は朝六時、第一の集会からはじまる。暁がすみやかに夜の闇を拭い去る。甘美な小鳥のさえずりが陰気なカラスの鳴き声と交じり、すべての鳥が太陽にむかい朝の挨拶をはじめる。私は案内者にしたがい、木の柱で支えられた巨大な天幕にむかう。

大群集が入り口のまわりで押し合っている。そこで各人がサンダルや靴を脱ぎ、待っている従者に渡すのだ。私も習慣にしたがう。そして大天幕の中の広間に入る。

中央に高い壇があり、そこにはサハブジ・マハーラージ猊下が椅子にすわっている。何百という信者たちが彼の周囲に輪をなしてすわっていて、床がすべて人間という敷物でおおわれているように見える。すべての目は師に注がれすべての舌は無言の尊敬に黙している。

私は壇の下の場所まで人を分けて進み、狭いすき間に割り込む。まもなく広間の後方で二人の男が立ちあがり、彼らの声でゆっくりと朗唱がはじまる。言語はヒンドゥ語、リズムはこの上なく耳に快い。これが一五分ほどつづくと、そのころにはこの不思議な神聖な言葉が人を平安なムードに引き込んでいる。その声はしだいに細り、やがて消え去る。

辺りを見まわす。広大な天幕内の一人一人が静かで、不動で、瞑想か祈りに沈潜している。私はつつましやかで簡素な身なりの姿を壇上に見る。彼はまだ一語も発していない。表情は平素より重々しく、活動的な身ぶりは消え、静寂な黙想が彼の心を占めているようである。どんな思いが彼の白いターバンの下を交錯しているのか？　どんな責任が彼の肩にかかっているのだろうか。この人びと全員が、彼を、より高い生活につながるくさりの輪であると見ているのだ！

完全な沈黙がそのあと三〇分つづく。せきひとつ聞こえず、身じろぎひとつ感じられない！　これら瞑想的な東洋人すべてが、懐疑的な西洋人を閉めだして、心を内に引き戻したのだろうか？　誰が知ろう。しかしそれは、間もなくこの町を活気づける力に満ちた活動の、珍しい前奏曲ではある。

われわれは履き物をとって、静かに散じていく。

午前中、この町と遠方から来たメンバーの大勢のラーダー・ソアミストたちと語り合う。その中の数名はすらすらと英語を話す。北西地方からはターバンを巻いた人びとが、南からは弁髪のタミール人が、東からは活発で小柄なベンガル人が、そして中央地方からひげを生やした人びとが来ている。私は、彼らの自尊心と霊的求道心が、うまくバランスを保つ機敏な現実性に感服する。彼らの願望が最高天に飛翔《ひしょう》しても、その足はしっかりと堅い大地の上を歩いているのだ。ここにはどんな都市でも誇りとなれる、市民のひとつの型がある、と私は思う。私は本能的に彼らが好きだ。そしてとても尊敬している。彼らは品格――というまれな性質をそなえているからだ！

午後にはもう少し小さな集会がある。それは訪ねてきたメンバーのための、フランクな短時間の集会である。個人の問題が論議され、質問が答えられ、全体の関心事がとりあげられる。サハブジ・マハーラージは、出てくるいっさい事を処理するにあたって並々ならぬ機略の豊かさを見せる。彼は打ち解けていて、機知に富み、微妙な質問にもけっして答えにつまらず、また多様な霊的、物質的問題にたいして確信にみちた意見を即座にあたえる。彼の振る舞い全体が、完全な自己信頼と静かな謙虚さのまれに見る、見事な調和だ。魅力あるユーモアのセンスもそなえていて、愉快な発言がひょい、ひょい、顔を出す。

夕暮れに再度集会がおこなわれる。コロニーの工場、店、農場はことごとくその日の活動を終わり、大勢の人の集まりがふたたびあの大天幕を満たす。サハブジ・マハーラージは再度壇上の椅子にすわる。私は信者の列が彼の席に近づき、自発的に、彼の足もとに経営費への献金をおくのを見る。二人の役員がこれらの献金を集めて記録する。

これにつづくおもなものは、師の長い講話である。数千の彼の信者たちは、その洗練されたヒンドゥ語にわれを忘れてきき入っている。実にみごとな弁舌なのだ。彼は深い感情を内に秘め、迫力のある態度で真情を吐露し、語っているように見える。火のような活力と燃える情熱に生きている彼が聴衆に与える霊感的影響は、肌に感じられるほどである。

§

毎日同じ、変わりのないプログラムがくり返されている。夕方の集会が一番長く、二時間近く続く。サハブジ・マハーラージがこのプログラムをやすやすと、常にダイナミックな力で続けているということは彼の精神力の証明だ。誰も彼の夕方の講話のテーマを前もっては知らない。私がそのことをたずねると、彼は答える——

「椅子に腰をおろしたときにはまだテーマについては何も知りません。話し始めたあとでさえ、次の言葉は何であるのか、またこの話はどのように終わるのか、私は知らないのです。私は余すところなく自分を最高の父にゆだねています。彼は私の知る必要のあることは何でもすぐに教えてくださいます。私は心の中で彼からの命令を受けるのです。私は実は彼の手中にあるのです」

最初の講演の中できいた彼の言葉は、何日も私の心を去らない。師に服従せよ、というテーマが私の心を刺すのだ。そこでついにこの話をサハブジに持ち出す。われわれはダヤルバグの中央、敷物のおいてある一区画――村の共有緑草地のような所だ――にすわって打ちとけた会話をする。

彼は自分の趣旨をくり返しつけ加える――

「師は絶対に必要です。霊性の世界には、独立独行などというものはありません」

「しかし、あなたは必要をお感じになったことはあるのですか?」

と私は大胆にたずねる。

「もちろん。私は真の師を見いだすまでに一四年間を費やしました」

「一四年間! 生涯の五分の一も! それだけの価値があったのですか?」

「真の師を求めて費やされる年月は、たとえそれが二〇年間であろうともけっして無駄ではありません」と、彼はせん光のようにすばやく答える。「信仰者になる前は、私もまさにあなたのように懐疑的でした。それからやがて、霊的啓発への道を開いてくれる師を見いだそうとして死物狂いになりました。私は若く、真理を求めてただ夢中でした。私は木々に、草に、空に、もし真理が存在するなら私を啓発してくれと頼みました。子どものように胸もはり裂けんばかりに泣き、頭を低く垂れて、光を乞い求めました。ついに、それ以上の緊張には耐えられなくなり、ある日、食を断って、もし神力が自分になにかの啓示を与えることを良しとしないなら飢えて死のう、と決意しました。私はもはや働くこともできませんでした。次の夜、私は鮮明な夢を見、その中で一人の師が現れ、自分が師である、と私に告げたのです。私は居所を尋ねました。彼の答えは、『アラハバード！　詳しいことはのちにわかるであろう』ということでした。翌日、私はその町の出身である友人にこの話をしました。彼は一枚の写真を取りにいき、そして戻って、このグループ写真の中にその師の顔があるか、とききました。私はすぐにそれを指摘しました。私の友人は彼がアラハバードのある半秘密の協会に属していること、そして私が指した人物は師であることを説明してくれました。私はすぐ彼に連絡し、弟子になったのです」

「なんという興味深い話だ！」

「たとえあなたがヨーガの修行をおひとりでなさり、ご自身の力だけでおこなっていても、あなたの心からの祈りはあなたが師に会うべく日に導くでしょう。それを逃れるすべはないのです。あなたは案内者を持たなければならない。真剣な、固い決意を持つ求道者は、ついには真の師のもとに連れて行かれるのです」

「どのようにして彼だとわかるのでしょうか？」と、私はたずねるようにつぶやく。

サハブジの顔はゆるみ、一瞬、おもしろがっているような表情が目に浮かぶ。

「師が前もって誰が来るかを知っていて、彼が磁気的に彼らを惹きつけるのです。彼の力が運命なのですから結果は逃れるすべのないものです」

さまざまの姿をした小さな人びとの群れが周囲に集まって来て、急速に増えている。じきに、サハブジ・マハーラージの聴き手は一人ではなく二、三〇人になるだろう。

「私はあなたのラーダー・ソアミの教義をはっきり理解しようと努めてきました」と私は言う。「しかしこれは難物です。お弟子の一人がこの団体の前の師ブラフム・シャンカル・ミスラ猊下のお書きになったものを貸してくださいましたが、私の頭脳では処理しきれませんでした」

サハブジは笑う。

「もしラーダー・ソアミの教えの真相を理解したいと思うなら、あなたはヨーガの修行をしなければなりません。われわれは、これらの行を毎日実践することを、教義の理論上の理解よりもはるかに重要なことと見ています。われわれがおこなっている瞑想の方法を詳しく説明することができないのを残念に思います。それはわれわれに参加することを申し込んで、受理された人びとだけに秘密を守るという誓いのもとに伝えられるのですから。しかしその根底は、『音のヨーガ』とわれわれがふつう呼ぶ、『内なる音を聴こうと耳をすます』ことです」

「私がいま勉強している書物には、音はこの宇宙を存在に呼び込んだ力である、と書いてあります」

「物質的な立場で、あなたはそれを正しく理解しています。ですがむしろそれは、創造の初めの、至高の存在の最初の活動が音の流れであった、ということなのです。宇宙は盲目的な力の結果ではありません。今、この神聖な音は、われわれの兄弟団によって知られ、音訳されています。音はその源泉、つまり音を創造した力の特徴を運んでいる、とわれわれは信じています。それゆえ、われわれのメンバーの一人が制御された体と心と意志をもって、内部の神聖な音にじっと耳を傾けるなら、至高の存在の至福と英知に引き上げられることでしょう」

「動脈をとおって脈打つ血液の音が、神聖な音と想像される可能性はありませんか?」

「ああ、物質的な音のことを言っているのではまったくありません、霊的な音です。物質界での音の力は、そのはたらきが宇宙を展開させた、物質より精妙な力の反映にすぎないのです。ちょうどあなた方の科学者たちが物質を電気に還元したのと同じように、われわれも、物質界での音という力を、霊性の世界であるがゆえに肉体の耳ではとらえられない高い振動にたどっていくことができるのです。音はそれが発せられた領域の影響力を伝えるものですから、もしあなたが特定の方法で注意を内部に集中するなら、いつの日かあなたは、原始の混とんの中での最初の盛り上がりにあたって響き出た音、すなわち、創造主の真の名を形成する神秘的な言葉をきくでありましょう。それらの言葉のこだまは人の霊的本性の中にはね返ってきます。われわれの秘密のヨーガを実践することで、このこだまをキャッチし、それらをたどって源泉にまで至ることは、文字通り天国に運び上げられることです。この神秘的な音をきくことを目的とした、われわれラーダー・ソアミの修行を忠実に実行する人は、それがついに内なる耳に当たったとき、完全な法悦にわれを忘れます」

「あなたの教えは驚くほど斬新です」

「西洋人にはね。しかしインド人にはそうではない! カビール(インドの宗教家、詩人)は一五世紀という昔に、ヴァーラーナシーでこの音のヨーガを教えました」

「なんと申し上げてよいか、私にはわかりません」

「なぜそんなに難しいのですか? 音のひとつの形——音楽——が人を感情的恍惚に投じることはあなたも認めているところでしょう? それならば天上の内なる音楽はいかなるものか、おわかりになるでしょう?」

「わかります! 内なる音楽というものが本当に存在する証明ができるならば」

サハブジは肩をすくめる。

「私はあなたの理性を納得させるいくつかの論証を提供してもよいのですが、あなたはそれ以上の何かを求めておいでなのでしょう。どうして、単なる推理によって超物理的状態の存在を証明することができましょう? 用意のできていない脳が、この物質界を超えたものを認識できないのは自然なことです。もしあなたがこれらの霊的真理の最善の証拠——直接の経験——を欲しておられるなら、ひとつのヨーガを選んでその修行課程を執念深く続けていかなければなりません。私は保証しますよ、人間の体は、実はわれわれが一般に知っている以上の高い機能を内に保有しているものだということ。頭脳中枢のもっとも奥なる諸部分は、彼のもろもろの精妙な世界とつながっているのだということ。適当な訓練がなされればこれらの中枢は活力を与えられ、ついにはわれわれがこれらのより精妙な世界に目覚めるようになるのだということ。そしてもっとも重要な中枢は、われわれに最高級の神意識を得させるということを」

「あなたは解剖学者がいう脳中枢のことをおっしゃっていらっしゃるのですか?」

「ある意味ではそうです。ですが単にそれは、それを通して精妙な中枢がはたらくところの物質の機関にすぎません。真の活動は精妙な中枢の内部でおこなわれるのです。これらの中枢の中でもっとも重要なのは、ご存じのように眉間の奥に位置する松果腺です。それは人の内部の霊的存在の座です。人の眉間を射抜いたらたちまち死ぬでしょう。聴覚、視覚、嗅覚をはじめ、すべての神経をとおる霊性の流れは、この腺に集まっています」

「われわれの方の医学者たちには、まだ松果腺のおもな機能は謎のようです」と、私は言葉を添える。

「それが、心身に生命と活力をあたえる各人の霊的存在が集中したものであることを考えれば、彼らにわからないのはもっともです。この霊的存在が松果腺から退くと、夢、深い眠り、恍惚などの状態が起こり、それがついにまったく松果腺を去ると、肉体は死ぬことになるのです。人の体は宇宙全体のひとつの縮図ですから、宇宙の進化に用いられた要素はすべて縮小された形でそれの中に再現されています。またそれは、すべての精妙な領域とのつながりを内に持っていますから、われわれの内なる霊的存在が最高の霊的世界に到達するのは十分あり得ることです。それが松果腺を去って上昇するとき、それが大脳の灰白質を通過すると、普遍心の領域に入り、白質を通過するとその意識は高遠な霊的真理にまで高揚します。しかしこの霊的意識に達するには、外部からの刺激をしめ出すこと抜きには到達し得ず、つまりすべての肉体の感覚器官の活動が停止していなければ不可能なのです。すなわちわれわれのヨーガ修行の真髄は、深遠な内的黙想ができるまで、われわれの注意の流れを外部環境から内部に完全に集中させるということです」

温和に話される、精妙で難解な思考を消化しようと努力しつつ、私はかなたを見やる。周囲ではかなりの人数が非常な興味をもって傾聴している。彼らの師の言葉に一貫して流れる静かな確信は私を惹きつけるのだが、しかし…………

「あなたは、お言葉を立証する唯一の方法は、あなた方の音のヨーガの修行を実践することだとおっしゃいます。しかしそれらの修行法は秘密にしていらっしゃる」と私は不足を言う。

「われわれの団体に加入を申し込み受理された人はだれでも、霊的修行のその方法を口頭で伝達されるのです」

「まずなにかの個人的経験を、説得力のある証拠を、あたえて下さるわけにはいきませんか？　あなたのおっしゃることは完全に真実でしょう――ほんとうに心から、私はそれを信じたいと思います」

「あなたはまずわれわれに参加しなければなりません」

「残念です。それは私にはできません。私は、証拠を見る前に信じることはできない人間なのです」

サハブジは、致し方ないという様子で手をひろげる。

「では私に何ができましょう。私は最高の父の御手の中にある人間なのです」

§

くる日もくる日も、私はこの団体のメンバーと同じようにきちょうめんに集会に出席する。彼らにまじり、沈黙して瞑想し、彼らの師の講話に耳を傾ける。私は彼らに自由に質問し、宇宙と人間に関するラーダー・ソアミの教えの、知りうる限りを学ぶ。

ある日の夕方、私は一人の弟子とともに、ダヤルバグから二キロ離れたジャングルの近くまで散歩する。そこから歩を転じて、ヤムナー河の方に向かい、あの広い河の堤に腰をおろす。そそり立つ砂地の高みから、ゆっくりした流れが平地をぬってゆるやかにアグラまでうねっている。ときおり大きなハゲタカが頭上を羽ばたき寝ぐらへと帰っていく。

ヤムナー！　この岸辺のどこかをクリシュナが牧場の乙女たちに囲まれて意気揚々と歩いたのだ。彼のすばらしい笛が愛を呼び覚まし彼女たちを魅了したのだ。今日彼はおそらく、ヒンドゥの神殿の中で最も崇拝される神の一人であろう。

「つい近年まで」と、連れがつぶやく。「この辺りには野獣がすんでいまして、夜にはダヤルバグが建設された、あの辺りまでやって来ました。今はもう出てこないようですが」数分の沈黙のあと、彼は言う——

「あなたはわれわれの集会に出席なさった最初のヨーロッパ人です。最後の人でないことも確実ですが。われわれは、あなたが示された理解と同情に感謝します。なぜこの仲間に加入なさらないのですか?」

「私は信仰を信じていないからです。自分が信じたいと思うものを信じることは実にたやすい、ということを知っているからです」

彼は足を引き寄せてひざを立て、そこにあごをのせる。

「われわれの師との接触は、いずれにせよあなたの役に立つでしょう。団体への参加を強制はしません。われわれは改宗者をつくろうなどとはしませんし、メンバーは説教することを禁じられてもいるのです」

「あなたはどのようにしてここを知ったのですか?」

「簡単です。私の父が長年の会員なのです。彼はダヤルバグに住んではいませんが、ときどき訪問します。その際何回か私を連れて来ました。でもけっして参加をすすめたことはありませんでした。約二年前、私は物事について悩みはじめ、さまざまの友人に彼らの信仰についてたずね歩きました。私は父にもたずねました。そして彼の言ったことが私をラーダー・ソアミの教えに惹きつけたのです。私は加入を許され、時が経つうちに信仰を固めました。たぶん幸運だったのでしょう。ほかの人びとは一生涯悩んだ末、ここに初めて来ています」

「私がもし、あなたのようにらくにすみやかに疑惑を解決することができたら」と、私はぼんやりして答える。

二人は沈黙に戻る。暗く青みがかったヤムナーの流れがこの目をひきつけ、知らぬ間に深い空想にふける。インド人すべての意識と無意識は、信仰への忠誠、すなわち必然的に何らかの形の宗派か信条か聖典への忠誠心に彩られている。もっとも低級なものからもっとも高貴なものまで、あらゆる種類の信仰がインドにはあるのだ。

あるとき私は、ガンガーのほとりの小さなお堂に行きあわせた。そこの柱は性的抱擁をしている男女が浮き彫りにされ、壁には西洋の牧師たちを恐怖させるようなエロティックな壁画が一面にあった。インドの宗教にはこのようなものも懐《ふところ》に入れる一面がある。宗教が性を認めるのはそれを溝に捨てるよりはよいことだと言えよう。また一方ではもっとも高遠な、もっとも純粋な概念を具現した信仰も同じ懐に収めているのだ。これがインドである！

しかし、私はこの国中のどこにも、ラーダー・ソアミたちのような驚嘆すべき一派には出くわさない。それはまったくユニークだ。サハブジ・マハーラージの頭脳以外、誰が、世界最古の学問であるヨーガと、最新の欧米都市の高圧的な、機械化された文明との、矛盾した結合を考え得ただろうか？

ダヤルバグはインドの歴史の中で、現在のささやかな姿とは打って変わって大きく前進するのだろうか？　インドがまだ誰も正しい解決を見いだしていないクロスワードパズルであるとしても、将来が答えを提供しないということではない。

サハブジはガンディーの中世主義の説教を笑っているが、ガンディーの本部を擁するアーメダバドの町はさらにこの笑いを響かせている。農民手仕事の福音に影響された木造の白い小屋の小さな群れに向かって、サバルマティ河から反抗の煙を吐く工場煙突は五〇も数えることができるのだ。

西洋のやり方は強力な衝撃となって、インドの伝統的な生活様式を崩し始めた。インドの沿岸にあがった最初のヨーロッパ人は、商品だけでなく思想ももたらした。ヴァスコ・ダ・ガマ（ポルトガルの航海者・喜望峰経由のインド航路を開拓）がカーリカットの静かな波止場にひげもじゃの水夫たちを上陸させたときから、急速に進む西洋化の過程が始まったのだ。インドの産業化はためらいがちに、おずおずと始まった。しかしそれは始まったのである。ヨーロッパは知性のルネッサンス、宗教改革、産業革命に順に直面し、彼女はそれを乗り越えた。目覚めたインドは今、それらが自分の足もとに横たわるのを見る。いまやこれがインドの難問である、彼女は盲目的にヨーロッパをまねるのか、それとも独自の――それが良いと思われるが――解決方法を編み出すのか？　サハブジ・マハーラージのユニークな貢献がいつかインドの気をひくだろうか？

私が何かを確信しているなら、それは――インドは間もなく未曽有《みぞう》のるつぼに投げ込まれるだろうということだ。使い古された伝統に縛られ、偏屈な宗教的因習にとじ込められた社会は、長くみても二、三〇年の内には姿を消すだろう。それは奇跡のように思われるだろうが、そうなるであろう。

サハブジ・マハーラージは明らかにこのことをはっきり読んでいて、われわれが新時代に生きていること、インドもほかの国々のように古くからの秩序がいたるところで破壊されつつあることを理解している。保守的なアジアと西洋の実用主義は、相入れない一対のままでいるのか？ 彼はそうは考えない。なぜヨーギーが俗人の服を着てはいけないのか？ 彼は主張する、ヨーギーはなじみの隔離生活から出てきて、人びとが機械を操縦する騒がしい工場に立ち交じらなければいけない、という命令を彼は下す。ヨーギーは今こそ工場や事務所や学校にくだり、人びとを霊化するときであると考えるのだ。それは説法や宣伝ではなく、霊感に基づく行動によってなされる。毎日の活動を満喫することで天国に行けるし、またそうでなければならない、とする。ヨーガのように霊性に基礎を置く生き方が人びとの生活から余りに高くかけ離れていると、彼らには愚かな自己保身とうつり、見かけ倒しだと思われるだろう。

もしヨーガが少数の行者の道楽としてあり続けるなら、現代世界はそれを無益とみなし、絶滅する科学となり果て最後の痕跡さえ消滅するだろう。もしそれが、やせ細った隠者たちの楽しみとしてのみ有益ならば、ペンを持つ者、くわを持つ者、工場の油とすすにまみれて働く者、株式市場や商店の忙しい取り引きの騒動に堪えねばならぬ者はそれから顔をそむけるだろう。そして、現代西洋の態度が近い将来、現代インドの態度となるであろう。

機敏にも、サハブジ・マハーラージはこの傾向は避けられないと予見し、ヨーガという古代の科学を現代に有効利用するために目覚ましい努力をした。人を鼓舞する熱意に満ちたこの男は、確実に、母国にその功績を残すだろう。母国は長すぎるほど昏睡《こんすい》状態であると彼は悟った。彼は、西洋がなぜ、製造業、商業、現代式農業が躍動しながらより豊かな生活を生み出しているのかをはっきり理解した。彼はまた、ヨーガの文化は古代の賢者たちから受け継いだインドの貴重な遺産のひとつであるが、この文化を人里離れた場所で生きて伝える少数の師たちは、消滅しようとしているその種の人びとの名残である、ということも知っている。彼らが死ねば、ヨーガの真の秘密もともに死んでしまう。だから彼は、これらの思想の高峰の希薄な空気の中からわれわれの時代にまで、すなわち二〇世紀の精力的な戦いの場にまで降りてきて、二者を結びつけようと努力しているのだ。

彼の努力はあまりに幻想的だろうか？　いや、その反対であり、高く賞賛すべきものである。われわれは、アラビアのモハメッドの墓が電灯で照らされ、モロッコの砂漠ではぜいたくな設備の車にラクダが追いやられる時代に生きている。ではインドはどうか？　まったく反対の文化が介入した衝撃によって、何百年もの眠りを驚かされたこの巨大な国は、その重いまぶたをあげて進んでいかなければならないのだ。イギリス人は、砂漠を肥沃な畑に変えたし、農業水路や河の氾濫から守るために運河をつくったし、またそれ以上のことをした。平和と財産を守るために北西の前線に強力な軍隊を差し向けて防御線をはり、常識的、合理的思想という健全な風をもたらし、またそれ以上のことをした。

灰色の北方と遠い西洋から白人はやって来た。インドの運命はいとも簡単に彼らのものとなった。

なぜか？

おそらく世界は、アジアの英知と西洋の科学をいっしょに抱き温めて、いつの日か、古代を恥させ、現代をあざわらい、子孫を驚かせるほどの文化を孵化《ふか》するのだろう。

私の一連の黙想はここで終わる。頭を上げ、連れに言葉をかける。彼には聞こえないようだ。彼は変わらず、夕日の最後の赤い光を映す川面《かわも》を見つめている。たそがれの時刻だ。偉大な天体が急速に大空から姿を消す。言葉にできない静けさ。大自然がこの美しい光景に沈黙して静止したかのようだ。私のハートは荘厳な平安にうっとりとする。もう一度、私はとなりの人を見る。彼の姿は今は急速によせてくる闇に包まれてしまっている。

こうしてわれわれは、太陽が突如として闇の中に没するまでなお数分間完全な沈黙の中にすわる。私の連れは立ちあがり、暗闇を静かに、ダヤルバグまで導く。われわれの散歩は、幾千の光の点をちりばめた広大な天の下で終わる。

§

サハブジ・マハーラージは、十分に働いて得た休暇をすごすべく、ダヤルバグを去って中央地方のあるところへ行くことに決める。私はこれが暇を告げるときであると思い、同じ方向への旅を計画する。われわれはティマルニまでともに行き、そこで別れるであろう。

真夜中を約一時間すぎたころ、アグラ駅に到着する。二〇名ほどの親密な弟子がつき従い、一行はかなり目立っている。誰かがサハブジのために椅子を手に入れてきて、彼は熱心な信奉者たちに囲まれてそれにすわる。私はうす暗いホームを行きつ戻りつする。

一日中私はダヤルバグでの滞在をふりかえって考え、この間、記憶に残るほどの内的経験が起こらなかったこと、人生の秘義を明かし魂を上昇させるようなヴィジョンを得られなかったことを、残念に思う。光に満ちたヨーガの意識の拡大が、たとえ一、二時間でも私の心の暗やみを貫き、それによってヨーガの道を、信仰によってではなく、見ることによってたどれることを期待していたのだ。しかし否、祝福はあたえられない。たぶんまだ私はそれに価しないか、望みが大きすぎるのか。私にはわからない。

ときどき、椅子にすわっているその姿をチラと見る。サハブジ・マハーラージは私を魅了する磁石的な人格の持ち主だ。彼はアメリカ人の機敏さと実際性、イギリス人の作法にかなった行為の偏重、インド人の信仰および内観性との不思議な混合で、現代には実にまれなタイプだからだ。一〇万人を超える男女が自分の内面生活の指導をこの人に任せているが、それでも彼はそこに、静かな慎みと謙虚さをもってすわっているのだ。ラーダー・ソアミたちの、この気取りのない師よ。

ついに列車がごう音をとどろかせて入ってくる。巨大なヘッドライトが前方のレールに気味悪い光を投げかける。サハブジは予約した車室に入り、ほかは別の車両に乗り込む。私は横になり、信じられないほどの喉の渇きに目が覚める夜明けになるまで、何も知らなかった。

次の数時間、列車がとまるたび、その近辺か数キロ離れたところに住むサハブジの信仰者たちがやってきて、彼の車室の窓の下に群がる。彼らは前もって旅行のことを知らされ、熱心に、この短い接触の機会を逃すまいと来ているのだ。インドでは、師とのたとえ一分間の接触でも、重要な霊的物質的効果をもたらす、と信じられているのである。

私は、最後の三時間をサハブジの車室で彼とともにすごしたいと願い、彼に許される。われわれは、世界情勢について、西洋の諸国民について、インドの将来、そして彼の団体の将来について長い話に入る。最後に彼は、例の気持ちのよい、柔和な態度で私に言う――

「これは確信をもって言えるのですが、インドは自分の母国だ、という意識は持っていないのです。私は国際的という世界人的見解ですべての人を兄弟と見ています」

この驚くほどの率直さは私を喜ばせる。彼の話はいつでもこうだ。あらゆるセンテンスが明確に的《まと》を得る、常にまっすぐ要点をつく。また彼は、自分の信念については十分な勇気を持っている。彼と語り合うこと、彼の心と交流することは喜ばしい経験である。常に思いがけない言葉を口にし、新しい見かたを述べる。

列車は走りつづける。その向きにより目に入る窓からの日差しがまぶしい。焼けるような熱は肉をこがし、無慈悲な光線は心を疲れさせる。私はベネチア風のブラインドに実によく似た、独特の造りの木製の日よけを引き、扇風機にスイッチを入れ、日中の炎熱をわずかばかり和らげる。サハブジ・マハーラージは私の苦痛に気づき、旅行カバンからいくつかのオレンジを取りだす。それを小さなテーブルに置いていっしょに食べよう、とすすめる。

「これはのどを冷やしますよ」と彼は言う。

ナイフでゆっくりと皮をむきながら、彼は思いにふけりつつ言う。「あなたが師を選ぶうえで非常に注意深いのは正しいことです。懐疑主義は、彼を定める前には有用な態度です。しかしそののちは、完全な信仰を持たなければいけませんよ。自分の霊性の教師を見いだすまでは休んではいけない。師は絶対に不可欠のものなのです」

まもなくきしるような音がして誰かがやかましく叫ぶ、

「ティマルニー！」

サハブジ・マハーラージは立ちあがる。弟子たちが来て彼をとりまく前に、何ものかが私の内部で目覚める。それは私の慎みを破り、西洋人のプライドを無視し、反宗教的気質を押しつぶして唇からもれる——

「猊下、私を祝福してくださいませんか」

彼は人なつこい微笑とともに振り向き、眼鏡をとおしてにこやかにほほ笑みかけながら、優しく私の肩をたたく。

「すでに祝福していますよ！」そう言って別れをつげる。私は自分の車室に帰り、汽車は走る。こげ茶色の畑が窓の外を走り去る。眠そうな目をした家畜の小さな群れが、まばらな牧草の土地で、満足気に草をはむ。私はぼんやりとそれを眺める。私の心は、私の大好きな、そして深く賛美する、一人の注目に価する人の姿で夢中になっているのだ。彼は霊感を受けた夢想家であり、心の静寂な一個のヨーギーであり、世間の実務家であり、そして同時に、洗練された紳士なのである！

［1］一ラックは一〇万。

［2］西洋のエコノミスト（経済学者）はイタリアのリグナーノ教授によって展開された案に慣れ親しんできた。彼は抵抗を最少にして最少の犠牲を伴う方法での相続の法則を修正することを提唱した。

第一四章　パーシー教の「救世主」の本部で

アグラからナジクにいたるまでの足跡は長いものである。しかし、この放浪の記録が予定の範囲内で完結するよう、私はその間の出来事についてはこの短い一章以外には何も言うまい。

時という車輪はその運命にしたがって転がり続ける。その輻《や》（スポーク）に私を乗せインド中を連れまわし、今一度私は、あのパーシー教の聖者で、自称「新しき救世主」メーヘル・バーバーに会うことになる。

私がふたたび彼を訪れるのは、ぜひ彼に会いたいからではない。彼のもとに滞在するのは時間の浪費だ、メーヘル・バーバーは善良で禁欲的生活をしているが、自分の偉大さに途方もない思い違いをしている男だ、と内なる感情は告げ、心中には疑いという冷ややかなヘビがとぐろを巻くのだが、偶然にもこの旅行中に私は、彼がおこなったという霊感的治療の実情をいくつか調査するのである。あるケースは盲腸炎で、病人のメーヘルへの素朴な信仰がこれを完全に治癒させた、というものだ。だが厳密に調べると、診察した医師は、ひどい消化不良以上の病気は何もなかったという！　別の例は、一夜で万病がなおったと報ぜられている善良な老人だが、実は足首が腫れていた以外にたいした病気はなかったようなのである！　要するに、事実よりうわさの方がはやく走る国にありがちのこと、熱意のあり余る弟子たちによって師の治癒力がひどく誇張されたのだ。

私はパーシー教の救世主が私に約束した、すばらしい経験が実現する、という途方もない約束を彼が守るとは信じていない。しかし私は彼のそばで一カ月過ごすことに同意したのだから、この誓約を簡単に破ってはならないと思う。だから気がすすまないのをおしてナジクへの汽車に乗るのだ。あなたが来なかったから私の力を見せることができなかったのだ、と言わせないために。

§

メーヘルの本部は、町の郊外のはずれのモダンな建物にある。四〇人ほどの弟子の群れがあてもなくその辺りをさまよっている。

「あなたは何を考えているのか?」というのが、われわれが再会したときの彼の最初の質問である。私は旅の疲れを感じているので、おそらく彼は、私のやつれた様子は深い瞑想の結果顔色が青ざめたのだと勘違いしたらしいが、とにかく私の答えは即座に口をついてでる、

「私はいま、あれからあとインドで発見した一ダースかそれ以上の救世主たちのことを考えています」

メーヘル・バーバーは驚いた様子は見せない。

「そうです」と、文字盤の上を巧みに動く指で答える。「私も彼らの中のある者たちのことは聞きました」

「それをどう説明なさいますか?」私は無邪気にきく。

額にしわが寄るものの、口元には尊大な笑みをうかべる。

「もし彼らが正直なら、彼らは誤っているのです。不正直なら、他者を欺いているのです。相当進歩したときに、霊的『うぬぼれ』を持ちはじめる修行者がいます。そうした悲しむべき状態はふつう、彼らが良き師を持たない場合に起こります。霊性の道の途中には、越えるのがとても難しい一点があるのです。懸命な精進によってその一点に到達した者が、おろかにも、自分は最高目標に達した、と信じることがよくありま

す。彼が、みずからを救世主と想像するにはまだちょっと早いのですよ！」

「すばらしく論理的なご説明です。しかしあいにくなことに私は、自分は救世主だと主張する人びとからも、それと同じことをたくさん聞きました。その誰もが自分は完全だとおっしゃるのです。誰もが、不完全は自分の競争者になすりつけているのです！」

「それについての心配はご無用です。その人びとはすべて、無意識のうちに私の仕事を助けているのです。私は自分が何者かを知っています。私が自分の使命を果たすときがくれば、世界もまた私を知るでしょう」

こういった具合で、論理的に話をすすめることは不可能なので、私はこの問題に見切りをつける。メーヘル・バーバーはしばらく楽しげに陳腐な話にふけったあと、私を解放する。

私は、彼の本部から二、三分のバンガローに落ち着く。私は、自分の感情を断固として脇におしやって、これからの四週間の出来事にたいしては、完全に広い心を持ちつづけようと決心する。メーヘルにたいして敵意を抱いてはいけない。懐疑的な態度を心に抱いてはいけない。期待をもって、待つ気になろう。

毎日私は弟子たちと近しく交わる。彼らの生活態度を観察し、心理的構造を研究し、彼らのメーヘルとの霊的関係の歴史を探る。このパーシー教の救世主は、毎日私のために彼の時間の少しをさく。われわれはさまざまのことについて語り、彼はさまざまな質問に答える。しかしただの一度も、彼がアーメドナーガルで私に与えた不思議な約束のことには触れない。私は彼の記憶を呼びさますようなことはすまいと決める。だからその問題は一見中止された形になっている。

私は半分はジャーナリスト的好奇心から、半分はこの訪問は無益だとする自分の直感に従うかもしくはそれを一掃するかの十分な判断材料が欲しいという真剣な願望から、彼と弟子たちに質問の雨を浴びせる。そしてそれは、彼の命によって数年間保存してあった秘密の日記を自由に見てよいという許可をもたらすことになる。それは救世主と彼の信者にまつわる主な出来事の一連や、彼が言葉で伝えたすべての重要な教えやメッセージ、そして予言の記録から成っている。これらはほとんど英語で書かれ、二〇〇〇ページにも及んでいる。

日記は明らかに、盲目的信仰の精神によって編集されたものである。しかしこれが、メーヘルの性格と力を知るための貴重なサーチライトとなるのである。彼らの信仰深さにもかかわらず、はたから見たらくだらない事実まで書き記してあるその正直さが、私の目的に非常に役立ったのだ。この日記はメーヘルの心の動きを示す心理学上の手掛かりとなる。日記を書いた二人の弟子は、限られた仲間の世界以外には断片的な人生経験しか持たない若者である。しかし、その素朴さと師への完全な信頼のゆえ、実は師にとってあまり名誉にはならないと思う事実まで記録にとどめているのだ。

彼らはなぜ、メーヘルがムットラに向かう汽車の中で、とても親しい弟子の耳を強く打ち、不幸な信者はそのために医者に行かなければならなかった、といったことを記録したのか。なぜ、自分たちの師、神の愛を説くこの男の、うまくない弁解の言葉――救世主が弟子に怒りを見せるのは、その弟子がいずれ受け取ることになっている罪を著しく軽減するからだ、ということ――を記録したのか。なぜ、アランガオンで「行方不明」になった弟子のこっけいな話を記録したのか――メーヘルは彼のために捜索隊をだしたが見つけられなかった。ところがそのあと弟子が現れ、数日間不眠に悩まされた挙げ句、メーヘルの住宅のすぐ近くの空き家で不意に眠くなり、眠りこけてしまった、という経緯が発覚する！　神々の相談相手で全人類の未来を知ると主張する師が、「行方不明」になった自分の弟子がすぐ隣にいることを知らなかったのである。

こうして私は、心で抑圧していた疑念を立証する十分な材料を発見する。またメーヘル・バーバーは、当てにならない権威者で、気が変わりやすく、頭脳がまひした信者にたいして絶対の服従を命令するエゴイストであることも知る。そしてその日記を見て最終的にわかったことは、彼の予言がまれにしか当たっていないことである。アーメドナーガルの近くでわれわれが初めて会ったとき、彼は将来の世界規模の戦争を予言した。しかし、自分はその時を知っているということは主張したが、その日時を告げることは注意深く拒んだ。今この日記を読むと、親しい弟子たちに向かってこの同じ予言を、彼は一度ならずたびたび告げて与えていることがわかる。そのつど彼は、惨事ぼっ発の、異なる日付を挙げていかなければならなかった、どの日が来ても戦争が始まらないからだ。ある年アジアで雲行きが怪しいと、彼はアジアで始まると言い、別の年にヨーロッパの政情が暗いと、前回の失敗を忘れているときには、ヨーロッパで起こると言う。こんな調子だ。アーメドナーガルで私に日時を告げなかった彼の用心深さが今はよくわかる。私は弟子の中でもやや知的な一人の男をつかまえ、このことを批判する。彼は正直に師の予言が当たらないことを認める。「戦争はふつうの形ではなく、経済戦争というような形で起こるのではないかと思います！」と、彼は無邪気に判断する。

私はこれら驚くべき日記をニヤニヤ笑いながら読みおわる。しかしその中にも魂が高まるような説教もあり、それを読むとメーヘル・バーバーが宗教的な天分を持っていることも正直に告白する。彼がおさめるかも知れない成功は、この最後の性質から生じるだろう。しかし、私はどこかのページに記してあった彼のこの言葉は決して忘れない。「道徳的善について他者に助言をする能力は、聖者の証拠でも、英知のしるしでもない」。

§

私の滞在の残りの期間については思慮深く黙っている方がよい。もし私が全世界の救い主とともに暮らしているのなら、自分の幸運に気づいたことはほとんどない。これはたぶん、私が架空の伝説よりは触れることができる事実に興味を持っているからだろう。子供じみた行動や当たらない予言、不合理な命令に盲目的に服従する弟子たち、信者たち、そして彼らの苦労を増やすだけの救世主のアドバイスには立ち入らないでおこう。

滞在が終わる頃にはメーヘル・バーバーは、私との接触を避けているように思われるが、これは私の想像かも知れない。彼に会うときはいつも非常に急いでいて、数分後にはどこかに行ってしまうのだ。日ごとに私は自分が不自然な場所にいると、はっきりと意識する。私の内につのる不快感をメーヘル自身が知っていることはあり得ることである。

もちろん実現するとは思っていないが、私は彼が約束したすばらしい経験を待っている。そして私の期待は完全に満たされる！　何一つふつうでないことは起こらないし、ほかの人びとの上にも起こらない。それをメーヘルに厳しく尋問をしようとは思わない。そんな手続きは無駄であるとよくわかっているから。しかし、その月も過ぎるので、間もなく出発する旨を告げ、約束不履行を責める。答えはいとも簡単に約束した奇跡の日を数カ月後さきにのばし、問題を片づけてしまう！　間違っているかもしれないが、彼の内心の不安、私の存在に対する独特ないらだたしさを目で見る、というより、感じるのだ。しかしもう私は彼と議論はしない。私の直球の質問をつかまえどころのない東洋の心に投げても、かみ合わずに格闘するだけで、無益であることがわかっているから。

私がおとなしく丁重に別れの挨拶を述べたときにも、彼は自分こそ多くの人に待たれる真正な世界の教師であるかのように話す。時がきて西洋に行き、そこで教えをひろめるときには、彼は私に迎えをよこし、私は彼につき添って旅をするだろう、とさえ言う！〔1〕

以上が、この男をそのまま受け取ろうとした、おろかな試みの結果である。霊の法悦を約束しながら心の憤激しかあたえない、ニセ「霊性の師」について、私が何を言えるだろう。

§

メーヘル・バーバーの変わった経歴と奇妙な振る舞いについて、納得できる説明を見つけることはできるだろうか。表面的な評価なら簡単だ。悪者とかいかさま師とか言えばいい。それは妥当でもあるが、だが生涯のいくつかの事柄を説明することはできないし、はっきり正しいとは言えない。私はむしろ、メーヘル・バーバーを子どものときから知る、ボンベイの老判事カンダラワラの意見を好む。彼は、このパーシー教の救世主は要するに、正直だが道を間違えた、と言った。これはある程度正しい。だが十分とは思えない。

メーヘル・バーバーの性格をもう少し分析するなら、私の説がもっとわかりやすいだろう。私はすでに、アーメドナーガルの近くで初めて会ったときに彼の温和な態度に感銘を受けた、と述べている。しかしナジクに滞在中、日常の出来事をとおして観察するうちに、それは性質と体格の弱さゆえの穏やかさだ、ということがわかった。彼の実像は、他者によって、環境によって支配される、決断力のない男だ、と発見したのである。とがった小さなあごがこの点をよく説明している。そのうえ突然わけのわからない衝動で行動する。彼は明らかに感情的な男である。ドラマチックなものへの情熱、華々しく演じる無邪気さ、東洋的な好み――つまり彼はみずからを演出するのが大好きなのである。彼は自分のためよりも観客のために生きているようである。真面目な役割をもって人生の舞台に現れたと主張するが、彼の演技に喜劇の要素しか見ない人びとを責めてばかりもいられない!

私の説は、あの年老いたマホメット教の女ファキール・ハズラット・バーバージャンがメーヘル・バーバーの性格に非常に大きな変動をもたらした、というものである。彼自身やまわりの人びとの理解を超えるほど、彼女は彼の平衡性を完全にくつがえしたのではないか。ごく短かったが、注目すべき婦人と接触して感じた彼女の不思議な力の実在は、最も偏屈な合理主義者さえびっくりするようなものだったからである。ハズラット・バーバージャンがなぜ突然メーヘル・バーバーの生涯に介入し、急転回をさせて新しいコースに出発させたのかはわからない。その結果は――単なる道化であるのか、それとも重大なものなのか――様子を見ていかなければわからない。ただ、彼の足もとの大地を奪い去るほどのことをなし得る十分な力を彼女が持っていたことは、私にはよく分かっている。

彼女が彼に与えたキスは、それ自体は何でもないが、彼女の持つ霊的な天恵の伝達の象徴として重要である。その結果としてその後の彼の脳の特異な状態は、のちの経歴を考えれば意味深いからである。「私の心は多大なショックを受け、しばらくの間激しく振動しました」と、いつだったか彼は当時の様子を話した。

明らかに彼にはまったくそれに対する用意ができていなかったのだ。彼はヨーガのイニシエイションにあたるようなものを受けるにふさわしい訓練も修行もせずに、その衝撃を経験したのである。弟子のアブドゥラーはこう言った、「バーバーの若いころ、私が彼の友だちであったときには、私は一度も、彼が宗教や哲学に興味を持っているのを見たことはありませんでした。彼はいつも、スポーツやゲームや遊びの方に熱心でした。学校の討論や活動にはいつも主役を務めていました。彼が突然霊性の問題の方に旅立っていってしまったので、私たちはびっくりしました」

若いメーヘルは、この思いがけぬ経験のゆえにまったく変わってしまったのだと私は思う。そのことは、彼がなかば白痴の状態になり人間ロボットのような振る舞いをしたときには誰の目にも明らかであった。しかし正気を取り戻した今は、それほど明らかではない。私は、彼が人間として正常な状態に戻ったとは信じていないのだ。ある人びとにとって、宗教の、またはヨーガ的恍惚の突然の飲みすぎは、ある種の薬品の突然の飲みすぎと同じように平衡を失わせるものである。要するに、メーヘル・バーバーは、高揚したムードの最初の陶酔からまだ覚めきっていないのだ、それで、あんなに若いうちに彼の精神に起こった大きな動乱の結果として、平衡の欠如がまだ存続しているのだと、そう私は思う。ほかにどの仮説をたてても、彼がときどき示すあの異常な振る舞いを説明することは、私にはできないのである。

彼は一方では愛、優しさ、宗教的直感力等々の、見神者が持つすべての性質を示す。しかし他方で、極度の心理的自己中心性の徴候を示しているのだ。彼は、すべてのものが自分を中心にまわっていると誇張して信じる。この状態はまた、突然の、しかし一時的な恍惚状態を経験した宗教的情熱家の間にも見られるものである。彼らは自分たちの内部になにか途方もないことが起こったという意識をもって、この状態から抜け出す。偉大な境地に達した、という、認可も受けていない主張をするのは彼らにとって何でもないことだ。そして彼らは新しい宗派を立てたり、自分を頭とする奇妙な団体をつくったりする。わずかだがその中のずうずうしい者はついに自分たちを神格化し、人類救済を命ぜられた救世主だ、などと言い出すのである。

私が見るところインドには、ヨーガがその信者たちに約束する高揚した意識状態になりたいのだがそのために必要な訓練を受けたり修行をしたりするのはいやだ、という連中がいる。そこで彼らはアヘンとかハシシ（大麻）とかいうような薬をとり、こうして、超越意識のもっともらしいにせものを得るのだ。私はこれらの麻薬常用者の振る舞いを観察し、ひとつの性質――というより悪癖――が彼らのすべてに共通であることを発見した。彼らは自分たちの生活の中の大小の事柄を恐ろしく誇張し、自分は真実を語っているのだという確信のもとに、おおっぴらにうそをつくのである！　つまり、完全な妄想と言ってよい、自意識の誇張、誇大妄想狂にかかっているのだ。

麻薬常用者が一人の女性から何気なく視線を注がれたのに気づいたとする。ただちに彼は、心中にその女性を相手とした一篇《いっぺん》のロマンスを作りあげるだろう。彼の世界は完全に栄光に包まれた彼を中心に回転している。彼の持つ力については聞く者が耳をうたがう空想的な主張をする。そして彼の行動は突然の説明不可能な衝動から生まれるのだ。

メーヘル・バーバーも同じであるが、このような不幸な人びとの性格と生活を特徴づけているアンバランスな性質のあるものは、彼らが自分の手でもたらした意識の変化の結果である。振り返ってもっと高い主張をする宗教信仰者を研究するとき、われわれは、心がこのような奇妙な状態を呈することもありうる、という警告としてこれを覚えておくべきである。ニーチェ（ドイツの哲学者）から言葉を借りるとこのパーシー教の救世主は、「人間的な、あまりに人間的な」である。

彼が沈黙を破る時期について人びとが騒いでいる。彼があえて沈黙を破るかどうか、それもわからないのに。しかし、もしついに彼の声が発せられたとしても、それが世界の耳に達するものではないことを知るのに大した識別力は要らない。言葉で奇跡をおこなうことはできないからだ。彼の軽率な予言が当たろうと当たるまいと、この予言者みずからが信じるに値しないと暴露しようと、彼の行為が利己的で常軌を逸していようと、それがどうしたというのだ。彼のうちには他者にむかって放射する高遠なインスピレーションなどない。そんな男のお告げなど、誰の耳にも入らないに決まっているのだ。

熱狂的な彼の信者たちはどうなるのだろう？　容赦なく彼らに真実を悟らせる時期がくるのか？　それはなさそうだ。メーヘル・バーバーの物語はインド人の盲信の典型であり、インド人の性格のこの欠陥の力の縮図なのだ。インドは、教育のない宗教的すぎる人びとに悩まされている。彼らは、理性から感情を、うわさから歴史を、想像から事実を引き離すことを要求する、あの科学的思考方法によって訓練されていない人びとである。まじめな求道者たちの中からでも、経験のないおろかな者たちの中からでも、または自分およびその運命を、自分より強く輝く大きい星にくっつけておく方が利口だと考えるような人たちの中からでも、熱狂的な信者の群れを集めることなど実にたやすいのだ。

いちいち指摘する紙面も根気もないが、メーヘル・バーバーは経歴のあらゆる段階において、大間違いをしでかしてきたことは事実である。私だって同様だ。しかし彼は、自分は神託を受けた救世主であると主張し、私はただ、ふつうの人間としての自分の限界を痛切なほど感じているだけだ。私が言いたいのは、彼の信者は絶対に、メーヘル・バーバーが大間違いをしたなどとは認めない、ということだ。彼の言動のうらには必ず何かしらの神秘的な秘密の目的が隠れていると、いつも無邪気に推測している。彼らは盲目的に従うことで満足を得ているのだ。本当に彼らはそうしなければならない。そうしなければ、理性が彼らに反逆してくるからだ。彼のもとでの経験は、私が長年とおしてきたシニシズム（冷笑主義）を堅固にし深めることに、そしてまた、私のこのインド亜大陸への放浪を導いた、内的感受性を秘めた徹底的な懐疑主義を強化することだった。

東洋ではここ何百年も、歴史上の最も偉大なことが起こる、とか、キリストが再臨するといった予言が繰り返されている。それはインドの褐色の顔の民のみならず、チベットのずんぐりとした人びとの間でも、扁桃状《へんとう》（アーモンド形）の目を持つ中国の大衆の間でも、アフリカの白いあごひげの老人たちの間でもささやかれている。生き生きとした、信仰深い東洋人の想像力にとって時は熟し、また我々の不安な時代が、この出来事の近い到来の目に見える前兆を提供するのだろう。

メーヘル・バーバーが自分の突然の心の変化を、救世主という運命のしるしと見たのももっともではないか？

恐れかしこまっている世界に向かって、いつかは自分を宣言するであろうと信じ続けるのももっともではないか？　従順な信者たちが救世主到来のニュースを広める役目を引き受けるのももっともではないか？

だとしても、メーヘル・バーバーの芝居めいたやり方は非難せざるを得ないだろう。偉大な宗教の師は自分の名において、宗教のやり方を利用することはなかったし、そのことは、何千世紀にもわたる霊性の礼儀なのだ。私は、この派手な「聖者」の将来の活動がどのような形をとるか、それについては鋭い疑いを抱いている。だがこの筆者よりも、時がその娯楽を明かすことだろう。

そしてこの長い回想が終わるにあたり、私は、数多くの高い、崇高な言葉がメーヘル・バーバーのしなやかな指を通して伝えられたことを否定する必要はないことを悟る。もし彼が自身の宗教的霊感から降りてきて、自分の偉大さや運命について語ろうと身をかがめるとしても——そうするに違いないのだが——もう、人は、ごめんこうむりたくなるのである。この未来の人類のリーダーは、ミスリーダー（誤って導く人）になるのだろうから［2］。

［1］彼はやがて西洋に行ったが、私自身に関する彼のこの予言はまったく誤りであることがわかった。

［2］メーヘル・バーバーが西洋に知られるようになって、西洋のカルトが彼のまわりに集まりはじめた。彼は依然としてすばらしい事柄を約束し、それは彼が沈黙を破るときに起こるだろうと言った。彼はイギリスを数回訪れ、フランス、スペイン、トルコにも行き、ペルシャには二回行った。また男女混合の従者を伴ってアメリカ大陸を横断するという芝居じみた旅をした。ハリウッドに着いたとき、彼は超一流のもてなしを受けた。メアリー・ピックフォードは彼を自宅に招き、タルーラ・バンクヘッドは彼に興味を持ち、また何千という一流の人々がハリウッド最高のホテルで彼に紹介された。アメリカの広大な土地が彼の西洋での本部を設立するために入手された。その間も沈黙は続き、彼は国から国へ衝動的に飛び回っている。そしてついに彼は悪名という評判を与えられてしまった。

第一五章　不思議な遭遇

予定を決めずに二度目の西インドをゆったりさすらう。ほこりだらけの汽車や座席がない牛車での旅にはうんざりし、私は一人三役――旅の道づれ、お抱え運転手、召し使い――をつとめるインド人と、古いが丈夫な観光用の車に乗っている。

車が走り進むにつれ、景色も変化してくる。森林地帯を走って明るいうちに村に到着しなかったときには、日暮れになると車をとめて、夜が明けると出発する。運転手は小枝や灌木《かんぼく》を補給しつつ、夜を徹して大きなたき火を燃やしつづける。火があるかぎり野獣は近づかない、と彼は請け負うのだ。ヒョウやピューマが森をうろつくが、火を見ただけで敬遠するという。だが山あいで悲しげな遠ぼえの声を、間近に聞くこともあるジャッカルは、その程度の恐怖ではおわらない。昼間にはハゲタカが巣からとび立ち空に舞い上がっていくのを見ることもある。

ある午後おそくに、砂ぼこりで厚くおおわれた道路を走っていると、道ばたにすわる奇妙な二人連れを見る。一人は中年の修行者で、わずかに葉をつけた灌木の下で座を組み、見たところ自分のへそをじっと見つめているようだ。もう一人は年若い侍者、おそらく弟子だろう。年長の男の手は組まれ、目は瞑想になかば閉じられ、われわれが通り過ぎても身動きひとつなく、一べつもよこさない、若い弟子は不活発な表情で車を見やるが、この男の顔に浮かぶ何かが私をひきつけて、意を決して少し先で車をとめる。インド人の連れが彼らに質問しに行く。私は緊張して彼が二人に近づくのを見まもる。やがて彼は若者の方と長い会話をはじめる。

とるにたらぬことまで報告を受けてわかったのは、二人は本当に師と弟子であること、年長の男の名はチャンディー・ダースといい、若者の賛辞にしたがえば、比類のない能力を持つヨーギーであること、二人はおよそ二年前に故郷のベンガルを出てから、徒歩や汽車で、村から村へと長い距離を遍歴して歩いていることなどだ。

車に乗せてあげようと申し出ると彼らはただちに受諾する——男は慈悲深い態度で、若者は衝動的な感謝の表情で。そこで、半時間後には車は奇妙な組み合わせの一団を、その夜を過ごすことに決めている次の村でおろす。

一人の少年が村の近くでやせた雌牛の小さな群れを追っていたほかには誰にも出会わない。村の井戸のかたわらに立ってあやしげに濁った水を飲み、ほっとするころには日は暮れかけている。四、五〇軒の家や小屋が散在しながらその村唯一の街路を形成し、でこぼこした草屋根、低い不規則な壁、粗雑な竹の柱はわびしい風情で、私の心は少し落ちこむ。住民が二、三人、居心地悪いわが家を出て家の前の日陰にすわる。しなびた乳房を半分隠した、悲しげな白髪の老女が井戸に来て、われわれに目を見はりつつ真ちゅうの水差しに水を満たして帰って行く。

インド人の連れは、茶を用意するための品物を集めるため、村の長老の家を探しに出かける。ヨーギーと忠実な彼の弟子は、砂ぼこりの中にすわって休んでいる。すでに車中でわかったことだが、前者は英語を知らないし、後者も少しばかりかじってはいるが、まともに会話をするのは難しい。二、三回試行錯誤したが、インタビューの準備が整う時まで待つ方が得策だし、インド人の通訳者に奉仕を頼める夜を待つ方が安全だと決心する。

そのうち老若男女の小さな群れにまわりを囲まれる。このような奥地の住人がヨーロッパ人と触れあうことなどめったにない。こうした人びととの会話の中では、しばしば彼らの純真かつ無邪気な人生観に接することがあって興味深い経験をする。子どもたちは最初、はにかんでいる。私は数アナ（昔のインド少額貨幣）を分けてやって彼らをなつける。目覚まし時計のダイヤルをまわしてベルを鳴らすと、彼らは信じられないというような驚きと天真らんまんの喜びを見せる。

一人の女がヨーギーに近づき、街頭で彼の前にひれ伏してその足に触れ、自分の指を自分のひたいに当てる。

私の連れが村の長老とともに戻ってくる。茶の用意ができたと言う。彼はカレッジの卒業生だが、荷物持ち、運転手、通訳として働くことに十分満足している。彼は、私の西洋での経験がどんなものかを知りたいと思っており、また、いつかヨーロッパに連れて行ってくれることをつねに期待しているのだ。私は彼のことを仲間として扱っており、そうした友人の見地から、彼の良き知性と性格を見ている。

そのあいだに誰かがヨーギーと弟子をもてなすべく自分の小屋に連れていってしまった。これらの村人たちは町の住人である彼らの兄弟たちより確かに親切である。

われわれが長老の家に向かって歩いていると、オレンジ色の太陽がまさに沈もうとするばかりで、はるかな山々を背景にした西の空が紅《くれない》に染まる。多少立派な小屋の前で歩を止める。中に入り、私は主人に礼を述べる。

「お訪ね下さった光栄に感動しています」と、彼は簡単に答える。

茶のあとしばらく休む。短いたそがれの影が野をおおい、夜にそなえて家畜が村に追い立てられてくる声をきく。このあと私の召し使いはヨーギーを訪ねに出かけ、面会の承諾を得て戻ってくる。そして私を粗末な小屋の戸口に連れていく。

私は天井が低い四角い部屋に入る。私の足は土の床を踏む。粗末なつくりのかまどの近くに二、三の土焼の瓶がある以外は、ほとんど何もない。壁につきささった一本の竹ざおが、衣装戸棚の役割をしている。衣類やボロきれがそれに掛かっているのだ。部屋のひと隅が一個の真ちゅうの水差しで美しく飾られている。私は裸電球の青白い光のこの場所が、なんとがらんとしていることかと思う。このようなのが、貧しい農夫の家のわびしい設備なのである。

ヨーギーの弟子は片言の英語で私に挨拶をするが、彼の師の姿は見えない。彼は、祝福を与えるために、ある病んでいる母親の枕もとに呼ばれたのである。私は彼の帰りを待つ。

ついに、外の通りに物音がして、やがて入り口に背の高い姿が立つ。彼は厳かな様子で部屋に入る。私を見てちょっと承認の身ぶりを示し、何ごとかをつぶやく。私の荷物持ちは通訳した言葉をささやく——

「いらっしゃい、サヒブ、あなたに神々の御加護があるように！」

彼は、私が差しだした綿毛布を拒《こば》んで床の上にじかにすわって脚を組む。われわれは向きあい、私は彼を間近に観察する。私の前にいる男は、短い無骨なあごひげのおかげで老けては見えるがたぶん五〇歳ぐらいだろう。髪はもつれて首のあたりまで垂れ下がり、口もとはまじめで笑うことはない。しかし、最初会ったときに私の心を打ったものが、この瞬間、新たに心を打つ——石炭のように黒いその目の、輝くような光輝である。こんな神秘的な目は、これから幾日間も自分の心につきまとって離れないだろう、ということを私は知っている。

「長い旅をして来られたのでしょうね？」と彼は静かにきく。

私はうなずく。

「マスター・マハーシャヤ（「ラーマクリシュナの福音」の著者）をどう思いますか」と彼は突然たずねる。

私はびっくりする。どのようにして、彼は私が彼の故郷ベンガルに行き、カルカッタでマスター・マハーシャヤに会ったことを知ったのか？　私は狼狽《ろうばい》してしばらく彼を見つめ、それから彼の質問へと心を戻す。

「彼は私が心から敬服する人です。しかし、なぜそれをおたずねになるのですか？」と私は答える。

彼は私の反問を無視する。そこに気まずい沈黙が生まれる。

「私はカルカッタに行くときに、また彼に会うのを楽しみにしています。彼はあなたを知っているのですか？　あなたからのご挨拶を伝えましょうか？」

ヨーギーは断固として首をふる。

「あなたがマハーシャヤに会うことは決してないでしょう。まさにいま、死の神ヤマが彼の魂を連れ出そうとしているのです」

ふたたび沈黙。やがて私は彼に言う――

「私はヨーギーたちの生活と思想に興味を持っています。どのようにしてヨーギーにおなりになったのか、どのような英知をお持ちなのか、私に話してくださいませんか?」

チャンディー・ダースは、取材する私を励ましてはくれない。

「過去は灰の山でしかありません」と彼は答える。「灰の中に指を突っ込んで死んだ経験をつまみ出すようなことを、私に頼まないでください。私は過去にも未来にも生きてはいません。人間の魂の奥底では、それらは影であって、本物の現実ではないのです。これも私が学んだところの英知です」

これはどぎまぎさせる言葉だ。彼のお堅い聖職者的態度は私の落ちつきを失わせる。

「しかし、時間の世界に生きている者は、それらも考慮に入れなければなりません」と私は反論する。

「時間?」と彼は問いただす。「そんなものがあるという確証はあるのですか?」

話が空想的になってきたので私は弱る。この男は本当に、弟子が主張するようなすばらしい天分を持っているのだろうか? 大声で私は言う――

「もし時間が存在しなかったら、過去も未来も共にいまここにあるはずでしょう。しかし経験はわれわれに反対のことを告げています」

「そうですか? あなたの言っているのは、あなたの経験が世間の経験だという意味なのですよ!」

「まさか、ご自分は異なる経験をしている、とおっしゃるのではないでしょうねえ?」

「あなたの語るところのものには真実がある」という不思議な答えが返ってくる。

「あなたは未来をご覧になる、と理解してよいのですか？」

「私は永遠なるものの中に生きています」と、チャンディー・ダースは答える、「将来の出来事があたまをよぎっても、それを発見しようと努力することは決してしません」

「しかし他人のためならするでしょう？」

「しようと思えば――ええ！」

私は事実を徹底的に突きとめようと心に決める。

「それではあなたはこれから起こるはずの出来事を知らせることができるのですね？」

「ある程度です。細かいことまですでに定められているというほど、人びとの生涯はなめらかに進行しません」

「では、あなたが発見できる私の未来を明かしてくださいませんか？」

「なぜ、そういうことを知りたいのですか？」

私は躊躇《ちゅうちょ》する。

「神は相当な理由があって、来る出来事に覆いをかぶせているのです」と、相手はほとんどいかめしい調子で続ける。

私に何が言えようか？　そこに、あるインスピレーションがくる。

「重大な問題が私の心を悩ませています。それらの上に光を見いだしたいと思って、私はあなたの国インドに来ました。おそらく、あなたが言って下さることの中に、私の行くべき方向についての導きがあるでしょうし、あるいは、それによって私が来たことが無駄であったのかどうか、ということもわかるでしょう」

ヨーギーは、その輝く黒い目を私に向ける。そのあとに続く沈黙の中で、私はふたたび、この男の重々しい威厳に打たれる。膝を折り足を組んで、奥地のジャングルの村の貧しい小屋の中という環境を超越して、彼は実に深遠に、実に高僧らしく見えるのだ。

私は初めて、壁の上の方から一匹のトカゲがわれわれを見つめているのに気づく。その頭のような目玉はけっしてわれわれから離れず、そのグロテスクに大きな口は実に異様で、私にはどうしても、それが私に悪意を見せて歯をむきだしているようにしか見えないのだ。

ついに、チャンディー・ダースは口を開く。

「私は、学問というピカピカ光る宝石を身につけてはいません。しかし、もしあなたが私の言うことをお聞きになるなら、あなたの旅は無益なものではありません。インドの旅を始めた場所にお戻りなさい。そうすれば、新月がのぼる前に、あなたの望みはかなうでしょう」

「ボンベイに帰れとおっしゃるのですか?」

「おっしゃる通り」

私はとまどう。あの、半分は西洋にかぶれたような雑種の都市が、私のために何を持っているというのだろうか?

「しかし、あそこには、私の探求を助ける何ものも見い出せませんでした」と私は反論する。

チャンディー・ダースは私を冷静に見る。

「そこにあなたの道があります。できるだけ早くその道を行きなさい。ときを無駄にするな。明日にでもボンベイに戻りなさい」

「言って下さることはそれだけですか?」

「まだあります。しかしまだ見る努力をしていません」

彼は沈黙に戻る。彼の目は、静かな水面のように無表情になる。しばらくすると、口を開く。

「次の昼夜平分点(春分または秋分)までに、あなたはインドを発《た》って西洋に帰るでしょう。われわれの国を去るやいなや、ひどい病気にかかるでしょう。魂は病で傷ついた肉体の中で苦しむでしょうが、まだそこから抜け出すときではありません(つまり、まだ死ぬときではない、の意)。隠れていた運命のはたらきが明らかになるのはそのときです。なぜならあなたはふたたびアーリヤヴァルタ(インド)に送り返されるのです。ですからあなたは、全部で三回、私たちの国を訪れることになります。一人の賢者が今でもあなたを待っており、あなたは古代の糸で彼に結びつけられているのですから。彼のために、あなたは帰ってきて私たちの間に住むでしょう[1]」

彼の声はやみ、かすかな震えが、彼のまぶたをよぎる。少したってひたと私を見つめながら、彼は、「お聞きになったでしょう。これ以上言うことはありません」とつけ加える。

あとの会話はとりとめがなく、重要なものではない。チャンディー・ダースは自分についてさらに語ることは拒絶するので、私は彼の不可思議な言葉の背後にはもっと何かがあると感じるのだが、それをどう受けとるべきか、いぶかるのみである。

若い弟子との簡単な会話の中での面白いエピソードがある。彼はまじめに、「イギリスのヨーギーたちはこういうことはしないのですか?」ときくのだ。

私はおかしさをこらえて、「あの国にはヨーギーはいないのです」と答える。

このあいだ中、ほかの人びとはすべて黙って静かにすわっていたが、ヨーギーが会見の終了を告げると、たぶん農夫であろう小屋の持ち主が、粗末な食事だが一緒にどうか、と近づいてきてたずねる。私は彼に、われわれは車の中に食物があり、村の長老が今晩泊めてくれることになっているから、彼の家に行って調理をする、と話す。しかし農夫は、自分が人をもてなすことを忘れたと言われたくない、と答える。私は彼に、今日は十分に食べているから心配をしないでくれ、と頼むのだが彼は頑としてきかない。それゆえ、彼を失望させないために、これを受ける。

「お客さまを迎えて彼に食事をさしあげないなどということは、私にできることではありません」と、揚げた穀物の皿を差しだしながら彼はもらす。

私は、窓の役割をする、棒がはまった壁の穴から外を見る。オパール色の新月からくる青白い光のもとで、こうした素朴な、文盲の農夫の中にしばしば見られる、優れた人格と親切心のことを考える。いかなる大学教育も、ビジネスの上の俊敏さも、都会の人びとに実に多く見られる人格の堕落をおぎなうことはできない。

私がチャンディー・ダースとその弟子とにいとまをつげると、農夫は天井の細い横木にぶらさがる粗末なランタンを取りあげ、われわれとともに街路に出る。私が心配は要らぬと言うと、彼は自分のひたいに手を触れ、微笑し、開かれた戸口に立つ。それぞれがランプをともし、私は召し使いのあとについて今夜の宿に向かう。私は眠れない。ベンガルから来たという不思議なヨーギーへの思いと、ジャッカルの不気味な叫びと、パーリヤ犬の独特な長い遠ぼえが混じりあって、その邪魔をする。

§

私はチャンディー・ダースの助言に克明にしたがうわけではないが、少なくとも車はボンベイの方に向け、徐々にあの都市に戻って行くようにする。その予言どおり、到着してホテルに落ち着くやいなや、病の床に伏す。

心は疲れ肉体は病み、四方の壁に閉じ込められ、初めて私は悲観的な展望を抱きはじめる。インドはもうたくさんだ、と感じ始める。この国中を数千キロにわたって旅し、しばしば恐ろしい目にもあった。私が求めているインドは、飲み食いとダンスとブリッジとウィスキー・アンド・ソーダが魅力的な絵画を織りなす、都会のヨーロッパ人居住区域にはない。都会のインド人居住区域での滞在は、まずまずは探求を助けたが、健康にはあまり良くなかった。奥地やジャングルの村々での滞在は、不適当な食べ物、悪い水、定まらぬ生活、熱帯生活につきものの不眠によって、危ないことがわかった。私の肉体は今や病の床の上に投げ出された重い荷物である。

私には、自分がいつまでこの身を持ちこたえていられるか、わからない。私の目は不眠のためにどんよりとしている。何カ月もの間、情け容赦なく追いかけてまわる不眠という亡霊を、私はついに追い払うことができなかった。また、接触の機会を得た変わったタイプの人びとのあいだを注意深く歩きまわる必要は、私の神経をひどく荒らした。インドの秘められた奥地に入ってなじみない人びとと交わる間中、批判的であって同時に拒否的ではないように注意深い内的バランスを保たなければならぬということが、長期にわたる緊張を強いたのだ。私は、本物の賢者と、自分のうぬぼれを神の知識と間違えている愚か者との間に、真の見神者とたんなる神秘屋との間に、黒魔術をおこなうにせ修行者と真のヨーガ行者との間に、どのようにして自分の道をたどるかを学ばなければならなかった。しかも私は、この探求をできる限り短時間の中に集中させ詰め込まなければならなかったのだ。ひとつの探求に一生涯の何年も費やすことは私にはできないからである。

肉体と頭脳の状態が悪いなら、霊性の状態もそれより良いとは言えない。私は失敗したという思いでがっかりしている。たしかに私は、すばらしい境地に達した見事な人格の人びとに会った。また驚くべきことをおこなう人びとにも会った。だが、このひとが、私の探究にとっての霊的巨人である、私の合理的性格にも合う喜んで師事する師である、という確信に満ちた認識にはいまだ落ち着くことができなかったのである。情熱的な弟子たちは私を自分たちの師の信者にしようと努めたが無駄だった。若者が自分の青春の最初の経験を愛の極限と考えるように、これら善良な人びとは、初期の経験にすっかり感動してしまい、それ以上の探求をすることも考えることもないのだ。そのうえ私は、他者の教えの貯蔵庫になりたいとも思わなかった。私が求めているのは、生きた、新品の個人的経験、完全に自分のものであってほかの人のものではない、霊的自覚である。

だが結局のところ私は、大望を捨て東洋をさまよう、一個のつまらぬ無責任なジャーナリストにすぎないではないか。そんなめぐりあいを期待するとは、自分はいったい何者なのだ。憂うつが心に重いマントをかぶせる。

なんとか体を引きずりまわせるほどに回復したとき、私は、隣の部屋に滞在している陸軍大尉とともにホテルのテーブルにすわっている。彼は病気の妻、おそい回復、取り消された帰国の予定およびそのほかの長い物語をはじめる。それは私の病をさらに悪くする。これを終わってともにベランダにでると、彼は長い葉巻タバコを口にはさんでつぶやく――

「人生は――何かのゲーム、ではありませんか?」

「そうです――何かの!」と私は簡潔に同意する。

三〇分後、私はホーンビー街を走るタクシーの中にいる。車は船会社の高い回廊のような正面玄関前で止まる。インドからの突然の出国を手続きする以外、私にできることはないのだ、という思いで切符の代金を払う。

ボンベイの象徴である、ぞっとするようなあばら家、ほこりだらけの店、飾りたてた宮殿と能率的に見えるオフィスに嫌気を感じながら、不幸な黙想をつづけにホテルの部屋に戻る。

日が暮れる。給仕が卓上においしいカレーをそろえるが、食事をとる気にはなれない。一、二杯の冷たい飲み物をとって、タクシーで町を横切る。車を降りてゆっくりと歩き、ついに西洋から都会のインドへの贈り物のひとつ――大きな、けばけばしい外観の映画劇場の前に立つ。ひとときその明るく照らされた入り口に立ちどまり、派手なポスターを読む。

かねてから映画は好きで、今夜は歓迎の忘れ川（ギリシャ神話レーテー、その水を飲むと生前の一切を忘れる忘却の川）の水を一杯飲ませてくれ、という思いになる。一ルピーほどの金額で、ふかふかしたビロード張りの映画館の席が買える限り、私は世界中のどの都市にいても、完全に絶望することはないだろう。

中に入り、白いスクリーンに投影される、おきまりのアメリカ人の生活の断片に見入るべく席に着く。そこにはまたしても、宮殿のようなアパートメントを背景にともに働く愚かな妻と不実な夫があらわれる。私は彼らに注意を集中しようと努力するが、どういうわけか、しだいに退屈していく自分に気がつく。驚いたことには、映画に対する昔の情熱を自分が突然失ったことを発見する。人間の熱情やその悲劇、その喜劇の物語は、私の心を悲しませたり笑いに誘ったりする力を、奇妙なことに失っているのだ。

ショーのなかばで映像はゆらめき現実性を失う。私の注意は完全にほかにそれ、ふたたび不思議な探求に集中する。思いがけず、私は、自分が神を持たぬ巡礼者になっていることを、心のいこいの場所を求めて町から町へ、村から村へとさまよっていることを、そしてまだ何も見い出してはいないさすらい人であることを悟る。内面の世界を、自分の国の人びとよりもっと深いところまで掘り下げた、霊的超人の異国的な容貌を期待しつつ、どんなに多くの顔を見つめただろう。自分を満足させる神秘的な答えを期待して、どんなに他国の黒く輝く瞳に見入ったことだろう！

やがて奇妙な緊張状態が脳内におこり、私をとりまく空気が、強い電気的振動に満ちたように感じられる。そしてある非常に強力な心霊的変化が自分の内部に起こりつつあることに気づく。突然、一種の心の声が注意の世界に侵入してきて、驚いている私に、聴くことを強制する。その声は叱るように話す——

「人生とはゆりかごから墓場までのエピソードを次々に展開してみせる、映画以上の何ものでもない。いまどこに過去のシーンがあるか――それをつかまえておくことができるか？ まだ来ぬものが今どこにあるか――それをつかむことができるのか？ 真実なるもの、恒久なるもの、永遠なるものを見いだそうと努めるかわりに、お前はこの場所に来て、より人を迷わす存在――完全に想像された物語、大幻影の中のひとつの幻影――に時を費やしている」

こうして人間の愛と悲劇のフィルムが回転することにも、最後のわずかな興味さえ失う。これ以上ここにすわるのはお笑いだ。私は立ちあがって劇場の外に出る。

ゆっくり、あてどなく、明るい月光を浴びる街中《まちなか》をさまよう。東洋では、月は人間の生活に非常に近しい存在に思われる。曲がり角で一人の物乞いが近づいてくる。彼が何やらわからぬ音をつぶやく。じっと彼の顔に見入り恐怖にしりごみする。顔面は恐ろしい病で形がくずれ、皮膚が切れぎれになって骨にへばりついているのだ。だがこの犠牲者に人生の仲間として深いあわれみを感じ、最初の嫌悪は消える。持ち合わせの小銭すべてを差し出された手の中に入れてやる。

私は海岸へ道をとる。バック・ベイ散歩道に夜ごと群がる人びとを避けて、煩わされない場所へ足を運ぶ。この都市に美しい天蓋《てんがい》をつくる星空を見つめながら、自分が思いがけない運命の岐路に達していることを悟る。

§

数日中に私の船はヨーロッパに向かい、緑青色《ろくしょう》のアラビア海の海面をすべっていくだろう。いったん船に乗ったら、私は哲学に別れを告げて、この東洋の探求を忘却の海に投げ込もう。もう、自分の持つものすべてを――時も思いも精力も金も――想像上の師の探求という祭壇には決して捧げないぞ。

しかし、逃れきれない心の声がふたたびしつこく私を悩ませる。

「馬鹿者！」と、それは私をののしる。「すると、これが探究と求道に何年も費やした結果なのだな！　学んだことをすべて忘れ、より良い感情をひどい我ままと官能性の中に溺れさせてしまうとは、お前もほかの連中と同じ道をたどるのか？　しかし注意せよ！　お前の人生の見習い修行は、恐ろしい主人たちのもとでおこなわれたではないか。終わりのない思考は存在の上塗り部分を引きはがし、絶え間のない活動はお前をムチ打ち、霊的な孤独はお前の魂を引き離してしまった。こうした年季奉公の結果から、お前は逃れることができると思っているのか？　そうはいかないぞ、それはお前の足を、見えない鎖で縛ってしまったのだから！」

東洋の空を圧倒する星々を見つめ、私の気持ちはシーソーのように揺れ動く。私は失敗に直面している自分の無力さを言い立てて、この容赦のない心霊的な声に向かって自分を弁護しようとする。

その声は答える――

「ここ、インドで会った人びとの中に、お前が師とするに足る人は一人もいない、ということは確か？」

顔また顔の長いギャラリーが、私の心の目の前を通りすぎる。気短な北部の顔、穏やかな南部の顔、神経質で感情的な東部の顔、西部からの強くて無口なマラタ人の顔。友好的な顔、愚かな顔、聡明な顔、危険な顔、邪悪な顔、不可解な顔、顔、顔、顔。

そのうちひとつの顔が行列を離れ、静かに私を見つめながらしつこく私の前を往来する。それは南部の聖なるかがり火の山にその生涯を過ごす、賢者マハーリシの静かな謎めいた顔である。けっして彼を忘れてはいない。実にこの短い期間中、たびたび彼を懐かしく思い出した。しかし、この旅の間中、不意に起こる経験、さまざまな顔や出来事との目まぐるしい出会い、突然の変化が、彼とともに過ごした短い期間の印象を厚いヴェールで覆っていたのだ。

だが今や私は、彼が私の人生をよぎる星であると悟る。それは、暗黒の空間を孤高の光とともによぎっては消えて行く一つ星だ。私は内なる声に答えてこう認めざるを得ない——西洋東洋にかかわらず、彼は私が会った中の誰よりも。私に深い感銘を与えた、たった一人の人である。しかし彼はヨーロッパ人の心理からは実に高遠で、実に遠く離れているように思われ、また、彼は私が生徒になるかならぬかなどには、まったく無関心に思われるのだ。

だが沈黙の声は、私を力強くつかんで離さない。

「どうしてお前に彼が無関心だと確信することができるのか？　お前がそそくさと去ったのではないか？」

「そうです」私は弱々しく白状する。「私は自分で決めた旅の計画を実行しなければなりませんでした。やむを得なかったのです」

「今お前にできることはただひとつだ。彼のもとに戻れ」

「どうして彼に自分を押しつけることなどができましょう？」

「お前の個人的感情よりは探求の成功の方が重要ではないか。マハーリシのもとに帰れ」

「彼はインドの向こうの端におり、私はふたたび放浪をはじめるにはあまりにひどく健康を害しています」

「それが何だ。師が欲しければ、対価を払わねばならぬ」

「いまは、師がほしいのかどうか、私にもわかりません。私は何かを欲しがるには余りに疲れているのです。とにかく、私は船の寝台を予約しました。三日のうちには出帆せねばなりません。予定を変えるには遅すぎます」

声は私をあざけるように——

「遅すぎるだと？　お前の価値感覚はどうなってしまったのだ。お前はマハーリシが今までに会った中で一番優れた人であることを認めていながら、彼を知る努力もせず、さっさと彼から逃げ出そうとしている。彼のもとに帰れ」

だが私はまだ不機嫌でかたくなである。頭脳は「そうだ」と答えているが、血液は「違う！」と言うのだ。

ふたたび、声は私をうながす——

「もう一度計画を変えよ。お前はマハーリシのもとに戻らなければならないのだ」

そのとき、私の生命の奥底から何ものかがこみあげて来て、その不思議な声にただちに従うよう命令する。それは私を圧倒し、実に強力に、私の理屈から生まれた反論と、弱った肉体の抵抗を制するので、私はそれの手中にある赤ん坊のようになる。私にマハーリシのもとに帰ることを命じる、突然の、圧倒的な強要によって、私を呼びよせようとする彼の抵抗しがたい目を、最も生き生きとした形で見る。

これ以上、内なる声と争うことはできない。私は今その手中にあり、完全に無力である。すぐにマハーリシのもとへ旅立とう。彼が受けてくれるなら、偉大な彼の導きと保護に任せよう。さいは投げられた。何ものかが私を征服した。それが何であるかはわからないのだが。

ホテルに帰り、ひたいの汗をぬぐって一杯のぬるい茶をすする。それを飲みながら、私は自分が変わったことを悟る。不幸と懐疑という暗い重荷がこの肩から落下しつつあると知る。

翌朝、私はボンベイに戻って以来、初めて自分が微笑んでいることに気づきながら、朝食に降りて行く。純白のジャケットと純白のズボンに金の帯をつけた、背の高い、あごひげをはやしたシーク教徒の召し使いが、私の椅子の背後に合掌して立ち、ほほ笑み返す。そして彼は言う――

「あなたにお手紙でございます、旦那様」

私はおもてを見る。それは二度も転送され、私のあとを次々と追ってきた。席にすわって開く。

驚き、かつ喜びを感じたことには、それは、かの、聖なるかがり火の山のふもとにある庵で書かれたものだからである。差出人は、かつてマドラスの立法審議会の議員であった著名人で、家族との死別の不幸のあと世を退き、マハーリシの弟子になってしばしば彼を訪れている人である。私は彼と出会って以来、文通するようになったのだ。

手紙は励ましの内容に満ちており、私がもし庵を再訪する気になったら歓迎されるであろう、と書いてある。読み終えて、中の一句がほかの文章を忘れさせるほど鮮明に心に焼きつく。それは――

「あなたは幸運にも、真の師にお会いになりました」

私はこの手紙を、マハーリシのところに戻ろうという新しい決意に対する良い前兆ととる。朝食のあと、車で船会社に行き、乗船を取り消す手続きをする。

すみやかにボンベイに別れを告げ、新しいプランの実行にはいる。平たんで面白みのないデカン高原を、何百キロという長い距離を行く。途中はさみしい竹やぶのみが景色に変化を与えるべく、葉の茂った頭をもたげている。列車はわずかな草とまばらな樹木のインドの草原地帯を走る。速度がのろく感じる。列車がガタゴトいわせて線路を飛ぶように走るとき、私は、自分は——霊性の悟りと自分がめぐりあった中で最も神秘的な人格——に向かって疾走しているのだと感じる。車窓から外を眺めているうちに、一人のリシを見い出そう、霊的超人を見い出そう、という私の内に眠っていた希望がふたたび目を覚ますからである。

二日目。私たちはおよそ一六〇〇キロを走り、切れ切れの赤い丘のおだやかな南部の風景が見えてくる。私は不思議なほど幸せを感じる。やがて焼けた平野をあとにして、マドラス市の湯気が立ちそうな蒸し暑さを、喜ばしく感じていることに気がつく。それは、私の旅が峠を越したことを示すからだ。

南マラタ会社の終着駅を出ると、南インド鉄道に乗りかえるため、まばらにひとが住む街を歩いて行かなければならない。汽車の出発までなお数時間あることを知り、私はそれをいくらかの必要な買い物と、南インドの霊性の頭首シュリー・シャンカラ猊下に私を紹介してくれたインド人著作家との短いおしゃべりに使う。

彼は温かく私を迎える。そして、私がマハーリシのもとにむかう途中であることを伝えると、作家は叫ぶ——

「私は驚きません！　思っていたとおりです」

私はびっくりする。そしてたずねる——

「なぜそうおっしゃるのですか？」

彼は微笑する。

「わが友よ、チングルプットの町で猊下と別れたときのことを覚えていませんか？　私たちが退出する直前、猊下が待合室で、私に何ごとかをささやいたことにお気づきではありませんでしたか？」

「ええ、そうおっしゃると、確かに覚えています」

やせた上品な顔は、なおほほ笑みつづけている。

「猊下がおっしゃったことは、『君の友人はインド中を旅行するだろう。あまたのヨーギーを訪ね、あまたの教師の話に耳を傾けるだろう。しかし、最後にはマハーリシのところに帰ってくる。彼にとってはマハーリシだけが正しい師なのである』と」

この言葉。帰り着く前夜に聞かされるこの言葉に、私は深く感動する。シュリー・シャンカラの予言力を示しているだけではない。それは、私は正しい道を歩んでいる、という、一種の確証を与えてくれるのだ。

私の星が、私に課した、この放浪の、なんと不思議なことか。

［1］その後、この予言の前半部分はその通りになった。

第一六章　密林の草庵にて

我々の過ぎた年月の中で、カレンダーに黄金の文字で書き込みたいほど忘れがたい瞬間があるものだ。私はマハーリシのホールに歩み入ろうとしているが、その一瞬が今私に来ようとしている。

彼はいつものように、長椅子の真ん中を覆う、堂々たる虎の皮の上にすわっている。かたわらの小さなテーブルの上では、線香がゆるやかにくゆり、その香りがホール全体に浸透している。今日、彼は、私の初めての訪問の際のあの不思議なときのようではない。人びとから遠く離れ、恍惚に似た霊的没我の状態ではなく、彼の目は、この世界に向かってはっきり開かれ、私がおじぎをすると、理解をもってこちらを眺める。そして口もとは、好意に満ちた歓迎のほほ笑みでほころんでいる。

師とのあいだに敬意を表する距離を置き、数名の弟子がすわっている。細長いホールにそれ以外はない。その中の一人が揺りうちわのひもを引くと、うちわは厳かな空気をゆったりとひるがえす。

自分は弟子入りを乞うためここに来たのであって、マハーリシの決意を聞くまでは心が落ち着かないのだ、と心中に思っている。私をそそくさとボンベイから脱出させこの地に送ったのは、絶対的な命令が来たからであり、それは決然とした権威ある指示として超自然の世界から来たので、自分は受け入れられるという大きな希望を持ってここにいることは本当だ。前置きの説明を手短に済ませ、自分の願いを簡単に、あからさまにマハーリシにぶつける。

彼は私にほほ笑みつづけているが、何も言わない。

私はやや力を込めて問いをくり返す。

それでも長い沈黙がつづく。しかしついに彼は、通訳をよぶことを嫌い、自ら英語で返事をする。

「この、師だの弟子だのという談義はいったいなんですか？　これらの違いはすべて、弟子の立場から見た場合にのみ存在するのです。真の自己を悟った者にとっては、師もなければ、弟子もありません。そのような人は、すべてのひとを等しい目で見るのです」

私は、一応の拒絶だな、とかすかに感じる。そして言葉をかえてさらにお願いするが、マハーリシはこの点では屈服しない。しかし最後にはこう言う――

「あなたは師を、あなたの内に、あなたの霊的自己の内に、見い出さなければいけない。あなたは彼の体を、彼自身がそれを見ているのと同じ方法で見なければいけない。肉体は彼の本当の自己ではないのです」

マハーリシが誘いにのって正面から肯定の返事をあたえるはずがない、私が求めている答えは、何かの別のやり方の中に、彼がほのめかす精妙でおぼろなものの中に疑いなくある、と心の声が言う。だから私はこの問題を棚にあげ、談話は私の訪問の表面的物質的な面に向けられる。

私はその午後を、長引くだろう滞在の準備に費やす。

§

つづく数週間は、未知の、めったに経験しない生活に私を没頭させる。日中はマハーリシのホールで過ごし、そこで私は少しずつ、彼の英知の断片と、私の求めている答えへのかすかな手がかりを拾いあげる。夜は相変わらず、拷問のような不眠のうちに過ぎてゆく。にわかづくりの小屋の堅い土間に、一枚の毛布を敷いて横たわるのだ。

この粗末な住み家は草庵から九〇メートルほどの場所に建っている。その厚い壁はしっくいを薄く塗った土でできていて、屋根はモンスーンの雨によく耐えるように瓦でしっかりふいてある。周囲の土地は、西にひろがる密林の端にあたり、深く生い茂る、ひと手の入ることのないやぶである。荒々しい風景は、自然の女神の堂々たる野性美をそのまま表している。サボテンでできた壁が、不規則にたくさん散らばり、そのトゲは粗い針のようだ。それらのむこうにジャングルがあり、地面の上に、茂ったやぶと発育がとまった木々でできたカーテンをおろしている。北の方には金属的な色をおびた岩と、褐色の土からなる山の寂しい姿がそびえる。南には細長い池があり、その岸に並ぶ木々に、灰色と茶色のサルが何家族か住んでいるのだが、私をこの場所に惹きつけるのも、そのしずかな水面である。

毎日がその前日のくり返しである。私は朝早く起きて、ジャングルの暁が灰色から緑色に、そしてやがて金色に変化していくのを見まもる。次は水にとび込み、潜むヘビを追い払うためにできるだけ大きな音をたてて池の中をあちこち泳ぎまわる。それから衣服を着け、ひげをそり、ここで手に入れることのできる唯一のぜいたく――三杯のうまい茶を飲むのだ。

「旦那さん、茶の湯がわきました」私が雇ったボーイのラジューが言う。最初、英語はひとことも知らなかったのだが、私がときどき教えてやって、この程度かそれ以上のことを言えるようになったのだ。一人の召使いとして、彼は宝石である。彼の西洋人の雇い主が試しに見つけてこいと言いつけた妙な品物や食べものを、必ず見つけようと町を懸命にくまなく走りまわるし、瞑想の時間中にたまたま主人の命令をきくためにやってきたら、彼はマハーリシのホールの外を思慮深く、物音ひとつ立てずに動きまわるのである。しかしコックとしてはどうだろう。彼にはまったく奇妙と思える西洋の味付けは彼に理解することはできない。二、三の苦い経験をしてからは、やや手のこんだ料理は自分ですることに決め、手間をはぶくために、実質のある食事は毎日一回に減らすことにする。だから毎日三回飲む茶が地上での唯一の楽しみとなり、同時におもなエネルギー源となる。ラジューは日なたに立って驚きの目で見ている。それほど私はこの茶色のすばらしい飲み物に中毒になっている。彼の体は強烈な太陽の中で、磨かれた黒檀のように光っている。彼はインドの原住民、黒いドラヴィダ人の純血の息子なのだ。

朝食がすむと、草庵に向かって、ゆっくり静かに歩を運ぶ。竹の棒で囲ってある構内の美しいバラ園のそばで一、二分立ちどまったり、ココナッツをいっぱいつけて垂れ下がるヤシの葉陰でちょっと休憩したりする。日差しの力が強くならないうちに草庵の庭を歩きまわり、さまざまの花を見てその香りをかぐのはすばらしい経験である。

それから私はホールに入り、マハーリシの前に頭をさげて静かにすわる。しばらくの間ものを読むか書くかすることもあるし、一、二のほかの人と話を交わすこともあるし、いくつかの物事についてマハーリシと問答することもある。通常は夕方が瞑想の時間なのだが、時には賢者が指示した方法で、一時間ぐらい瞑想に没入する。しかし何をしていても必ず感じるのは、この場所の神秘的な空気である。私の頭脳は次第に、そしてはっきりと、確実に浸透する慈悲深い放射線を感じるのだ。私はマハーリシの近くに少しの間すわっただけで、言葉では表現できないほどの平安を感じる。注意深く観察し、よくよく分析すると、われわれが接近し合っているときには必ず、互いに影響が引き起こされる、という完全な確信に到達する。それはこの上もなく微妙なものだ。そして全く明白なことである。

私は一一時に昼食と休息をとりに小屋へ帰る。それからホールに戻って朝のプログラムをくり返す。ときどきは瞑想や会話をするかわりに近くの田舎をさまよったり、あの巨大な寺院をもう少し探索すべく、町の方に下りて行ったりする。

ときどき不意にマハーリシが昼食のあと、私を小屋に訪ねてくる。私はその機会にさまざまの質問をして彼を悩ますが、彼は最小の単語で、簡潔に辛抱強く答える。しかしあるとき、私がある新しい問題を提出すると、彼は答えない。そのかわり、地平のかなたまで続く密林の丘を見つめ、じっとしている。何分も過ぎるが、しかしなお彼の視線は固定し、存在は遠く離れている。彼の注意は遠くにいる心霊的な存在に向けられているのか、それともある内面的な思いに集中しているのか、私にはまったく判別ができない。最初は聞こえなかったのではないかと疑う。しかし彼の沈黙はその後もつづき破ることができない。いや、破りたくない。張りつめた沈黙が、合理主義的な私の心に勝ってある大きな力となり畏敬の念を生じさせ、ついには私を圧倒してしまう。

驚いているうちに、私は次のことを悟らされる――私の質問はすべて終わりのないゲームのひとコマで、どこまでもくり広げられる思想のお遊びであること、私の中のどこかに必要としている真理の水すべてを与えてくれる確信の泉があること、質問をやめて自分自身の霊的本性のすばらしい能力を理解しようと努力をしたほうがよいことを――それゆえ私は沈黙をして待つ。

半時間ほどマハーリシの目はひたと前を見つめ、私のことを忘れているように見える。しかし、突然起こったこの崇高な悟りは、神秘的な、平然としているこの人物から発するテレパシー的放射エネルギーの、広がりゆくさざ波以外の何ものでもない、ということを私は完全に知っている。

別の来訪のときには、私が悲観的ムードに沈んでいるのを見て、彼が示した道をたどる者に待つ、栄光のゴールについて語る。

「しかしマハーリシ、この道は難しい。私は自分の弱点をいやというほど知っているのです」と私は訴える。

「それがみずからを不利な立場にする、もっとも確かな方法です」と、彼は泰然として答える。「失敗することへの恐怖、失敗するかもしれないという考えが重荷となるのです」

「でも、もしそれが事実なら――?」と私は固執して言い張る。

「それは事実ではありません。人間の最大の誤りは、生まれつき弱い、生まれつき悪い、と思うことです。すべてのひとはその真の性質において、神聖で強いのです。弱くて悪いのは、彼の習慣と彼の欲望と彼の思いです。彼自身ではない」

それは強壮剤のように、私を生きかえらせ、鼓舞する。ほかの、もっと小さく弱い魂の口から漏れた言葉だったら、これほどの価値あることを認められずに反論し続けただろう。しかし内なる観察者は私にこう告げる。この賢者は、偉大な、本物の霊的体験の深みから言葉を発している。推論という細い支柱に乗っかって大言壮語する空論的哲学者とは異なるぞ、と。

また別のとき、西洋を論じていて、私が――

「心を乱すもの、気を散らすものがひとつもない、この密林の隠とん所なら、霊的な落ち着きを得てそれを保つことはやさしいでしょう」とやり返すと、
「ゴールに到達すれば、すなわちあなたが知る者を知れば、ロンドンの家に住もうと、密林に独居しようと、同じことです」と静かな答えがやってくる。

あるときにはインド人が物質面の発達をおろそかにしていることを批判すると、驚いたことに、マハーリシは率直にこの非難を容認する。
「それは本当だ。われわれは後進民族です。しかしわれわれは欲求の少ない民族でもあります。われわれの社会は進歩しなければならない。しかしわれわれは、あなた方の民族よりはるかに少ないもので満足しています。それゆえ、おくれているということは、それだけ幸福がうすい、ということではありません」

§

この不思議な力ともっと不思議な見解に、マハーリシはどうやって到達したのだろうか？　彼がしぶしぶ語る断片と、弟子たちによる断片をつなぎ合わせ、私は少しずつ彼の不完全な伝記をつづる。

一八七九年、彼は、大規模な寺院があることで有名な南インドのマドゥラから五〇キロ離れたある村に生まれた。彼の父親は法律に関係のある職業につく、優良なブラーミンの家系であった。父親はたいへん慈悲深かったようで、たくさんの貧しい人びとに衣食を与えた。その息子はやがて、教育を受けるためにマドゥラに出て、ここで学校を管理していたアメリカ人の宣教師から英語の初歩を学んだ。

最初、若いラーマナは、遊びやスポーツが好きだった。レスリングやボクシングをし、危険な河で泳いだ。

宗教的なことや哲学的なことに特別な興味は示さなかった。当時の彼の生活で、唯一ふつうとは異なることは、彼が夢遊病の傾向を持っていて、その眠りが非常に深く、どんなに呼びさまそうとしてもさめないことだった。それは級友たちにも知られるところとなり、彼らはそれを利用した。起きている昼間は素早いパンチが恐ろしいので、夜中に寝室から彼を運動場に連れ出して、体をなぐったり横つらを張ったりしてからベッドに戻した。彼はまったく意識を持たず、翌朝覚えてもいなかった。

睡眠の性質を正しく理解している心理学者なら、少年の尋常ではない注意力をしめすこの事柄に、彼が持つ神秘的な性質の、十分な徴候を見い出すであろう。

あるときマドゥラに親類がやって来た。彼はラーマナに答えて、自分はアルナーチャラの寺院に巡礼してきたところだ、と言った。この名が少年の心の奥底に眠る何かをかき立てた。彼は自分にも理解ができぬ、奇妙な期待感にスリルを感じた。この寺の場所をたずねたあとは、思いは常にそれにとりつかれていた。それが、自分にこの上なく重要なことだと思われるが、しかしなぜアルナーチャラが、全インドに散在するそうそうたる大寺院にも増してそれ以上のものに思えるのか、自分でも説明することができなかった。

ミッション・スクールではつねにかなりの成績をおさめてはいたが、特別の才能を見せることもなく学業をつづけた。だが一七歳のとき、運命は素早く突然に打撃のごとく活動をはじめ、平穏な日々にその手を突っ込んできたのである。

彼は突然学校を去り、すべての学業を完全に捨てた。ことが実際に起こるまで、教師たち、親類たちほか誰にも告げなかった。世間の目で見れば、将来に暗雲が立ちこめた、この変化の理由は何だったのだろうか？

人びとには不可解であっただろうが、その理由に彼は十分満足していた。究極の意味では、人の師である生命が、学校の教師があてがうのとは違ったコースをこの若い学生にあつらえたのである。この変化は、学業を捨て、マドゥラから永久に姿を消す六週間前に、奇妙な形でやってきた。

彼がある日一人で自室にすわっていると、突然説明しようのない死の恐怖におそわれた。肉体はまったく健康であるのに、自分は死のうとしているのだ、とはっきり感じたのである。彼が死ぬ明らかな理由などはないのだから、これは心理的な現象であった。それでも彼はこの観念にとりつかれ、直ちに、来るべき事件への準備をはじめた。

彼は床の上に身体をのばし、四肢を死骸のそれらのように固定し、目も口も閉じて、ついには呼吸をとめた。「さて、これでこの肉体は死ぬ。それは固くなり、火葬場に運ばれて、やがて灰になるだろう。だが肉体の死とともに、私も死ぬのだろうか？　この肉体が私なのだろうか？　この肉体は今やものを言わず、こわばっている。しかし私は、この状態とは別に、私自身の完全な力を感じ続けている」

これらは、マハーリシが自分の不思議な経験を説明するのに用いた言葉である。次に起こったことは、書くのはやさしいが理解することは困難である。彼は意識の深い恍惚状態に入り、そこで自己の真の源泉に、存在の本質に、融合したようなのだ。彼は明白に、肉体は別個のものであって、私は死には関係なく存続する、ということを理解した。真の自己はとてもリアルだが、人間の本性の最も深いところに存在しているので、彼は今日まで見落としていたのだ。

ラーマナは、この驚くべき経験を通りぬけると、まったく異なった若者となった。いまや彼は、学業、スポーツ、友人ほかに対する興味はほとんど失い、興味の中心は思いがけず見いだした、真の自己の荘厳な自覚に集中された。死の恐怖はやってきたときと同じように、不思議な形で消えていった。それ以降は、けっして去ることのない、内なる平安と霊性の力を楽しんだ。以前は、少年たちがからかったり悪口を言ったりすると、すばやくやり返した。しかし今はあらゆることをおとなしく我慢した。不正な行為を無関心の態度で受け、人びとの中では完全に謙虚にふるまった。古い習慣を捨て、できるかぎり一人になろうと努めた。そして瞑想に没頭し、絶えず彼の注意を内へと惹きつける、圧倒的な神意識の流れに身をまかせるのであった。

彼の性格の深刻な変化は、もちろんほかの人びとの目についた。ある日、当然学校の宿題をしているはずの時刻に兄が部屋に入って来た。そして彼が目を閉じて瞑想に没入しているのを見た。教科書やノートは嫌気がさしたように部屋に投げ出されていた。このなまけぶりを見た兄は、うんざりして厳しい言葉でなじった。

「お前のような人間はここに用はないぞ。もしヨーギーのまねをしたいと思うなら、なぜ出世のために勉強などするのか?」

若いラーマナはこの言葉に強く駆り立てられた。即座にそれは真実だと悟り、黙ってそれを実行する決意をした。父はすでに亡《な》く、叔父と兄弟たちが母の世話をするだろうことは知っていた。ここが彼に用がない場所であるのは本当だった。そして心中には、一年近くも絶えずつきまとっていた名前、その音節を耳にしただけで夢中になった名前、アルナーチャラの寺院がひらめいた。あそこに行こう。なぜそこなのかの説明ができなくても。切迫するように急ぐ気持ちが彼の内に湧き、決意は自然になされた。それは前もって考えられたことではまったくなかった。

「私は文字通りここに魅せられてしまったのです。あなたをボンベイからここに引き寄せたのと同じ力が、私をマドゥラからここまで引き寄せたのです」と、マハーリシは私に言った。

そういうわけで若いラーマナは、内なる引力をハートに感じて、友も家族も学校も学業も捨ててアルナーチャラへの、深淵な霊的成功への道をとった。彼は短い別れの手紙をあとに残したが、それは今、草庵に保存されている。そのはなやかなタミール文字は次のような意味である――

「私は、父をたずね、彼の命に従ってここから出発します。これは高潔な仕事への船出にすぎません。ですから誰もこのことをお悲しみになる必要はありません。この道に金は不要です」

ポケットに三ルピーを入れ、世間のことはまったく知らずに南部の奥地へ旅立った。道中でのいくつかの驚くべき出来事は、ある神秘的な力が彼を守護し導いていたことを確実に証明している。ついに目的地に着いたとき、彼はすっかり無一文で、まったくのよそ者だった。しかし、内部では、完全な放棄の情熱が強烈に燃えさかっていた。当時、この少年が抱いた、地上の所有物への軽べつ感は、着ていた長衣を脱ぎすて、寺院の境内でまったくのはだかで瞑想の座にすわったほどであった。一人の神職がこれを見て忠告したが、きかなかった。びっくりしたほかの神職たちがやって来て、非常な努力の結果、ようやくひとつの譲歩をとりつけた。それが、今日まで身につけてきた彼の唯一のもの、小さな腰布である。

六カ月間、けっして他所には行かず、境内のあちこちにすわっていた、少年の早熟なふるまいに打たれた一人の神職が、毎日一回ずつ持ってくるいくらかの米で生命をつないだ。なぜならラーマナは、周囲の世界のことは完全に忘れるほど、一日中神秘的な恍惚状態と霊的恍惚状態に深く没入して暮らしていたからである。ある粗暴なイスラム教徒の若者たちが泥をぶつけて逃げたときにも、何時間かのあとまでまったくそれを知らなかったし、心中に恨みも感じなかった。

寺に詣でる巡礼者の流れが、彼が欲する独居を得がたくしたので、彼はここを去って、村から少し離れた野原の中の静かな聖堂に移った。ここで彼は一年半ほど過ごした。彼は、この堂に参るわずかの人びとがもたらす食べ物で満足した。

この間ずっと、彼は誰にも話をしなかった。実に、この地に着いてから三年が経つまで、彼は話すために口を開いたことはなかった。これは彼が沈黙の誓いを立てたからではなく、彼の内なる忠告者が彼に、すべてのエネルギーと注意力とを霊的生命に集中せよと迫ったからであった。神秘的な目標が達せられると抑制は必要ではなくなり、彼はふたたび話しはじめた。もっともマハーリシは相変わらず無口な人であったが。

彼は自分の身元は完全に秘密にしていたが、偶然が重なって彼が姿を消してから二年後、母親がその居所をつきとめた。彼女は長男とともに訪ねていき、家に帰ってくれと涙ながらに嘆願した。しかし若者は動かされなかった。涙で説得できないと、彼女は息子の無関心を責めはじめた。ついに彼は紙片に、より高い力が人の運命を支配しているのだから、彼女が何をしたとて彼の運命を変えることはできない、という意味の答えを書いた。そしてこれを受け止めて嘆くことをやめるように忠告し、それを結んだ。彼女も息子の頑固さに譲るよりほかに仕方がなかった。

この出来事があって、この年若いヨーギーを見ようと人びとが彼の独居を侵すようになった。そこで彼はそこを去って、聖なるかがり火の山に登り、ひとつの大きな洞窟《どうくつ》を住居と定めて数年間住んだ。この山にはかなりの数の洞窟があって、それぞれに修行者やヨーギーたちが住んでいる。しかし、若いラーマナが住んだ洞窟は、その中に昔の偉大なヨーギーの墓があるというので有名な洞窟であった。

ヒンドゥ教徒にとって死者は火葬に付するのが一般の習慣であるが、最高境地に達したと信じられているヨーギーの場合には、しばしばそれは禁じられている。彼の体には活力という生命の流れが何千年間も残っていて、肉体を腐敗させない、と信じられているからである。このような場合、ヨーギーの体は沐浴させられ油を塗られ、墓の中に、まるで瞑想をしているかのような姿ですわらせられる。墓の入り口は重い石でふさがれセメントで塗られる。墓所は巡礼の聖地となる。偉大なヨーギーたちが火葬されない理由はもうひとつある。彼らの体は生前にすでに浄《きよ》まっているから、火で浄める必要はない、というのだ。

いつの時代でも、つねに洞窟がヨーギーや修行者たちの好む住みかであった。考えると興味深いのであるが、古代人は、洞窟を神々に捧げた。パーシー教の教祖ゾロアスターは、洞窟の中で瞑想をした。マホメットもやはり、洞窟の中で宗教的経験を得た。より良い場所がなかった場合、インドのヨーギーたちが好んで洞窟や地下の隠とん所を選ぶのはこんな理由からだ。ここでは天気の移り変わりや、熱帯地方における昼夜の激しい気温の変化から身を守れる。瞑想を妨げる光や雑音が少ないし、洞窟の限られた空気を呼吸していると食欲が減退し、肉体の心配を最小限度におさえることができるのだ。

聖なるかがり火の山の洞窟がラーマナを魅了したさらなる理由は、眺望の美しさであった。洞窟のすぐそばから突き出る尾根に立ち、見渡すと、遠くの平地に巨大な寺院を中心にして広がる小さな町を見ることができる。その平地のはるか先では、平地は長く続く丘の峰となって、大自然のすばらしい全景に魅力を加えている。

とにかく、ラーマナはいくぶん陰気なこの洞窟に何年か住み、神秘的な瞑想を行じ、深い恍惚に没入した。彼は、正統的な意味ではヨーギーではなかった、ヨーガの科学を学んだことも、師のもとで修行をしたこともなかったからである。彼がたどった内なる道は、たんに、自己を自覚するという道であり、それは、彼の内に在る、神なる教師と彼が考えている存在によって、敷かれた道であった。

一九〇五年にこの地区にペストが流行した。この恐るべき来訪者は、アルナーチャラの寺院への巡礼者によりもたらされたのだろうが、住民を壊滅《かいめつ》状態にし、残りのほとんどは小さな町を出て、恐怖におびえながら安全な土地に逃げた。見すてられた地はとても静かになって、密林の穴にひそんでいたトラやヒョウが堂々とうろついた。しかし、町への通路である山腹の道を彼らは度々通ったに違いないし、マハーリシの洞窟の前を行ったり来たりしたに違いないのに、彼は平然として変わらず、そこを去ることを拒んだ。

このころまでにこの若い隠者は、その気がないのに、独居者である一人の弟子を得ていた。ラーマナに心を惹かれて、彼のそばで彼の望むところを奉仕したい、そう言ってきかなかったこの男は、今はもう亡いが、しかし、夜な夜な大きなトラが洞窟にやってきてラーマナの手をなめ、そしてトラはお返しにラーマナから愛情をこめてかわいがられたという伝説が、彼から他の弟子たちに語り伝えられている。それは夜中に彼の前にすわり、夜が明けるとようやく帰って行ったというのである。

山中や密林に住むヨーギーやファキールは、ライオン、トラ、ヘビ、その他の野獣による危険にさらされているが、もし彼らが十分なヨーガの力を得ているなら、野獣から害を受けることも危険なこともなく生活してゆくことができる、ということは、インド中どこでも広く一般に信じられていることである。ラーマナに関するもうひとつの物語は、ある午後、彼が自分の住みかの狭い入り口の外にすわっていると、大きなコブラがシューッ、シューッといいながら岩の上を這《は》ってきて彼の前にとまった、というものだ。それはサッと鎌首をもたげた。しかし隠者は動こうとしなかった。二つの生きもの——人間と野獣——は数分間、たがいに相手を見つめて向き合っていた。へびは一撃の達し得る距離にいたのだが、ついに、何の害も与えずに撤退した。

この不思議な若者の厳しい孤高の生活は、彼が自己の霊の最深部にしかと定住し得るようになるとともに、その最初の段階を終わった。独居はもはや、絶対に必要なものではなかった。しかし彼は、ガナパティ・シャストリという、高名なブラーミンのパンディットが訪ねてくるまでは洞窟に住み続けていた。彼の来訪がより社交的な時期に入るという、彼の外的生活に入る、もうひとつの新たな転機となったのである。パンディットはその頃、学問研究と瞑想のためにその寺院の近くに来ていた。偶然、この山にとても若いヨーギーがいると聞き、好奇心から彼を探しに出掛けた。ラーマナを見つけたとき、彼は太陽を凝視していた。修行者にとっては、まばゆい太陽を西の地平線に消えるまで何時間も見つめつづけることは、少しも珍しいことではなかった。インドでの午後の太陽光線のきびしさは、それを経験したことがない西洋人には理解できまい。私はあるとき、時間を間違って、この山の急な坂道を登った。帰り道では、木陰もないまま真昼の直射日光を全身に受け、かなり長い時間、よっぱらいのようによろめき、目がまわった。だから、顔をあげ、目はまたたかずに、容赦のない太陽の光に耐えたラーマナのわざがどれほどのものか、これによってもう少しよくわかるだろう。

そのパンディットは、実のある霊的向上をとげたいと、一二年間ヒンドゥの英知を述べた書物の研究やきびしい贖罪《しょくざい》の行をおこなってきた。しかしそれでもなお、疑問と混乱に悩まされていた。彼がラーマナに質問してから一五分後、ラーマナの英知は彼に驚くべき答えをあたえた。彼はさらにいくつかの質問をした。それは彼にまつわる哲学上の、そして霊性の道に関する疑問を含んでいた。そして長年悩んでいた難問が驚くべきことに一掃された結果、若い隠者の前にひれ伏して彼の弟子となったのである。シャストリは、ヴェロアの町に彼を信奉するグループを持っていたので、その後帰ってから彼らに向かって、自分は一人のマハーリシ（大賢者もしくは神見者の意）を見い出したと告げた。その人物は、間違いなく最高の霊的自覚を遂げた人で、その教えはパンディットがそれまで読んできた書物の中には匹敵するものを見いだせないほど独自のものである、と。そのとき以来、若いラーマナを呼ぶのにマハーリシという称号が、教養ある人びとによって用いられるようになった。もっとも彼の存在と性格をよく知った一般庶民は、彼を神的存在として礼拝したがったけれども。だがマハーリシはそうした礼拝をどのような形にしても、彼の前でおこなうことを固く禁じた。ただ私とひそかに話し合うときなどには、彼の弟子のほとんどやこの土地の人びとは、彼を神と呼ぶことを主張している。

やがて、少数の弟子の一団がマハーリシにつき従うようになった。彼らは山の低い尾根に木のバンガローをつくり、彼に共に住んでくれるように説得した。数年たつと、彼の母もここに短い滞在をするようになり、出家についても静観していた。長男やほかの身内と死別すると、マハーリシのところに来て、一緒に住まわせてほしいと頼んだ。彼は承知した。人生の最後の六年間は彼のそばで暮らし、最後には彼女自身の息子の、熱心な弟子となった。この小さな草庵で受けた親切への返礼として、彼女はコックの役を引き受けた。

この老婦人が亡くなったとき、遺骨が山のふもとに埋められ、一部の弟子がそこに小さなほこらを建てた。ここでは偉大な賢者を人類にさずけたこの女性を忘れないために、決して消えることのない聖なる灯が輝き、香《かぐわ》しいジャスミンやマリーゴールドの花が彼女の霊に捧げられて小さな祭壇に山をなしている。

時が流れ、マハーリシの評判は辺り一帯に広まった。寺院の巡礼者たちはしばしば、帰るまえに山に登って彼に会っていけと勧められるようになった。最近になって、彼と弟子たちの居住用に山のふもとに大きなホールを新築したのは、人びとの絶え間ない懇請についに負けてその恩恵を受けることに同意したからである。

マハーリシは食べる物以外のものは求めたことがなく、金に触ることは一貫して拒んでいる。彼のところに来るほかのものはすべて、他者が自発的に押しつけていったものである。彼が独居を求め、霊性の力を完成しようとして自分の周囲に厚い沈黙の壁を築いていた初期のころ、体が飢えの苦痛にさいなまれたときには、乞食《こつじき》の鉢を手に洞窟を出て、村まで食を乞いに行くことをふつうにおこなった。ある老いた未亡人が彼を哀れみ、それ以来定期的に食物を供給し、ついにはそれを洞窟まで届けると言い張った。こうして、住み心地よい中流の家庭をすてた彼の信仰の冒険は、とにかくどんな程度であれ、ある力が、彼の食と住まいを確実にあたえた。さまざまな贈り物が彼に捧げられつづけているが、原則として、彼はそれらを受け取らない。

そんなに昔でもないある夜、盗賊の一味が草庵《そうあん》に押し入り、金のありかを探した。だが食物の購入を担当する人が管理していた数ルピーしか見つけることができず、盗賊たちは失望し、たいそう腹を立て、太い棒でマハーリシを殴ってひどいあざをつくった。賢者は彼らの攻撃に忍耐強く耐えたばかりではなく、去る前に食事をとって行けとすすめた。事実、彼は本当にいくらかの食物を与えたのだ。心中には彼らにたいする少しの憎悪もなかった。彼らの霊的無知への憐れみのみが、マハーリシの中に、彼らがかきたてることができた唯一の感情だった。彼らを自由に逃がしてやったが、しかし一年も経たぬうちに、よそでまた罪を犯して捕らえられ、彼らは重い罰を受けた。

少なからぬ西洋人が、マハーリシのこのような生涯は人生を無駄にしているのと同じだ、と考えるだろう。しかし、われわれの、終わることのない活動の世界から離れて座し、遠くからそれを観察するひとが少しばかりいるのも、われわれのために良いことではないだろうか。傍観者はときによっては、より深淵にゲームを見ており、より正確な状況を見てとるからである。自我をみずからの足もとに制した密林の賢者は、環境の変化に右往左往する世間の愚者よりはまし、ということもあるだろう。

§

日をかさねるにしたがい、この人の偉大さがより明白になる。草庵を訪れる、実にさまざまな人びとの中に、ある日、一人のパリア（南インドの最下層民）が転がりこんできた。彼は、魂か環境の非常に大きな悩みをかかえ、マハーリシの足もとに伏して苦難を述べ立てる。賢者は答えない。沈黙は彼の習慣だ。彼が一日で使う言葉の数はらくに数えあげられるほどなのだ。かわりに彼は、静かに苦しむ男を見つめている。しだいに男の泣き声はおさまり、二時間後には、もっと静かな、もっと強い男になってこのホールを去っていく。

私は学んでいる。これがマハーリシの他者を助ける方法なのだ。控えめに、無言のうちに、着実に悩める魂に注入される、癒やしのバイブレイション。この神秘的、テレパシー的な方法は、科学がいつかは説明しなければならないことであろう。

大学出の教養あるブラーミンが質問をたずさえてやってくる。賢者が言葉にして返事をするかどうかなど、けっして予測することはできない、しばしば彼は、口を開かずして十分雄弁であるから。しかし今日、彼は話す気分になっていて、いつもの、深淵な意味にあふれた簡潔な言葉の断片が、訪問者の思想に多くの展望を開く。

ホールに大勢の訪問者や信者たちがいるときに、誰かが、罪を犯したと町中でうわさをしていたその男が死んだ、と知らせてくる。たちまち彼についての論議が始まり、世の常だが、さまざまな人が、彼の犯罪や卑劣な彼の性格を回想して言いたてる。さわぎが静まり、話が一応終わったところでマハーリシがはじめて口を開き、静かに言う――

「そうだ。だが彼は自分の身をたいそう清潔に保っていた。日に二、三回は沐浴したのだもの!」

ひとりの農夫と彼の家族が、賢者に無言の敬意を表するために一六〇キロ以上の旅をしてやってくる。彼はまったく字が読めない。日々の自分の仕事のこと、朝夕の祈りのこと、および先祖伝来の迷信のこと以外は何も知らない。彼は誰かから、聖なるかがり火の山のふもとに生きた神様が住んでいる、と聞いたのだ。彼は三度身を投じて礼拝したあと静かにそこにすわる。この旅の結果として、霊的もしくは物質的な何かの恵みを受けると、固く信じているのだ。彼の妻は優雅な物腰で夫のそばにすわる。頭からくるぶしまでしなやかに流れおち、腰のところでたくし込まれる、紫のサリーをまとっている。つややかで滑らかな彼女の髪は香油で光っている。娘もそばにいる。ホールに歩み入るとき足輪がカチリカチリと鳴った、美しい少女である。彼女は、ここの魅力的な風習にしたがい、耳のうしろに一輪の白い花をつけている。

この小さな家族は数時間そこにいる。ほとんど話はせず、ただうやうやしくマハーリシを見つめている。彼の前にただ居るだけで、彼らが霊的な保証を得、幸福感にひたり、この上なく矛盾するようだが彼ら自身の宗派への信仰を新たに深めていることは明らかである。賢者はすべての教義を同等にあつかい、すべてをひとつの偉大な経験の、意味深い真摯なあらわれと見ている。彼はクリシュナに劣らず、イエスを尊敬している。

私の左には七五歳の老人がすわる。一口のキンマの葉を、心地よさそうにほおの内側に含んでいる。一冊のサンスクリットの書物を手に持ち、重たげなまぶたをした彼の目は、瞑想的な様子で太い活字を見つめている。彼は、長年マドラスの近くで駅長を勤めていたブラーミンだ。六〇歳で退職すると、間もなく妻が亡くなった。彼はこれを機会に長い間満たされぬままであった願望の実現を志した。彼は一四年間、教えと人格がともに十分に心に訴える人物を探して、国中をめぐって賢者やヨーギーたちに会った。三たびインドをまわったが、そのような師を見い出すことはできなかった。彼は明らかに独特すぎる基準で判断していた。われわれが会ってノートを比べたとき、彼は自分の失敗を嘆いた。深くしわがよった、武骨で正直そうな顔に好感がもてる。知的ではないが、素朴でかなり直感的な人で、私は彼よりかなり年が若いのに、この老人に良い助言をするのを義務と感じた！ 彼の驚くべき反応は、私に彼の師になってくれと言うことだった！

「あなたの師はごく近くにいらっしゃるのですよ」と言って、私は彼をまっすぐマハーリシのところに連れていった。彼が私に同意して、この賢者の熱心な信仰者となるのに、長い時間は必要なかった。

ホールにいるもう一人は眼鏡をかけ、絹の布をまとい、裕福に見える。休暇を利用してマハーリシを訪れている判事だ。彼は熱烈な弟子であり崇拝者であって、少なくとも年に一度の訪問は欠かさない。この教養ある、洗練された、高度の教育を身につけた紳士が、貧しく、腰まではだかで油をこすりつけた体がニスをぬった黒檀のように光る、タミール人のグループの中に民主的にすわっているのだ。カーストという我慢ならぬ俗物を破壊し、彼らをひとつにして和合を生み出すものは、古代に、森のリシたちに教えを乞うために、貴族や王たちが遠いところから来たことをほうふつとさせる。真の知恵は、表面の差異を犠牲にするだけの価値がある、と深く認識する。

派手に装いをさせた子どもを連れて、一人の若い女が入ってくる。彼女は賢者の前にうやうやしくひれ伏す。人生の深刻な問題が論議されているところで、知的な会話に口をはさむようなことはせずに黙ってすわっている。彼女は、学識が身の飾りとは見なされていないヒンドゥの女性であるので、台所や家事の事柄以外はほとんど知らない。しかし彼女は、まぎれもない最も偉大な存在の前にいることは知っている。

日が暮れると、ホールで一同がそろって瞑想するときがくる。誰も気がつかないほどマハーリシが、実に静かに恍惚の集中状態に入り、外の世界に対する彼の感覚に鍵をかけ、それによってわれわれに時を告げることも少なくない。賢者の強い影響力のある身近な場で日々瞑想をおこなううちに、自分の思いをどのようにして内部の、無限に深まりゆく一点にまで導くか、ということを学ぶ。彼との頻繁な接触が、彼の霊的な眼から発する輝く光線によって、心の中を明るく照らす。私は何度も何度もこうした静かな安息のときに、彼が私の心を彼の雰囲気の中に引き寄せていることを感じる。またなぜこの人の沈黙が、発言より意味深いかを理解するのはこのようなときである。彼の静寂で落ち着いた態度は、耳から聞こえる言葉や目に見える行動という仲介物がなくても、ひとに多大な影響を与える、ダイナミックな能力を隠しているのだ。それは、どんなに迷惑な命令でも彼が出せば私は躊躇せずに従ってしまうだろう、と思うほど、強く感じる瞬間がある。しかしマハーリシは、自分の信者たちに奴隷的な屈従を強いないという点では世界最高の人であって、各人に最大の行動の自由を許している。この点で彼は、私がインドで今までに会った教師やヨーギーたちのほとんどとは、まったく気持ちがいいくらい異なる。

私の瞑想は最初の訪問の際に指示された教えにしたがっている。そのとき私は、彼の返事の多くが漠然としているのにイライラした。今私は、私自身を見つめはじめている。

私は誰か？

私は血と肉と骨からなるこの肉体だろうか？

私は、自分をほかのすべての人から区別する心、思い、感情だろうか？

人はこれらの質問に、「そうだ」と答えるのは自然だし、それに何の疑問も持ってこなかったが、マハーリシは私に、そう決めてしまわぬよう警告した。それでも彼は、どんな形ででも、自分の教えを組織的に形成することを拒んだ。彼のメッセージの骨子は――

『私は誰か?』という探求を冷酷に遂行せよ。全人格を分析せよ。私意識がどこから始まるのか、見い出すよう努めよ。瞑想をつづけよ。絶えず注意を内に向けよ。ある日思考の車輪が回転をゆるめ、直観が神秘的な形で生じてくるだろう。その直感に従え。思考をとめよ。それがついにゴールに導いていくだろう」

私は毎日私の思いとたたかい、少しずつ心の奥に向かって道を開いていく。マハーリシの身近にいることで助けられ、私の瞑想と独白はしだいに骨が折れなくなり功《こう》を奏するようになる。強い期待感と、導かれている、という感じが、くり返す努力を励ましてくれる。目に見えぬ賢者の力が強く心に影響し、その結果、人間の心を囲む存在との境界線の中までもう少し深く入り込んだことをはっきり意識する、そんな不思議な時間もあるのだ。

宵《よい》が深まると、賢者と彼の弟子たち訪問者たちは夕食をとりに食堂にいき、ホールはからになる。私は彼らの食べ物は欲しくないし、自分の食事をつくる面倒もしたくないので、大抵は残って皆の帰りを待つ。しかし、草庵の食べ物の中でたったひとつおいしいと思うものがある。それは凝乳だ。私の好みを知ったマハーリシは、たいてい毎晩コックに言って、カップにいっぱいのこの飲み物を持たせてよこす。

一同が戻って半時間たつと、草庵の住人たちはここに泊まる訪問者とともに、シーツや薄い綿毛布をかぶって、タイル張りのホールの上で眠りにつく。賢者自身は彼の長椅子をベッドとして使う。彼が白い敷布をかぶるまえに、忠実な侍者が、四肢に油をぬってすっかりマッサージをする。

私はガラスをはめた鉄のランタンをとり、ホールを出てたった一人、小屋に歩いて行く。無数のホタルが構内の木や草花のあいだを飛んでいる。あるとき、私がいつもより二、三時間遅れて真夜中に近いころに出ると、これらふしぎな昆虫が、その怪しい灯火を消しているのを見る。彼らはそのあと私が通る、灌木やサボテンの茂みの中にもたくさんいる。闇の中ではサソリやヘビを踏みつけないように注意しなければならない。ときどき瞑想の流れが深く私を捉えていて、それをとめることができず、またとめたいとも思わず、灯火を頼りに歩いて行く狭い道にほとんど注意を払えないのである。こうして粗末な小屋にたどりつき、獣の侵入を防ぐために、重い扉を閉じガラスのない窓のシャッターを引く。最後に私の目に入るのは、小屋をとりまく空き地のそばに立つヤシの木の茂みである。頂《いただき》の交錯する葉のすき間から、銀色の月光が流れてくる。

第一七章　忘れられた真理の一覧表

ある日の午後、新たな訪問者が威厳のある歩調でホールに入ってきてマハーリシの寝椅子のそばに席をとる。非常に色が黒くそれ以外の容貌は高度に洗練されている。話そうとはしないがマハーリシは彼にただちに歓迎の笑みをあたえる。

私はこの男の人柄に強烈な印象をもつ。彼はブッダの彫像のように見える。並ではない心の平安が顔にはっきり表れている。われわれの視線が合うと、長いあいだ私を見つめるので私は動揺して目をそらせる。その午後の間中彼はひと言も話さない。

彼との次の接触はその翌日、まったく思いがけぬ形でやってくる。私はホールを出て、茶の用意のため自分の小屋に戻るところだ。召し使いのラジューは何かの用で町に行っている。重い扉の鍵をあけ、中に入ろうとしたそのとき、何ものかが床を動いて私の足から数センチのところで止まるのを感じる。ひそかな、すべるような動きと、シューッシューッというかすかな音が、部屋にヘビがいることを警告する。その瞬間、私は足もとで待ち伏せしている死への恐怖に慄然とし、完全に度を失う。動物は射すくめられた私の視線を惹《ひ》きつけ……そして恐れさせる。極度に神経がはりつめ、心の底から恐怖と嫌悪感がこみあげてくる。だが私の目はこの動物の美しく恰好《かっこう》の良い頭を見つめたまま動かない。思いもかけぬ出会いに完全に圧倒されてしまう。たくましいかま首をもたげて不吉な視線を私の目にそそぎながら、邪悪な生きものは冷血な様子で私を監視しつづけている。

私はなんとか正気をとりもどし急いで後ろに退く。ヘビの背骨をたたきつぶす太い棒を探しにいこうとしたとき、空き地に昨日の新しい訪問者の姿があらわれる。威厳を反映した彼の生得の高貴な顔が、私にかすかな落ち着きをとりもどさせる。彼は私の小屋に近づいてひとめで事情を見てとり、落ち着いて部屋に入ろうとする。私は警告の叫びをあげるが、しかし彼は気にとめない。私はふたたびあわてる、なぜなら、彼は武器を持たないまま、両手をヘビに差し出すのだから！　ヘビは二股に分かれた舌を、開いた口の中で動かしているが、彼を襲おうとはしない。ちょうどそのとき二人の男が私の叫び声を聞いて、沐浴していた池から急いでやってくる。彼らが到着する前に、この不思議な訪問者はヘビのすぐそばに立つ。ヘビは頭を彼の前に下げ、彼はその尾をやさしくなでる！

二人の男が到着した頃には、美しいが毒のあるその頭部はすでに悪意に満ちた動きをやめている。そしてしなやかな体は、気がついたように急速にうねりはじめ、四対の目の見まもる前で急いで小屋を去り、密林の下草の安全な隠れ家へ滑っていく。

「若いコブラです」と、あとから到着した二人の中の一人が言う。この町の一流の商人で、賢者に敬意を表するため、または私とおしゃべりをするためにしばしばやってくる男である。

私は最初の訪問者の、ヘビをあつかう恐れを知らぬやり方について驚きを表明する。

「ああ、あれはヨーギー・ラミヤーです」説明を求めると商人が答える。「彼はマハーリシの最も進んだ弟子たちの一人です。すばらしい人です！」

このヨーギーと会話をまじえることは不可能である。彼が自分に課している特別の行のひとつが厳しい沈黙だということを知ったからだ。それに彼はテレグー語の地方から来ている。彼の英語の知識は私のテレグー語の知識と同程度に貧しい。すなわちほとんどゼロである。私はまた、彼は完全といっていい沈黙を守り、原則として他者とは交わらないということ、彼は池の向こう側の、いくつかの巨大な丸石の陰に彼がつくらせた、小さな石の小屋に滞在しているということ、そして彼は一〇年以来のマハーリシの弟子である、ということを知る。

だがやがて、われわれの隔たりにまもなく橋がかけられる。池のほとりで彼に会う。彼はそこに真ちゅうの水差しを持って水を汲みにきたのである。黒い、神秘的な、しかし慈悲深い容貌がまたしても私を惹きつけ、たまたまポケットにカメラを持っていたので、身ぶりによって彼に、写真を撮りたいからポーズをとってくれ、と頼む。彼は特に反対もせず、それればかりか撮影のあとに私について小屋までくる。そこでわれわれは、扉の外にすわって私の帰りを待つ元駅長に会う。

結局のところ、この老人が自分の英語と同程度のテレグー語を知っており、声を使って話をする代わりにノートと鉛筆を用い、喜んで通訳を務めてくれる。ヨーギーはあまり話好きではなく、明らかにインタビューされることを好んではいないのだが、私はなんとか彼についてのいくつかの事実を引き出す。

ラミヤーはまだ四〇歳を超えていない。彼はネロア地方にいくらかの土地を持ち、正式に世を捨てているのではないが、ヨーガにもっと専念できるように所有地の管理は家族に任せている。彼はネロアに彼自身の弟子のグループを持っている。しかし年に一度は彼らを残し、必ずマハーリシを訪ね、二、三カ月彼のもとに滞在するのである。

若い頃、ヨーガの師を求めて広く南インドを旅した。彼はさまざまな異なる師のもとで学び、いくらかの非凡な能力や力を養った。呼吸法の実修や瞑想は彼にとってはたやすいものだった。そしていつしか教師たちの力量を追い越したようだ。なぜなら彼は、教師たちが満足に説明できない経験を得たからである。ついにマハーリシのもとに来た結果、すみやかにその正しい説明を受け、さらにその上の進歩をとげた。

ヨーギー・ラミヤーは私に、私用の召し使いを連れて約二カ月の滞在予定で来たこと、東洋の古代の英知に興味を持つ西洋人に会えて喜んでいることなどを話す。私が写真入りの英文雑誌を見せると、その中のひとつに対し、奇妙な論評を加える。

「西洋の賢者たちが、すでに持っているものよりもっと速く走るエンジンをつくろうという努力をやめて、自己の内部を見つめることを始めるとき、そのときあなたの民族は本当の幸福を見いだすでしょう。もっと速く旅することを実現する何かを発見するたびに、あなたの民族はより満足を得るとあなたはお考えですか?」

彼が去るとき、私はあのコブラとの一件を彼にたずねる。彼は微笑して答えを書きつづる——

「私が何を恐れなければならないのですか? 私は心中にすべての生きものへの憎しみを持たず、愛を持ってあれに近づきました」

ヨーギーの言葉の背後には、感傷的な説明と片づける以上の何かがあると想像するが、それ以上何もたずねず、彼を池の向こうの寂しい孤独の住みかに帰らせる。

ラミヤーとの最初の会見につづく数週間のうちに、私は彼をもう少し詳しく知るようになる。われわれは、小屋のまわりの小さな空き地で、または池のほとりで、ときには彼の住みかの近くでしばしば会う。彼の大きく黒い目は、私の心を不思議に惹きつける静けさを持っており、私は彼の見解の中に自分の気質にぴたりと合う何かを見るのだ。無言の奇妙な友人関係を打ちたて、ついにそれはある日、彼が私の頭をなで、そして両方の手をしっかりと握って私に祝福をあたえるまでにいたる。かの老人が私に翻訳するわずかなテレグー語の走り書き以外、われわれの交際の全期間をとおしてひと言も発せられることはない。それでもラミヤーと私のあいだにはけっして壊すことのできない何ものかが形成されつつあると感じるのである。ときどき私は彼といっしょに、密林のなか短い散歩をし、また一度か二度は大きな丸石をぬってごつごつした山腹を苦心して登る。そしてどこに行っても彼は常に落ち着き威厳のある存在で、高貴な身のこなしに賛嘆せずにはいられない。

しかしながら彼の非凡な力の驚くべき啓示を受けるのは、その後まもなくのことである。一通の手紙が私のもとに届き、この上もなく悪いニュースをもたらした。それは読んだ限りでは、私の財政が思いがけず間もなく欠乏するのでこのインド滞在を早く切りあげねばならない、というものだった。もちろん、マハーリシの弟子たちが喜んでするだろう親切なもてなしを、このまま草庵で受けられることは間違いないが、それは自分の気質にそぐわない。またいずれにせよこの問題は、自分の義務だと考えている責任を、忠実に果たすことによって解決されるものであり、しかもその責任は今や西洋での活動再開によってのみ果たされるものなのである。

このニュースは、私が経験してきた心理的、霊的訓練の、優れたテストである。それでも私の素質は実に貧しく、これをまともに切り抜けることは難しい。私はひどく動揺する。ホールでマハーリシといつもの内的接触をとげることができず、少時そこにいただけですぐに去る。その日は何となくわびしい気持ちで私はさまよい歩く。人の計画の全てを一撃でひっくり返す、運命の破壊力に対する無言の反逆である。

私は小屋に帰り、疲れた体ともっと疲れた心を毛布のうえに投げ出す。深い沈思の状態に入っていると、やがて優しく扉をたたく音にハッとしてわれにかえる。私は訪問者を招き入れる。非常に静かに戸があき、私は驚く。ラミヤーの姿が小屋に入ってくるからだ。

急いで起き上がる。彼がすわるとそれに向かって同じようにすわる。彼はたずねるような目つきでじっと見る。互いに言葉を理解し合えぬ相手と二人きりでここにいる。しかし不思議な感情にうながされ、彼は私の言葉は理解しないが、私の思いは理解する、といった空想に近い期待感をもって、彼にはまったく通じないはずの私の言葉で彼に話しかける！　そして、突然空から降ってきたような困難を二、三の発作的な文言を並べてほのめかし、敗北と嫌悪感を身ぶりで表現して言葉の不足をおぎなう。

ラミヤーは静かに聞いている。私が終わると同情に満ちた沈痛な面持ちでうなずく。やがて彼は立ちあがり、身ぶりと手ぶりで自分とともに外に出よと招く。われわれは密林を通り、間もなく午後の強烈な日差しに照らされた土ぼこりに覆われる平地に出る。彼にしたがい半時間ほど歩いたあと、枝を広げたバンヤンの木の下で熱せられた体を冷やす。ちょっと休んだあとまた半時間歩き、ふたたび小さな灌木の密林を通り抜け、ラミヤーがよく知っているらしい道を大きな池のほとりまで降りる。色づいた蓮華でおおわれた水面に近寄ると、われわれの足は軟らかい岸辺の砂の中に深く沈む。

ヨーギーは、例外的に丈の低い一本の木を選びその下陰にすわる。私は砂の上にへたばり、彼のそばにすわる。パルミラ（パルミラヤシ）がふさふさと茂った枝は、緑色の傘のように頭上に広がる。われわれは燃える地球上のこの静かないち隅で、完全に二人きりのように思われる、ひと気のない荒れ果てた風景は二、三キロかなたまで続き、ふたたび小高い密林地帯に接しているのだ。

ラミヤーは脚を組み、いつもの瞑想の姿勢をとる。彼は指で私にもうちょっと近寄れとうながす。それから彼の落ち着いた顔は正面を向き、目はひたと水のかなたを見つめ、程なく深い瞑想に沈んでいく。

実にゆっくり時の刻みが過ぎる。ラミヤーは不動なままだ。顔はその前にひらける池の水面のように静寂、体は微風にもゆるがぬ樹木のように自然の風景にとけ込む。半時間が過ぎる。彼はなお、パルミラの下に、とても不思議な、とても静かに内観的な沈黙に包まれてすわる。顔は今や常よりもっと深い平安によって変容したかのよう。固定した視線は、無の中かそれとも遠くの山々か――どちらに注がれているのか私にはわからない。

それから間もなくである、われわれを取りまく寂しい環境の沈黙と、私の連れの驚くべき静けさに、私が鋭敏に影響されはじめるのは。少しずつ、少しずつ、ひそかな、しかし忍耐強く優しさをもって、平安の波そのものが、魂という織物の中に自らを織り込んでいくのだ。これまで到達できなかった、苦悩にたいする澄みきった勝利のムードが、今、私のもとにやすやすとやってくる。彼の神秘的なやり方で、ヨーギーが私を助けているということは確かだ。静かな姿からは呼吸ひとつ聞こえてこないほど深い瞑想に沈んでいる。この荘厳な彼の境地の秘密は何なのだろうか？ 彼から発する慈悲深い放射線の源は何なのだろうか？

日が暮れるにつれ暑さは衰え、焼かれた砂も冷えはじめる。西に傾いた太陽から黄金の光線がひと筋ヨーギーの顔に落ちる。それは不動の体を一時《いっとき》後光がさした偶像に変える。私はもう一度自分の存在を覆い波うち流れ、増しつづけつつ平安を楽しもうと、彼のことはそのままにしておく。内なる神聖な深みに棲《す》みはじめるにつれ、俗世界の存在の変遷や運命は、それらにふさわしい比率へとかわっていく。深遠な自己という見方を身につけることさえできたら、困難を平静に眺めることができるということを、私は驚くほどはっきり認識する。永遠に変わらない神聖な加護がつねに確実にわれわれを待っているというのに、不確実なつかのまにすぎないこの世への期待にしがみついているとは実に愚かなことである。賢いガリラヤ人（イエス・キリスト）がその弟子たちに「明日のことを思い煩うことなかれ」と言ったのは、より高い力が彼らを思っていたからなのだ。また、人がひとたび彼の存在内部の予言者的要素を信頼せよという勧告を受け入れたなら、人間生活の有為転変など恐れも気おくれもなしに切り抜けられることも明白になる。そして自分の近くに人生の根本的価値があり、その静かな雰囲気の中には心配など存在し得ないということを知る。こうして心にあれほど重くのしかかっていた重荷は、霊的雰囲気の変化とともに消えていくのである。

この美しい経験の間じゅう、私は、時の推移にはほとんど注意を払わない。また私は、内なる神性の神秘や、それが現世のすべての感覚から独立していることの満足な説明も知らない。たそがれが景色を鮮やかに彩る。熱帯では夜の訪れは驚くほど早いと心の片すみでかすかに記憶している。そしてそんなことは少しも気にかからない。このすばらしい男がそばにいることだけで満足だ。内に在る至高の善に、平安に、導かれるならそれで十分だ。

軽く私の腕をさわって立とうと合図をする頃には、日はとっぷり暮れている。手に手をとって、われわれは寂しい荒涼とした地を包む闇の中に入り込む。灯火もなく、道もなく、ただヨーギー・ラミヤーの超人的な方向感覚のみを頼りに家に帰ろうというのである。たとえ他のいつ、ここにきたとしても、この場所は私を不愉快な恐怖心で満たしただろう。夜の密林に関する過去の経験は、私に気味悪い記憶を残しているのだ。あちこち動きまわる獣たちの気配は、目に見えないが生きものの世界がごく近くにあることを感じる。ふとジャッキーの姿がひらめく。よく私とともに散歩し、ときには小屋で食事の相伴もする犬だが、のどのまわりにチーターにかまれた傷あとが二か所ある。彼の不幸な兄弟は、同じチーターにとらえられ、二度と姿を見せなかった。歩き回る飢えたチーターのギラギラとしたヒスイ色の目と合ったら、闇の中で知らずに地面にとぐろを巻くコブラを踏みつけたら、サンダルをはいた足で小さく白い恐ろしいサソリという怪物に触れでもしたら。だがそのすぐあとで、私は無恐怖のヨーギーの前でのこのような思いを恥じ、私を包んでいるように感じる彼の守護のオーラに任せるのである。

インドでは夜明けとともに大自然の奇妙なコーラスが始まる。今は夜更けとともに昼間以上の奇妙なコーラスが始まっている。ジャッカルの遠ぼえ。野獣の気味悪いうなり声。各自の住みかがその両端にある池のほとりまで帰ってくると、カエルやトカゲ、コウモリの鳴き声が耳に入ってくる。………

翌朝、太陽が光り輝く世界のもとで目覚め、その明るいメッセージに私のハートを開く。

§

私のペンは、周囲の風光明媚《ふうこうめいび》な生活や、マハーリシとの多くの会話についてさらに記録しようと綴《つづ》りつづけるが、しかし今はこの物語を終結させる時期である。

私は彼を精密に研究して徐々に知る。彼の内に内在するのは、霊的真理も金鉱の発見も同程度の価値でしかなかった、はるかな過去の子どもなのだと知る。南インドの静かな片田舎のいち隅に住む、インドの霊的超人たちの、最後の人びとの一人――その人のもとへ、私は導かれたのだという思いがより強く心に刻まれる。この生きた賢者のおだやかな様子は、彼と同じ国の古代のリシたちの静かな風貌や、伝説に残る姿を想像させる。この人のもっともすばらしい部分は内に秘められている、と感じる。彼の最も深い魂――それは豊かな英知に満ちている。そう直感的にはわかるが、それはとらえにくい。時に彼は依然として不思議に遠いところにいる。時に彼は内なる慈悲の愛深い祝福で私を鋼鉄の輪で彼に縛りつけるのだ。いまは彼の人格の謎に服従して、見たままの彼を受け入れることを学ぶ。しかしたとえ彼が、外界との接触を人知の及ぶ限り隔絶されていても、アリアドネ（ギリシャ神話、ゼウスに迷宮脱出の糸玉を与えたミノスの娘）の糸を発見した者は誰でも、彼との霊的に接触できる内なる通路を歩くことができるのだ。彼の雰囲気には本物の偉大さが手にとるようにあらわれているが、とても素朴で慎み深い。私はそのような彼が大好きなのだ。この国の神秘を愛する性質の人びとに印象を残すために神通力をつかったり、神秘儀式の導師ぶった知識を示したりすることはなく、うぬぼれの痕跡《こんせき》はどこにもない。彼は存命中に自分を聖職者の列に加えるいかなる努力も断固拒否している。

マハーリシのような人びとの存在は、簡単に近づけるところではない領域からの神聖なメッセージが、歴史的に継続して伝えられてきたことを確証するものだ、と私には思える。さらにこのような賢者は、われわれと議論するためではなく、われわれに啓示を与えるために来るのだという事実を認めなければならない、とも思える。とにかく彼の教えは強く私に訴える。彼独自の態度や実際的なやり方は、よく理解してみれば、まことに科学的である。彼はいかなる超自然能力も導入しなければ、いかなる盲目的信仰も要求しないのだから。マハーリシの霊性の崇高な雰囲気とその哲学の合理的な自己探求は、ほかの寺院ではかすかなものしか見いだせない。「神」という言葉さえまれにしか言わないし、魔法という暗くいかがわしい流れは避ける――その流れの中では実に多くの前途ある航海が難破に終わってきたから。彼は簡単に自己分析の方法を示す。それは、古代から現代までのどんな学説においてもどんな信仰においても実践できて、ついには人を真の自己自覚に導く道である。

私はその道をとおって、自我をはく奪し、純粋で完全な存在にたどりつこうと努力をする。互いに何も話さないが、マハーリシの心が私の心に何かをあたえていることに何回となく気づく。私の努力の上には差し迫った出発、という陰がさしかかっている。それでも、私は健康の不調という新たな手がこのゲームに介入して、ここを去る決意を早めざるをえなくさせるまでは、できる限り滞在を引きのばす。実に、病み疲れた体と疲弊した頭脳という不平不満をくつがえし、じっとり暑い空気の中に居続ける意志の力は、私をここまで引っぱってきた、あの内なる声から来ているのだ。だが自然の女神もいつまでも負けてはいない。肉体の挫折を脅かすように遠からず迫っている。霊的には私の生命はピークに近づきつつある。しかし――奇妙なパラドックス(逆説)だ!――肉体的にはかつて到達した最低点よりも、もっと低いところに向かって下降しつつあるのだ。マハーリシとの接触における最高の経験が到来する数時間前、私は激しく震えはじめ、異常な汗をかきはじめる――まもなく発熱する、という知らせだ。

私は急いであの大寺院の聖所のいつもの探索から戻り、夕方の瞑想が半分過ぎた頃のホールに入る。そっと室内に入っていつもの瞑想の姿勢をとる。数秒間で心は落ち着き、さまようすべての思いがひとつの強力な中心に集まる。目を閉じると同時に意識は強く内面に集中する。

マハーリシのすわった姿がいきいきと心のヴィジョンに浮かぶ。くり返しあたえられた彼の指示にしたがい、その心の画像を突き破って、形のない、彼の真の存在と内なる性質、つまり、彼の魂に達しようと努力する。驚くことに努力はたちまち成功し、画像はふたたび消え、そこには彼が身近にいるという存在感覚のみが強烈に感じられる。

初期の私の瞑想の特徴だった心理的探求は、近ごろはやみはじめていた。私はみずからの肉体、感情、知力の感覚の意識にかかわるがわる尋問したが、こうした自己探求には失望して、ついにはそれらを全部捨ててしまった。そこで私は意識の注意を、意識自体の中心に向け、その源の場所を悟ろうと努めはじめた。今その最高の瞬間がやってくる。静寂そのものという集中の中で、心はそれ自らの内に引っこみ、なじみ深いこの世が、影のようにかすかに消えはじめる。心理的な空白の壁のようなものに行きつき、しばらくはまったくの無に囲まれたようになる。ここでできる限り強力に精神集中を維持しなければならない。それにしてもわれわれの表面の生活の怠惰なたわむれから離れ、心を内なる集中の針先の一点に向けるのはなんという難しいことだろう！

今晩は一連の雑念とはわずかな小ぜりあいだけで、急速にその一点に到達する。普段はこの到達までに雑念の序奏が奏でられるが、今は新しい強烈な力が内なる世界でダイナミックに活動し、抵抗できないほどの速さで私を内に向かって運ぶのだ。最初の大きな戦いはほとんど一撃もなく終わり、楽しい、幸福な、平安なるフィーリングが究極の緊張を保っている。

次の段階では、知性が考えているという意識はあるが、知性から離れてそれを見ている。すると直観が、それは単なる道具である、と警告する。私はこうした思考を奇妙に離れて見まもっている。これまでは、ふつうに自我のプライドというものがあって働いていた思考が、今はそれから逃れなければならないことがわかる。私は驚くほど明確に、自分が無意識のうちにそれの虜《とりこ》であったことを知る。続いて、知性の外で、ただ在りたい、という願望が突如起こる。そして思考よりもっと深いところにもぐりたくなる。頭脳の不断の束縛から自分を手放したらどんな感じがするだろう。しかもそれを意識が目覚めたまま自覚しておこなったらどうなるのだろう。それを知りたいと思いはじめる。

まるで他人のものであるかのように、離れたところから頭脳の動きを見、去来する思いの動きを見るということは、本当に不思議なことである。そしてまさに、魂のもっとも深奥に隠れている神秘に潜入しようとしていることを直観的に悟るとは、さらに不思議なことである。私は未知の大陸にあがろうとするコロンブスのようだ。完全に制御され、静められた期待が、私にスリルをあたえる。

しかしどのようにして、長年の「思考作用」という専制君主を切り離すのか？　私はマハーリシに、強いて止めようと努力せよ、とは勧められたことがないことを思い出す。「思いをその起原までたどれ。本当の自己が自らをあらわすのを見まもれ。そのとき、思いはおのずから消えるだろう」これが彼がくり返し与えた助言である。思考の誕生の地を発見したと感じた私は、自分の注意を一点に集中した力で制する積極的な態度を捨て、餌食《えじき》を狙うヘビのようにしつこく注意深くありながらも、完全に受け身の態度をとる。

この落ち着きある状態が優勢となると、ついに私は賢者の予言が正しかったことを知る。思いの波は自然に消えはじめる。論理的合理的感覚の働きがゼロに向かう。今までの経験の中のもっとも不思議な感覚にとらわれる。直観力のアンテナ感度が急速に高まり、未知の世界を感知し、時間の観念が揺らぐ。肉体感覚の報告は、聞こえもしない。感じもしない。思い出しもしない。私はいつでも物事の外側に、この世界の秘密の限界地点に立っているだろうと思う。……

ついにそれが起こる。思いは吹き消されたろうそくのように消え、知性はその本当の基礎に引き込んでしまう。意識が思いに邪魔されずに働いている。少し前から感づいていた、そしてマハーリシが確信をもって断言していた、心は超越的な源泉から発する、ということを認識する。頭脳は熟睡中のように完全に停止状態に変わった。だが意識は少しも失われてはいない。私は完全に落ち着き、自分が誰であって、いま何が起こっているかを十分に知っている。しかし私の自覚は、個人というせまい限定の中から引き放され、荘厳にいっさいを抱擁するあるものに変わったのだ。自我はなお存在する。しかしそれは変化した。それは光り輝く自我である。私というつまらぬ人格よりはるかに優れたもの、もっと深くてもっと神聖な存在が、意識の中にあらわれ、それが私になるのだ。すると完全な自由という驚くべき新しい感覚がやってくる。なぜなら、思いは常に行きつ戻りつしている織機の杼《ひ》（よこ糸を通す用具）のようなものであって、それの専制的な動きから解放されるのは、刑務所から外に解放されるようなものだから。

私は自分をこの世の意識という枠の外に見る。今まで自分をかくまっていた地球が姿を消す。私は輝く光の海の真ん中にいる。その海からもろもろの世界が創造されるところの原始の材料、物質の最初の状態の海である。それを私は思考ではなく感じている。それは言葉ではあらわすことができない無限の空間に広がっており、信じられないほど生き生きとしている。

私は閃光《せんこう》のように空間内で演ぜられている、この神秘的な宇宙のドラマの意味に触れ、私の存在の根本の一点に戻る。私、いや新たな私は、神聖な至福の膝に憩う。忘れ川の水の盃《さかずき》を飲んだのだ、昨日の苦い記憶も明日の心配も、完全に消えてしまった。私は神の自由とほとんど描写不可能な幸福を得た。私の両腕は慈悲と深い同情をもってすべての被造物を抱く。なぜなら私は、すべてを知るということは、単にすべてを許すだけではなく、すべてを愛するということなのだと深く理解するからである。私のハートは狂喜のうちに変容する。

私がその次に通過するもろもろの経験をどのように記録したらよいだろう？　それらは私のペンを触れさせるには余りに精妙だ。だがそれでも私が学ぶ、星々のように輝く真理を地上の言葉に翻訳することに差し支えはないだろうし、その努力も無益ではないだろう。そこで私は実におおざっぱだが、人間の心の背後に足跡も小道もなく広がる、驚くべき古代世界の記録の一部を取り戻して、以下に記録しようと試みる。

§

人間とは、母親よりも偉大な存在に養われる崇高な種族である。賢くなった者はそれを知るようになる。

遠い過去、人は高い誓いをたて、神々しい威厳をもって、神々と歩いた。現代の多忙な世界が一方的な要求をせまり、人がそれに従うときも、その誓いを忘れぬ者たちがおり、彼らは適切なときにそれを思いださせるであろう。

人の内に、不滅の種族に属する「それ」がある。人は自分の本当の自己をほとんど無視しているが、そうであってもその輝く偉大さは、けっして変わることもなければ影響を受けることもない。たとえ人がそれを忘れて感覚の中で眠り込んでいても、それが手をのばして触れるときには、人は自分が何者であるかを思いだし、自分の魂を見いだす。

神的な感覚を失った人は、自分の真の価値を認めない。自分の内の権威ある霊的中心に十分な確信を見いだせるときにも、他人の意見に追随する理由はこれだ。スフィンクスは地上の風景を眺めているのではない。つねに内部を凝視している。その不思議な微笑の秘密は自己自覚である。

自らをかえりみて、自分に不満を感じたり、弱さや暗さや恐ろしさしか見いだせない者も、自分をあざ笑う必要はない。それがかすかな囁《ささや》きとなるほどハートが静まるまで、深く、長く、見続けておけ。それに注意を集中せよ。それは生命を得て高い思想に成長し、さまよう天使たちのように心の境界線を越える。これらはまた、のちにやってくる声――彼の中心に住む、彼自身の永遠の自己。深遠かつ神秘的な隠れた存在の声――の先触れとなるであろう。

神の性質は、あらゆる人の生命の中に示されているが、もし無関心にそこを通り過ぎるなら、その啓示は石ころだらけの土地にまかれた種子のようなものである。誰一人として神の意識からしめ出されてはいない。自分で自分をしめ出しているのだ。人は、人生の神秘とその意義について思いあがったもっともらしい探求をするが、その間に、緑の小枝にとまる小鳥や、愛する母の手につかまる子どもはみな謎を解いて答えをめいめいの顔に表している。君を生まれさせたあの生命は、おお人よ！　君が思うよりはるかに高貴ではるかに偉大なのだ。それの君にたいする慈悲にみちた配慮を信じ、直感の中で君のハートにささやかれる精妙な指示にしたがえ。

不用意な欲望にうながされて自由な生活をして、最後のつけは負わなくてよい、と考える人は、自分の生涯をうつろな夢に託しているも同じだ。仲間に対して、または、自分に対して罪を犯す者は誰でも、その時点で自分に判決を言い渡しているのだ。他人の目からはその罪を隠すことができよう。だが一切を記録する神々の目からは隠し通せない。正義は冷酷な重みをもってこの世界を支配している。その運用がしばしば目には見えず、それが石造りの法廷にあるわけではなくても。この世の法廷の裁きを免れた者も、神々が課する罰則から逃れることは決してできない。冷酷で執念深い復讐《ふくしゅう》の神ネメシス（ギリシャ神話、掟の女神）は、このような男を必ず危難におとしいれる。

悲しみの苦い水の底にとじ込められてきた人、涙のうちに暗い年月を過ごしてきた人は、生命が無言のうちにささやく真理を受け入れる用意において、いくらか勝《まさ》っている。ほかの何も認めることができなくても、彼は、幸運のほほ笑みには必ず悲劇的な移り変わりがついてくると認めることができる。幸運にたぶらかされることを拒む人は、不運のとき、そうひどくは苦しまないだろう。楽しみの縦糸と苦しみの横糸とで出来上がっていない人生はない。したがって誰一人として高慢な、自信に満ちた態度で歩くことなどできはしないのだ。そのような人の行路は実に危険だ。長年かかって獲得したものを数日のうちに取りあげてしまうような目に見えぬ神々の前では、謙虚が唯一ふさわしい衣なのである。すべてのものの運命は周期によって動く。この事実を認められないのは浅い考えの者たちだけである。宇宙間においてさえ近日点の次には必ず遠日点がくる。そのように、人間の生活と運命においても、繁栄という上げ潮のつぎには窮乏という引き潮がくるし、健康は気まぐれな客であり、愛はきたと思うと必ずさまよい去るものだ。しかし長い苦悩の夜が白むと、新たに見いだされた、英知の夜明けがかすかな光を発する。これに関する最後の教訓は、人の内なる永遠の避難所は、まだ誰にも知られず、探求されずにいても、そのかつての状態を必ずとり戻すに違いないということである。慰めと失望が周期的に共謀して彼をその中に追い込むであろう。このふたつの偉大な教師から逃れることを神々に免じてもらえる幸運な人は、この世にはいない。

崇高な存在の輝く翼に自分は抱かれている、と発見したときに、人は初めて、安心と安全と保護を感じる。無知の状態にとどまっている限りは最善の発明は彼の最悪の妨げになるであろうし、人を物質的形態へと引き寄せる一切のものは、あとで解《ほど》かなければならない結び目となる。人は自身の永遠の過去と不可分に結びつき、内なる神性の前につねに居る。それをふり切ることはできないのだ。それならば人をこの事実に対して無知のまま放っておいてはいけない。ひそかな心の重荷や世俗のわずらいを、彼のもっと良い自己の優れた管理のもとに引き渡させるがよい。それはけっして彼を見捨てはしない。もし人が祝福に満ちた平安の中で生き、恐れることなく威厳をもって死にたいのなら、彼にこのことをさせよ。

ひとたび真の自己を見た者は、もうけっして他者を憎むことはしないだろう。憎しみより大きな罪はなく、憎しみから生じる血しぶきで汚れた土地の遺産よりも不幸なものはない。送りだしたものは必ず自分にかえってくる、という事実以上に確かなものはない。誰一人、神々の目をかすめる見込みがある者はいないが、神々は、人に見られず、人間の恐るべき仕業の無言の観照者として立っている。うめき声をあげる世界が人を取り巻くが、崇高な平安はごく身近にある。疲れ切った人は、不幸に試され、疑惑に引き裂かれて、暗い人生を転びながら道を探る。しかし大きな光は人の前にある舗道を明るく照らしているのだ。人が仲間たちを、ふつうの日の光によってではなく、彼らを変容させる内なる神性の光に照らし見ることを学ぶとき、初めて、人が神と呼ぶ要素を、仲間ひとりひとりのハートに宿ると見るのだ。その崇敬の念をもつことができたとき、初めて、憎しみはこの世から姿を消すのだ。

自然の中の、真に見事なもの、また、芸術が人びとに霊感を与える美しさは、まさに、人に自分自身を語りきかせているのである。聖職者が信者を満足させ得なかったときも、心がひらけた芸術家は真理を伝えて人びとの魂をゆるがすのだ。美が自分を不滅の真理の国の住人にした、という貴重な瞬間を想い起こすことのできる人は、この世の生活に疲れたら、いつでもその記憶を呼び覚まし、みずからの内に聖所を見いだすべきである。少しの平安と、力の高揚と、光のきらめきを求め、それに向かって出かけて行くがよい。真の自己に触れ得た瞬間にはそこから無限の助力を引き出すことができ、完全な報いを見いだすことができるのだ、という確信をもって――。学者たちはモグラのように、学問という家の壁を形成する、しだいに高くなる古今の文献の山積みを掘り下げていくが、彼らもこれより深い秘密を学ぶことはできないし、人の自己そのものが神である、という至高の真理以上に高い真理を知ることはできない。年齢とともに、物欲しげな期待は弱まっていくだろう。そして不死の生命への希望、完全な愛への希望、保証された幸福への希望は、ついには確実に満たされるであろう。なぜならそれらは、けっして避けることのできない不可避な運命の、予言的な直観なのだから。

世界は、古代の予言者たちを最も優れた思想と仰ぎ、古代からの最も高貴な道徳の前に身をかがめる。しかしひとたび人が、星のごとく輝く、自身の本性の尊厳をあばいたとき、人は圧倒される。思いと感情の中の価値あるものはすべて、求めなくてもその足もとにくる。世間から離れた心の静寂の中に、人間という種族にその祖先が神であることを教えた、ヘブライ（古代イスラエル民族）やアラビア（アジア大陸南西端の大半島）の予言者たちが見たヴィジョンに劣らず神聖なヴィジョンを見る。ブッダはこれと同じ輝かしい光によってニルヴァーナ（涅槃《ねはん》）の真理を悟り、人びとに伝えた。この悟りが呼び覚ます愛は、マリヤ・マグダレーナ（マグダラのマリア）をして汚れた人生を悔いてイエスの足もとに泣き伏させたほど、すべてのものを抱擁する愛なのである。

これらの不滅の真理は、人類の創生時から存在しており、荘厳な偉大さの上にはちりも積もることができない。人間にひらかれているこの深い生命の暗示を、かつて受けなかった者はいない。これらの真理を認めようとする者は、それが人の思いの間で小惑星の星々のようにきらめくまで、知性だけで理解しようとしてはならない。それが彼により神聖な行動へと鼓舞されるまで、それらをハートによって、わがものとせよ。

§

ある抵抗しがたい力に強制されるように、私はこの世の領域に戻ってくる。ゆっくりと段階を追い、徐々に自分の周囲に気づきはじめる。自分はまだマハーリシのホールにすわっていて、そのホールがからになっているのを見いだす。目が草庵の掛け時計にとまり、夕食どきなのだなと理解する。左側に誰かがいる。七五歳の元駅長が慈悲深い目で私を見つめ、すぐそばにすわっているのだ。

「あなたは二時間近くも霊的恍惚状態に入っていらっしゃったのですよ」と彼は言う。しわが寄ったその顔は、私の幸福を見て喜びの笑顔で顔がくずれる。

何か答えようと努力するが、驚いたことに口を開く力が出ない。一五分間それは回復せず、そのあいだ、老人はさらに詳しい話をしてきかせる——

「マハーリシは、終始一心にあなたを見つめていらっしゃいました。心の中であなたを導いておられたのだと思います」

賢者がホールに戻ってくると、付いてきた人びとは寝る前のひとときを過ごすべく、それぞれの場所にすわる。彼は長椅子にあがり、脚を組んですわる。そして片肘を右のももの上に、垂直にあげた手であごを支える。二本の指がほおを覆う。距離を置いて、われわれの視線が合う。じっと彼は私を見つめ続ける。

侍者が毎晩のしきたり通り、ホールのランプの芯を細める。私はまたしてもマハーリシの静かな目の不思議な輝きに気がつく。うす闇の中でその目は二つ星のように光る。インドのリシたちの最後の子孫であるこの人の目ほど、驚嘆すべき目は見たことがない。神の力をそこにうつす人の目だ。賢者の目はそうである。

それは事実である。

強い香りの線香の煙がやわらかくらせんを描いて立ちのぼる。瞬くことのないその目を私は見続ける。実に不思議に経過するその四〇分間、私は彼に何も言わず、彼は私に何も言わない。言葉が何の役に立とう？　言葉なしでもわれわれは、今やもっとよく理解し合うのだ。この深遠な沈黙の中、われわれの心はひとつの調和に近づき合い、目による電信術で、私ははっきりとした無言のメッセージを受信するのだ。生命に対するマハーリシの見解の驚くべき、そして記憶すべき片りんをかいま見た今、私自身の内なる生命は彼の生命と混ざり始めたのだ。

§

その後二日間、襲い来る発熱とたたかい、何とかしてそれをくいとめる。

かの老人は午後、私の小屋にやってくる。

「あなたのご滞在ももうじき終わるのですね、兄弟よ」と、彼は残念そうに言う。「しかし、いつか、必ずまたお戻りになるでしょう？」

「もちろん来ますとも！」と、確信をもって私は答える。

彼が帰るとき、戸口に立って聖なるかがり火の山――この田舎の人びとが「聖なる赤い山」と呼ぶ、アルナーチャラ――を見上げる。それは、私の生活すべてを鮮やかにいろどる、色彩豊かな背景となった。食事のときも、散歩のときも、話すときも、瞑想のときも、何をしていても目を上げさえすれば、てっぺんが平たいこの山の奇妙な姿が、大空のもとか窓の向こうで私に向かってそびえているのだ。この場所から逃れられない、というよりも、むしろこの場所が私に呪文をかけることから逃れられない。そう思えて私は、このひっそりした奇妙な峰が私に魔法をかけたのではないかと疑いはじめる。この山の内部は完全な空洞で、その中には人間の目には見えない、偉大なる霊的存在が住んでいる、という土地の伝説がある。私はこの話を、子供じみた言い伝えだとして軽く見ているが、だがそれでもこのさびしい山は、私を強く束縛する。これよりもっと魅力的な山々を私は見てきているというのに――。赤土の丸石が無秩序なかたまりをなし、そこら中にころがっている。ごつごつした大自然の断片が、日光の下、消えかかった火のように輝き、はっきりと、畏怖《いふ》の念を起こすような影響力で、強い個性を放射する。

日が暮れるとともに、マハーリシを除く一人一人に別れを告げる。霊的確信を得るための私の闘いは勝利に終わったのだから、しかも私はその勝利を、大切に抱いてきた合理主義と、盲目的な軽信を取り換えることなく得たのだから、静かな満足を感じている。それでも少したって、マハーリシが私とともに内庭に出ると、私の満足感は突然消滅する。この人が不思議な形で私を征服したのだ。彼と別れることは深く感情にこたえる。彼は鉄よりかたい目に見えぬ留め金で、私を彼の魂にひっかけて捕らえてしまったのだ。彼はただ、一人の男に彼自身を取り戻させようとしただけ、彼を自由にしただけであって、束縛したのではないが――。鈍感な西洋人である私を助けて、彼の霊的自己の前に連れて行き、無意味な言葉を生き生きとした至福に満ちた経験に翻訳してくれた。

私は出発をためらう。自分を感動させている深い感情をどう表現していいかわからない。藍色の空に、降るような無数の星。銀色に光る細い三日月が昇りはじめる。左手にはホタルの群れが境内の木立を明るく照らし、上方に、ふさふさとしたヤシの木のあたまが夜空に黒い影を浮かべる。

私の自己変容の冒険は終わった。時という車軸の回転は、ふたたび私をここにつれて来るだろう。私はこの挨拶の作法に従って合掌し、短い別れの言葉をつぶやく。賢者は微笑してじっと私を見る。ひと言も話さない。

うす暗いランタンの光のもとで一べつするマハーリシへの最後の視線。銅色の皮膚をした背の高い姿。つやをおびた輝く目。最後の別れの挨拶をしぐさで送る。それに答えて彼の右手がかすかにゆれる。われわれは別れる。

私は待たせてあった牛車の座にのぼり、御者はむちをふる。従順な動物は内庭を出てでこぼこ道にかかり、ジャスミンの香る熱帯の夜を勢いよく進む。


（終）

秘められたインド［改訂版］
賢者たちとの出会いの記録
ポール・ブラントン

1982年05月19日 初版第1刷発行
2016年04月04日 改訂版初版発行
2023年04月26日 改訂版第2版発行
発行者 日本ヴェーダーンタ協会
印刷所 モリモト印刷株式会社
発行所 日本ヴェーダーンタ協会
249-0001 神奈川県逗子市久木4-18-1
Tel: 046-873-0428 Fax: 046-873-0592
Website: vedanta.jp
Email: info@vedanta.jp

Printed in Japan
©Nippon Vedanta Kyokai 1982-2023
ISBN978-4-931148-58-1

協会サイト

協会地図

日本ヴェーダーンタ協会 刊行物

www.vedantajp.com/ ショップ /

ショップ

ショップ / 和書

ショップ /CD

ショップ /DVD

Ebook（Amazon Kindle 版）

日本ヴェーダーンタ協会会員

www.vedantajp.com/ 会員 /

協会会員（会費）